EL INSTRUCTOR DEL NUEVO TIEMPO

SIXTO PAZ WELLS

**KOLIMA
BOOKS**

Título original: *El instructor del Nuevo Tiempo*

Primera edición: Octubre 2022
© 2022 Editorial Kolima, Madrid
www.editorialkolima.com

Autor: Sixto Paz Wells
Composición y diseño original de cubierta: Tanis Sol Paz Torres
Dirección editorial: Marta Prieto Asirón
Maquetación de cubierta: Valeria Hernández
Maquetación: Mercedes Galán García/Carolina Hernández A.

ISBN: 978-84-19495-08-2

Dedicado a todos y a cada uno de los instructores del Nuevo Tiempo, sabios y comprometidos caminantes que han venido caminando el sendero de la autorrealización, a muchos de los cuales he conocido, me han enseñado, y con los que he compartido parte del caminar en esta y otras encarnaciones.

También dedico la presente obra a mis maestros y guías materiales, astrales, mentales y espirituales, terrestres, extraterrestres, intraterrestres e interdimensionales, y muy especialmente al más querido, amado, sabio, y humilde de todos mis guías y maestros en esta vida, mi esposa Marina.

ÍNDICE

BIENVENIDOS A LA ETERNET

Una rosa: un corazón y un sentimiento;
una vela: la luz, la fe y la esperanza;
un reloj: un tiempo, una oportunidad;
un libro: la sabiduría y el conocimiento;
pero una cucharita, ¿qué podría significar?
¡Saborear poco a poco,
lo que la vida te da!

Desde que el ser humano tomó conciencia de su entorno procuró representarlo de alguna manera, ya fuera a través de pinturas rupestres o petroglifos, que intentaban ser reflejo de la realidad que lo rodeaba. Estas representaciones, muchas de ellas escenas de cacerías, pretendían también capturar el espíritu de los animales, que eran parte de la dieta y constituían la base de la supervivencia de la tribu, para así asegurar mágicamente su presencia y multiplicación. La presencia de otros grupos humanos en competencia por el territorio llevó a reservar la información solo a los que pertenecían al grupo y habían sido iniciados de cierta manera, habiendo demostrado previamente su valor, lealtad y entrega a la tribu; esto es, méritos como para merecer recibir y saber administrar el conocimiento. Luego las pinturas de las cuevas se fueron tornando más simbólicas, expresando creatividad y necesidad de permanencia, así como de fortalecer los lazos de pertenencia, como por ejemplo esas que nos muestran innumerables huellas de las palmas de las manos.

La vida es un permanente acto creativo. Al crear accionamos el potencial que hay dentro de cada uno e interactuamos con la naturaleza, activando todo lo que está contenido en ella.

Es por tanto la creatividad la capacidad de soñar y materializar nuestros pensamientos y expresar nuestro interior a través de formas mentales e imágenes.

La vida y el camino espiritual dependen en mucho de nuestra creatividad; creatividad para expresarnos, para encontrar nuestra personal manera de desenvolvernos, así como para descubrir y desarrollar la misión con la que hemos nacido.

La espiritualidad busca manifestarse a través de la forma y el simbolismo, y por ello es necesario accionar la creatividad que hay en nosotros. El arte es una expresión del alma y el espíritu humano, y por eso podemos hacer de nuestra vivencia espiritual todo un arte con desenvolvimiento propio que nos permita conocernos y conocer,º a partir de un lenguaje universal y arquetípico, que es el lenguaje de los símbolos.

Nuestra creatividad ilustrará nuestro proceso personal. Seremos realmente espirituales cuando podamos expresarnos a través de nuestra creatividad, y a través de ella, conocernos y dejarnos conocer.

Nuestra capacidad creativa depende de ciertos aspectos, como por ejemplo la energía. Sin energía (que lo es todo en la naturaleza) no podemos movernos ni en lo físico ni en lo sutil. Por tanto, el primer paso será conectarnos con la energía y sus fuentes. Debemos aprender a recibir energía (cargarnos) y a canalizarla, transformándola y proyectándola de la forma que consideremos y sintamos más adecuada. Para ello tendremos que empezar por una buena respiración, luego aprender a relajarnos eliminando la tensión, seguir con una adecuada alimentación que purifique y sane, y también revalorizar el descanso nocturno, así como volver al contacto con la naturaleza entrando en comunión con las energías sanas y limpias de la madre Tierra, recogiéndonos luego en nuestro interior a través de la meditación.

Para acrecentar nuestra creatividad es muy importante también meditar sobre la unidad. Todo es uno y está en uno; en la medida en que nos conozcamos a nosotros mismos sabremos cómo funciona el Universo y cómo a través de nuestra propia transformación personal podemos afectar positivamente a todo cuanto nos rodea.

En la medida en que nos sintamos e identifiquemos con el uno podremos verlo y encontrarlo en todo y en todos. Ello nos acercará al lenguaje universal del amor, que es creativo y evolutivo.

Para despertar nuestra creatividad primero debemos aprender a desarrollar y orientar nuestra imaginación. El maestro Jesús decía «hay que ser como niños». Y quiénes son los niños, sino aquellos que no han perdido aún su capacidad de imaginar y proyectar su mente a esferas superiores, percibiendo que no hay ni límites ni barreras.

Una vez nos decidamos a crear en nosotros y a nuestro alrededor un ambiente adecuado para la introspección y el autoconocimiento deberemos retirarnos a un espacio cómodo y silencioso, y allí, utilizando la respiración para energizarnos y armonizarnos, nos protegeremos, creando alrededor nuestro una cúpula de luz, o simplemente reconociendo que alrededor nuestro se forma un huevo energético con la misma energía que concentramos mediante la respiración. Luego procederemos a relajarnos enfocando toda la atención dispersa por nuestro cuerpo hacia la mente, concentrándonos. Es en ese momento cuando empezaremos a dar rienda suelta a la imaginación. Al principio no hay que frenarla, solo dejarla fluir. Y es que en nuestra mente hay tantas ideas, conceptos e imágenes que deben ser serenadas, algunas desarraigadas y otras organizadas. Entonces empezaremos a visualizar, esto es, a utilizar nuestra imaginación creativa, expresándonos mediante símbolos.

A través de formas mentales creamos la ambientación necesaria para que nuestro maestro interno o nuestro real ser dialogue con nosotros por medio del lenguaje universal de los arquetipos o de los símbolos, por lo que hay que estar atentos a los detalles, porque es ahí donde se encuentran la mayor cantidad de claves para el autoconocimiento.

Aprender a utilizar la imaginación creativa a través de la visualización no limita la capacidad de estar abiertos a la revelación procedente de esferas y planos más altos; muy al contrario. Cuanto más juguemos con nuestra imaginación, menos oportunidades tendrá ella de jugar con nosotros. Y en el proceso de la práctica consciente y continua aprenderemos a reconocer cuándo las ideas que vienen a nuestra mente son nuestras y cuándo no lo son. Esto con miras a una futura recepción telepática y a la conexión con esferas superiores.

En todo esto no es tan importante la técnica, que es útil pero no imprescindible. No nos olvidemos de la originalidad en el arte. Lo realmente importante es una actitud mental positiva, porque si yo lo creo (me convenzo), lo puedo crear. Por ello la clave está en saber que existe, creer que se puede y querer poder hacerlo.

Hay que evitar en todo momento los esquemas y las formas rígidas. No hay que hacerse prisionero de las formas, sino tomarlas como una pauta. Pero no podemos negar tampoco que es bueno y útil para quien lo necesita aprender diversas técnicas para después escoger y utilizar como inspiración la que a uno mejor le acomode, o procurar que estas sirvan de punto de referencia para crear su propia técnica personal.

Y también es muy importante el grado de armonía interior que mantengamos, por lo cual debemos hacer todo lo que esté de nuestra parte para estar en paz con nosotros mismos, siendo consecuentes con nuestras creencias y procurando evitar los conflictos, manteniendo la mejor relación con nosotros mismos, los demás y el ambiente que nos rodea. Todo en la vida es una cuestión de actitud.

Hoy por hoy las comunicaciones se desenvuelven a un ritmo vertiginoso a través de Internet, haciéndonos a todos los que estamos conectados partícipes de esa revolución y actualización permanente con información, pero no nos olvidemos de que alrededor de nuestro planeta Tierra existe un cinturón magnético (cinturón de Van Hallen) que nos envuelve, y que actúa como una cinta de vídeo que contiene toda la información de todo cuanto se ha dicho, hecho y pensado en nuestro mundo. Con ese cinturón magnético, que podríamos llamar «registro akhásico», o Eternet, también podemos conectarnos siempre y cuando elevemos nuestra frecuencia vibratoria, haciéndonos partícipes de todo cuanto allí se encuentra, esto es, accediendo a la verdadera historia, muchas veces expresada en mitos y leyendas a través de símbolos y arquetipos.

Los ejercicios expuestos en *El instructor del Nuevo Tiempo*, y muchas de las enseñanzas que aquí se describen, así como el significado de los símbolos, han sido recogidos de este registro a partir de la sintonización mediante diversas formas y prácticas de meditación y canalizaciones, y son compartidas en este libro para que nos ayuden en plena Era de Acuario en nuestro proceso de autoconocimiento.

El autor

LEYES Y PRINCIPIOS UNIVERSALES

La cosecha de nuestra vida es el producto de la siembra de nuestras acciones pasadas y presentes.

Vivimos en un Universo material de siete dimensiones y poseemos siete cuerpos para actuar en esas siete dimensiones. Para activar la conciencia en cada uno de esos siete cuerpos, para actuar conscientemente en cada una de esas siete dimensiones, disponemos de siete chacras, vórtices o ruedas de energía, que debemos aprender a activar a través de la respiración sagrada. Más allá de la séptima dimensión, como en la música, en una octava superior, hay un universo paralelo a este que ya no es material sino mental. La octava, novena y décima dimensión corresponderían a ese universo mental, y de la onceava dimensión en adelante nos encontramos con un tercer universo que es espiritual. Para conectarnos con el universo mental y el espiritual tenemos cinco chacras adicionales, ubicados por encima de la cabeza y por debajo de los pies. El universo espiritual creó al mental y el mental al material, de tal manera que Dios, que es uno solo, no nos creó a nosotros directamente, sino a través de jerarquías intermedias, un grupo de seres ultraterrestres del universo mental llamados los Hellel o «los Resplandecientes», también conocidos como «los Hijos de Dios». En nosotros se dan los tres planos, material, mental y espiritual, con la misma potencialidad creadora de un plano sobre el otro.

En la medida en que crezcamos en consciencia, esto es, que seamos conscientes de esta multiplicidad de realidades, podremos actuar modificando, orientando y dirigiendo nuestra existencia hacia un sinfín de realizaciones y materializaciones trascendentes.

Estamos pues en un universo material de siete dimensiones, que está regido por siete leyes o principios. El conocerlas y saberlas aplicar nos hace magos, maestros y alquimistas capaces de transformar y transmutar todo alrededor nuestro y dentro de nosotros. Estas leyes son:

El Principio del mentalismo

«Todo es mental», que es lo mismo que decir que «uno puede crear lo que cree». Si creemos en cosas positivas, atraeremos y crearemos condiciones y circunstancias positivas a nuestro alrededor. Pero si por el contrario nos dejamos arrastrar por el negativismo y estamos todo el tiempo pensando en cosas negativas, las atraeremos y materializaremos en nuestra vida y alrededor nuestro.

Todo es consecuencia de una actitud mental y de un acto de voluntad. Si creemos, creamos. Nuestra mente es creadora. Es una parte ínfima de la esencia universal, pero semejante a ella. Como dicen las Sagradas Escrituras: «Dioses sois, hijos del Altísimo» (Salmo 82:6-7). Debemos por tanto aprender a orientar y administrar de manera positiva esa divinidad inherente a nosotros..

Conforme a este principio se deben trabajar la concentración, la voluntad y la sabiduría.

Para recordar más fácilmente este principio, lo relacionamos y ubicamos con el vórtice, chacra o rueda de energía de nuestra coronilla (encima de la cabeza).

El Principio de correspondencia

«Así como es arriba así es abajo, y viceversa». Esto significa que las mismas leyes que organizan el macrocosmos (el Universo) regulan el microcosmos, que es el universo interior de cada uno. Si queremos conocer cómo funciona el Universo, debemos empezar por conocernos a nosotros mismos. Si iniciamos el proceso del autoconocimiento sabremos cómo se mueve todo y cómo podemos modificarlo. Si queremos que nuestra pareja cambie, que cambien nuestros hijos o que cambie nuestra familia, el vecino, y hasta el mundo, debemos empezar por cambiar nosotros, porque somos como un espejo mágico, donde todo y todos se reflejan. Si queremos que esa imagen cambie tenemos que hacer magia interior para reflejarlo en el exterior. Es a través nuestro como se inicia la reacción en cadena porque, como ya dijimos antes, somos dioses creadores, arquitectos de nuestra propia realidad.

Conforme a este principio se deben trabajar el despertar de la conciencia, el discernimiento y la intuición.

Esta ley la relacionamos con el vórtice de la frente, el entrecejo, y para recordarla la ubicamos en esa posición.

El Principio de vibración

«Todo vibra, todo está en movimiento», todo se mueve hacia un cambio, hacia su propia transformación; pero también este principio tiene que ver con el poder del sonido que se manifiesta en nosotros a través de la palabra, como «la magia del verbo». Esto quiere decir que «uno concreta lo que decreta».

El Evangelio de San Juan (Cap 1:1-3) dice: «En el principio era el verbo (la palabra), y la palabra era Dios, y la palabra estaba al lado de Dios, y por la palabra todas las cosas fueron hechas». Qué importante entonces es la palabra si se le asigna ese poder de materializar intenciones.

Por tanto, hay que tener mucho cuidado con las cosas que decimos porque la palabra es creadora y tiene su propia carga vibratoria, que puede contaminar el ambiente o lo puede elevar vibratoriamente.

Decía un adagio árabe: «Habla solo cuando tus palabras sean más dulces que tu silencio», de tal manera que si no tenemos nada bueno que decir debemos aprender a guardar silencio.

La palabra da forma a las cosas. Con la palabra se puede construir o destruir. La palabra es una llave que puede abrir puertas entre dimensiones, así como aperturar las conciencias y los corazones de los semejantes, pero solo si se emplea adecuadamente.

Conforme a este principio se debe trabajar con la respiración, el autocontrol, la inteligencia, la autobservación, la prudencia y la pureza.

La ubicación de este principio sería a la altura de la garganta.

EL PRINCIPIO DE POLARIDAD

«A toda fuerza se le opone otra contraria de igual intensidad». Uno mide la importancia de las cosas que realiza en la vida por el grado de dificultad que se genera como reacción contraria.

La vida se encarga continuamente de ponernos a prueba para fortalecer nuestra voluntad y convicción, pero muchas de estas pruebas son consecuencia de la misma acción generada con nuestras decisiones y actitudes previas. Al igual que los cristales se forman en el interior de la Tierra o como resultado de grandes presiones, exactamente lo mismo ocurre con el ser humano, que se va perfeccionando a través de presiones, pruebas y dificultades que se le van presentando en el camino de la vida.

Por tanto, el problema en la vida no es cuando hay problemas, sino cuando no los hay, porque entonces debemos pensar que lo que estamos haciendo no tiene mayor trascendencia, o que en cualquier momento aparecerán las dificultades, que se encontraban como represadas, y hay que estar preparados para ello.

En el libro de *El Quijote* (1605), Miguel de Cervantes pone en boca del famoso hidalgo la frase: «Ladran los perros, Sancho, señal de que avanzamos», frase que es recogida en el poema «Klaffer» («Ladran», 1808) de Johann Wolfgang Von Goethe.

Conforme a esta ley se deben trabajar la perseverancia, la paciencia, la tolerancia y la convicción.

Este principio lo situamos a la altura del vórtice del corazón.

El Principio del ritmo

«Todo va y viene. Nada permanece igual para siempre». Todo está sujeto a fluctuaciones, todo cambia, todo está sujeto a variaciones y a permanentes modificaciones; todo se mueve como un péndulo. No siempre estaremos bien, ni siempre mal. «Cuanto más oscura esté la noche, señal es de que el día está más cerca». Todo en la vida está sujeto a ritmos que pueden llegar a ser controlados por nuestra voluntad y conciencia. Nuestra vida puede y debe ser dirigida por nuestra voluntad y conciencia, procurando lo mejor, para lo cual hay que aprender previamente a reconocer qué es lo mejor.

Conforme a esta ley se deberán trabajar la voluntad, la fe, la paciencia, la constancia y la esperanza.

Este principio lo ubicamos a la altura del plexo solar, situado ligeramente por encima del ombligo.

EL PRINCIPIO DE CAUSA Y EFECTO

«Toda causa tiene su efecto. Todo efecto tiene una causa; todo obedece a leyes universales». Nada ocurre porque sí; todo es producto de una razón o motivo, y además todo apunta en una dirección.

Dicen las Sagradas Escrituras (Mateo 7:12): «Haz con otros como quisieras que hicieran contigo; no hagas a otros lo que no quieres que te hagan a ti». He aquí la regla de oro en nuestra vida para construir una atmósfera alrededor nuestro de paz y armonía.

Los seres humanos somos el resultado de nuestras existencias pasadas; nadie está improvisando en el camino. Todo en nuestra vida es consecuencia de las necesidades de nuestro actual aprendizaje y de las decisiones, pensamientos y actos con los que sembramos nuestro camino a lo largo de todas nuestras existencias, anteriores y presente.

La cosecha de nuestra vida es el producto de la siembra de nuestras acciones.

Esta ley universal es la base del concepto de la reencarnación, de la existencia de las vidas sucesivas como proceso de aprendizaje y crecimiento.

Conforme a esta ley se ha de trabajar el servicio con discernimiento, bondad y decisión.

Este principio lo situamos a la altura de los órganos sexuales.

El Principio de generación

«Todo tiene su principio masculino y femenino, su positivo y su negativo; todo busca su complementación. Los opuestos son necesarios para el crecimiento de ambos». Todo en el Universo busca su complementación; así, están la luz y la oscuridad, lo bueno y lo malo.

Con el tiempo uno llega a darse cuenta de que hasta lo malo en la vida no es tan malo, porque hace que lo bueno sea mejor. ¿Quién sabría valorar la luz del día si antes no hubiera pasado por las tinieblas de la noche?

Conforme a esta ley habremos de trabajar la comprensión, la tolerancia, el respeto y el amor.

Este principio lo relacionamos y ubicamos en el primer chacra situado en el coxis.

¿Cómo y cuándo accionar las leyes y principios universales?

Cada vez que hacemos una oración o un ejercicio de canalización de energías, o imaginamos que nos protegemos creando mentalmente una cúpula de protección, o participamos en una cadena de sanación o de irradiación al planeta, o le hacemos una imposición de manos a alguien, o deseamos algo con fe, estamos accionando las leyes y principios universales

Podemos accionar las leyes universales en cualquier momento; de hecho, las oportunidades de accionarlas están delante nuestro a diario, ya sea para dirigir los acontecimientos o para anticipar y corregir las cosas, sanar, proteger y transmutar.

TRES UNIVERSOS Y SIETE CUERPOS

Los guías extraterrestres nos han enseñado que existen tres universos, uno contenido dentro de otro. Estos tres universos son el material, el mental y un tercero llamado espiritual. Decíamos que el universo espiritual creó el universo mental, y este a su vez el material. El material posee siete dimensiones y está regido por las siete leyes o principios antes mencionados. El mental posee tres dimensiones y está regido por tres leyes o principios, mientras que el universo espiritual tendría dos dimensiones (son muchas más pero de una manera esquemática las explicamos así) y estaría regido por dos leyes. Para crecer en conocimiento y experiencia, para cada vivencia dimensional contamos con distintos vehículos o cuerpos. Los siete cuerpos del ser humano son:

1. El físico denso material: es el envase biológico de los demás.
2. El cuerpo astral: es el cuerpo de las emociones y los deseos y está unido al físico por el cordón de plata, un filamento de energía vital que se quiebra cuando morimos.
3. El mental inferior: son la personalidad y el carácter.
4. El mental superior o nuestra cuarta dimensión: es el cuerpo donde se encuentra todo nuestro potencial psíquico y percepción extrasensorial que nos permite actuar más allá del tiempo y el espacio.

5. El alma o catedral del espíritu: es el acopio de las experiencias de nuestras vidas pasadas. Allí se encuentran nuestra misión y nuestro nombre cósmico o clave vibratoria personal, una suerte de mantra individual (sonido primordial).
6. El espíritu: la conciencia.
7. La esencia: sería nuestra chispa divina.

En el ser humano se dan los tres universos en los tres planos de conciencia, el físico, el mental y el espiritual. Los primeros tres cuerpos, el físico, el astral y el mental inferior constituyen el plano de la conciencia material y nos conectan a través del plano material con el universo material de siete dimensiones.

Los cuerpos mental superior, el alma y el espíritu constituyen el plano de la conciencia mental, y nos conectan a través del plano mental con el universo mental de tres dimensiones.

El séptimo vehículo, que es nuestra esencia, también se divide en tres: voluntad, sabiduría y amor, constituyéndose como el plano de la conciencia espiritual y conectándonos a través del plano espiritual con el universo espiritual de la onceava dimensión en adelante.

Nosotros podemos vivir simultáneamente en las siete dimensiones del universo material y a través de los planos de conciencia en los tres universos, solo que primero tenemos que darnos cuenta de esta multiplicidad de realidades, que es lo que conocemos como despertar la conciencia, luego fortalecer la voluntad y finalmente mantener la conciencia despierta para iniciar el ascenso.

¿Y cómo hacerlo? Lo interesante es saber que la forma no es lo más relevante, sino la actitud. Técnicas hay muchas; lo importante es que si creemos en lo que estamos haciendo y en su resultado final lograremos nuestro objetivo, y si no es así, estaremos pasando de una técnica a otra de una forma a otra sin avanzar ni profundizar.

Estos cuerpos se explican en detalle en este libro en el capítulo «Nuestras siete realidades».

UNIVERSOS, DIMENSIONES, LEYES Y CUERPOS

UNIVERSO	DIMENSIONES	LEYES	CUERPOS
Espiritual	2	Unidad Amor	Esencial
Mental	3	Voluntad consciente Sabia creación Generación de experiencia	Espíritu Alma Mental superior
Material	7	Mentalismo Correspondencia Vibración Polaridad Ritmo Causa-Efecto Generación	Mental inferior Astral Cuerpo físico

CORRESPONDENCIA DE LOS CHACRAS, SUS COLORES Y SÍMBOLOS CON LOS CUERPOS Y PRINCIPIOS UNIVERSALES

CHACRAS	COLOR	SÍMBOLO	PRINCIPIOS	CUERPOS
Coronilla	Violeta	Flor de Loto	1. Mentalismo	7. Esencia
Frontal	Azul	Estrella	2. Correspon-dencia	6. Espíritu
Garganta	Celeste	Media Luna	3. Vibración	5. Alma
Corazón	Verde	Cruz	4. Polaridad	4. Mental Superior
Plexo solar	Amarillo	Círculo	5. Ritmo	3. Mental Inferior

CHACRAS	COLOR	SÍMBOLO	PRINCIPIOS	CUERPOS
Vientre	Naranja	Triangulo	6. Causa-efecto	2. Astral
Raíz	Rojo	Cuadrado	7. Generación	3. Cuerpo físico

CHACRAS	GLÁNDULAS	TONO	SENTIDO ASTRAL
Sahasrara	Pineal	si	Bilocación
Ajna	Pituitaria	la	Clarividencia
Vishuddha	Tiroides	sol	Clariaudiencia
Anahata	Timo	fa	Dermóptica
Manipura	Páncreas	mi	Viaje Astral
Swadistana	Suprarenales	re	Proyección Mental
Muladhara	Órganos sexuales	do	Intuición

ARMONIZACIÓN Y PREPARACIÓN

*«Y Él dijo: 'Oid ahora mis palabras.
Cuando haya entre vosotros profeta de Dios,
le apareceré en visión, en sueños hablaré con él'».*

Números 12,16

*«Los poderes (facultades psíquicas o percepción
extrasensorial) se originan por el nacimiento, por el uso de
hierbas, por las palabras de poder, por el ascetismo o por el
éxtasis».*

YOGAS SUTRAS DE PANTANJALI, LIBRO CUARTO

Iniciamos nuestra reunión con la imprescindible actitud de proteger el ambiente, lo que nos ayudará a elevar la vibración individual y colectiva librándonos de toda amenaza. Para ello nos ponemos de pie, describiendo entre todos los presentes un círculo, y alternando (en lo posible) hombres y mujeres para polarizar las energías. Elevamos a continuación nuestros brazos y las manos, colocándolas por encima de la cabeza, sintonizando con ello el Cielo con la Tierra, como si fuésemos cada uno una antena receptora de energías extraordinarias. La idea es llegar a envolver imaginariamente la reunión en una cúpula de energía, en un domo de protección.

Quien dirige la reunión, adquiriendo un tono solemne y espiritual, orientará los pensamientos e intenciones de todos, pudiendo decir palabras como las siguientes:

Vamos todos a envolver esta reunión en una cúpula de luz, en una cúpula de luz protectora, de tal manera que nada malo, nada negativo, podrá prevalecer en contra de ella sino que, por el contrario, todo será paz y armonía. Para ello vamos a tomar tres respiraciones muy profundas por la nariz, inhalando lentamente, utilizando el diafragma (el vientre) como si fuese un fuelle empujándolo hacia adelante, lo más lentamente posible. Al terminar de inhalar contraemos el vientre, empujando el aire para llenar la parte baja, media y alta de los pulmones .Y al exhalar relajamos el vientre.

Inhalamos lentamente, lo más lentamente posible... Retenemos el aire en los pulmones demorándonos el mismo tiempo que inhalamos y al exhalar lo hacemos igualmente despacio. Simultáneamente vamos a ir abriendo muy despacio nuestros brazos en arco alrededor nuestro, de tal manera que sentimos cómo las energías del Cosmos descienden en espiral sobre cada uno de nosotros. En ese momento visualizamos, nos imaginamos como las energías positivas llegan a través de nuestra cabeza, ingresando por nuestra coronilla y a través de las manos y los brazos, comenzando a descender por nuestra columna hacia los pies, hasta cubrir todo nuestro cuerpo, cargándolo de paz y salud. Quedamos con los brazos sueltos colgando a los lados del cuerpo.

Tomamos una segunda inhalación profunda, elevando lentamente los brazos en arco por los lados del cuerpo, sintiendo cómo ascienden de la Tierra en espiral energías extraordinarias sanadoras... Inhalamos captando la mayor cantidad de energía en nuestro interior, oxigenando nuestra sangre e irrigando el cerebro. Sentimos cómo las energías del cielo y de la Tierra se combinan, extendiendo la protección a todos los allí reunidos y a nuestros hogares y familiares.

Tomaremos una tercera inhalación, elevando una vez más los brazos por encima de la cabeza. Retenemos... y lue-

go exhalamos, abriendo los brazos y formando una cúpula de protección desde la distancia que envuelve nuestros hogares, familias, amigos y aun enemigos.

Todos imaginamos y visualizamos mentalmente que hemos sido bañados por la luz del profundo amor de la conciencia cósmica, que en ese momento nos protege y envuelve con su amor.

Se ha creado alrededor nuestro un domo de protección, una cúpula de luz que nos acompañará a cada uno de manera particular, y a todos de forma colectiva, quedando protegidos de todo mal. ¡Y así será!

Estas energías positivas que han llegado a través de nuestra cabeza ingresando por nuestra coronilla han descendido hacia los pies hasta cubrir todo nuestro cuerpo, armonizándolo. Y para fortalecer esto, para confirmar que esto es así, todos vamos a repetir a continuación la Gran Invocación o cualquier otra oración conocida o inspirada.

La gran invocación

Desde el punto de luz en la mente de Dios,
Que afluya luz a las mentes de los seres humanos.
Que la luz descienda a la Tierra.
Desde el punto de amor en el corazón de Dios,
Que afluya amor a los corazones de los seres humanos.
Que Cristo retorne a la Tierra.
Desde el centro donde la voluntad de Dios es conocida,
Que el propósito guíe a las pequeñas voluntades
De los seres humanos.
El propósito que los maestros conocen y sirven.
Desde el centro que llamamos la raza humana,
Que se realice el plan de amor y de luz,
Y selle la puerta donde se halla el mal.

Que la luz el amor y el poder,
Restablezcan el Plan divino en la Tierra.
Que así sea, así es y así será.
Y que cada uno cumpla con su parte.

Debemos procurar que las oraciones o invocaciones de protección se hagan a conciencia y no de forma mecánica, de tal manera que sea como un decreto reflexivo. Para ello se dirán lentamente con la entonación debida. Al concluir con la invocación continuaremos de inmediato:

Estamos pues, envueltos en luz; nada malo, nada negativo podrá prevalecer en contra de nuestra reunión ni de las vidas de cada uno de los aquí reunidos, sino que, por el contrario, todo será paz y armonía.

Cruzamos nuestras manos a la altura del pecho y nos quedamos por un minuto en silencio reflexionando sobre la importancia de este momento que nos concede la vida... Relajamos nuestras manos y podemos tomar asiento. ¡Dios está con nosotros!

Nos sentamos todos cómodamente con la columna recta, colocando las manos sobre las piernas, con las palmas hacia arriba, una sobre la otra, la izquierda debajo de la derecha, relajadas sobre nuestro regazo, cerrando el circuito interno de energía.

Respiración

Una vez sentados, vamos a tomar cinco respiraciones lentas y profundas por la nariz, inhalando, contando mentalmente hasta diez, reteniendo hasta diez y exhalando por la nariz contando hasta diez lo más despacio posible. Inhalamos todos, retenemos el aire en los pulmones y exhalamos lentamente visualizando en nuestra mente el número cinco, tres veces. Y visualizamos cómo las energías del Universo descienden de forma espiral ingresando por nuestra coronilla, envolviendo todo nuestro cuerpo. Al igual visualizamos cómo las energías de la Tierra ascienden en espiral relajando nuestro cuerpo, concentrándose en los dedos de los pies, los empeines, las plantas, los talones y los tobillos. Huesos, músculos, tendones y ligamentos quedarán completamente relajados, libres de toda tensión, en perfecta paz y armonía. Mantenemos una respiración lenta y profunda, sintiendo cómo la energía sigue ascendiendo hacia las pantorrillas, las rodillas, los muslos, los glúteos y las caderas.

De la cintura hacia abajo ya no sentimos nuestro cuerpo; solo sentimos esa agradable sensación de paz y de armonía.

Tomamos una nueva e intensa inhalación, retenemos y al exhalar visualizamos en nuestra mente el número cuatro, tres veces. Y a continuación sentimos cómo las energías del cielo y la Tierra descienden y ascienden en espiral concentrándose en nuestro órganos sexuales, los intestinos, el hígado, el estómago, el páncreas, el bazo, el esófago y los riñones. Vamos envolviendo nuestros órganos internos en luz, restituyendo su salud y su normal funcionamiento. Seguimos ascendiendo y llegamos al corazón y a los pulmones. Envolvemos en luz al corazón y lo acariciamos mentalmente como si lo hiciéramos con las manos físicas. Todo dolor, toda molestia desaparecerá y los latidos del corazón se irán haciendo cada vez más lentos. Igualmente enviamos la energía a los pulmones irradiándolos por fuera y por dentro, liberándolos de toda contaminación.

Tomamos una tercera inhalación lenta y profunda: inhalamos, retenemos y al exhalar por la nariz visualizamos en nuestra mente el número tres, tres veces, y sentimos cómo las energías del Cielo y de la Tierra se concentran en el coxis y la entrepierna, y desde allí van ascendiendo, masajeando todo a su paso.

Mantenemos una respiración lenta y profunda, sintiendo oleadas de energía que van masajeando la columna vertebral, fortaleciendo y devolviendo la elasticidad a las vértebras, masajeando también los músculos del pecho y la espalda.

Seguimos ascendiendo y vamos llegando a los hombros, los brazos, los codos y las manos. Las masajeamos mentalmente .

De lo hombros hacia abajo ya no sentimos nuestro cuerpo, solo sentimos esa agradable sensación de paz y armonía. Ningún ruido, ni aun la voz que están escuchando interferirá en este proceso de relajación, sino que, por el contrario, todo colaborará a hacer esta relajación más profunda.

Tomamos un nueva inhalación, retenemos y al exhalar visualizamos en nuestra mente el número dos, tres veces. Y sentimos cómo las energía del Cielo y la Tierra descienden y ascienden en espiral a través nuestro concentrándose en el cuello, la glándula tiroides y la nuca. Vamos masajeando esa parte de nuestro cuerpo.

Manteniendo una respiración lenta y profunda seguimos ascendiendo, masajeando el rostro y los músculos de la cara; sentimos las energías que se concentran en los ojos, restaurando la normal visión, la salud de nuestra vista. Igualmente sentimos las energías en los oídos restaurando la normal audición, el equilibrio en nuestro cuerpo.

Dirigimos ahora la relajación a la booa, la lengua y los dientes, que son los fusibles del organismo. Lo vamos envolviendo todo en luz, en un agradable calor que todo lo armoniza y sana.

Seguimos hacia la parte posterior de la cabeza, masajeando y envolviendo en luz el cerebelo, el bulbo raquídeo, la médula espinal, la glándula pituitaria y la glándula pineal.

Cada vez estamos más y más relajados.

Tomamos una nueva inhalación lenta y profunda, inhalamos, retenemos y al exhalar visualizamos en nuestra mente el número uno, tres veces. Y dirigimos las energías finalmente al cerebro como si tuviéramos delante nuestro al cerebro y pudiéramos imaginariamente acariciarlo, como si lo hiciéramos con las manos. Así sentimos que lo hacemos.

Estamos completamente relajados, libres de toda tensión, en perfecta paz y armonía. Y esta relajación durará todo el tiempo que nosotros dispongamos.

Hemos completado cinco respiraciones profundas, cinco triángulos perfectos; de ahora en adelante mantendremos un ritmo en nuestras respiraciones con solo dos pasos, inhalando y exhalando muy lentamente.

Relajación

Con las cinco respiraciones lentas y profundas hemos aprendido a relajarnos, liberando nuestro cuerpo de toda tensión para luego entrar en la concentración. La relajación es un proceso por el cual nos libramos de toda tirantez , aflojando los músculos, haciendo desaparecer toda molestia, malestar o fastidio que hasta ese momento nos dominara. Relajarnos es controlar nuestro cuerpo con la energía que movilizamos con la respiración, utilizando la imaginación creativa para acariciar, soltar y sanar, huesos , músculos, órganos, miembros, etc.

Para aprender a relajarnos es aconsejable practicar, empezando por extender una manta en el suelo y acostarnos cómodamente sobre ella, siempre boca arriba, haciendo los ejercicios de respiración y habiendo aflojado nuestra ropa. También lo podemos hacer sentados.

Quien dirige la práctica inducirá a la autorelajación, aunque sus palabras solo serán una sugerencia a la que se prestará atención. Uno solo también puede hacer este trabajo, simplemente recordando los pasos sugeridos.

Una vez que las personas están totalmente cómodas, si están acostadas, con los brazos a los lados del cuerpo, las palmas hacia arriba, los talones que se toquen ligeramente; y si están sentadas, la espalda recta, palmas sobre las piernas, y hacia arriba, la izquierda bajo la derecha, pulgares y talones juntos o piernas cruzadas. El instructor recomendará que se mantenga el mismo ritmo de respiración, lenta y profunda, por la nariz durante todo el proceso de relajación, tratando de visualizar mentalmente cada una de las partes del organismo.

Se empezará por los pies, más específicamente por los dedos de los pies, que imaginamos que masajeamos mentalmente, sintiendo como si lo hiciéramos con nuestras propias manos. El instructor sugerirá la parte del cuerpo que debemos masajear poco a poco, hablando con autoridad y en voz baja, intercalando las siguientes observaciones según crea conveniente.

TÉCNICA DE RELAJACIÓN

Reiterando el trabajo que hemos venido haciendo, la técnica de relajación consiste en utilizar los beneficios y la energía de la respiración, combinados con la imaginación creativa y la autobservación.

Como ya vimos, toda relajación empezará por los pies, y más específicamente por los dedos de los pies, que imaginamos que masajeamos mentalmente, sintiendo como si lo hiciéramos con nuestras propias manos, imaginando y sintiendo que son oleadas de energías que ascienden de los pies a la cabeza. El instructor sugerirá la parte del cuerpo que debemos masajear poco a poco, hablando con autoridad y en voz baja, intercalando las siguientes observaciones según crea conveniente.

En las prácticas se incluyen, además de esta relajación lenta y detallada, otras cada vez más rápidas y avanzadas que van reemplazando poco a poco a la primera. En la medida en que se adquiera experiencia se reducirá el tiempo que nos demoraremos en relajarnos y se ampliará el tiempo que se requerirá para las meditaciones y prácticas mentales. El dominio de la relajación, en base a un trabajo constante, nos permitirá inducir un estado cada vez más profundo, lo que redundará en un mejor aprovechamiento de las reuniones.

RELAJACIONES RÁPIDAS

Como dijimos, a mayor práctica menor será el tiempo que nos tomará el lograr los estados óptimos. Para ello existen las relajaciones rápidas.

Relajación rápida del 3 al 1:

Vamos a iniciar un proceso muy profundo de relajación; para ello dejaremos que los párpados se cierren por sí solos, luego tomaremos una respiración profunda y lenta por la nariz... Retenemos... y al exhalar vamos masajeando mentalmente nuestros pies y nuestras piernas, como si los acariciáramos con las manos. Nos concentramos en nuestros pies; relajamos tobillos, pantorrillas y rodillas, también muslos, glúteos y caderas. Sentimos que nos envolvemos en luz, en un agradable calor que va ascendiendo desde nuestros pies y sube por las piernas, y para ello visualizamos en nuestra mente el número tres , tres veces: Tres... tres... tres... (Los asistentes se mantendrán en silencio, pues solo el instructor repite en voz baja los números lentamente). De la mitad de nuestro cuerpo hacia abajo ya no hay tensión, solo paz y armonía, y esta relajación durará todo el tiempo que nosotros así lo permitamos.

Tomamos una segunda respiración lenta y profunda, inhalamos... retenemos... y al exhalar seguimos ascendiendo, visualizando nuestros órganos internos, que irán desfilando por nuestra pantalla mental. Masajeamos el corazón y los pulmones y los envolvemos en luz, devolviéndoles su normal funcionamiento; también relajamos la columna vertebral, los músculos del pecho y la espalda, los hombros, los brazos los codos y las manos; de tal manera que de los hombros hacia abajo ya no sentiremos nuestro cuerpo, solo sentiremos esta agradable sensación de paz y armonía que durará todo el tiempo que asi lo dispongamos... Y para esto visualizamos en nuestra mente el número dos, tres veces: (en silencio todos) ¡Dos ... dos... dos..!

Tomamos una nueva inhalación lenta y profunda ... retenemos... y al exhalar acariciamos mentalmente nuestro cuerpo como si lo frotáramos con las manos físicas... Ascendemos al cuello y a la nuca. Masajeamos la glándula tiroides, los músculos de la cara, la mandíbula y la lengua. Envolvemos en energía positiva la parte posterior del cráneo y finalmente el cerebro... Y para ello visualizamos todos el número uno , tres veces: ¡Uno... uno...uno..!

Estamos completamente relajados, libres de toda tensión, en perfecta paz y armonía. Y esta relajación se mantendrá en nosotros todo el tiempo.

CONCENTRACIÓN

La concentración es la capacidad de enfocar o focalizar nuestra mente en tal o cual dirección. Es llegar a concentrar nuestra atención en un solo punto o idea, lo cual nos ayudará a ordenar nuestros pensamientos, aprendiendo a reconocerlos y dominarlos (controlarlos).

Para lograr una buena concentración es conveniente aprovechar las condiciones previas (pasos previos), como son el haber logrado una relajación profunda con respiraciones rítmicas y lentas. También se puede lograr una buena concentración a partir de una meditación, interrumpiendo esta última poco antes de su finalización para realizar la concentración que queramos combinar con esa práctica.

Como ejemplo de concentración tenemos el siguiente ejercicio:

Vamos lentamente saliendo de nuestra meditación... Vamos terminando poco a poco la meditación y dirigimos nuestra atención hacia el entrecejo, en la frente.

Nos concentramos a la altura del entrecejo y nos proyectamos a través de un túnel mental imaginario. Todos visualizamos un profundo túnel, en el que iremos ingresando lentamente y al final del cual percibiremos... (Aquí se describirá con detalle lo que se sugiere que sea el sujeto de la atención de todos, una rosa, una pizarra, un lago, tres puertas, etc.). Al cabo de un tiempo prudencial, que puede ser de unos cinco minutos o más, vamos dejando atrás la imagen captada...

Vamos retornando a través del túnel mental... a través de ese canal de luz. Iremos tomando poco a poco conciencia del momento actual. Para ello tomamos una inhalación lenta y profunda, retenemos y al exhalar visualizamos en nuestra mente el número uno... y con ello sentiremos nuestro cuerpo completamente descansado y relajado.

Tomamos una segunda inhalación... retenemos y al exhalar vamos a tomar conciencia de nosotros mismos y del lugar donde nos encontramos; para ello, visualizaremos en nuestra mente el número dos...

Finalmente tomamos una tercera inhalación... retenemos y al exhalar con el número tres, que visualizamos en nuestra mente, abriremos lentamente nuestros ojos y quedaremos todos en paz... Tres!... Estamos completamente relajados, en perfecta paz y armonía, conscientes.

Visualizar es lo mismo que imaginar, pero distinto que tener una visión. Podremos entonces tomar como visualizado todo lo que hayamos imaginado. Lo que sí debemos procurar durante las visualizaciones es fijar las imágenes y captar los detalles de las mismas.

Estos ejercicios de visualización o imaginación creativa buscan, al igual que muchos de nuestros sueños, llegar a conectar con nuestro maestro interno a través del lenguaje simbólico, dando paso a verdaderas visiones o revelaciones que surgen desde nuestro interior como parte del proceso de autoconocimiento.

Las prácticas de concentración podrán durar un promedio de cinco a diez minutos, al cabo de los cuales preguntaremos a todos los asistentes sobre sus percepciones e intentaremos interpretar claves simbólicas. Con la práctica podremos llegar a hacer concentraciones mucho más largas, complejas y reveladoras.

Práctica de concentración

Después de la relajación, dirigimos todo nuestra atención a nuestra mente, visualizando a la altura de nuestra frente, en el entrecejo, un túnel mental, a través del cual nos vamos introduciendo lentamente...

Al final del túnel nos concentramos para visualizar una rosa roja, que imaginaremos tan claramente como podamos, como si la estuviésemos viendo con los ojos abiertos y estuviese delante nuestro. Debemos retener en nuestra mente su imagen, así como procurar fijarnos en sus detalles haciendo cosas como contar sus pétalos y hasta percibir su aroma, obligando a nuestra mente a recurrir a nuestra memoria y a la vez dejar paso a una revelación simbólica.

A pesar de que se pide que la rosa sea roja, no necesariamente esto llega a ser así, y por ello es importantísimo fijarnos en el color o tono que adquiere la rosa. La práctica continua de los ejercicios de concentración y visualización con el tiempo nos permitirá adquirir el dominio necesario para extraer el mejor resultado.

Interpretación

El propósito de estas prácticas es crear el marco adecuado para que a través de la simbología del color, las formas y los números nuestro maestro interno dialogue con nosotros, permitiéndonos acceder a claves de autoconocimiento.

En estas prácticas se procura la selección de nuestros pensamientos y el control primario de nuestra mente, fortaleciendo la voluntad y dando margen a que nuestro subconsciente, de manera simbólica, transmita información al consciente.

En cada una de las prácticas específicas que se proponen en este libro se explican las distintas claves simbólicas y cómo interpretarlas.

MEDITACIÓN

Meditar es estar a solas y en silencio con uno mismo; es no pensar, liberándose de todo pensamiento obsesivo, preocupación o angustia. Es el arte de aprender a escucharnos y a escuchar en el silencio interior. Hay muchas técnicas de meditación, pero como se ha dicho, no importa tanto la técnica como la intención o actitud a la hora de realizarla.

La meditación es el paso siguiente a la respiración, la relajación y la concentración, para lo cual se sugiere que, manteniendo una respiración lenta y profunda y la relajación, las personas del grupo concentren su atención sobre una palabra, que se repetirá mecánicamente en su mente por espacio de quince a treinta minutos (meditación lunar), o la repetición cantada de un *mantram* (palabra clave o llave en la meditación solar).

La meditación, al igual que la relajación, deberán ser sugeridas por la persona que dirige la práctica, procurando que el grupo ingrese en un estado de tranquilidad y silencio interior en el cual se pueda llegar a tener contacto con «el maestro interno» o «Yo Superior». Una práctica continua y constante diaria repercutirá en un estado permanente de paz interior y mayor sensibilidad.

Para dirigir la meditación podemos tomar como base la siguiente directriz:

Estamos completamente relajados y a partir de este momento vamos a iniciar nuestra meditación. Meditar es estar a solas en silencio con uno mismo, es no pensar. Es liberar la mente de todo pensamiento.

Vamos pues a iniciar la meditación dejando la mente en blanco, liberándola de todo pensamiento obsesivo, de toda preocupación y angustia. Repetiremos para ello mentalmente la pregunta: ¿quién soy yo?... Al principio rápido y luego lentamente, pero siempre en silencio.

Para aquellos que ya hubiesen recibido su nombre cósmico, su clave vibratoria personal, la meditación consistirá en la repetición mental de esa palabra, de una forma rápida al principio, para acallar los diversos pensamientos que se cruzan por la mente y, poco a poco, repetirla lentamente.

Vamos a iniciar todos a partir de este momento nuestra meditación lunar en silencio del ¿quién soy yo? o del nombre cósmico (la meditación durará entre 15 y 30 minutos).

Vamos a ir retornando de nuestra meditación (esto lo vamos sugiriendo primero mentalmente y luego en voz baja, sin ocasionar molestias al salir de la meditación)... *Vamos retornando de nuestra meditación, que va finalizando ya.*

Al término de tres habremos terminado nuestra meditación, estaremos completamente descansados, en perfecta paz y armonía. Al término de tres abriremos lentamente nuestros ojos y nos encontraremos en paz.

Tomamos todos una respiración lenta y profunda... retenemos... y al exhalar visualizamos en nuestra mente el número uno, y con ello vamos a sentir que volvemos lentamente a sentir nuestro cuerpo... Poco a poco vamos sintiendo nuestro cuerpo relajado... Tomamos una segunda respiración... retenemos, y al exhalar visualizamos el número dos tomando poco a poco conciencia del lugar donde nos encontramos... Tomamos todos una tercera respiración profunda... retenemos... y al exhalar visualizamos el número tres y abrimos lentamente los ojos, quedando en paz.

Hemos hablado de dos clases de meditaciones básicas; una es la que se hace mentalmente en silencio, como la anteriormente explicada, conocida como meditación lunar, ya que suele hacerse por las tardes, por la noche o de madrugada. Este tipo de meditación crea el marco adecuado para intentar la recepción de comunicación con entidades superiores. La segunda clase de meditación es la solar, que se hace durante el día el día y consiste en la vocalización reiterada y continua de un mantram, palabra clave o del nombre cósmico. Debemos procurar que las meditaciones en general sean lo suficientemente largas como para incluir la repetición del mantram un centenar de veces. Todas estas meditaciones se pueden hacer en grupo o de manera individual. Las variantes de la meditación solar en trabajos de grupo permiten alcanzar una vibración compartida o armonía de conjunto, pudiendo repetir todos los participantes la misma palabra o mantra(mantras colectivos), o haciéndolo todos con palabras distintas, o trabajando en tiempos diferentes para obtener una vibración continua. Estas meditaciones son ideales para las salidas al campo.

Cierre de una reunión de meditación

Como despedida de toda reunión se realizará una cadena de energía, irradiación o sanación a cargo de quien presida o de quien esa persona designe. Las cadenas que están de despedida al final de una reunión pueden ser de diversos tipos y realizarse con variantes según su modalidad, conservando todas ellas lo fundamental, que son la actitud y la intención, esto es el hacerlas por amor y con fe.

Los tipos de cadena son:

1. De irradiación al planeta, al país o ciudad.
2. Curativa o de sanación, para una o más personas que la requieran, independientemente de si están o no presentes en la reunión.

Tomando como pauta la cadena de despedida habitual, un ejemplo sería el siguiente.

Vamos a ponernos en pie y a tomarnos de las manos, procurando describir un círculo entre todos, intercalándonos en lo posible hombres y mujeres para polarizar la reunión.

La mano derecha da y la izquierda recibe las energías que empezarán a circular por esta cadena de amor e integración. Los talones juntos y el cuerpo relajado. Cerramos los párpados tratando de concentrarnos en la luz interior, en ese sol interno que se encuentra por encima del ombligo, tomando nuevamente tres respiraciones lentas y profundas por la nariz.

Con cada exhalación sentimos y visualizamos mentalmente cómo un haz de luz baja por nuestra cabeza en dirección hacia nuestro pecho, bañándonos en energía positiva que se canaliza por las manos, formando entre todos un gran círculo de energía positiva. Es en este momento cuando sentimos cómo la energía se concentra en nuestro interior y nos pide que nos soltemos de las manos. Vamos ahora a colocar las manos formando un triángulo en nuestro pecho. Con nuevas respiraciones lentas y profundas sentimos cómo las energías van formando en nuestro interior una esfera de color blanco brillante, donde se sintetizan todas las energías en armonía. Una vez ubicamos esa esfera en nuestro interior, tomamos una respiración lenta y profunda, y al exhalar extendemos los brazos hacia delante, proyectando la esfera hacia el centro de la reunión.

La suma de los aportes de todos y de cada uno van formando una sola gran esfera brillante. Flexionamos nuevamente los brazos... y, una vez que colocamos la esfera en el centro de la reunión y visualizamos permanentemente delante nuestro, proyectamos en su interior la imagen de aquella persona o personas a quienes va a ir dirigida nuestra ayuda, y hasta podemos decir en orden el nombre de esa persona o personas en voz baja o alta mientras las vamos visualizando en nuestra mente.

Extendemos nuevamente los brazos hacia delante, al igual que nuestras manos, y con cada respiración lenta y profunda lanzamos hacia la esfera energías de diversos colores. Empezamos primero con la energía de la luz violeta, inhalamos, retenemos y al exhalar visualizamos cómo la energía de luz violeta procedente del Cosmos desciende a través nuestro, se concentra en nuestro pecho y se proyecta hacia adelante, hacia la esfera a través de las manos. La luz violeta significa «transformación y cambio», promoviendo cambios importantes y positivos en las vidas de todas y cada una de las personas por las que hemos pedido; luego, con la siguiente inhalación y exhalación, sentimos que desciende por nuestra coronilla y se proyecta por nuestro pecho y por nuestras manos el color azul índigo, que es la energía de la espiritualidad, fortaleciendo espiritualmente a todas las personas en las que estamos pensando, para que encuentren la fuerza y la actitud correcta para salir adelante; luego el celeste, que es el poder de la palabra y la comunicación, para que dichas personas sepan extraer de su interior todo aquello que les ha hecho daño, liberándose; luego el verde, que es la energía de la sanación y la esperanza, para que reciban energías de autocuración y con esperanza puedan revertirlo todo; el amarillo, la energía de la luz, la lucidez, la verdad y el equilibrio, para que encuentren su equilibrio y con la conciencia despierta puedan ver la vida con optimismo; el naranja, la voluntad y la creatividad, para que encuentren fuerzas en la flaqueza y sean conscientes de que cada uno es artífice de su destino; y finalmente el rojo, la energía del amor, para que el amor les dé la fuerza y vitalidad para volver a empezar, encontrando la razón para vivir con alegría...

El ejercicio termina pidiéndoles a todos que retraigan o flexionen los brazos, ubicando las palmas de las manos a la altura de los hombros y visualizando en nuestra mente cómo todas aquellas personas por las que pedimos se encuentran ahora rodeadas de un arcoíris armónico de color, que incrementa en tamaño la esfera de luz que los envuelve, hasta que la esfera se divide en muchas esferas, proyectándose a hacia cada una de las personas por las que pedimos, recibiendo cada quien, independientemente de la distancia donde se encuentre, lo que necesita en la proporción que necesita.

Se pide entonces a todos que crucen las manos a la altura del pecho, y para sellar el trabajo se da gracias en silencio a Dios Padre Madre. Luego se termina decretando todos: *¡Que así sea... así es... así será... y hecho está!*

Quien preside la reunión deberá recalcar en todo momento que la ayuda será efectiva y que la protección e irradiación positiva cumplirá con su objetivo. Se podrá entonces sugerir como complemento a lo anterior que todos se imaginen a las personas enfermas envueltas en una luz permanente de color verde o dorado, pero ya sanas, restablecidas definitivamente de su mal.

Al término del trabajo relajamos los brazos y las manos, quedando protegidos por el amor y la luz del Profundo. Y quedamos en paz, dándonos todos fraternalmente un abrazo de paz.

PREPARACIÓN INTEGRAL, FÍSICA, MENTAL Y ESPIRITUAL

Para entrar en conexión con el Universo primero debemos reconectarnos con nosotros mismos. Y para ello debemos predisponernos asumiendo una preparación física, mental y espiritual, que a la vez nos dará y mantendrá en buena salud.

Preparación física

Consiste en aprender a respirar, relajarse, alimentarse adecuadamente, hacer ayunos terapéuticos, dejar de lado los estimulantes, o reducir al mínimo su consumo, hacer deporte, salir al campo y acostarse temprano.

Respiración y relajación

Ya vimos que si uno aprende a respirar consigue oxigenarse adecuadamente y cargarse de energía, lo cual se refleja en su halo y en su aura, que son los campos de energía que nos rodean y que actúan como protección nuestra. La oxigenación trae un mejor desempeño del cerebro y de todo nuestro cuerpo; con ella tendremos mejor memoria y concentración.

Si uno aprende a respirar puede relajarse, que es liberar todo nuestro cuerpo de la tensión. Recordemos que muchas enfermedades son psicosomáticas, producto de la tensión y el estrés. Si uno aprende a relajarse podrá concentrarse y por ende meditar.

Dieta sana

Hipócrates, el gran médico griego, decía: «Que tu alimento sea tu mejor medicina». Y es que generalmente nuestro alimento es lo que siempre termina enfermándonos. Somos el producto de lo que comemos. Si comemos muerte, descomposición, basura, miedo y dolor, al cabo de los siete años en que regeneramos las células de nuestro cuerpo nos convertiremos precisamente en eso.

La célula animal es parásita, incapaz de generar su propio alimento. El animal inmediatamente muerto entra en proceso de putrefacción produciendo una serie de toxinas que nuestro organismo se ve obligado a tener que asimilar, lo cual trae consigo un desgaste prematuro del cuerpo. La carne entra en nuestro organismo en calidad de desecho, como un producto terminado de la naturaleza. Además, el animal muere en un estado de paroxismo, de tensión y angustia, segregando adrenalina que queda grabada en su carne y sangre, lo que asimilamos al ingerirla, mientras que la célula vegetal, a través de la fotosíntesis, sintetiza alimento. Es una fábrica de vida. El vegetal te lo comes vivo y su proceso termina en nuestro torrente sanguíneo. Como la conciencia de la planta está fuera de ella en el elemental, más fácilmente acepta su inmolación, lo que le supone un salto evolutivo. Por ello es tan eficaz y útil lo de la bendición de los alimentos, que además de convertir la comida en una verdadera comunión sagrada, nos permite pedir permiso a los elementales de las plantas y agradecerles su sacrificio.

Cuando nos encontramos ante la disyuntiva de cambiar nuestra dieta alimenticia para mejorar nuestra salud, respetar la vida, sensibilizarnos más y desarrollar nuestras potencialidades internas sabiendo que debemos dejar de comer carne nos asalta el temor de que no vamos a alimentarnos bien o que nos podemos desnutrir. Nuestra preparación debe ser progresiva; por tanto, independientemente de lo dicho acerca de lo tóxico que es ingerir carne, no recomendamos que se altere la alimentación hasta que no se tenga antes una base de información que nos asegure una dieta equilibrada vegetariana que permita garantizar sustitutos adecuados de lo que dejamos. Recordemos que las Sagradas Escrituras dicen: «Misericordia quiero, mas no sacrificio..». En estos temas hay que ir responsablemente despacio, sin fanatismos. Por ello la recomendación es educarse previamente. Lo que sí es aconsejable es ir dejando la carne roja y quedarse con la de ave o pescado, hasta que podamos prescindir definitivamente de ellas.

La alimentación del ser humano no solo la constituye lo que se ingiere por la boca y va hacia el estómago, sino lo constituye la respiración, como también lo que vemos y escuchamos, pues dichas imágenes mentales, como todo lo que estimula y afecta a nuestros sentidos, y especialmente a la vista y el oído, alimentan nuestro subconsciente. Pero por ahora centremos nuestra atención en la alimentación.

El régimen vegetariano y naturista es el apropiado para satisfacer todas las necesidades del ser humano, ya que nos proporciona todas las sustancias que requiere el organismo para su desarrollo y para cubrir el desgaste continuo, así como para regenerar energía y calor, sin tener que cargarnos de vibraciones densas y pesadas.

La recomendación que hacen los maestros y guías es que nuestra alimentación se base fundamentalmente en cereales integrales, legumbres, verduras, hortalizas, frutas y frutos (semillas diversas), pudiéndose complementar, según se sienta la necesidad o haya tolerancia, con huevos sin fecundar y derivados de la leche.

- Cereales: trigo, maíz, quinoa, centeno, cebada, avena, arroz, etc.
- Legumbres: frijoles, soja, alverjas, garbanzos, pallares, habas, lentejas, etc.
- Verduras y hortalizas: acelga, col, coliflor, espinaca, zanahoria, rábanos, cebollas, ajo, tomates, pepinos, nabo, alcachofa, berros, lechuga, remolacha, etc.
- Frutas: naranjas, plátanos, uvas, manzana, papaya, toronja, melón, melocotón, sandía, etc.
- Frutos: nuez, avellana, maní, arrayán, etc.
- Derivados de la leche: queso fresco, requesón, nata, crema, yogur, etc.

Sustancias reparadoras del gasto diario del cuerpo indispensables para su desarrollo y crecimiento en la infancia y la adolescencia son las albúminas, los azúcares y las féculas.

Casi todos los alimentos tienen albúmina en mayor o menor cantidad, pero ricas en ella son los huevos, las legumbres secas, los derivados de la leche, como el requesón y el queso, y también las frutas y las oleaginosas.

Los azúcares naturales y los hidratos de carbono son sustancias que se queman en el organismo para producir calor y fuerza; abundan en los cereales, las legumbres, patatas, las frutas dulces y los aceites vegetales.

Nuestro organismo requiere igualmente de minerales y vitaminas cuya fuente principal son los vegetales, pues la falta de los mismos acarrea enfermedades graves. El pan y las harinas integrales son ricas en ellos. Pero pan integral, porque en la actualidad se refinan tanto las harinas que engordan pero no alimentan y hasta nos enferman. Hace 80 años atrás, 100 gramos de pan contenían 100 miligramos de magnesio; en la actualidad no poseen ni 5 miligramos, y el magnesio es imprescindible para el organismo porque interviene en 300 procesos fisiológicos del mismo. La carencia de magnesio en el cuerpo produce migrañas, jaquecas, dirimías, estrés, depresión y contribuye a la formación de cuadros de patología psíquica. Además, regula el proceso del aparato digestivo evitando el estreñimiento y previniendo el cáncer de colon.

Algunos de los minerales que más necesitamos son el hierro, el calcio, el magnesio, el sodio, el potasio, etc.

- Ricos en hierro son las espinacas, lentejas, acelgas, rábanos, fresas, manzanas, albaricoques, melocotones y ciruelas. La falta de hierro en el organismo produce anemia, debilidad muscular, etc.
- Ricos en calcio son los cereales, las verduras y la fruta. El calcio ayuda en el crecimiento y la formación de huesos y dientes, además de que contribuye al buen funcionamiento del sistema nervioso.
- Ricos en magnesio son los cereales integrales, los frutos secos y las semillas. El magnesio refuerza el sistema inmunológico. Su carencia, como ya dijimos, produce un mal funcionamiento del sistema nervioso, migrañas, estrés, insomnio, estreñimiento, etc. Desde los años 70 han venido apareciendo en los campos de cultivo de cereales unos extraños patrones llamados «agroglifos». Primero apare-

cieron en Australia y luego en Inglaterra; hoy por hoy se registran en más de 39 países. Estas marcas están hechas sobre las espigas sin romperlas, más bien aparecen acostadas en espiral hacia el centro de la figura y con extrañas mutaciones en los cristales de los granos del cereal. Las figuras aparecieron inicialmente como círculos de 3 a 8 metros de diámetro, pero en la actualidad se registran figuras muy complejas, estéticamente muy bellas y algunas de más de medio kilómetro. Hay filmaciones que los vinculan a la aparición de los ovnis. El que aparezcan estas marcas sobre campos ricos en magnesio y de cereales es, más allá del significado intrínseco del símbolo o figura, un recordatorio de que a través de una dieta basada en cereales integrales podemos evitar la mayoría de enfermedades o simplemente no enfermar.

- Ricos en fósforo son los frijoles, garbanzos, cereales integrales, almendras, avellanas, nueces y cerezas y otras frutas muy tiernas. El fósforo ayuda al buen funcionamiento del cerebro, los nervios, músculos y huesos.

- Ricos en sodio son la mayor parte de los vegetales y verduras, el queso fresco, germen de trigo, pan integral, mantequilla, etc. La carencia de sodio trae consigo soñolencia, lengua y piel seca, acidez y gases en el estómago, indigestiones, vómitos, vértigo, catarros, extremidades frías, afecciones en la garganta, etc.

- Ricos en potasio son las espinacas, la manzana, los tomates, la fresa, el plátano, limón, higo, apio, hongo, naranja, papaya, pecana, pasas, piña, arroz integral, miel, melaza, harina de soja, avellana, la patata con piel, etc. La ausencia de potasio produce debilidad muscular, hidropesía, piel seca, estreñimiento, pesadez en el hígado, forúnculos, hemorragias nasales, jaquecas, calambres, etc.

Recomendamos que el buscador sincero procure informarse bien sobre las propiedades de las vitaminas.

Decíamos que la adaptación al régimen alimenticio vegetariano deberá ser paulatina, procurando que el cambio sea a conciencia y producto de nuestro discernimiento. Reitero que lo primero que debería ser abandonado es el consumo de carnes rojas y embutidos, pudiendo mantenerse en la dieta las llamadas carnes blancas (pescado y aves), hasta que poco a poco, fortalecidos la voluntad y el conocimiento, también estos se puedan retirar definitivamente.

Deberá abandonarse igualmente el empleo de las grasas animales, pues acrecientan el colesterol en la sangre, el cual, como se deduce, facilita la aparición de la arteriosclerosis.

Los aceites vegetales naturales, es decir, sin refinar, disminuyen en cambio el nivel de colesterol cuando este es muy elevado, evitando de esta forma una vejez prematura. Tan espléndida propiedad de estos aceites desaparece, sin embargo, cuando se ingieren en frituras excesivamente concentradas. Entre los aceites vegetales destacamos el de oliva, maíz, almendras, y especialmente los de girasol y semillas de maíz.

La mantequilla elaborada de leche de vaca es rica en vitaminas A y D, pero algunas personas prefieren la mantequilla vegetal. Y en cuanto a las carnes, un magnífico sustituto se encuentra en alimentos como la leche, el huevo, el queso, las nueces y las pecanas, entre otros.

Respecto al huevo existen una serie de prejuicios, y por eso notamos aquí que es uno de los alimentos más nobles y ricos en vitaminas, biológicamente de mejor calidad inclusive que lo que aporta la carne, y es así porque sus proteínas contienen todos los aminoácidos necesarios para el equilibrio perfecto. Además, estamos hablando de huevos sin fecundar, por lo que es vida potencial pero sin eliminar a nadie. Se puede comer hasta un huevo diario. Es un viejo prejuicio ese que sostiene que el huevo es malo para el hígado, ya que acelera el drenaje de la bilis. Se sabe que el huevo resuelve en mucho nuestras necesidades calóricas y es rico en vitaminas A y B.

Con relación a la sal de cocina, el uso de la sal inorgánica extraída del mar y de las minas debe ser limitado. La sal es beneficiosa y necesaria para el organismo humano, pero los alimentos naturales ya la contienen El exceso de sal en las comidas perjudica nuestro organismo pues obliga a beber en demasía, irrita el estómago y origina acidez, excita el sistema nervioso y es causa de retención de agua en los tejidos del cuerpo, lo que produce irritación en el riñón y enfermedades en la piel. También favorece la obesidad. En la cura de muchas enfermedades se recomienda la reducción e incluso la supresión de esta sustancia.

Todos los excesos son malos y así también lo es, por ejemplo, el beber agua con exageración. Se aconseja beber con mesura y en ayunas, entre una y otra comida.

Tres cuartas partes del organismo humano están compuestas de agua. El mantenimiento de dicha proporción obliga pues a una ingesta moderada de líquidos. El agua sirve tanto en la higiene externa del cuerpo como en la interna ya que nos ayuda a evitar el estreñimiento, la aparición de úlceras y la vejez precoz. Atempera el carácter, favorece la memoria y ayuda a mantener la mente alerta.

Otra recomendación es que los alimentos se ingieran con calma y no deprisa (tragándolos), sino masticándolos lentamente, con respiraciones lentas y profundas, complementándolo con una actitud mental positiva.

Estaremos sanos y felices o enfermos y desgraciados según el interés que se tomen nuestra voluntad y nuestro pensamiento en cada acto de nuestra vida, por muy trivial o rutinario que parezca. Recordemos que no hay que creer ni practicar a medias lo que creemos, pues es imprescindible evitar la contradicción y los conflictos interiores, para lo cual recomendamos siempre huir de las situaciones que los provocan, y ser consecuentes y amarnos a nosotros mismos cuidando de nuestro templo que es el cuerpo.

El ayuno terapéutico

Hay una anécdota atribuida al profeta Mahoma en donde, explicándole a su médico el origen de su buena salud, dijo: «Come cuando tengas hambre y deja de comer cuando aún tienes apetito; así nunca enfermarás». Qué gran enseñanza esta, pues ciertamente hay más gente en el mundo que se muere por comer demasiado que gente que lo hace por no comer. El ayuno es una práctica que ayuda a fortalecer la voluntad y a mantener nuestro cuerpo limpio internamente. Dejar de comer de vez en cuando sana la mente y el cuerpo, disciplinándonos y aquietando el espíritu.

En la actualidad, varias clínicas muy importantes de Europa curan diversas dolencias y enfermedades a través de la terapia del ayuno, de tal manera que el cuerpo se depura y alimenta de la enfermedad hasta hacerla desaparecer. Además, durante el ayuno la mente se serena y uno encara mejor las causas de su propia enfermedad, muchas de ellas de origen psicosomático.

Si una vez al mes, durante todo un día no comiéramos nada y solo bebiéramos agua, le haríamos un gran favor a nuestro organismo. La clave o el secreto del ayuno está en prepararse mentalmente para él. Un día antes se aconseja comer solo frutos y zumos de fruta, y ya por la noche solo ingerir agua. Luego durante todo el día del ayuno solo beber agua, y al día siguiente, lo cual supone más de 24 horas de ayuno, salir del mismo bebiendo agua y zumos de fruta, y luego a media mañana comer fruta, a mediodía una ensalada y una sopa de verduras. La idea es entrar suavemente al ayuno y salir también suavemente de él.

Hay personas que equivocadamente salen del ayuno comiendo todo cuanto no comieron el día anterior y por todos los ayunos futuros, por lo que después tienen que recuperarse después de una indigestión. El ayuno es muy recomendable para curarse de adicciones como el tabaco y el alcohol.

Otra de las ventajas del ayuno es que hipersensibiliza, permitiendo una conexión mucho más profunda e intensa con otros planos y dimensiones.

El ejercicio físico

El Universo es movimiento, y la armonía y la salud están en el movimiento rítmico y armónico. La gimnasia es un medio indispensable para efectuar la limpieza de nuestro cuerpo físico.

La gimnasia inicialmente se consideró como el arte del desarrollar y dar flexibilidad al cuerpo por medio de ejercicios. Puede afirmarse que en todas las culturas ha existido la gimnasia de una u otra forma, y es bien conocido el legado que al respecto nos dejaron hindúes, cretenses, chinos y hasta los griegos.

Existe un método llamado gimnasia natural respiratoria, cuyos movimientos están destinados a aumentar la capacidad torácica; también se la conoce como rítmica. Esta gimnasia ayuda a la preparación espiritual de las personas porque libera la mente de la tormenta de pensamientos; también se la conoce como gimnasia psicofísica, que consiste en dar elasticidad al cuerpo y abrir los poros como ventanas dejándolos libres para que reciban el oxígeno (que es energía), ya que se sabe que el aire está lleno de átomos de toda índole que circulan en nuestra atmósfera, aunque el espacio nos parezca un lugar vacío. Estos átomos, invisibles por su infinita pequeñez, giran a nuestro alrededor y siempre están ingresando dentro nuestro de una u otra forma por efecto de la atracción magnética universal para proveernos de energía que nos puede ayudar o enfermar. Y si la actitud es receptiva, su captación será mayor.

En la gimnasia psicofísica, al inhalar se atrae siempre lo positivo y al exhalar eliminamos la energía negativa que tenemos dentro de nosotros. En cada movimiento se inhala, se retiene y luego se exhala. Estos ejercicios se aprenden muy fácilmente por su sencillez y suavidad. Dijimos que esta gimnasia nos ayuda al cambio espiritual porque permite tener nuestro cuerpo físico en buenas condiciones, predisponiendo a la persona a estar en armonía consigo misma y con los demás.

La práctica de la gimnasia psicofísica por las mañanas temprano se deberá realizar con una actitud positiva para que nos sirva de higiene mental, y como mecanismo de conservación de nuestra salud, contribuyendo al buen funcionamiento de nuestros órganos.

Evitar los estimulantes

Todo aquello que afecte a nuestro sistema nervioso y que resulte estimulante y pueda llegar a crear adicción y a modificar nuestro comportamiento no es bueno. Ciertamente que en este tiempo hay muchas gente que está buscando inducirse estados alterados de conciencia para vivir experiencias paranormales o «espirituales». Mediante estos «atajos» no conseguiremos realmente avanzar espiritualmente; lo único que lograremos será dependencia y exponernos a amenazas y bloqueos. Podemos alcanzar iguales resultados a través del trabajo interno y la meditación.

El problema es que el uso de las llamadas «plantas sagradas» con propiedades alucinógenas rasga los velos astrales, haciéndonos proclives a sufrir mayores amenazas por parte de toda clase de entidades negativas y bajos astrales, y bloquea la posibilidad futura de lograr el mismo resultado a través de la vía natural del trabajo interno. Es como buscar un atajo y hacer trampa en la carrera, procurando lograr lo mismo con menor esfuerzo. Todo lo que vale la pena exige nuestro mayor esfuerzo.

El tabaco, el alcohol y algunos alimentos que crean adicción también requieren de nosotros fuerza de voluntad para evitarlos y excluirlos de nuestro consumo por los daños colaterales que conllevan, que merman la voluntad y la salud.

Acostarse temprano y procurar el contacto con la naturaleza

Dos aspectos adicionales que no podemos descuidar en nuestra preparación para tener buena salud y estar sensibles para establecer una conexión superior son el acostarse lo más temprano posible y procurar, cada vez que podamos, el contacto con la naturaleza, saliendo al campo y tratando de estar descalzos sobre la hierba, la tierra o la arena para reciclar las energías internas. El pedirle permiso a un árbol y abrazarlo descalzos es una buena terapia, ya que a través de las raíces del árbol descargamos toda densidad y nos cargamos de nuevas energías a través de sus ramas y hojas. Durante el abrazo colocamos la frente en el tronco y tratamos de conectarnos con los elementales y agradecer su ayuda.

En cuanto a irse a dormir temprano, la idea es estar en armonía con el sol y la luna, con la luz y la oscuridad, permitiendo así el reciclaje de las energías de nuestro interior. Cuanto más temprano nos podamos acostar, más temprano podremos levantarnos por la mañana, percibiendo un día más largo, que nos rendirá más. Irse a la cama temprano permite que descansemos más y mejor, por lo que el secreto del buen descanso no es la cantidad de horas de descanso, sino la calidad de las mismas. Y un descanso adecuado nos permitirá realizar viajes astrales conscientes (desdoblamientos) y poder memorizar más y mejor los sueños.

En cuanto al contacto con la naturaleza, es más que saludable salir al campo, pero si lo hacemos dispuestos realmente a dejar atrás la ciudad, las preocupaciones y la contaminación. Para ello, caminar descalzos, abrazar un árbol, mojarse los pies en una corriente de agua, caminar sobre las piedras, tocar el suelo húmedo y las cortezas de los árboles, así como respirar aire libre de contaminación y quedar en silencio para escuchar el viento y el canto de los pájaros debe constituir una verdadera comunión y conexión. Además, vibraremos con los colores de la naturaleza. El color verde del bosque es el color de la sanación, el azul del agua del mar de la espiritualidad, y el celeste del cielo de la comunicación.

Preparación mental

En cuanto a la preparación mental, es muy similar a la preparación física: se requiere aprender a respirar, relajarse y alimentar adecuadamente la mente. Y es que uno no solo se alimenta de lo que respira o ingresa por la boca, sino también de lo que ve y escucha. Así como somos el producto de lo que comemos, también somos el resultado de lo que pensamos. Cuanto más alta sea la frecuencia de nuestros pensamientos, más elevada y trascendente será nuestra vida. Debemos saber seleccionar nuestras lecturas y las imágenes que vemos (cine y TV) para que sean edificantes y positivas.

Los ayunos mentales son parte de la preparación mental. Por ejemplo, si nos hemos acostumbrado a ver todos los días la televisión antes de acostarnos y nos dormimos con ella, o a ver las noticias varias veces al día, para controlar la posible adicción que esto supone podemos reducir el tiempo que dedicamos a ello o las veces que lo hacemos al día.

Otra forma de ayuno mental es pensar en positivo y retirar de nuestra mente y de nuestros comentarios diarios la crítica y el pensamiento negativo y pesimista.

También la preparación mental requiere hacer deporte mental, esto son prácticas continuas de concentración y meditación, así como irradiaciones al planeta o sanaciones y ayudas a distancia.

En la preparación mental es asimismo importante el descanso y acostarse temprano procurando de vez en cuando salir al campo y a la naturaleza para aquietar y relajar la mente.

Preparación espiritual

En cuanto a la preparación espiritual también es importante aprender a respirar, relajarse y alimentar el espíritu, y esto lo conseguimos con la meditación y la oración, así como con el servicio al prójimo. Los ayunos espirituales los conseguimos con el silencio interior de la meditación. El deporte espiritual está en el trabajo espiritual y también en el servicio. Y acostarse temprano nos puede ayudar a vivir experiencias espirituales de crecimiento y aprendizaje en sueños.

El contacto con la naturaleza es un bálsamo para el espíritu; no debemos descuidarlo.

Si tomamos en cuenta estas recomendaciones de manera que asumamos permanentemente esta preparación integral lograremos una profunda sintonía con nosotros mismos y con el Universo.

CONTACTO MULTIDIMENSIONAL

*El Universo es el infinito de posibilidades,
de las que una de ellas eres tú.*

Hemos visto que el ser humano es un ser multidimensional; posee siete cuerpos, seis más aparte del cuerpo físico denso material, contenidos todos dentro de uno, como las muñecas rusas.

Estos siete vehículos o cuerpos nos permiten manifestarnos en las siete dimensiones del universo material donde residimos, pero a la vez nos ayudan a acceder a universos paralelos a través de una conciencia, que no conoce más limitación que la que nosotros mismos nos creamos cuando nos olvidamos de quiénes somos, de dónde venimos y hacia dónde vamos, respuestas que se encuentran en nuestro interior, junto con lo mejor de nosotros mismos. Todo ello debe ser recordado y actualizado por nosotros mismos o esforzarnos en abrirnos al consejo y orientación de quienes responsablemente puedan orientarnos como maestros y guías, pero sin perjuicio de nuestra salud. Por eso hay que estar dispuesto a prepararse a afrontar esas otras realidades, pero en todo momento con técnicas y procedimientos sanos y correctos que requieren de nuestro esfuerzo, y no con la búsqueda de atajos altamente perjudiciales como son las drogas y las sustancias alucinógenas.

Como ha llegado el tiempo de amar y de amarse, de darnos una oportunidad, debemos empezar por mejorar nuestra relación con nosotros mismos y con los demás, para lo cual deberemos aprender a contactar primero con nuestro ser interno o real ser a través del silencio y la meditación. En la medida en que restablezcamos la comunicación podremos redescubrir al otro, al amigo, a la pareja, a los hijos, a la familia y, por qué no, a toda la humanidad. Cuando esto comience a darse, el contacto con el Universo vendrá por sí solo como consecuencia de aquello que nosotros mismos hemos iniciado.

El contacto con otros seres o entidades no debe ser un fin en sí mismo sino un medio para perfeccionar nuestro autoconocimiento. Este contacto debe servir como un espejo donde reflejarnos, a la vez que un ejemplo, modelo o estímulo de nuestras realizaciones futuras, que son entera responsabilidad nuestra.

Así, sea cual sea la técnica que escojamos, lo importante siempre será mantener una actitud mental positiva. Y técnicas hay muchas y muy diferentes, como diferentes y variados somos los seres humanos. Con el tiempo podremos encontrar una adaptada a nuestra necesidades y con la cual nos identifiquemos.

En el contacto con entidades vibratoriamente más evolucionadas uno tiene que estar dispuesto a aprender a escuchar, pues el contacto suele ser inducido, más provocado por estas entidades que por nosotros mismos. Entonces lo que mejor podemos hacer es predisponernos, hipersensibilizándonos a través de la respiración, la relajación, la concentración y la meditación.

El que estas entidades bajen su vibración para conectarse con nosotros no quiere decir que uno deje de lado el esfuerzo personal de elevar su propia vibración, y por qué no, lograr por uno mismo establecer el puente de comunicación. Y, una vez obtenido el contacto, el gran esfuerzo será mantenerlo, ya que todo tiende a confabularse para hacernos perder la dimensión de lo real y maravilloso, empezando por nuestros egos y defectos. El delirio, el desvarío, el engaño siempre estarán rondando nuestras recepciones si no nos mantenemos vigilantes y críticos respecto a nuestro propio trabajo interno y grupal.

Toda la etapa previa de autoconocimiento nos va a ir permitiendo conocernos cada día mejor, ordenar nuestros pensamientos y aprender a reconocer cuándo las ideas que vienen a nuestra mente son nuestras y cuándo no lo son. Con ello uno no solo llega a discernir sino también a sentir con claridad e intensidad la realidad y procedencia de los mensajes.

En la conexión con un mayor nivel de evolución hay muchas alternativas de comunicación que cuentan con sus propias formas de manifestación. Así, nos encontramos con la telepatía (transmisión de pensamiento a distancia sin necesidad de idioma); la psicografía, o escritura automática, que es una forma de telepatía instrumentalizada; la comunicación astral (durante los sueños); la vasografía; la psicovoz o psicofonía, etc. Lo fundamental aquí es que bajo ningún motivo debemos permitir que la comunicación se dé sin la voluntad expresa del receptor o receptores y sin que estos estén plenamente conscientes durante la transmisión. Jamás se debe permitir un estado de trance o semitrance, pues ello da pie a la presencia y participación de entidades desencarnadas, también llamados bajos astrales, que podrían aprovechar la oportunidad para manifestarse y hasta procurar una posesión, cohabitando nuestro vehículo físico. Es cierto que existen ejercicios de protección y que cada cual posee una barrera inmunológica, no solo contra enfermedades, sino contra la asechanza de entidades, que es el llamado huevo áurico, aura o cuerpo bioplasmático, pero el peligro siempre existe ya que hay diversas causas que debilitan nuestra protección, como los miedos, las depresiones, una enfermedad, la inseguridad o la excesiva confianza.

Sabemos que un extraterrestre con cuerpo físico no puede abandonarlo para meterse en el cuerpo de otra persona, porque si esa entidad así lo hiciera o intentara eso sería una transgresión a las leyes que existen, y en todo caso no sería un extraterrestre sino un espíritu. Y en el caso de algunos seres extraterrestres que no poseen corporeidad y son seres de energía, como ocurre con los maestros ascendidos (que ya han trascendido la rueda de las reencarnaciones), o con los ángeles, que son entidades de universos paralelos, todos ellos suelen respetar el orden de las cosas así como el libre albedrío de los individuos, por lo que procuran siempre la comunicación mental telepática a distancia porque de tal manera no hay intromisión, invasión ni agresión alguna a la libertad o a la voluntad de nadie. Con la incorporación, mediumnidad o el también llamado fenómeno del «*channelling*», se estaría dejando la puerta abierta para que en el futuro cualquier entidad baja ingresara a su antojo en el cuerpo de la persona, perjudicándola. Pero es bueno aclarar que bajo ciertas condiciones y en casos muy específicos podría darse la incorporación de una entidad en otra, por breve tiempo, de mutuo consentimiento y siempre que realmente fuese una entidad elevada, como elevada fuese la causa que la llevase a realizar dicha simbiosis o transmigración.

Hay que diferenciar el contacto extraterrestre del intraterrestre y el interdimensional. El contacto extraterrestre es el que se establece con seres de otros planetas provenientes de nuestro universo material y que procuran comunicarse con nosotros llegando con sus naves espaciales en contactos físicos directos, proyecciones holográficas (de imágenes a veces no muy definidas), presencia de naves cercanas o con las llamadas caneplas (monitores esféricos también llamados «ojos de gato»), contactos mentales telepáticos, telepáticos psicográficos (escritura automática) y contactos astrales conscientes (preparando a la persona para futuros contactos físicos, para los cuales en ese momento no estaría preparada o el contacto no sería conveniente).

El contacto intraterrestre es el que llega a producirse con los habitantes del intramundo, sobrevivientes de civilizaciones desaparecidas de la superficie terrestre y que en la actualidad se encuentran aislados en una red de túneles y ciudades subterráneas bajo nuestro mundo, guardando los archivos de la verdadera historia planetaria, constituyéndose como el Gobierno interno positivo planetario. Este contacto puede producirse mental, astralmente y a nivel físico en ciertos lugares aislados del planeta donde uno es llamado o invitado a ingresar, pero siempre después de un período de depuración.

El contacto interdimensional es aquel que puede llegar a establecerse desde el plano elemental hasta el plano angélico, produciéndose tras un proceso de purificación personal que lo lleve a uno a conectar a través de sus vehículos sutiles con todas estas entidades, pudiendo realizarse también a nivel mental, astral y espiritual. Toda experiencia de contacto requiere, como ya he mencionado anteriormente en otras obras, que quien reciba los mensajes sea una persona sana y equilibrada, ecuánime, responsable y objetiva, disciplinada, porque todo ello reduce los márgenes de error, y además que esté abierta a la crítica, sea sincera, humilde y valiente. Todos estos requisitos son para que el mensaje a canalizar sea coherente y lógico, positivo y ofrezca alternativas; sea universalista y respetuoso, atemporal (que mantiene su vigencia más allá del tiempo), constructivo, claro y entendible en sí mismo (que no requiere quien lo interprete); que mantenga la línea de los mensajes anteriores, que no se contradiga; que siempre traiga aportes nuevos, y sobre todo que se pueda confirmar, ya sea por una manifestación extraordinaria de la que puedan ser testigos muchas personas o por la revelación de acontecimientos futuros comprobables a corto plazo.

Cuanto mayores sean nuestra objetividad y espíritu crítico, acompañados de apertura mental, tanto menor será el peligro de mentalismo, de afloramientos del subconsciente, de delirios y evasiones de la realidad. También es importante que no permitamos que los mensajes giren en torno a una sola persona o a muy pocas, porque los egos pueden hacernos tropezar fácilmente, perdiendo rápidamente la percepción de lo real, imaginando cosas o fraguando mensajes justificativos de los peores disparates.

Debemos trabajar en grupo y con mucha valentía y espíritu crítico la recepción de los mensajes y su posterior análisis; solo así reduciremos los posibles errores al mínimo.

No caigamos en el terrible desacierto de trasladar la responsabilidad a alguien y cargar sobre él la pesada y difícil labor de la orientación grupal a partir de los mensajes. La comunicación es un riesgo que hay que asumir entre todos, así como entre todos debemos motivarnos a mantener el trabajo interno y la preparación para que fluya de manera permanente una recepción verdadera y auténtica, pidiendo cada cierto tiempo manifestaciones exteriores que prueben, no solo la seriedad de lo que se está viviendo, sino la vigencia del contacto. Este tipo de comprobaciones se deben solicitar sobre todo cuando los mensajes recepcionados implican conocimientos nuevos, afirmaciones o anuncios importantes. Así, el paso adecuado es que primero se confirman los mensajes y solo después se dan a conocimiento público, no antes.

Una inadecuada interpretación que disfrace una excesiva modestia y humildad lleva a ciertas personas a dar por hecho que los supuestos mensajes que están recibiendo, por su contenido profundamente espiritual, poético o confuso, son de procedencia ajena a ellas, presumiblemente extraterrestre, de maestros ascendidos o ángeles (están de moda). Obviamente estos mensajes no se pueden confirmar porque no hay forma alguna de comprobarlos, y sus receptores suelen ser los principales opositores a su verificación, pues así en el aparente misterio de su procedencia se conserva la magia o el encanto de su recepción. El peligro que acompaña a esta situación es que su aceptación y validez supongan un acto de fe, surgiendo modernas tendencias sectarias fanáticas y religiosas a la luz de estas recepciones. Porque si se aceptase la propia autoría libre de todo exotismo lo más seguro es que no se las tomaría en cuenta, por muy profundas y trascendentales que fueran las pautas trasmitidas... Y es que todo mensaje es bueno por lo que dice, no por quien lo dice.

El «antenaje», como llamamos a la capacidad o habilidad para canalizar mensajes de los guías, es algo que puede aprenderse si nos adentramos en este terreno con una mentalidad libre y valiente. Al principio tendremos que tener paciencia y más adelante constancia en nuestra preparación.

Pero no tengamos temor a equivocarnos; más bien avancemos en la vida con preparación, arriesgándonos a ser más y dar más cada día. Recordemos siempre que quien no arriesga no gana, y si nos enfrentamos el reto con humildad y objetividad lograremos el éxito en todos nuestros emprendimientos.

TELEPATÍA

*«Y después de que el Espíritu santo se
manifestó entre ellos,
salieron de allí predicando a todos,
y cada uno los entendía en su propia lengua».*

Hechos de los Apóstoles

Todos los seres humanos tenemos facultades psíquicas o, como también se la conoce, percepción extrasensorial. Esto es que, además de nuestros sentidos físicos, tenemos sentidos astrales o sutiles. Durante siglos políticos y religiosos han satanizado las facultades psíquicas, persiguiendo y hasta eliminando a aquellas personas que tenían o nacían con estos poderes más desarrollados que el resto. Así, faltos de toda ética, han reservado siempre el conocimiento y el poder en sus egoístas manos. Y es que cualquier conocimiento que uno tenga y que no tienen los demás le da poder y ventaja sobre los otros. Afortunadamente, en la actualidad, en universidades tan prestigiosas como la de Moscú o la Sorbona de París, ya existe una Cátedra de Parasicología Científica, que es una rama de la psicología moderna donde se experimenta con los potenciales de la mente del ser humano.

Así como uno puede ver con los ojos, también lo puede hacer con la mente; eso se llama «clarividencia». Así como a través del tacto podemos percibir si los objetos son rugosos, lisos, fríos o calientes, también con la mente a través del tacto podemos percibir la historia del objeto, a quién perteneció y muchos detalles adicionales. Esta facultad psíquica se llama «dermóptica». *Dermo* es piel y *óptica* visión, lo cual significa que es una visión que llega a través de la piel, recreando imágenes en la mente.

El ser humano se comunica con la palabra, pero podemos llegar a hacerlo con la mente; eso se llama «telepatía», de tal manera que se puede trascender la barrera del idioma y las limitaciones del lenguaje, porque la telepatía no solo transmite ideas, sino también emociones. Uno llega a sentir lo que le están diciendo. No pasa como con las palabras, que pensamos una cosa y decimos otra, muchas veces ejerciendo una hipócrita diplomacia.

La telepatía es la transmisión de pensamiento a distancia. Es una forma de comunicación que no requiere de palabras sino solo de ideas. Uno recibe la onda mental, que es la idea o el pensamiento, y el cerebro automáticamente lo decodifica e interpreta, llegando muchas veces a captarlo como si le estuviesen hablando al oído.

Quién no recuerda situaciones como la de sentir que le están llamando, llegando hasta a escuchar su nombre, y al ir al encuentro de la otra persona que esta nos diga que estaba pensando en nosotros, pero que no había abierto la boca para nada. Quedamos extrañados porque habíamos llegado a captar hasta el timbre de voz, debido a que lo tenemos grabado en nuestra memoria, y lo que ha ocurrido realmente es que nuestra mente ha generado una rápida asociación de ideas definiendo la procedencia y el sentido del mensaje. También es frecuente ponerse a silbar o cantar una canción en la que alguien cercano estaba pensando. O pensar en llamar a alguien por teléfono y que llegue una llamada de esa misma persona antes de que nosotros la efectuemos.

Es más fácil mantener o lograr un contacto mental o telepático con personas afines como parientes o amigos, con quienes funciona una profunda empatía, que con cualesquiera otras personas. En este sentido los hombres solemos ser más emisores, mientras las mujeres suelen ser más receptoras. Pero la telepatía, si bien es un don natural que todos los seres humanos tenemos, está dormida en nosotros y debe ser despertada a través de la práctica continua.

Hoy en día se conoce que se ha experimentado mucho con esta facultad para aplicarla en el terreno del espionaje, sobre todo en la Segunda Guerra Mundial y durante la Guerra Fría.

Técnicas de desarrollo telepático

Para ejercitar el desarrollo de la telepatía recomiendo hacerse en casa con un «set» parasicológico compuesto por distintos materiales y que fácilmente podemos conseguir o hacer para estimular nuestra percepción y mantenernos entrenados.

Lo primero sería comprar cartulinas de colores del mismo material y cortarlas del mismo tamaño, a manera de tarjetas para que quepan en nuestro bolsillo. Así tendremos una violeta o lila, otra azul, otra celeste, una verde, una amarilla, una naranja y una roja. Siete tarjetas de colores.

Luego cortamos del mismo tamaño una cartulina blanca y otra negra de igual material, haciéndonos con nueve tarjetas, a continuación haremos nueve tarjetas más pero todas blancas, y en cada una de ellas dibujamos con un rotulador negro un número del 1 al 9. Una con el 1, otra con el 2, etc.

La idea es que si vamos a trabajar con nuestros familiares o con un grupo nos pongamos de acuerdo para que a una determinada hora del día o de la noche uno del grupo transmita a los demás desde donde se encuentre un número y un color escogidos al azar. Para esto, unos cinco minutos antes de la hora convenida procuraremos relajarnos y concentrarnos, y si nos toca a nosotros emitir, lo haremos seleccionando las tarjetas y anotando previamente en una libretita portátil, que llevaremos permanentemente con nosotros, la fecha de la transmisión y el número y color escogidos por nosotros para ser emitidos. Luego, observando las tarjetas trataremos de reproducirlas en nuestra mente. Esto lo haremos por espacio de unos cinco minutos. Si nos tocase captar o recepcionar, también nos prepararíamos cinco minutos antes de la hora, tomaríamos la libretita y anotaríamos lo que fuéramos a captar. Puede ayudar en nuestra recepción el que visualicemos en nuestra mente el rostro de la persona a la que sabemos le toca emitir a la distancia ese día. Así, durante toda la semana unos emiten y otros captan, de manera que al final de la semana o el día de la reunión podamos cotejar quién envió mejor y quién captó mejor.

La práctica continua más adelante nos permitirá enviar combinaciones de dos números y un color, o hasta más, y poco a poco ideas o imágenes más complejas.

La ventaja y la utilidad práctica de esta percepción es lo que nos permitirá estrechar mayores lazos de unión con las personas a las que amamos, integrándonos y conociéndonos mejor (sintiéndonos). Además puede servir de gran ayuda para localizar a alguien o trasmitirle algo importante de emergencia.

A través de la telepatía se pueden trascender las barreras del tiempo y el espacio, pues es una alternativa práctica para la comunicación en el Cosmos, donde las distancias son enormes y aun las ondas de radio que viajan a la velocidad de la luz son demasiado lentas y poco prácticas. La telepatía puede terminar de unir a la humanidad, como lenguaje universal que modificará nuestra sociedad, ya que al no poder ocultar nuestras intenciones ni pensamientos se erradicarán la falsedad y la mentira, lo que nos llevará a un mundo basado en la verdad, la sinceridad y la transparencia.

NUESTRAS SIETE REALIDADES

> *«¡En esta vida no la supe amar!*
> *Dame otra vida para reparar,*
> *¡oh Dios!, mis omisiones,*
> *para amarla con tantos corazones,*
> *como tuve en mis cuerpos anteriores».*
>
> AMADO NERVO

El hombre es un ser integral que participa de una naturaleza espiritual, mental y material como vía de manifestación para el desarrollo de su conciencia y que, como sabemos, posee siete cuerpos o vehículos, seis de ellos sutiles, contenidos uno dentro de otro. La conciencia en cada uno de ellos puede ser desarrollada a partir de la activación de nuestros centros de energía y a través de las técnicas y ejercicios comentados, como son la respiración, la relajación, la concentración y la meditación.

LOS SIETE CUERPOS

El cuerpo físico

Es el vehículo denso material, sujeto a las sensaciones físicas, que va a contener a los demás cuerpos. Este vehículo, que actúa como un envase, no tiene por qué ser una traba para el desarrollo espiritual; por el contrario, es un medio adecuado para aprender a controlar y orientar las pasiones, experimentar toda clase de sensaciones y acercarnos más y mejor, a través de nuestra interacción con el prójimo, a la Creación.

El cuerpo astral

Es el cuerpo de las emociones y los deseos, y está unido al cuerpo físico por un cordón umbilical de energía conocido como el «cordón de plata». En el cuerpo astral vivenciamos todo lo concerniente a la afectividad y el amor, llegando a imprimir en los cuerpos sutiles la clase de afectividad y amor a los que nos vamos abriendo.

El cuerpo mental inferior

Es nuestro ego inferior, nuestro carácter y personalidad. Conocer y dominar este vehículo con el ejercicio de la voluntad es muy importante si queremos crecer mental y espiritualmente. Solo conociéndonos podemos descubrir todo lo bueno que hay en nosotros para mejorarlo, y todo lo malo para superarlo o transmutarlo.

El cuerpo mental superior

Es nuestra cuarta dimensión. Nuestro vehículo de percepciones extrasensoriales, donde se alberga nuestra intuición. En él se encuentra nuestro potencial para establecer el vínculo con los otros cuerpos o estados más elevados que aspira a alcanzar todo persona comprometida con el camino espiritual.

El alma

Es nuestro quinto vehículo, nuestra «catedral del alma» o «templo del espíritu», acopio de las experiencias de nuestras vidas anteriores. En este vehículo reside la misión de cada quien. Y es que todos venimos con dos misiones: una, la de realizarnos como individuos, descubriendo lo mejor de nosotros para volcarlo a los demás; y la otra es descubrir nuestro rol y participación en el concierto de la vida para ser más y dar más, dejando paso a que el Universo actué a través nuestro.

El espíritu

Es nuestra conciencia, el vehículo con el que, siendo conscientes de nuestra misión, procuramos realizarnos llevando esta a cabo.

El cuerpo esencial

Es nuestra parte divina, que debe ser despertada y recordada. Cuando conectamos con este vehículo nos volvemos verdaderos creadores de realidades, artífices de nuestro propio destino.

Normalmente el ser humano vive experiencias simultáneas en cada uno de sus siete cuerpos, de las que no suele ser consciente, y por ello muchas personas sienten como si estuvieran viviendo realidades paralelas. Ha habido casos de gente que siempre ha ansiado conocer tal o cual lugar de nuestro mundo, y cuando se hizo realidad, la gente de aquel sitio la reconoce y le da la bienvenida, como quien recibe a un viejo conocido, tratando de hacerle entender que ellos ya le habían tenido allí. El ideal es llegar a focalizar nuestra atención y conciencia de tal manera que podamos ser conscientes de todas y cada una de estas vivencias. Para ello la meditación es una gran ayuda que nos permite conocer, sentir y percibir esos otros cuerpos y adquirir conciencia de cada uno de ellos y de todos a la vez.

Con el ejercicio de la meditación continua y constante aprendemos a movilizar las energías a lo largo de nuestra columna vertebral estimulando los chacras, que son las ruedas de energía de las cuales depende la activación de la conciencia en cada unos de nuestros vehículos sutiles.

LOS CHACRAS

Los chacras (ruedas) son centros o vórtices de energía que están dispuestos a lo largo de la columna vertebral, y algunos por encima del cuerpo o por debajo de los pies. Son doce los vórtices, pero siete son los principales, distribuidos por todo nuestro cuerpo.

Chacra muladhara, fundamental o del coxis

Está situado, en el plano astral, en la base de la columna. Es el punto de partida, el soporte desde donde habrán de ser activadas todas las energías. Este centro es la residencia de todas las sensaciones, y por ello es por lo que aquí hay que iniciar la eliminación de los vicios de las pasiones y hasta de los más simples apegos materiales. Este vórtice es el verdadero almacén del deseo. Con la activación e iluminación (polarización positiva consciente) de este chacra daremos el primer paso en la liberación frente a lo que nos limita y nos hace mantenernos densos. A partir de la activación de este centro a través del amor espiritual (compasión, comprensión, tolerancia y perdón) empezaremos a aperturar portales entre dimensiones.

Este centro está relacionado con los órganos sexuales y con todo nuestro cuerpo físico. En él se concentra el control de las pasiones y las emociones.

Está simbolizado por un cuadrado o por un cubo rojo, que significa que hasta para amar hay que aprender, y que la mente humana debe aprender a dominar el instinto y el deseo. El mantra que le corresponde y se utiliza para activarlo es la palabra «LAM».

Chacra svadisthana, esplénico o de los órganos sexuales

Se sitúa a la altura del bazo y su nombre significa mansión del soplo de vida. Su desarrollo permite retener conscientemente todos nuestros sueños, los cuales tienen mucha utilidad, ya que son terreno de aprendizaje y superación, y así un sueño podría ser continuado en estado de vigilia. La activación de este chacra nos puede llevar también a recordar nuestras existencias pasadas. Este centro está relacionado con las glándulas suprarrenales y con el cuerpo astral, y lo activamos con la elevación de nuestro sentimiento y el desarrollo de la sensibilidad. En este vórtice se perciben el desarrollo de la voluntad y el control del carácter y la personalidad.

Se representa con un triángulo o una pirámide de base triangular de color naranja, símbolo de la voluntad espiritual. Y el mantra que le corresponde para poderlo activar es «VAM».

Chacra manipura, umbilical o del plexo solar

Se sitúa, en el plano astral, a la altura del ombligo. Es prácticamente el filtro del organismo, centro de gravitación del cuerpo astral, y se relaciona con el cuerpo mental inferior. Capta las fuerzas del Cosmos y las trasmite según nuestra voluntad. En este centro se percibe el desarrollo de la conciencia, la lucidez, la sabiduría y el equilibrio personal. Está relacionado con el órgano y la glándula del páncreas, el plexo solar y con la activación de nuestro sol interior mediante el conocimiento y el dominio y transmutación de nuestro carácter y temperamento.

Este centro se representa con un disco o círculo o esfera dorada, que simboliza la unidad en la luz, el autoconocimiento. Y el mantra que lo activa es la palabra «RAM».

Chacra anahata o cardíaco

Se sitúa a la altura del corazón y significa centro del sonido espontáneo. Su desarrollo permite el control sobre las fuerzas de la naturaleza, es punto de fusión entre el hombre y Dios. Es el centro de la salud y el amor universal. Está relacionado con el plexo cardíaco, la glándula del timo y con el mental superior o nuestra cuarta dimensión. Sobre él actuamos cada vez que logramos, a través de la actitud positiva, mantenernos armónicos y en comunión con todo y con todos. Este centro se activa cada vez que interiorizamos y cuando salimos a restablecer nuestra conexión con la naturaleza y el Universo.

Se representa por medio de una cruz de cuatro lados iguales, de color verde brillante, símbolo de la actitud positiva en la esperanza y el poder sanador, que nos pide siempre sumar, nunca restar, y menos aún dividir. El mantra que le corresponde para activarlo es «YAM».

Chacra vishuddha o laríngeo

Se proyecta a la altura de la garganta y es llamado también chacra de la pureza. Su desarrollo permite alcanzar diversas percepciones extrasensoriales. Ofrece la verdadera clariaudiencia, es decir, la facultad de interpretar y hacerse sentir y entender claramente por cualquier persona situada en un lugar lejano. Este centro se relaciona con nuestra capacidad para conectarnos con nosotros mismos y con otros, y de interactuar. Es el centro de la comunicación y del poder creador y programador del verbo.

Se relaciona con con la glándula tiroides, el plexo faríngeo y con nuestra alma. Se representa con una media luna celeste, lo que significa que para poder comunicar correctamente uno primero debe aprender a escucharse y a escuchar. El mantra que lo activa es «JAM».

Chacra ajna o frontal

Situado en el entrecejo, es también llamado centro del poder clarividente, tercer ojo, y está relacionado con la glándula pituitaria.

Es el último bastión del razonamiento y el análisis. Es la cumbre en potencia de la iluminación final. Es el centro de la búsqueda espiritual. Está relacionado con el plexo carotideo, la conciencia y el cuerpo espiritual y se representa por una estrella de seis puntas de color azul marino, o de múltiples puntas (Merkhaba), símbolo del equilibrio espiritual. El mantra para su activación es el «OM».

Chacra sahasrara o coronario

Se sitúa en lo alto de la cabeza y es de muy difícil comprensión. Su desarrollo permite al discípulo escoger su encarnación futura, desencarnar y encarnar a voluntad para cumplir alguna misión consciente y voluntaria. Una vez desarrollado, constituye la fusión en la conciencia universal. Está relacionado con la glándula pineal y el plexo cerebral, así como con el cuerpo esencial. Su activación nos permite aperturar portales de conexión con el universo mental, de donde proceden los padres creadores.

Este centro se representa con una flor de loto de color violeta o lila y se relaciona con la capacidad de superarnos con la mística, a través de la transmutación interior, que es nuestra capacidad de modificarnos y modificar las cosas. Es el chacra de la telepatía y la bilocación. El mantra de activación es «AUM».

Como vimos, los siete chacras principales están estrechamente relacionados con la activación de la conciencia en cada uno de los siete cuerpos para actuar conscientemente en cada una de las siete dimensiones del universo material. Pero también los primeros tres cuerpos, el físico, el astral y el mental inferior, constituyen lo que se conoce como el plano de la consciencia material, y nos conectan a través de dicho plano con el universo material de siete dimensiones.

Los siguientes tres cuerpos, el mental superior, el alma y el espíritu, constituyen el plano de la consciencia mental y nos conectan a través de ese plano con el universo mental de tres dimensiones.

El séptimo vehículo, que es nuestro cuerpo esencial o divino, también se divide en tres, voluntad, sabiduría y amor, y constituye el plano de la consciencia espiritual, conectándonos a través de ese plano con el universo espiritual, que está de la onceava dimensión en adelante. (Entiéndase la idea de plano como percepción de una realidad superior, mientras que dimensiones son espacios vibratorios de acción.)

Los cinco chacras o vórtices adicionales son: por encima del séptimo de la coronilla, el octavo o chacra superior llamado también «la puerta de las estrellas», de color dorado; el noveno, por encima del anterior llamado el chakra lunar o «asiento del alma», que permite conexiones espirituales; su color es un tornasol iridiscente. El décimo se encuentra por debajo de los pies y es el centro solar de la Tierra; el undécimo por encima del octavo y el noveno es el chacra galáctico llamado del «propósito previo»; su color es el platino. Y el duodécimo, situado por encima del undécimo chacra, es el chakra del universo local o también llamado «estrella del alma» o del propósito último. Su color es el fucsia.

ACTIVACIÓN DE LOS CHAKRAS Y LIMPIEZA DEL AURA

Nada hay imposible para quien es consciente del poder que hay dentro de cada uno.

Ya sabemos que en nosotros, los seres humanos, existen siete centros, ruedas o vórtices principales de energía, donde se concentra y moviliza la energía de la naturaleza. Por ello debemos esforzarnos por mantenerlos activados y libres de todo bloqueo. Igualmente, esta activación de los chacras o ruedas de energía debe ir acompañada de una limpieza u armonización de nuestro cuerpo bioplasmático o cinturón electromagnético, que llamamos «aura».

Para realizar el ejercicio de activación de chacras y limpieza del aura empezaremos por ponernos de pie, con los talones juntos. A continuación frotamos rápidamente las palmas de nuestras manos y luego las ubicamos detrás de la nuca, sin tocar la piel. La idea es sentir como el magnetismo, ese agradable calor y cosquilleo que sentimos proveniente de las palmas de las manos y las yemas de los dedos, va masajeando y relajando la piel, los músculos y los huesos.

Enseguida, lentamente, vamos a ir elevando las palmas de las manos recorriendo la nuca, la parte posterior de la cabeza, la coronilla y llegaremos hasta la frente. Sentimos entonces cómo la energía se va relajando y armonizando toda esa parte de nuestro cuerpo. Paralelamente mantenemos una respiración lenta y profunda, por la nariz, inhalando y exhalando lentamente, lo más lentamente posible.

Vamos visualizando que la energía va penetrando por nuestros huesos del cráneo, va envolviendo nuestros ojos en luz, restaurando la normal visión y la salud a nuestra vista. Después colocamos las palmas a la altura de las orejas, sintiendo la energía, ese agradable calor que cubre nuestros oídos, restaurando la normal audición y el equilibrio en nuestro cuerpo.

Colocamos enseguida las palmas de las manos sobre el rostro. Vamos sintiendo el calor y el magnetismo en los músculos de la cara, que se van relajando. Envolvemos en luz la lengua y los dientes, liberándolos de toda concentración de energías nocivas o enfermedad.

Descendemos muy despacio con nuestras manos en dirección al cuello, envolviendo en luz la garganta y la glándula tiroides. Armonizamos esta parte de nuestro cuerpo sintiendo la energía que todo lo limpia y sana.

Vamos a frotar nuevamente las palmas de las manos y a continuación colocamos el brazo izquierdo al lado del cuerpo, y con la mano derecha vamos recorriendo el brazo izquierdo por delante y por detrás. Descendemos desde el hombro izquierdo hasta la mano y los dedos, sintiendo un agradable calor que relaja y sana nuestro brazo izquierdo. Toda contaminación, toda acumulación de energías nocivas, todo bloqueo energético o dolor desaparece. Hacemos lo mismo con el brazo derecho, que estiramos. Y con la mano izquierda bajamos lentamente por delante y por detrás limpiando las energías, liberándonos de toda enfermedad presente o futura.

Una vez más frotamos las palmas de las manos y las colocamos ligeramente sobre nuestro pecho, sin tocar el cuerpo. Y, manteniendo una respiración lenta y profunda, descendemos sintiendo ese calor y magnetismo que va envolviendo el corazón y los pulmones, sanándolos y limpiándolos de toda contaminación. Vamos sintiendo cómo los latidos del corazón se van haciendo cada vez más lentos.

Descendemos hacia el esófago, el páncreas, el bazo... Nuestras manos van bajando y en nuestra mente vamos visualizando cómo cada órgano va siendo envuelto en luz, en energía muy positiva. Llegamos a los intestinos y los masajeamos con la energía.

Frotamos en este momento nuevamente nuestras palmas y las situamos ahora por detrás, a la altura de nuestros riñones, y las dejamos un momento, mientras sentimos un agradable calor en los riñones y en la cintura, sanando y relajando. Después vamos bajando con las manos por detrás, doblando poco a poco las rodillas.

Descendemos con las manos envolviendo en energía los glúteos, las piernas, luego las pantorrillas, los talones, y finalmente los pies. En ese momento sacudimos nuestras manos como deshaciéndonos de toda energía nociva o exceso de la misma.

Nuevamente frotamos las palmas de las manos y las ubicamos inmediatamente a la altura de nuestros órganos sexuales, sintiendo la energía que sana, limpia y reconstituye esa parte de nuestro cuerpo, armonizándola. Vamos descendiendo con nuestras manos por encima de las piernas, los muslos, las rodillas, en dirección a los pies, los talones, los empeines, las plantas, y finalmente los dedos, sacudiendo entonces nuevamente nuestras manos.

Después de este sencillo primer paso, vamos al segundo, que consiste en colocar nuevamente el brazo izquierdo extendido un lado del cuerpo y situamos los dedos de la mano derecha apuntando en dirección a nuestra entrepierna. Tomamos a continuación una respiración lenta y profunda por la nariz y visualizamos cómo desciende del Cosmos sobre nuestro planeta, nuestro continente, nuestra ciudad, el lugar donde nos encontramos, y finalmente sobre nuestras coronillas, una energía en espiral de color rojo brillante. Es la energía del amor, la pasión y el sentimiento. Y esa energía va descendiendo a lo largo de nuestra columna vertebral, envolviéndonos por dentro y por fuera en la energía del amor. Y esta energía va a terminar concentrándose a la altura de nuestro coxis, adquiriendo la forma mental de un cuadrado rojo, que simboliza «que hasta para amar hay que aprender».

Tomamos una nueva respiración. Inhalamos, y al exhalar vamos moviendo nuestra mano derecha, de tal manera que los dedos de la mano van a ir girando de derecha a izquierda formando una espiral, luego vamos extendiendo el movimiento a toda la mano y luego al brazo, haciendo la espiral cada vez más amplia. En ese momento visualizamos en nuestra mente la espiral roja que poco a poco se va convirtiendo en un óvalo de color rojo brillante. Cuando sentimos que esa energía gira por sí misma, detenemos la mano derecha y la colocamos a la altura de los órganos sexuales. Allí reemplazamos los dedos de la mano derecha por los de la izquierda. El brazo derecho queda relajado a un lado del cuerpo.

Tomamos una nueva respiración profunda... retenemos... y al exhalar visualizamos cómo desciende del Universo, y de forma espiral, la energía del color naranja brillante, que va ingresando por nuestra coronilla, va envolviéndonos por dentro y por fuera en la energía de la creatividad, de la voluntad, del carácter y el temperamento positivo. Y esta energía va a terminar concentrándose a la altura de los órganos sexuales, adquiriendo la forma de un triángulo naranja, que simboliza «la voluntad espiritual».

Inhalamos nuevamente, lo más lentamente posible... retenemos, y al exhalar, vamos moviendo los dedos de la mano izquierda, de izquierda a derecha, luego la mano y finalmente todo el brazo haciendo una espiral que, empezando desde nuestros órganos sexuales, se va extendiendo y cubriendo todo nuestro cuerpo. Vamos a fortalecer nuestra voluntad, dominar nuestro carácter y tornar nuestro temperamento más positivo.

La espiral de color naranja va empujando al color rojo hacia el exterior de nuestra aura, y ahora el color naranja es el que nos cubre, transformándose la espiral en un óvalo de protección de color naranja. Cuando esa energía gira por sí sola detenemos la mano izquierda y situamos nuestros dedos apuntando en dirección hacia el plexo solar, ligeramente por encima del ombligo. Luego reemplazamos los dedos de la mano izquierda por los de la derecha, brazo izquierdo a un lado del cuerpo, relajado.

Tomamos una nueva inhalación lenta y profunda... retenemos... y al exhalar visualizamos cómo una energía maravillosa de color dorado procedente de todos las estrellas de color dorado de la galaxia y del Universo irradia su luz a la Tierra, y esa energía de forma espiral va descendiendo sobre nuestro planeta, descendiendo sobre nuestro país, nuestra ciudad, sobre el lugar donde nosotros nos encontramos, y sobre nuestra cabeza, ingresando por nuestra coronilla, bañándonos por dentro y por fuera con la energía de luz dorada. Esta es la energía del equilibrio, de la sabiduría, de la inteligencia y la conciencia despierta. Sentimos todos cómo la energía se concentra en nuestro plexo solar y allí va adquiriendo la forma de un disco dorado, símbolo de la unidad en la luz.

Tomamos una nueva inhalación..., retenemos, y al exhalar, a partir de un punto de luz dorada ubicado en el plexo solar, vamos girando nuestra mano derecha, de derecha a izquierda, desenvolviendo una espiral de energía que nos devuelve el equilibrio y la armonía. Esta energía de luz dorada desplaza el naranja y el rojo hacia el exterior del aura, envolviéndonos por fuera y por dentro.

Y cuando ya sentimos que esta energía gira por sí sola convirtiéndose en un óvalo de luz dorada, detenemos nuestra mano, situando los dedos de la mano derecha a la altura del corazón, y los reemplazamos por los dedos de la mano izquierda. El brazo derecho queda a un lado del cuerpo, relajado.

Tomamos una nueva inhalación, inhalamos... retenemos... y al exhalar visualizamos cómo una energía de color verde brillante asciende y desciende sobre nosotros. Es la energía de la Madre Tierra y de todos los planetas de esta galaxia y del Universo, que la comparten con nosotros. Es la energía de la vida, de la esperanza, de la sanación, de la verdad, del amor y respeto a la vida. Esta energía desciende de forma espiral sobre nosotros, ingresando por nuestra coronilla, envolviéndonos por dentro y por fuera con salud, y va entrando hasta ubicarse a la altura del corazón, y allí va adquiriendo la forma de una cruz de cuatro lados iguales, símbolo de la actitud positiva, secreto de la salud física, mental y espiritual. De ahora en adelante habremos siempre de sumar, jamás restar, y menos aún dividir. Nuestra existencia será un canto a la vida y a la esperanza. Sentimos que la sanación recorre todo nuestro cuerpo.

Manteniendo siempre una respiración lenta y profunda, vamos a empezar a girar con la mano izquierda, que tenemos apuntando al corazón, y lo hacemos girando de izquierda a derecha formando una espiral de luz verde brillante. El color verde nos envuelve completamente por dentro y por fuera, empujando a los demás colores hacia el exterior del aura.

Cuando ya sentimos que esa energía de color verde gira por sí sola convirtiéndose en un óvalo verde brillante que nos envuelve, detenemos la mano izquierda, situándola a la altura de la garganta, y la reemplazamos por la mano derecha. El brazo izquierdo queda a un lado del cuerpo, relajado.

Tomamos una nueva inhalación, inhalamos... retenemos..., y al exhalar visualizamos cómo desde el Cosmos desciende sobre este lugar una energía de color celeste aguamarina que ingresa en forma espiral por nuestra coronilla, envolviéndonos por dentro y por fuera, concentrándose finalmente en la garganta, adquiriendo la forma simbólica de una media luna celeste aguamarina. Esta es la energía del poder de la palabra, de la magia del verbo, de la mejor buena relación con los demás, del poder influir positivamente en los demás.

Tomamos una nueva inhalación... retenemos... y exhalamos, empezando a girar con la mano derecha, de derecha a izquierda, activando el poder de la palabra. De ahora en adelante siempre hablaremos de forma positiva y constructiva, sin juzgar ni señalar, siendo conscientes y responsables de todo lo que decimos y de cómo lo decimos, porque con la palabra se construye pero también se destruye y contamina.

Poco a poco la espiral que vamos haciendo se va ampliando, llegando a convertirse en un óvalo de color celeste que va desplazando los demás colores hacia el exterior del aura. El celeste es ahora el más cercano al cuerpo y el que nos envuelve por dentro y por fuera. Cuando sentimos que la energía gira por sí sola, detenemos la mano derecha apuntando hacia el entrecejo y la cambiamos por la mano izquierda, que queda con los dedos apuntando a nuestra frente.

Inhalamos profundamente... retenemos... y al exhalar lentamente visualizamos una energía maravillosa de color azul marino que desciende del Cosmos. Es la energía de la espiritualidad, una luz que proviene de todas las estrellas azules de la galaxia y del Universo, y que ingresa de forma espiral sobre nosotros. Sentimos cómo esa energía azul nos envuelve por dentro y por fuera bañándonos con una protección espiritual muy intensa.

Tomamos una nueva respiración, y al exhalar a partir de un punto imaginario ubicado en el entrecejo, que adquiere la forma simbólica de una estrella de seis puntas de color azul marino, símbolo del equilibrio espiritual, empezamos a girar con la mano izquierda, de izquierda a derecha formando una espiral que activa el color azul en nuestra aura y el chacra del entrecejo.

Cuando sentimos que esa energía gira por sí sola convirtiéndose en un óvalo de color azul que nos cubre completamente, empujando a los demás colores al exterior del aura, detenemos la mano izquierda, situándola a la altura de nuestra coronilla, en la cabeza, con los dedos apuntando hacia abajo y los reemplazamos por los dedos de la mano derecha. El brazo izquierdo queda a un lado del cuerpo, relajado.

Inhalamos profundamente... retenemos, y al exhalar visualizamos una energía de luz violeta que baja del Universo procedente del sol central de la galaxia y de todas las estrellas violetas del Universo. Es la energía de la transmutación, del cambio, de la mística, de la fe y de la magia. Esta energía desciende de forma espiral ingresando por nuestra coronilla, bañándonos por dentro y por fuera, empujando a los demás colores hacia fuera, siendo la luz violeta ahora la más cercana a nuestro cuerpo. Esta energía se concentra en nuestra coronilla y va adquiriendo la forma simbólica de una flor de loto violeta, aquella que surge en medio del pantano, aportando el más exquisito aroma. Esto nos recuerda que debemos ser capaces de elevarnos por encima de nuestros defectos y errores.

Tomamos una nueva inhalación y al exhalar vamos a ir girando de derecha a izquierda la mano derecha desenvolviendo una espiral de luz violeta. Mientras lo hacemos visualizamos la energía que gira y nos envuelve por dentro y por fuera, hasta que se va convirtiendo en un óvalo de luz violeta.

Cuando sentimos que la energía gira por sí sola, detenemos la mano, la elevamos por encima de la cabeza y luego descendemos relajando el brazo.

Hemos completado el segundo paso, por lo que ahora lo que haremos será colocar nuestras manos por delante del cuerpo sin tocarlo, formando con los dedos un cuadrado, situándolo a la altura de la entrepierna. Y para activar aún más el vórtice de energía del coxis, vamos a vocalizar tres veces la letra «O», pero en un tono bajo, grave.

Inhalamos todos… Oooooooooooo….

Ahora colocamos nuestras manos formando con los dedos el mismo triángulo, pero con la punta hacia arriba, situándola a la altura de los órganos sexuales. Y para activar el vórtice de los órganos sexuales vocalizamos nuevamente tres veces la letra «O», pero en un tono más agudo, más alto.

Inhalamos… *OOOOOOOOOOO*…

A continuación colocamos las manos a la altura del plexo solar, ligeramente por encima del ombligo, y con los dedos formamos un círculo y activamos el vórtice de los órganos sexuales vocalizando tres veces la vocal «A», pero en un tono grave, bajo.

Inhalamos… *Aaaaaaaaaaaaa*…

Seguimos ascendiendo, y ahora colocamos las manos con los dedos formando un rombo, que situaremos a la altura del corazón. Activaremos aún más el vórtice del corazón, vocalizando tres veces la letra «A», pero en un tono más agudo, más alto.

Inhalamos… *AAAAAAAAAAAA*…

Llegamos todos a la garganta y colocamos allí nuestras manos formando un triángulo con la punta hacia abajo, y activamos el chacra de la garganta, vocalizando tres veces la letra «E».

Inhalamos... *Eeeeeeeeeeeeeee...*

Ascendemos todos hacia el entrecejo y situamos nuestras manos, siempre sin tocar el cuerpo, con los dedos formando un triángulo con la punta hacia arriba. Y activamos el vórtice del entrecejo, vocalizando tres veces la «I».

Inhalamos... *Iiiiiiiiiiiiiiiii...*

Finalmente llegamos a la coronilla y situamos nuestras manos por encima de la cabeza con las palmas juntas y los dedos separados, como en posición de recibir, simulando la flor de loto. Vamos a activar aún más el vórtice de la coronilla vocalizando tres veces la palabra «*AUM*».

Inhalamos... *Aaaauuuummmm.........*

Finalmente abrimos lentamente los brazos en arco alrededor de nuestro cuerpo y quedamos todos en perfecta paz y armonía pudiendo abrir los ojos.

BILOCACIÓN

*«Dios es omnipresente y está en todas partes
al mismo tiempo».*

JESÚS DE NAZARET

La bilocación es la facultad psíquica o capacidad paranormal de desdoblarse creando un doble mental que ocupa tiempo y espacio, esto es, estar en más de un sitio a la vez. Es también conocida como don de ubicuidad. Como todos los seres humanos tenemos, además de nuestro cuerpo físico, otros seis vehículos sutiles, podemos mantener en cada uno de ellos vivencias y experiencias, de las que seremos tanto más conscientes dependiendo claro está de nuestro nivel de evolución (mente despierta). Entre estos cuerpos está el mental superior, que es el cuarto cuerpo. Ese mental superior puede llegar a proyectarse como si fuese un holograma, de tal manera que podríamos ser observados simultáneamente en varios lugares.

Por ejemplo, tenemos el caso de alguien que se encontraba en el trabajo y se sentía cansado o aburrido y pensaba fuertemente en su casa. De pronto, en ese mismo instante, en su hogar le escucharon entrar y hasta lo vieron. Pero cuando recapacitaron ya no lo hallaron hasta que llegó horas más tarde, para susto de todos sus familiares.

La bilocación es diferente del desdoblamiento astral, pues este obedece al desprendimiento de nuestro cuerpo de emociones y sentimientos. El viaje astral es la experiencia que solemos tener cuando nos desprendemos del cuerpo físico en el vehículo astral (el segundo cuerpo), cuando dormimos o conscientemente; pero este cuerpo no es visible al ojo humano, aunque sí se puede sentir. Y en astral uno puede volar, atravesar paredes, viajar a otros mundos, etc. Realmente no hay límites, mientras que con el mental superior uno puede crear duplicados con conciencia propia como si fuesen clones de uno mismo, aunque de duración limitada, y estos sí son visibles y tangibles.

En una bilocación uno no es consciente, por la misma razón que decíamos antes de que el desarrollo paranormal depende del grado de avance espiritual y mental que la persona posea o logre en esta existencia, o traiga de vidas pasadas. Todo depende del nivel de conciencia despierta que uno maneje. Pero sí se puede llegar a ser consciente de ello si nos entrenamos focalizando nuestra atención en el lugar al que queremos ir o en la persona a la que queremos visitar. Con cinco minutos cada día, y producto de una reiterada concentración, lograremos maravillas, siempre sin obsesionarnos con ello. Recordemos que es una capacidad natural que hay que recuperar. Y para recuperarla hay que entrenar.

¿Para qué nos sirve la bilocación? Cuántos han sido los casos de madres que han aparecido al lado de sus hijos en un accidente o en campos de batalla mientras físicamente permanecían a gran distancia. Cuántos los amigos o personas extrañas que aparecieron en el momento justo y preciso para prestar su ayuda, y después desaparecieron sin que nadie se explicara su presencia y posterior desaparición.

Con la bilocación nos acercamos, a través del poder del amor de Dios, a la omnipresencia. No hay límites para el amor ni para el que ama.

Tenemos un caso muy cercano en Sudamérica, que es el de fray Martín de Porres, un hombre humilde y maravilloso, lleno de virtudes, al que en el siglo XVII, mientras estaba barriendo el convento de Santo Domingo en Lima (Perú), lo veían simultáneamente recibiendo a los esclavos que llegaban a Maracaibo (Venezuela), a los que atendía y reconfortaba; además se aparecía también en África, sanando a quienes habían sido heridos por los esclavistas.

También está el caso de Teresa de Ávila en España, quien, mientras oraba en su convento, era vista simultáneamente en muchas partes de la Península ibérica llevando el Evangelio de Cristo, sanando y curando el cuerpo y el alma de la gente.

LA VISUALIZACIÓN COMO MEDITACIÓN CONSCIENTE

*La visualización es el arte de utilizar la imaginación
creativa de tal manera que a través de ella podamos
descubrir nuestras más profundas necesidades y nuestro
maestro interno o real ser dialogue con nosotros mediante
el lenguaje simbólico, ayudándonos a conocernos más.
El cerebro no reconoce diferencia alguna entre
aquello que ve y lo que recuerda o imagina, y más aún
cuando descubrimos que tenemos el potencial para alterar
y modificar la realidad con fe y convicción.*

Cuántas veces en la vida no hemos soñado despiertos, con los ojos abiertos perdidos a la distancia y sin mirar, distraídos, o más bien concentrados, observando con total claridad imágenes mentales.

Y durante el sueño nocturno, en cuántas ocasiones no hemos soñado con cantidad de imágenes, algunas de las cuales se han cumplido tal como las soñamos o tal como las interpretamos intuitivamente; o cuántas de esas imágenes oníricas, más allá de ser afloramientos del subconsciente, temores ocultos, preocupaciones, o recuerdos y frustraciones de nuestra infancia, han procurado darnos algún mensaje o hacernos vivir anticipadamente experiencias de contacto con otras realidades.

Ese universo de imágenes mayormente simbólicas es el lenguaje al que recurre nuestro maestro interno o real ser, así como las entidades de otros planos y dimensiones, para dialogar con nosotros y darnos pautas diversas.

Cada vez que meditamos en profundidad procurando dejar la mente en blanco, liberándonos de toda clase de pensamientos, y llegando con ello al silencio interior, dejamos el espacio abierto, la vía libre para que lleguen hasta nosotros ideas e imágenes que proceden de nuestro inconsciente, o conceptos e ideas que no nos pertenecen y se abren paso hacia nosotros procedentes de entidades ajenas a nosotros, pero que solo podrán manifestarse si las dejamos ingresar. La válvula que regula esto se encuentra en la voluntad y en la intuición interna de que su origen es una fuente segura, confiable, positiva y trascendente. Esta clase de trasmisiones puede llegar como visiones, sentimientos o por una conexión telepática.

Estos mensajes los podemos canalizar a través de una visualización, que es un ejercicio de imaginación creativa que podemos hacer a continuación de la meditación. Para esto, sin perder el estado de relajación y de armonía, focalizamos nuestra atención hacia el entrecejo y nos imaginamos que nos proyectamos a través de un túnel mental, estimulando con ello el despertar de la visión interior o clarividencia. Y tal como se nos va guiando, vamos recreando todo un paisaje que empezará a decorarse con imágenes y elementos simbólicos cargados de mensajes para nosotros, a los cuales debemos estar muy atentos.

Por muy guiado que sea un ejercicio, no queda exento de que cada quien le coloque su sello característico, lo pinte a su manera o lo llene o cargue de claves orientadas a que se conozca mejor a sí mismo o tome en cuenta tal o cual situación. El resultado de una visualización puede terminar siendo un diagnóstico de nuestro estado interior o un sinfín de pautas para nuestro crecimiento que debemos tomar en consideración.

Es por todo esto que consideramos la visualización una forma de meditación contemplativa, teniendo como punto de referencia o foco de nuestra atención las claves simbólicas con las que se nos están comunicando aspectos de nuestra propia realidad para que mejoremos, las alteremos o demos un giro a nuestra vida.

Muchos de los ejercicios de visualización no son meras invenciones; en su mayoría son descargas del registro askásico, ese archivo de información o campo magnético que envuelve al planeta y en donde va quedando capturado o guardado cuanto hemos hecho, dicho, pensado o dejado de hacer. Allí se encuentran codificados en el lenguaje universal de los arquetipos y símbolos todos los procesos humanos. Estas descargas, propias de una navegación por la «Eternet» espiritual (éter), se producen en estados muy especiales de meditación, y sirven para guiar y ayudar a quienes luego realicen esta clase de ejercicios dirigidos hacia un mayor conocimiento de sí mismos.

El lector podrá percibir en cada una de estas prácticas la profundidad y trascendencia del mensaje que cada uno de ellos arroja.

Hay un sinfín de prácticas de visualización, desde muy dirigidas y elaboradas hasta las más sencillas, solo sugeridas y muy simbólicas. Entre ellas, y como ejemplo, tenemos:

EJERCICIO DE LA ROSA ROJA

El ejercicio consiste en procurar liberar la mente de todo pensamiento y luego, completamente relajados, imaginarse al final de un túnel mental que colocamos en nuestro entrecejo una rosa roja. La idea es observarla completamente, contar sus pétalos y hasta tratar de sentir su aroma. Se solicita a todos que se fijen en la mayor cantidad de detalles posibles, como su tonalidad y número de pétalos.

En esta práctica se procura relajar la mente, luego la selección de nuestros pensamientos y el control primario de nuestra imaginación, fortaleciendo la voluntad, dando margen a que nuestro subconsciente transmita información al consciente de manera simbólica.

Cuando uno piensa en flores, generalmente las asocia con expresiones de amor y afecto con su mujer o novia, con el día de la Madre, la secretaria, el día de los enamorados, etc. El significado de la rosa roja se podría relacionar con el amor, y quién no sabe que el amor está sujeto al dolor; de ahí el simbolismo de las espinas cuando son captadas. Por ello imaginar una rosa podría estar expresando cómo estamos viviendo el amor en nuestras vidas. Esto quiere decir que por más que juguemos con nuestras mentes siempre habrá algo en lo que imaginamos que está aflorando como mensaje de nuestro ser interno. No será lo mismo entonces ver una rosa abierta que cerrada. La interpretación será distinta si la rosa roja es oscura (príncipe negro), o si por más que procuramos verla roja se nos presenta rosada, blanca o amarilla, pues cada color posee su significado. Veremos cómo hasta el número de pétalos nos arroja un dato clave que para cada persona podrá variar, pudiendo tener también una interpretación simbólica numérica vinculada a su experiencia de amar.

La rosa con color rojo brillante representará el amor familiar abnegado y sincero por la pareja, los hijos o los familiares. Una rosa de color rosado claro y brillante revelaría el amor incondicional y desinteresado, expresado en la entrega al servicio por la humanidad. Un rojo oscuro podría llevarnos sobre la huella de un amor egoísta y celoso (posesivo). Una rosa blanca podría significar pureza de sentimientos e intención; una amarilla nos podría estar hablando de un amor platónico o de admiración hacia alguien.

La apertura de la rosa también encierra significado, ya que una rosa demasiado abierta denotaría a alguien excesivamente expresivo, que tropezará más de una vez con el rechazo (amor vehemente e imprudente). Este tipo de amor se asemeja a la rosa que está a punto de que se le caigan los pétalos, una rosa marchita que se está muriendo. El amor rechazado puede desaparecer o transformarse en odio y despecho, y por ello no es bueno estar ni demasiado abiertos ni demasiado cerrados. Una rosa cerrada, por el contrario, sería aquel que aún no se ha abierto al amor o todavía tiene mucho que dar y está esperando su oportunidad, o quizás el amor egoísta que no da nada y lo espera todo. Otra posibilidad de interpretación sería el caso de aquellas personas que se han encerrado en sí mismas, probablemente debido a que fueron rechazadas antes (incomprendidas o ignoradas),

EJERCICIO DE LA PIZARRA

En este ejercicio se pide la visualización o imaginación en nuestra mente de una pizarra verde, como las de las escuelas, con un marco de madera. Luego cada persona debe dibujar, como si lo hiciese con una tiza blanca, todas las figuras geométricas que se le vayan ocurriendo. Bajo ningún concepto debe permitir que las figuras aparezcan por sí solas.

Este ejercicio, que reflejaría el marco de nuestra vida, pues el verde es vida y el marco sus límites, nos podría revelar la existencia de un orden de prioridades que se encuentre grabado en nuestro interior y que puede llegar a manifestarse a través de la figura simbólica de los pensamientos-forma o figuras geométricas. Además, aquí se expresa la fuerza de voluntad, la capacidad de concentración y la disciplina interna que tiene una persona. Y esto se vería reflejado en no dejar que las figuras aparezcan por sí solas, sino que uno mismo tiene que visualizar que las dibuja con un trazo firme y con una tiza imaginaria. El no conseguirlo podría significar falta de concentración, fuerza de voluntad, distracción o ausencia de equilibrio interno.

El orden mismo de las figuras que vayamos dibujando y las figuras en sí mostrarían nuestra actitud mental frente a la vida y cómo se nos está planteando esta.

En cuanto a las figuras, el triángulo podría ser interpretado como que la prioridad número uno para esa persona es el amor, la espiritualidad, la religión o la conciencia espiritual. La figura del círculo sería el mundo individual, la familia, nuestro interior, etc. El cuadrado podría relacionarse con la racionalidad, la actividad mental y los esquemas. En el caso de que la persona hubiera empezado su trabajo en la pizarra dibujando primero el triángulo, luego el círculo y por último el cuadrado, podría interpretarse como que lo más importante en su vida o la principal motivación de la misma sería procurar obtener el amor a través de la familia y llegar a tener las cosas claras. Figuras como el rombo o la estrella de seis puntas reflejarían el trabajo personal por lograr el equilibrio, mientras que incluir figuras con en tres dimensiones tales como la pirámide, el cilindro, el cubo, etc. denotarían profundidad de conciencia.

Por ejemplo, una pirámide es un gran captador de energía cósmica, que recibe del Cosmos y proyecta hacia su interior y hacia abajo, hacia el centro de la Tierra, por lo que dibujarla podría simbolizar que lo importante para nosotros es dar y recibir, recibir y compartir. Dibujar una esfera podría estar representando la búsqueda del autoconocimiento.

EJERCICIO DEL UNIVERSO BLANCO Y EL PUNTO NEGRO

En este ejercicio se pide a todos los asistentes que permanezcan relajados y mantengan los ojos cerrados para que se imaginen o visualicen un universo blanco y luego, dentro de él, un punto negro. Una vez situado el punto deberán procurar ingresar dentro.

Lo que se persigue en este ejercicio es evaluar si la persona se ha planteado ya el camino espiritual o no, que aparecerá representado por el infinito blanco. El poder observar el universo blanco podría significar, además de una buena concentración, que hay conciencia del camino espiritual. El ubicar el punto negro en medio de ese infinito blanco podríamos relacionarlo con que la propia persona, representada por el punto, reconoce que ya está en el camino del autoconocimiento y la introspección.

En muchos casos resulta difícil poder introducirse dentro del punto que aparece delante nuestro, que es huidizo y esquivo. Esto podría deberse a que los seres humanos nos evitamos diariamente, tememos enfrentarnos y conocernos a nosotros mismos. Algo dentro nuestro, una intuición, nos dice que el día que lleguemos a nuestro interior ocurrirá algo en nosotros, como un despertar, para no volver a dormirnos jamás.

Y cuando logramos penetrar dentro de ese punto, o sea en nuestro ser interno, lo que vemos es lo que existe simbólicamente en nosotros: puede que sea una profunda oscuridad y que luego se haga la luz; quizás dentro del punto encontremos «galaxias», lo que puede significar que en nosotros habría todo un universo por conocer; o un lugar de retiro acogedor donde experimentar la soledad que fortalece al alma. Aventurémonos a iniciar el proceso del autoconocimiento, sumergiéndonos en nuestro «ser interno», que está allí, aguardando.

CLAVES DE INTERPRETACIÓN SIMBÓLICA

«En los números los dioses encerraron la clave del destino de los hombres».

(Sabiduría egipcia)

«Dios se expresa a través de las matemáticas».

(Sabiduría maya)

LOS NÚMEROS

Existen en nuestra vida claves activadoras de la conciencia, que suelen aparecer en la medida en que vamos avanzando y comprometiéndonos con el despertar, lo que nos llevará a asumir roles cada vez más importantes en el gran cambio planetario. Estas claves simbólicas muchas veces son numéricas y no expresan una cantidad sino una idea, y lo que buscan es sacarnos del letargo y la inconsciencia, recordándonos lo que tenemos que hacer y cuándo hacerlo. Van apareciendo a lo largo de nuestra vida, siendo dispuestas para actuar en el momento adecuado, recordándonos el compromiso de madurez asumido previamente en las esferas espirituales. Pero no siempre las claves que buscan hacer detonar nuestra conciencia son números; también pueden ser imágenes, situaciones, lugares, personas, animales, etc., que suelen aparecer delante nuestro de forma reiterativa, fuera de toda lógica, con una constancia y periodicidad que abruma, escapando al índice de probabilidades. Estas claves activadoras son empleadas también por las entidades espirituales, mentales y hasta físicas interesadas en nuestro despertar, que las disponen a lo largo de nuestro desenvolvimiento diario a modo de avisos y señales.

Las claves activadoras son como un despertador que nos debe ayudar a abrir los ojos a tiempo, de tal manera que, percibiendo la existencia de un plan maestro para nuestras vidas y para la humanidad, podamos hacer lo que debemos hacer. Los activadores nos avisan de que el momento ha llegado para que despertemos del largo sueño en el que estábamos sumidos, recordando nuestra preparación y nuestro compromiso previo para asumir el rol que nos corresponde en la construcción del puente de luz hacia las estrellas.

Nosotros mismos podemos accionar los mecanismos que disparan los activadores, procurando captar el patrón de periodicidad o tratando de entender cuándo y bajo qué circunstancias suelen repetirse, hasta que percibamos su significado. Cada uno ha programado antes de nacer sus propios activadores, y es el «Yo Soy», «maestro interno», «guía personal» o «real ser» de cada uno el que se encarga de llamarnos la atención colocándolos en nuestro camino o dirigiendo nuestra atención hacia ellos. Estos activadores están relacionados con la misión de cada cual.

Todo ser humano está sujeto a un plan basado en el cumplimiento de dos misiones fundamentales: la primera es realizarse como persona, conociéndose a sí misma, descubriendo sus potencialidades para desarrollarlas y puliendo en paralelo sus defectos; y la segunda es descubrir a partir del autoconocimiento su lugar y ubicación, así como su rol en la gran misión. La gran misión nos involucra a todos, pero que no muchos están dispuestos a realizar su parte comprometiéndose con el planeta y la evolución general. Es como tener aptitud para la música y ser capaz de tocar varios instrumentos, pero donde lo importante sería descubrir en qué instrumento podría yo destacar mejor dentro de la orquesta y con qué clase de música me identifico.

La misión colectiva de la humanidad posee sus propios activadores, que empiezan a actuar en nosotros una vez que uno se ha decidido a avanzar haciendo caso a los propios; y ciertamente a cada uno nos afectan de forma diferente, o más bien a cada quien le dicen algo similar y a la vez diferente que nos complementa, obligándonos a intercambiar la información para tener una visión panorámica de conjunto.

Muchas personas aún no están en la edad evolutiva de darse cuenta de que existen activadores. Ni siquiera se percatan del sinfín de sincronicidades que van en aumento en nuestra vida diaria y alrededor nuestro. Requerirán de varias encarnaciones para percibirlo por sí mismos. Pero como los tiempos se han acelerado y nos encontramos en medio del fin de un ciclo cósmico, hay fuerzas positivas poderosas que contribuyen al despertar colectivo. Nosotros mismos podemos servir de detonador y activador de los demás, como los niños pequeños, que no suelen usar relojes despertadores en sus habitaciones, sino que son sus padres los que se encargan de despertarlos por la mañana para ir a la escuela.

También es cierto que no todos reaccionan a la llamada de los activadores. Es como cuando suena el reloj despertador por la mañana y hay quien, a pesar de que lo escucha, no le hace caso, o quien lo apaga y sigue durmiendo. Se da también la situación de quien con gran esfuerzo se despierta y se vuelve a quedar dormido pero sentado en el borde de la cama. Están los responsables, que cuando suena el despertador se levantan inmediatamente, mientras que otros se despiertan antes de que llegue a repicar, porque para ellos el despertador es solo una garantía para no dejar de responder comprometidamente a la llamada.

El ser humano es como un actor que en cada encarnación asume un personaje. Y al identificarse con él muchas veces corre el riesgo de olvidarse de que es un actor. Por ello la aventura humana es recordar que somos actores realizando un papel, útil pero transitorio. El personaje suele variar de una obra a otra, pero el actor siempre es el mismo. Y la idea es representar lo mejor posible cada personaje para aprender y enseñar a través suyo.

Generalmente el «maestro interno» o «real ser» que es el actor procura comunicarse con nuestro «ego inferior o personalidad» que es el personaje, y suele hacerlo a través del lenguaje simbólico de los sueños. Pero no solo mediante los sueños, sino también a través de las visualizaciones, que permiten la aparición de símbolos, o mediante claves activadoras que se nos presentan a lo largo de la existencia.

Cada número o clave tiene un valor secreto aplicable al momento en que se nos aparece, al que podríamos acceder si combinamos la intuición, la imaginación y la inteligencia. A través de las meditaciones se nos irá revelando el profundo significado de estas claves activadoras.

Hablemos de las claves cuando se presentan como números, y para ello recordemos que fue una de las formas más antiguas de trasmisión de conocimiento oculto en el Antiguo Egipto.

Citando algunas de las claves que más suelen repetirse como activadores, pero sin negar que son muchos más de los que aquí se nombran, tenemos:

El número 144.000

Simboliza en las Sagradas escrituras el colectivo necesario para revertir el futuro planetario; es el número que hace falta para afectar el inconsciente colectivo de la humanidad y generar un despertar de conciencia.

En la cifra 144.000 nos encontramos con el número 12, que es el discípulo; el que aprende a ser maestro y a enseñar aplicando la enseñanza. Y el mil, que es símbolo de la multitud. Por lo que el número 144.000, que se menciona en el capítulo 7 del Apocalipsis, hace referencia a aquella multitud de discípulos que han lavado sus vestiduras (despertado conciencia) y se han autoelegido para despertar a otros.

Así que este número, 12x12x1000= 144.000, simboliza la multitud de los que son necesarios para iniciar una reacción en cadena. Es pues el simbolismo de la cantidad mínima necesaria que inicia el cambio mundial para que millones reaccionen.

Es interesante notar que ya las leyendas de los indios hopi del sur de los Estados Unidos y del norte de México hablaban de la necesidad de reunir a 144.000 «danzantes del sol», que se mantuvieran danzando durante la terrible noche oscura de la humanidad (fin del ciclo), para asegurar así el nacimiento del nuevo día.

El número 1.000

Como se ha dicho, en las Sagradas escrituras simboliza «multitud o muchedumbre», y también los ciclos.

La clave 88

Simboliza la vibración superior permanente en los aspectos femeninos de la Creación. Es una fuerza intuitiva que actúa como un indicador de peligro frente a la amenaza de las fuerzas negativas y a la que la persona debe estar atenta y hacerle mucho caso. Esta clave marca los tiempos físicos y la actitud de abnegación y humildad, de espíritu de servicio y amor incondicional para que logremos y mantengamos el equilibrio necesario en nosotros y en el ambiente que beneficie el equilibrio general.

La clave 44

Simboliza preparación y actitud positiva. La persona se encuentra en la ubicación correcta, en las coordenadas exactas o en el lugar indicado para hacer lo que tiene o se espera que haga. Esta clave hace referencia también a la necesidad de aplicar todo lo aprendido durante el proceso de preparación, manteniendo una actitud mental positiva. Este número viene acompañado de grandes compromisos y sacrificios.

La clave 40

Se relaciona con la preparación para los cambios, con la Cuaresma en el cristianismo, y deriva de los 40 días de ayuno y aislamiento de Moisés, Elías y Jesús antes de iniciar las grandes misiones. El número 40 tiene que ver con la cuarentena, que es recogimiento y purificación. Fueron 40 días los que duró el diluvio universal, 40 días los que permaneció Moisés en contacto con Yahvé en el monte Horeb, 40 años en el desierto los que necesitó Israel para llegar a la Tierra Prometida, 40 días de ayuno en el desierto los de Jesús, y 40 días después de haber resucitado los que se mantuvo en contacto con sus apóstoles antes de ascender a los Cielos.

En el cuento de Sherezade, recopilado de las *Mil y una noches*, titulado «*Ali Baba y los cuarenta ladrones*», se hace referencia al 40 como el número de aquellos que han robado lo más valioso de la humanidad, su tesoro, que realmente es el conocimiento, ocultándolo en una cueva, que simboliza el terreno de lo oculto o, por qué no, el mundo intraterrestre o lo que no es evidente y está escondido. Para poder acceder a él hay que saber localizar la puerta (profundizar y sintonizarse), utilizando el poder de la palabra y la magia del verbo (el «ábrete, Sésamo»). Todo esto es un simbolismo de la situación de aislamiento en que se encuentra nuestro mundo en relación al real tiempo del Universo y nuestro potencial, que se va despertando para dar cumplimiento al Plan cósmico, o las variaciones del mismo que han surgido en este último tiempo.

La clave 33

Es una clave que simboliza la elevación de la conciencia para asumir los grandes retos y compromisos, procurando lograr y mantener el equilibrio para proyectar equilibrio hacia los demás. También se relaciona con la Ley universal de correspondencia, por la cual así como es arriba es abajo. Si queremos saber cómo funciona el Universo, conozcámonos primero a nosotros mismos; y si queremos que el mundo cambie, cambiemos primero nosotros. Esta clave nos recuerda que a partir de este momento debemos tener una vida material espiritualizada y a la vez una espiritualidad práctica.

La clave 32

Es el amor para enfrentar la dualidad; la espiritualidad, que debe anteponerse a los intereses personales. Esta clave se repite mucho cuando se nos está pidiendo paciencia, comprensión y tolerancia. Seremos magos capaces de transformarnos y transformar cuando no permitamos que nada alrededor nuestro nos desarmonice y con la fuerza espiritual más bien nademos contra la corriente.

La clave 31

Señala que ha llegado el tiempo de poner a prueba toda la preparación anterior. Si se ha crecido en el mensaje seremos capaces de lograr la unidad y a la vez prepararnos para el paso siguiente.

La clave 30

Es una clave activadora que marca el inicio de compromisos mayores, anticipa nuevos retos y nos señala el camino de la trascendencia. Es como un volver a empezar, pero a partir del amor consciente, pleno y espiritual.

La clave 22

Tiene que ver con el destino y un plan mayor; representa el haber llegado a recibir mucho y estar descuidando su aplicación. Cuando esta clave activadora se repite puede ser una llamada de atención pues se podría estar dejando de hacer lo que se debería. Por ello es una alerta frente a la omisión y una invitación a asumir nuestro destino, pero con la posibilidad de cumplirlo a cabalidad, o variarlo a voluntad con amor y una conciencia despierta.

El descuidar el proceso personal puede sumergir a la persona en un círculo vicioso de insatisfacción y sentimientos de culpa que la alejarán más de poder equilibrarse. Por tanto, solo podremos alcanzar logros superiores si nos vencemos a nosotros mismos.

La clave 21

Representa trascender la lucha de opuestos para lograr la unidad, transmutando todo lo anterior para lograr el equilibrio espiritual, y esto se consigue si llegamos a dar un ritmo adecuado a nuestro trabajo interno.

El que se nos repita esta clave es una señal de que lo estamos logrando.

La clave 20

Simboliza el renacimiento, una nueva oportunidad para lograr nuestras metas, y a la vez una evaluación de todo lo alcanzado. Esta clave nos avisa de que estamos en un momento en que se están revitalizando nuestras fuerzas internas para poder culminar nuestra empresa de autorrealización.

La clave 19

Está vinculada a la inspiración. Debemos lograr la unidad con nosotros mismos para iniciar conscientemente el peregrinaje y marcar nuevos ciclos en nuestra vida. Cuando esta clave activadora se repite se nos está recordando que la inspiración llega cuando existe en nosotros la capacidad de realizar todo cuanto se nos está revelando, y que debemos hacerlo porque el tiempo ha llegado. Es una clave solar que también se refiere a la irradiación hacia los demás.

La clave 18

Sugiere procurar la unidad con uno mismo haciendo caso a las propias intuiciones. Esta clave trata de hacernos despertar para que no nos dejemos arrastrar por las pasiones y los sentimientos. Si tomamos conciencia de que tenemos un rol y nos equilibramos para responder a tiempo seremos tomados en cuenta.

La clave 17

Revela la transición de una etapa a otra, de un nivel a otro. Este número simboliza el conocimiento de uno mismo para lograr la perfección y dejarse guiar por la intuición para cumplir la propia misión. Es también la muerte mística, cortar con una etapa más densa, menos evolucionada y el correspondiente ascenso hacia otra más elevada. Simboliza el paso de la adolescencia espiritual a la juventud responsable. ¡Pero ojo!, el tránsito puede ser duro y doloroso.

La clave 16

Es una alerta para alejarse del camino de la mentira y la falsedad, y de todo cuanto se forje a partir de ella. Es una llamada a centrarnos y ser veraces aunque el mundo y las circunstancias nos tienten a vivir en el engaño. Si nos conectamos con nosotros mismos y logramos el equilibrio podremos seguir superándonos.

La clave 15

Nos advierte del peligro de apasionarse y dejarse arrastrar por la injusticia y la mentira. El mundo y las fuerzas que lo dominan tratan de envolvernos, pero debemos mantenernos vigilantes. Atendamos al aviso de peligro de este activador cuando aparezca.

La clave 14

Nos habla de la continuidad y el renacimiento, de la templanza, del temple logrado a través de la preparación para enfrentar la sensualidad y la flojera, tomando todo en la vida con autocontrol y fortaleza interior. Es el consejo y la sugerencia del misticismo sobre la importancia de la sobriedad, la abstinencia y la continencia. Esta clave nos recuerda que en cada uno se encuentran todas las experiencias de las vidas anteriores y que esa sabiduría debe ser despertada para afrontar el momento actual.

La clave 13

Nos enseña que la vida conduce a la muerte y la muerte a la vida. Que la muerte realmente no existe, y que cada día que pasa estamos muriendo a nosotros mismos en la materia para que lo espiritual viva eternamente, pero elevado y depurado. Es la muerte de la semilla para que surja la nueva planta, es el nuevo ser que se ha transformado, es la regeneración. El número 13 simboliza los ciclos internos relacionados con las trece lunaciones del calendario lunar.

La clave 12

Significa elección y discipulado. Indica que el estudiante ha sido escogido porque está capacitado para enfrentar las pruebas, pues ha desarrollado su fe, que es la base activadora de toda su potencialidad mágica, y se ha atrevido a enfrentarse a la dualidad. El propósito de este activador es recordarnos que por ningún motivo debemos olvidar el fin último de nuestra búsqueda y de la importancia del servicio para hallar lo que buscamos. Este número nos invita a trabajar con personas afines y en el interior de grupos, sembrando unidad y colaboración, esto es, integrando.

La clave 11

Es el valor, la persuasión y la fuerza. Este número nos recuerda que debemos procurar la unidad en el uno, en Dios dentro de cada uno. Debemos abrirnos a la fuerza interior que nos hará ser parte importante del sacrificio sagrado por amor. Esta clave indica que las pruebas se deben enfrentar con valor porque no estamos solos sino que el Universo conspira para ayudarnos, y que con los demás debemos usar la persuasión, no la fuerza.

La clave 10

Simboliza los ciclos que empiezan y los que terminan. Cuando esa clave activadora empieza a aparecer reiteradamente se nos está queriendo decir que algo está terminando, pero a la vez que algo nuevo y diferente, opuesto a lo anterior, se está iniciando. Los dedos de las manos son diez y este número hace hincapié en la importancia de recordar y no olvidar.

La clave 9

Es la clave que nos recuerda la importancia del desapego, porque todos estamos de paso, nada es para siempre, y por ello no debemos apegarnos a nada. Esta clave tiene que ver con el peregrinaje, con la dedicación, con lo que uno ha asumido procurando cumplir sus objetivos; es también perder el temor a los cambios y prepararnos para el nacimiento hacia algo nuevo. El 9 se relaciona con la capacidad de ayudar a otros, de hacer cosas por los demás y comprometerse a hacer lo que vinimos a hacer en la vida.

La clave 8

Es el activador que nos dice que mantengamos la paz y el equilibrio a pesar de las pruebas, que nunca son mayores que la capacidad que se tiene de superarlas. Esta es la clave de la intuición, de la humildad para dejarnos guiar y del amor abnegado. Es la acción que es capaz de vencerlo todo. Este número se relaciona con las energías femeninas de la Tierra y de toda la Creación. La clave del número 8 nos indica la importancia de incorporar la inteligencia emocional a lo que estamos haciendo.

La clave 7

Nos recuerda que la perfección es alcanzable pero que para ello hay que esforzarse, luchando por vencerse a uno mismo y estar dispuesto a aceptar los cambios y las pruebas de fe. El 7 también es el número del orden universal septernal. Cuando esta clave se nos repite nos están queriendo dar a entender que debemos perfeccionarnos más, que debemos incrementar nuestro esfuerzo y dedicación para lograr la sabiduría, para lo cual habremos de procurarnos el tiempo necesario para la reflexión y la soledad.

La clave 6

Nos dice que la clave esta en ver más lejos en el horizonte de nuestras vidas, tanto hacia fuera como hacia adentro. Este número nos recuerda la importancia de mantener el equilibrio siendo responsables. Es la clave que nos invita a ser más justos y ecuánimes, procurando armonizarnos y teniendo cuidado con el pensamiento y las actitudes, porque a través de ellos podemos ser fuertemente atacados para desequilibrarnos. Su repetición constante es un aviso para controlar las emociones, los sentimientos y los deseos, rechazando los impulsos que desarmonizan. El que la clave del número 6 se nos repita reiteradamente podría estarnos indicando que debemos buscar el equilibrio en la familia y los amigos, para hallar en ellos la fuerza para continuar, dándoles a la vez lo mejor de nosotros mismos.

La clave 5

Tiene que ver con la magia y el poder de comunicarse, con la libertad y la capacidad de expresarse mostrándose uno mismo tal cual es para llegar al otro. La clave 5 es la comunicación, y la mejor buena relación con uno mismo y con los demás. Simboliza la importancia de utilizar el poder de la palabra para transformar y orientar los acontecimientos, mejorando nuestra capacidad de diálogo y aprender a escuchar también. Si queremos que todo sea diferente a nuestro alrededor debemos empezar por ser diferentes nosotros y comunicar a todos nuestro sentir.

Con el número 5 se nos está queriendo decir que la persona está llegando, mediante una instrucción superior, a alcanzar la llave de los mundos y planos más elevados. Hay que estar atentos porque con este activador suelen venir acompañando de palabras y hasta del nombre cósmico o clave vibratoria personal, que como llave nos facilitará la entrada a los mundos invisibles.

La clave 4

Es el Cosmos y las cuatro direcciones. Es el número del esfuerzo positivo, de la actitud positiva que suma, del sentido práctico, de los cuatro rumbos de la Tierra, de los cuatro elementos, de las cuatro estaciones, de las cuatro etapas en la vida del ser humano y de la cruz de cuatro lados iguales, símbolo del ascenso espiritual trascendiendo la muerte o lo horizontal. Esta clave numérica nos recuerda que Dios está por encima de su Creación, por lo que ahora la creación está en nuestras manos y debemos prepararnos para entender y aplicar las leyes universales, empezando por nosotros mismos. Esta clave nos invita a actuar con sabiduría y a enfrentar lo cotidiano con espíritu activo y práctico; también nos recuerda que debemos cuidar la salud, tanto la nuestra como la de la familia y del mundo.

La clave 3

Es la espiritualidad. Este número también nos habla de la integración y la totalidad. Nos recuerda que lo espiritual a través del amor debe primar en nuestra vida. Que debemos actuar con sabiduría y equilibrio. Es también el número que se relaciona con el triángulo y la unión de los tres planos: físico, mental y espiritual. La repetición de la clave 3 nos invita a renacer y a ver el amor en todo y en todos, disfrutando de todo lo hermoso que la vida nos da, a la vez que nos motiva a laborar en la siembra de ese mismo amor en los corazones de los demás. El 3 es el número del balance, del equilibrio interno que debemos lograr para seguir ascendiendo y creciendo en todos los aspectos de la vida.

La clave 2

Hace referencia al hombre, nos recuerda que vivimos en un Universo dual, en el que hay fuerzas en oposición. Y que de esa lucha de opuestos debemos extraer la síntesis, que son el autoconocimiento y el equilibrio. Esta clave nos indica la importancia de asociarnos, de compartir y unir nuestros esfuerzos, de buscar complementarnos con el otro, duplicando nuestra fuerza. El 2 es también una clave que nos pide paciencia y comprensión, así como tolerancia. Nos invita a fortalecer el carácter y controlar el temperamento.

La clave 1

Nos remite a lo divino, a la unidad e integración con el Uno. Marca el inicio, el comienzo de algo nuevo y diferente en nuestras vidas; es una llamada a la creación. Cuando esta clave se nos repite, y pocas personas suelen percatarse de ello, se nos esta queriendo aportar un mensaje de unidad e integración para que percibamos la presencia del Uno, de Dios en nuestras vidas; también se nos está induciendo a crear, a hacer cosas nuevas y diferentes, a recrearnos y sembrar para futuro. El número uno suele repetírsenos cuando nuestro maestro interno nos solicita e induce a que nos esforcemos en purificar nuestros sentimientos y emociones, aprendiendo a amar. Es importante que en nuestra existencia lleguemos a sentir la presencia manifiesta de la unidad y procurarla a través del conocimiento de nosotros mismos. El uno es una clave espiritual que representa la unidad que se logra a través de la práctica de la interiorización. Solo cuando somos capaces de lograr la independencia frente a todo cuanto nos rodea y suele influirnos dejamos de ser influenciados y determinados.

La dinámica del laberinto

Es posible trabajar con los números como símbolos realizando una dinámica muy interesante de integración, para lo cual hay que construir la figura de un «laberinto» que simboliza la aventura del alma. Una figura espiral basada en una cruz o esvástica. Esto se puede hacer entre varias personas movilizando piedras, ramas de árboles o cualquier otro objeto que sirva para construir senderos.

El primer laberinto conocido fue construido en Egipto en la época faraónica, en el oasis del Fayum, y el arquitecto griego Dédalo lo copió para que sirviera de modelo para el palacio del rey Minos en Cnosos (Creta).

La leyenda del laberinto de Teseo y el Minotauro la podemos relacionar con la aventura del hombre por conocerse y vencerse a sí mismo, controlando su parte bestial, que es la parte incompleta de su naturaleza y que está en lo más profundo de su ser, aunque la mayoría de las veces se manifiesta en su superficie. El símbolo del laberinto representaría el camino del alma por llegar hasta el fondo, hasta el conocimiento pleno de sí mismo; a la vez que sería como un mandala que nos sumerge en el subconsciente, donde la persona tiene que llegar a definir si lo que busca es entrar o salir, vivir o morir, la supervivencia de su ser superior o el predominio de su ser inferior. Aunque deberíamos terminar de entrar para poder salir llenos de una nueva sabiduría, ya que al final el camino siempre es el mismo.

El laberinto es un camino hacia el centro, hacia lo más profundo de nuestra identidad, donde el recorrido en apariencia es complejo y nos expone al riesgo de perdernos enfrentando el temor, cuando más bien deberíamos vivirlo como un juego y acertijo, con alegría y espíritu de aventura, que inexorablemente nos llevará tarde o temprano de afuera hacia adentro, y luego de dentro hacia los demás...

Hay quienes piensan que los laberintos eran mapas del Más Allá, por haber sido encontrados en innumerables tumbas en los pueblos alrededor del Mediterráneo, Inglaterra, iglesias en Francia e incluso entre los indios Hopi. Pero también se encuentran en Finlandia y Suecia, donde se relacionaban con ritos primaverales de fertilidad. En ciertas fiestas se hacían laberintos de piedras o ramas en cuyo centro se situaba a una muchacha que tenía que ser rescatada. A estos rituales se les llamaba «La Danza de la Virgen». Vida y muerte siempre unidas, sin la garantía de que la vida vuelva a manifestarse tras la muerte; muerte simbólica, como en el caso del invierno en los rituales de Eleusis (Grecia).

En algunos lugares el símbolo del laberinto pasó a ser un talismán de protección, de buena suerte, o también un talismán de poder con el cual se podía controlar el tiempo. En el mundo cristiano, al laberinto, que comenzó a ser representado en el suelo de las iglesias, se le llegó a llamar *Chemin de Jérusalen*, o camino de Jerusalén, porque al recorrerlo el peregrino debía meditar sobre los valores de la fe, llegando hacia el verdadero centro de todo: Jesús, el arquetipo del amor perfecto.

El laberinto es una cruz de cuatro lados iguales que es el símbolo de la Tierra, de los cuatro elementos, los cuatro puntos cardinales, y el principio de la evolución. Simboliza el patrón de nuestro proceso de evolución. Y se hace siempre de izquierda a derecha. Es la cruz gamada a la vez que la esvástica, que termina convirtiéndose en una espiral. Para construirlo debían hacerlo en un día, juntando piedras y colocándolas una a una, interviniendo para ello todo el grupo de gente reunida. Se inicia construyendo la forma central, que es una cruz. Todo esto en una actitud reverente y en un ceremonial que exige silencio e introspección en lo posible. Para el primer paso se empieza colocando ocho piedras a la derecha, cada una con un pensamiento positivo por el planeta, porque hay que recordar que es la construcción de algo vivo, que utiliza el patrón geométrico de nuestra conciencia. Luego cada uno del grupo va ingresando al centro y se van colocando las piedras siguiendo el orden preestablecido. Se puede recurrir a la presencia de una mujer anciana o simplemente la mayor de las presentes, o de una niña o joven, quienes llevarán sobre las manos una vela como símbolo de la luz y de sabiduría. Recordemos la presencia de la joven Ariadna, hija de Minos en el mito de Teseo facilitando el hilo que permitirá al héroe salir del laberinto. La niña ofrece la luz al planeta y espera a la anciana o mujer mayor que trae la sabiduría, intercambiando sus ofrendas en el centro. Y el centro es el número 8, que es Dios pero también la Madre Tierra. El siguiente sendero (más exterior) está simbolizado por el número 7, que es la espiritualidad; luego le sigue el 6, el equilibrio y la visión interna; luego el 5, el sonido, el poder del verbo y la comunicación; más hacia el exterior el 4 o corazón, la intuición y la preparación; después viene el 3, que sería el ego; luego el 2, que es el sexo y las pasiones. Y finalmente, el más exterior de todos es el 1, que se traduce como supervivencia.

Siempre hay un guardián que cuida de todos aquellos que entran y salen; y en este caso, por los tiempos que corren, representando al espíritu de la Tierra sería aconsejable una mujer, quien actuará de vigilante. El ingreso se recomienda que se haga espaciando a las personas lo suficiente, nunca juntas. La consigna para los participantes es que una vez lleguen al centro deben decretar con voz alta, qué fue lo que los llevó hasta allí. Porque el laberinto simboliza nuestra propia vida.

Al ingresar en el interior de ese conjunto tan peculiar de senderos en espiral caminamos siempre por la derecha de las paredes del laberinto, que en algunos casos no llegan a ser paredes sino piedras. Así, los que estén de regreso pueden hacerlo por el lado izquierdo. Es aconsejable acceder llevando dos piedras en las manos que simbolizan las dificultades, errores o piedras de tropiezo en la vida, para colocarlas en alguna parte de las paredes del laberinto, lo cual significaría que los errores o problemas dejarían de ser piedras en el camino para pasar a ser lo que nos marcará el camino.

Al ir varias personas por el laberinto en distintos niveles o senderos, algunos parecen estar más cerca del centro y sin embargo están lejos. Las apariencias engañan. Nunca sabes realmente quién va delante y quién va detrás. No puedes saltarte a nadie porque sería como obviar una etapa del aprendizaje, porque por algo esa persona está contigo en el mismo camino (la familia), ya sea delante o detrás. Salirse es una suerte de suicidio simbólico. Y hay que llegar y pasar al centro de uno en uno. El encuentro con Dios es una experiencia solitaria, aunque te desesperes aguardando tu oportunidad.

Conforme uno camina en el laberinto va cambiando de nivel, y curiosamente uno no entra por el sendero que corresponde a los números en orden correlativo, sino que estos se van salteando o desordenando. Por ejemplo, al empezar uno no accede por el que sería el exterior, que es el 1, sino por el del número 3, que es el ego, haciendo giros de 90°, luego pasas al 2, que es el sexo, de ahí sigues por el más externo, que es el 1, que simboliza la supervivencia. O sea que has entrado en la vida lidiando con tu ego, siendo afectado y probado por las pasiones, y pasando por etapas de supervivencia y superficialidad, donde fácilmente uno puede perderse o quedarse; y del 1 pasamos al 4, que es el corazón, la preparación e intuición, porque solo cuando extraemos de nuestro interior los sentimientos más elevados, y pensamos y hablamos con el lenguaje del corazón, que es el «amor», logramos dar nuestros primeros pasos en la trascendencia. Del 4 pasamos al 7, que es la espiritualidad; del 7 el camino nos lleva al 6, la geometría sagrada o la visión interior. Ahora sí empezamos a ver claro, ya que vemos, sintiendo, que todo tiene sentido y obedece a leyes universales y a un orden superior, aunque muchas veces no lo entendamos. Del 6 pasamos al 5, el sonido, que es el que finalmente nos llevará hacia el 8, donde nos encontramos con Dios. Y es que por el sonido o la palabra todas las cosas fueron hechas, y ahora se debe producir en nosotros una creación, un nacimiento. Debemos decretar el cambio para que el cambio sea posible...

Al final de la dinámica de integración de la construcción del laberinto y su posterior utilización, la guardiana, que se ha mantenido en todo momento en la puerta o entrada, pregunta a los que van saliendo quó fue lo que encontraron en el interior de cada uno y en orden va revelando lo que hay en su interior, y después lo abraza y lo deja salir.

LAS FIGURAS GEOMÉTRICAS

Las figuras geométricas suelen expresar conceptos o ideas que, trasladadas a la aventura interior, pueden ayudarnos a simbolizar y entender los mensajes de nuestro maestro interior. Por ejemplo:

Visualizar un triángulo estaría relacionado con el amor y la espiritualidad.

Un cuadrado simbolizaría la inteligencia, el conocimiento, la sabiduría, buscar entender las cosas o tenerlas claras.

Un círculo simboliza la familia, el mundo de cada uno y también la unidad.

Un rectángulo simbolizaría la muerte, lo caduco, el cambio, lo que hay que guardar.

Un trapecio se relaciona con la búsqueda de la realización de ideales.

Un pentágono sería el despertar de las capacidades interiores, de nuestro potencial mágico. También tiene que ver con el desarrollo de nuestra naturaleza humana.

Un hexágono sería profundizar en el equilibrio, o mantenerlo en nuestras vidas.

El que las figuras dejen de ser planas y añadamos otras con volumen simbolizaría que uno le está dando profundidad a su vida. Por ejemplo:

Una esfera simbolizaría el autoconocimiento, el llegar a conocernos a nosotros mismos, y también la capacidad de proyectarse hacia delante, de contemplar nuestro propio futuro.

Una pirámide es un colector de energías universales, que las concentra en su interior y las proyecta a su vez hacia el centro del planeta. Este símbolo representaría el recibir para dar o el dar y recibir.

Un cubo simboliza el saber guardar el conocimiento y aplicarlo con sabiduría.

Un cono es un triángulo en revolución, en movimiento; simboliza darle movimiento al amor con un objetivo definido y trascendente; también es recibir, aunque por su base circular simbolizaría recibir y proyectar unidad.

Un cilindro simboliza el dejar pasar, el dejar fluir, el canalizar mensajes y enseñanzas.

Las figuras (polígonos), dependiendo de que sean de tal o cual material (cristal, piedra, madera, etc.), podemos interpretarlas a la luz del número de sus caras y su grado de transparencia, recordando que la tendencia siempre es acercarse a la esfera (la unidad y el autoconocimiento) y a la transparencia (pureza y veracidad). El que tengan muchas caras o facetas representa aspectos que están siendo o que deben ser pulidos, superados o vencidos en nuestra vida o que ya lo han sido.

Los objetos, sus formas y sus materiales

En el proceso de visualizaciones y sueños debemos procurar interpretar los símbolos en el contexto de su recepción u observación, esto es en relación a otros símbolos, circunstancias o situaciones a los que están vinculados. Cuando conocemos la ambientación y los demás elementos entre los cuales asomó el símbolo que nos interesa podemos, no solo utilizar nuestra intuición y conocimiento previo, sino también establecer una asociación de ideas.

Los elementos

El símbolo del agua se asocia con la vida y la purificación, con la renovación, con el paso de la vida misma. Representa un renacimiento, pero en la propia existencia, corrigiendo actitudes, lavando errores, dejando fluir. Pero no será lo mismo que el agua esté en movimiento o estática, circulando como un río o cayendo como una cascada. Una cascada por ejemplo simbolizaría el devenir, así como también podría simbolizar una revelación que a su vez exige profundizar en ella. Un cántaro de agua nos estaría indicando purificación o la necesidad de renovar fuerzas para continuar.

El agua es el elemento más fácilmente programable con nuestro poder mental, es como cristal liquido. El chacra de la frente y el de los órganos sexuales se relación con el elemento agua. Recordemos que casi el 75 % de nuestro cuerpo y del planeta son agua.

El fuego es también una forma de purificación y renacimiento, pero como algo nuevo y diferente. Es transformación, regeneración, acción y motivación. El chacra de la coronilla y el del plexo solar son elemento fuego.

La tierra simboliza a la madre, nuestro origen. Nos señala la importancia del arraigo, de tener bases sólidas, de no perder la conexión con la realidad. Simboliza estabilidad y a una persona confiable y aterrizada. El chacra del coxis es elemento tierra.

El aire simbolizaría el olvido, el cambio, y la proyección hacia lo sutil, invitándonos a desarraigarnos de todo lo que hemos hecho antes. A la vez nos señala la necesidad de elevarnos por encima de nuestras limitaciones y aventurarnos a romper con ciertos lazos que pueden ser más bien lastres. Aire es salud, sanación y creación a través de la palabra. El chacra del corazón y el de la garganta corresponden al elemento aire.

Los materiales

Visualizar cristales u objetos hechos de cristal tiene que ver con el proceso de perfeccionamiento del individuo. Sabemos que los cristales representan la perfección en la naturaleza pues se forman como resultado de grandes presiones; así también el ser humano se perfecciona con las pruebas. Los cristales simbolizan perfección y la capacidad de adivinación. Pero no será lo mismo un cristal de cuarzo blanco o transparente (perfección en la pureza de intención o integridad) que un rubí (perfección en el amor), una esmeralda (perfección en la actitud positiva, en la sanación, en la esperanza siendo un motivador de los demás), etc.

El visualizar piedras preciosas o semipreciosas está relacionado con la activación de nuestros vórtices de energía (chacras). Por ejemplo, el rubí con el del coxis, que es la perfección y el crecimiento en el amor. El ópalo con el carácter y el temperamento con la creatividad. El topacio con el equilibrio, el balance y el conocimiento. La esmeralda o el jade con la salud, el optimismo, la esperanza y el amor a la vida. La turquesa o la aguamarina con la comunicación, la profundidad, el diálogo, la integración y el cambio personal. El zafiro o el lapislázuli con la espiritualidad, la responsabilidad y el compromiso. La amatista con la perfección, la mística, la fe, la magia y el cambio.

El visualizar madera u objetos de madera se relaciona con el propio cuerpo de cada uno, con el trabajo que cada cual hace consigo mismo y su actitud para con el entorno. La madera nos habla de la conexión con la naturaleza, con la salud, con la vida. Simboliza crecimiento y creatividad. Percibir un árbol alto de tronco grueso y copas frondosas podría estarnos señalando la importancia de conectar el Cielo con la Tierra. Una madera sin forma definida que arroja el mar en la orilla de la playa podríamos interpretarlo como que la vida nos da la oportunidad de dar forma y sentido a nuestra existencia, transformándola en una obra de arte, descubriendo en su interior su potencialidad y armonía.

Ejemplos de árboles y su correspondencia simbólica:
- Álamo: incertidumbre, destino, inquietud.
- Abedul: inspiración, canalización y conexión con lo sutil y trascendente.
- Abeto: misterio, búsqueda de lo desconocido.

- Arce: mente abierta, amplitud de criterio.
- Avellano: lo extraordinario, la capacidad de maravillarse y sorprenderse.
- Castaño: honestidad, rectitud, confianza.
- Haya: creatividad, ingenio.
- Árbol de lima: duda, investigación.
- Manzano: amor, cariño y sentimiento.
- Olmo: actitud y mentalidad noble.
- Cedro: fidelidad.
- Nogal: pasión.
- Olivo: sabiduría, entendimiento, sacrificio.
- Pino: lo particular, el hogar, lo cotidiano.
- Roble: valentía, magia y madurez.
- Sauce llorón: melancolía y tristeza.
- Higuera: sensibilidad e intuición.

Visualizar metales u objetos de metal simbolizaría el haber sabido sacar lo mejor de nosotros mismos. También representaría riqueza, abundancia y prosperidad. Si es oro simbolizaría sabiduría y conocimiento; si es plata, intuición y sensibilidad; si es plomo, densidad, falta de motivación; si es bronce, simbolizaría tomar lo mejor de todo cuanto está llegando a nosotros para saberlo combinar y aplicar.

El visualizar piedras podría simbolizar dificultades en nuestro camino, así como los elementos sueltos, que constituirán la base de todas nuestras realizaciones futuras. Las piedras estarían relacionadas con las pruebas superadas que nos han otorgado experiencia, solidez y fuerza para continuar.

Visualizar plantas simbolizaría vida, vitalidad, salud. Las plantas representan nuestra propia existencia llena de esperanza, que debe ser cuidada para que fructifique. También podría relacionarse con nuestros proyectos personales y familiares.

Los animales

Los animales representan aspectos de nuestra personalidad que deben ser atendidos, o con los que tenemos que trabajar, como, por ejemplo, visualizar un venado podría relacionarse con mejorar nuestra autoestima, lograr autodominio, andar vigilante y en guardia. Un oso, dejarse querer, ser más accesible, ser o aparentar ser más fuerte; un águila, aprender a ser más libre o actuar con libertad, elevarse por encima de las aparentes limitaciones; un zorro, ser más astuto y precavido; un caballo, ser más disciplinado y mantenerse en movimiento; un perro, aprender del valor de la fidelidad y lealtad; una serpiente, ser más aterrizado e inteligente; una cabra, desafiar los límites; un felino, ser más audaz, valiente e intuitivo; una ardilla, ser más comedido, no descuidar el trabajo o trabajar con constancia, etc.

Los objetos

Los objetos se relacionan con los instrumentos o medios que se nos brindan o que encontramos para realizar tal o cual acción en la vida. Por ejemplo:

Un reloj de arena es un símbolo relacionado con el paso del tiempo; podría simbolizar que se nos está dando tiempo para hacer lo que tenemos que hacer, o que estamos contra el tiempo y no debemos descuidarnos porque el tiempo corre para hacer lo que se espera de nosotros.

Una bandera podría simbolizar que se nos está aclarando o brindando una causa o fuente de inspiración por la cual podemos y debemos luchar y salir adelante.

Un escudo simbolizaría protección y fortaleza, la preparación para enfrentar el peligro.

Una espada representaría la verdad, la justicia, el poder.

Un espejo simboliza la imaginación y la conciencia, y como refleja lo que tiene enfrente se le considera símbolo de la verdad reflejada, a la vez que un portal entre dimensiones. En China era considerado el símbolo de la felicidad conyugal. El espejo también puede simbolizar un escudo contra el mal, una protección contra las fuerzas diabólicas. Se le suele relacionar con el agua y con la luna por su capacidad de reflejar la luz.

Una flor representa el amor tal como lo sentimos y expresamos, mientras que un libro representaría el conocimiento, la instrucción. Una llave el medio para abrir las puertas, superar las fronteras o dar un paso hacia delante en el conocimiento.

LA CLAVE DE LOS COLORES

«*Aquí* (en la selva del Madre de Dios) *puede verse sin atajos el color del canto de los pájaros invisibles*».

(Mapa jesuita del Paititi del siglo XVII)

El color es energía vibratoria, un fenómeno físico de la luz, relacionado con las diferentes longitudes de onda en la zona visible del espectro electromagnético que perciben las personas y algunos animales a través de los órganos de la visión, como una sensación que nos permite diferenciar los objetos del espacio con mayor precisión. El ojo humano solo percibe color cuando hay buena iluminación. Con poca luz solemos ver en blanco y negro.

El color, como decía Newton, es luz. Es la impresión o sensación fisiológica provocada en la retina como estímulo por las radiaciones electromagnéticas de longitud de onda variable. Los cuerpos reflejan e irradian luz, que es percibida por nosotros como color. La luz blanca del sol se descompone en siete colores: rojo, naranja, amarillo, verde, azul, añil y violeta.

Pero el color también resulta la expresión de los estados vibratorios, de los diferentes niveles o estados vibracionales, emociones y sentimientos, que pueden ser percibidos tanto en el aura de una persona (cuerpo electromagnético) como en visiones o percepciones mentales y espirituales. Cada color tiene y expresa una carga emocional y simbólica que despierta en nosotros un sentir, una emoción. Desde este punto de vista podemos relacionar cada color con un significado simbólico.

Color violeta

Simboliza la fe, la magia, la capacidad de transformarse y modificar las cosas en uno y alrededor de uno mismo; es el color del misticismo, del ser consecuente y coherente.

Color azul índigo, marino o añil

Es el color del cielo y del mar y por ello se lo asocia con profundidad, inmensidad y estabilidad. Simboliza la espiritualidad, la verdad, el conocimiento, la integridad, la seriedad, la serenidad, la armonía, la fidelidad, la piedad y la responsabilidad.

Color azul celeste

Simboliza el poder de la palabra, la magia del verbo y la capacidad de comunicarse con los demás y desarrollar la mejor relación con la vida. Es el color del entendimiento, de la suavidad y la tranquilidad.

Color verde

Es el color de la naturaleza y de la vida. Simboliza sanación, la esperanza, el amor a la vida, el crecimiento, la honestidad, la protección y la verdad. Es también el color de la fertilidad, la exuberancia y la ecuanimidad, y en lo negativo se asocia con la falta de experiencia, los celos, la enfermedad, la discordia, la cobardía, la envidia, la codicia y la avaricia.

Color amarillo

Es el color de la luz del sol. Representa la inteligencia, la originalidad, la felicidad, el equilibrio, el poder mental, la sabiduría y la energía. Es un color que evoca el honor y la lealtad. En su aspecto negativo podríamos decir que se le suele relacionar con la cobardía, la necedad, el desequilibrio y la envidia.

Color naranja

Combina la energía del color rojo, su pasión y fuerza, con el equilibrio y alegría del amarillo. Simboliza la creatividad, la voluntad, el carácter y la personalidad. Representa también la energía, la fortaleza y la resistencia. En su aspecto negativo puede estarnos sugiriendo agresividad, falta de voluntad, engaño y desconfianza.

Color rojo

Es el color del fuego y la sangre. Simboliza el amor, las pasiones y emociones, la sensualidad y la alegría. Es la vitalidad y el poder, el valor y el coraje, la fuerza, el liderazgo y la agresividad. En su aspecto negativo puede llegar a representar la pasión descontrolada, la lujuria, la ira y la malicia.

Color negro

Representa la autoridad, el poder, la elegancia, el misterio, la muerte, el dolor, la pena, el miedo y el silencio. El color negro brillante simboliza los valores humanos. También el ser prolífico y abundante, aportando más de lo que se espera de uno.

Color blanco

Es un color que se asocia con la luz, la pureza, la virginidad, la paz, la bondad y la inocencia. Simboliza la pureza y la purificación, la limpieza y pulcritud, la inocencia, así como la trascendencia, la iniciación y la perfección.

Color beige o crema

Es el color de los logros, el destino y la humildad para dejarse guiar.

Color rosa

Representa el amor en el servicio y el amor incondicional. Es el color del romance; evoca las cualidades femeninas y la pasividad.

Color lila

Simboliza el equilibrio, el cambio gradual y la serenidad.

Color púrpura

Es un color que suele asociarse a la realeza, el lujo, la sabiduría, lo mágico y lo sagrado. Aporta la estabilidad del azul con la energía del rojo. Representa la serenidad, la dignidad, pero también extravagancia, nostalgia y tristeza.

Color gris o plata

Simboliza la estabilidad, la intuición, la tenacidad, la sensibilidad y la receptividad.

Color oro

Representa la fortaleza, lo valioso y la sabiduría.

Color marrón

Representa estabilidad, laboriosidad, humildad y sencillez y se asocia con cualidades masculinas.

Cuanto más brillantes sean los colores, más positivos resultarán, mientras que cuando aparecen oscuros, sin luz, es que no son positivos.

El significado de los colores es universal, así que este significado se aplicaría tanto en la interpretación de las visualizaciones y meditaciones como en la visión de los distintos tipos de aura o formas del pensamiento.

A ciertos colores se les considera fríos por su asociación con el agua, como son el azul, el violeta y verdoso. Los colores fríos en matices claros expresan delicadeza, frescura, expansión, descanso, soledad, esperanza y paz; y los matices oscuros con predominio de azul, melancolía, reserva, misterio, depresión y pesadez.

Los colores cálidos con matices claros, cremas y rosas, sugieren delicadeza, feminidad, amabilidad, hospitalidad y regocijo; y con los matices oscuros con predominio de rojo, vitalidad, poder, riqueza y estabilidad. Por asociación a la luz solar y al fuego percibimos el rojo y el naranja, así como el amarillo, como colores cálidos.

SENSACIONES

Los colores asociados al fuego como el rojo, naranja, amarillo y marrón nos brindan la sensación de calidez, pasión, emoción, fuerza y energía.

Colores intermedios como el dorado, emoción, lucidez, claridad, alegría, juventud, brillantez y fascinación.

Colores como el marrón, sensación de sorpresa, conexión con la tierra.

Colores como el rosa y el lavanda, feminidad.

Colores como el verde del oscuro al claro, naturaleza, armonía, exuberancia, frescura, estabilidad, resistencia, fertilidad, dramatismo, salud, naturalidad, compromiso, esperanza, seguridad y conexión con la vida.

Con colores como el gris o el plata la sensación puede ir desde la falta de claridad hasta la conexión con lo trascendente y misterioso.

Con colores como el azul, un color frío ligado a la inteligencia, la sensación es de masculinidad.

Para colores como el violeta con sus distintos tonos, la sensación sería de frescura y serenidad.

EJERCICIOS PRÁCTICOS DE VISUALIZACIÓN

EL JARDÍN SECRETO

*En el interior de cada ser humano
hay un hermoso jardín secreto,
un lugar donde suele refugiarse
nuestro niño interior buscando paz.*

Nos sentamos todos cómodamente. Columna recta, talones juntos. Las palmas de las manos una sobre la otra.

Vamos a tomar tres respiraciones lentas y profundas, por la nariz... Inhalando, reteniendo y exhalando. Lentamente, lo más lentamente posible. Y vamos sintiendo todos oleadas de energía que van subiendo desde los pies a la cabeza, relajando nuestro cuerpo como si lo acariciáramos con las manos físicas.

Poco a poco vamos a dejar de sentir nuestro cuerpo... Solo sentimos esa agradable sensación de paz y de armonía, que durará todo el tiempo que nosotros así lo permitamos. Ningún ruido, ni aún la voz que están escuchando, interferirá el proceso de relajación sino que, por el contrario, todo nos ayudará a relajarnos más y más.

Aprovechando que estamos completamente relajados, vamos a concentrar nuestra atención en el entrecejo. Visualizamos entonces un túnel mental y nos proyectamos a través de él, de tal manera que al final del mismo nos encontramos en una habitación amplia e iluminada. Y delante nuestro vemos una puerta. Está cerrada, por lo que deberemos buscar la llave para abrirla. Vamos a fijarnos bien dónde encontramos la llave, qué forma tiene, de qué material está hecha y cuál es su color.

Una vez localicemos la llave vamos a acercarnos a la cerradura e introducir la llave en ella. Abrimos la puerta y cruzamos el umbral. Dentro nos encontramos con un hermoso jardín secreto. Nos fijamos bien en la vegetación, los árboles, las plantas, etc. De pronto, delante nuestro observamos un rosal, con muchas y muy variadas rosas. Pero una flor en especial nos llama la atención: una rosa roja diferente a las otras, que nos atrae. Fijémonos bien en ella. Si no es roja no importa, más bien definamos su color. Contemos sus pétalos y hasta procuremos sentir su aroma.

Mantenemos en todo momento una respiración lenta y profunda, inhalando y exhalando lentamente.

Poco a poco vamos dejando atrás el rosal. Avanzamos a continuación por el interior del jardín y más adelante localizamos un muro rústico de piedra, cubierto de enredaderas. Y colgando de ese muro nos encontramos con una pizarra verde con un marco de madera. Una pizarra como las de las escuelas, con unas tizas y un borrador para dibujar en ella y poder corregir cualquier error. Vamos a dibujar entonces en ella todas las figuras geométricas que se nos vayan ocurriendo, fijándonos bien en el orden en que las dibujamos.

Una vez que terminamos de dibujar las figuras geométricas dejamos la tiza y el borrador y seguimos caminando, recorriendo por dentro todo el jardín. De pronto observa-

mos a lo lejos una especie de mirador de estilo griego con columnas de mármol blancas en semicírculo. Nos dirigimos hacia allí pasando al lado de fuentes de agua con plantas acuáticas. Subimos por unas escaleras de mármol y llegamos a este mirador, desde donde tenemos una vista panorámica de todo el lugar. Al girar nos encontramos con una pared blanca de mármol. Nos acercamos a ella y de repente esa pared se convierte en un infinito blanco y en ese universo blanco aparece un punto negro. Vamos a procurar proyectarnos dentro del punto negro, como si pudiéramos entrar en él y ver qué hay en su interior.

Nos proyectamos todos a través del punto negro a ese infinito blanco. ¿Qué vemos? ¿Qué encontramos?

Tras unos minutos invitamos a todos a ir volviendo a través del túnel mental, sintiéndonos relajados y libres de toda tensión.

Significado del ejercicio

El ejercicio consiste en proyectarnos a lo más profundo de nuestra mente, simbolizada con la habitación amplia e iluminada, y encontrarnos allí con las formas, que representan la conexión con la espiritualidad (la llave). Estas formas encarnan nuestra espiritualidad, religiosidad y misticismo, que nos permitirán acceder a nuestro mundo espiritual (el jardín secreto). El estado de ese jardín, bien cuidado o descuidado, tipo parque o tipo jungla, nos permitirá conocer cómo estamos internamente. A continuación vamos a explorar cómo está el amor en nuestras vidas o que forma de amor es prioritaria en este momento para nosotros. Para ello nos imaginamos un rosal, y en él una rosa. Si no es roja lo importante es precisar y definir su color o tonalidad; allí esta el mensaje, al igual que en el número de sus pétalos. Percibir su aroma manifiesta buena memoria y concentración.

En esta práctica se procura la selección de nuestros pensamientos y el control primario de nuestra mente, fortaleciendo la voluntad, focalizando nuestra atención, dando margen a que nuestro subconsciente, de manera simbólica, transmita información al consciente.

La rosa roja se podría relacionar con la representación del amor tal como lo estamos vivenciando y como se explicó con detalle en el apartado «La rosa roja» del capítulo «La visualización como meditación consciente». Esto quiere decir que, por más que juguemos con nuestras mentes, en lo que imaginemos siempre habrá algo que está aflorando como mensaje de nuestro maestro interno reflejo de nuestra realidad interior.

Después de hacer un balance de cómo estamos viviendo el amor, podemos crear las condiciones para representar las prioridades en nuestra vida. Y para ello podemos llevar a cabo la visualización de la pizarra verde ya descrita.

El ejercicio continúa con un desplazamiento por el interior del jardín hacia un mirador o pérgola de estilo griego. Como ya evaluamos el amor en nuestras vidas y las prioridades, ahora es importante percibir cómo se encuentra nuestro proceso de interiorización. ¿Nos está resultando fácil o difícil conocernos por dentro? Para ello podemos llevar a cabo la visualización de «El universo blanco y el punto negro» descrita con anterioridad.

EL LAGO

Cuando observamos un lago de aguas tranquilas,
nos parece contemplar en él un espejo
en donde se refleja el Cielo en la Tierra.
Nadar por él es arriesgarse a cruzar el Cielo,

*alcanzar la otra orilla es como llegar
al otro lado del firmamento.
De no conseguirlo nos hundimos
o perdemos en el intento, como la vida misma,
entre el Cielo y la Tierra.*

Vamos a sentarnos todos, cómodamente. Columna recta, talones juntos. Las palmas de las manos una sobre la otra. Y de inmediato tomaremos tres respiraciones, lentas y profundas por la nariz. Lo más lento posible, y gracias a la energía que se va concentrando en nuestro pecho, iremos masajeando mentalmente nuestro cuerpo, desde los pies a la cabeza, como si lo acariciáramos con las manos físicas hasta quedar completamente relajados, libres de toda tensión, en perfecta paz y armonía.

Estamos todos completamente relajados y esta relajación durará todo el tiempo que nosotros así lo permitamos. Aprovechando este estado profundo de relajación, vamos a concentrar nuestra atención en el entrecejo. Visualizamos a la altura del entrecejo un túnel mental, y vamos a proyectarnos a través de él, de manera que al final del mismo nos encontramos en lo alto de un cerro. Sentimos la suave y fresca hierba bajo nuestros pies. Es de día y el cielo luce con una hermosa coloración azul. Colina abajo contemplamos un bello e inmenso lago de aguas tranquilas rodeado de montañas rocosas y nevadas, así como de frondosos bosques. Vamos descendiendo hacia el lago y al llegar caminando a la orilla sentimos la tierra húmeda bajo nuestros pies. Desde allí contemplamos la superficie del agua y la temperatura del día nos invita a refrescarnos, por lo que vamos a desprendernos de nuestras vestiduras para sumergirnos y gozar en sus limpias aguas.

Vamos dejando las vestiduras sobre unas piedras y nos acercamos hasta el agua, sintiendo cómo esta va cubriendo nuestros pies, luego las piernas, y más adelante la cintura. Nos sumergimos en el agua y retozamos en el lago.

Al cabo de un rato iremos nadando hasta la orilla opuesta. Nadaremos como si fuéramos nadadores expertos, sin mayor dificultad. Y al llegar al otro lado encontraremos en el suelo una túnica blanca, limpia y nueva, con la cual nos vestiremos, para luego seguir por un sendero que nos llevará hacia un intrincado bosque en penumbras, pudiendo sentir gran cantidad de hojas secas crujiendo bajo nuestros pies. Debemos fijarnos bien en el camino para no perdernos.

Más adelante llegaremos a salir del bosque y el camino nos conducirá al pie de las montañas, que subiremos por una escalera tallada en la roca, donde los escalones son altos, lo cual demanda un gran esfuerzo por nuestra parte. Ascenderemos observando a la distancia el valle sobre el que nos elevamos, hasta alcanzar una grieta muy profunda que nos cierra el paso y nos obliga a tener que encontrar un medio para poder continuar. Nuestra búsqueda nos llevará a un rústico puente colgante hecho de cuerdas que cruje y se mece sobre el vacío. Lo cruzaremos, enfrentándonos al riesgo y el peligro que eso supone, y seguiremos por senderos de montaña por un camino empedrado cubierto de hielo y nieve, por el que debemos avanzar con cuidado para no resbalar. Llegaremos hasta un monasterio enclavado en las cumbres rocosas y nevadas. El camino nos llevará hasta unas escaleras, que tendremos que subir hasta alcanzar las grandes puertas de madera que poseen adornos de bronce y hierro, y tocaremos hasta que abran. Veremos salir de dentro un monje que hace de portero, quien nos invitará a ingresar al interior, donde veremos muchos otros monjes y monjas realizando diversas faenas. A continuación, cruzando amplios patios se nos llevará ante la presencia del Gran Maestro, que tiene un mensaje personal e intransferible que darnos para ese especial momento de nuestras vidas.

Llegamos hasta un edificio al que accede el portero, pidiéndonos que nosotros aguardemos fuera. Al cabo de un rato el monje sale y nos invita a entrar, pues, según afirma, el maestro está dispuesto a recibirnos.

Entramos en el interior del edificio y cruzamos un espacioso salón con columnas de madera pintadas de rojo, esculturas doradas y multitud de velas encendidas. Llegamos ante la presencia del Gran Maestro, quien nos saluda y nos invita a sentarnos a su lado.

En presencia del maestro se nos acerca un rollo de pergamino, invitándonos a leerlo, pues contiene un mensaje personal e intransferible, un mensaje para ese especial momento de nuestras vidas. Tras leerlo se nos sugiere que nos marchemos y regresemos por el mismo camino que utilizamos para llegar.

Nos retiramos de delante del gran maestro, despidiéndonos y agradeciéndole el mensaje. Vamos saliendo del monasterio, vamos traspasando el portal, despidiéndonos del monje portero. Fuera descendemos por las escaleras y volvemos por el camino empedrado cubierto de hielo y nieve hasta llegar al puente colgante, que cruzamos con sumo cuidado. Descendemos de la montaña, llegamos al bosque, cuidamos de no extraviarnos y alcanzaremos la orilla del lago. Allí leemos por última vez el mensaje, desenrollándolo, e inmediatamente lo dejamos en el suelo junto a la túnica blanca. Ingresamos en el agua y nadamos en dirección a la orilla inicial. Con gran esfuerzo llegamos a la playa y logramos observar que nuestras vestiduras, esas que originalmente habíamos depositado sobre las piedras, están ahora mucho más limpias y brillantes que cuando las dejamos allí.

Simbolismo del ejercicio

El ejercicio del lago consiste en –después de una profunda relajación– llegar a visualizar un hermoso paisaje compuesto por un hermoso lago de aguas tranquilas y cristalinas, rodeado de verdes bosques, frente al cual se encuentran montañas rocosas y nevadas. En él y en sus alrededores se desplegará todo el simbolismo del camino espiritual

En este ejercicio, el simbolismo pasa por el desprendimiento de nuestros egos y apegos, representados por las vestiduras que nos quitamos al pie de la orilla del lago. A continuación, el hecho de introducirnos en el agua simbolizaría la purificación de nuestros defectos y un nacimiento a una nueva vida espiritual. Como la vida es un continuo superar etapas no nos podemos quedar allí, por lo que habremos de nadar hacia la orilla opuesta, y este trabajo lo interpretaremos como el esfuerzo de mantenerse a flote y superar los problemas, tensiones y tropiezos del mundo material.

Al llegar a la orilla opuesta nos encontramos con una túnica blanca, con la cual nos vestimos. La túnica representa la «iniciación», el reconocimiento de un gran esfuerzo de expandir la conciencia y ser consecuentes. Esto quisiera decirnos que al vencernos y trabajar por nuestro despertar llegamos a tomar una clara idea del paso alcanzado, aunque tampoco podemos quedarnos allí; tenemos que seguir por el sendero, que está cubierto de hojas secas del bosque y que representan nuestras experiencias pasadas que, al igual que en el suelo del bosque, fertilizan la vida, renovándola y enriqueciéndola. El bosque en penumbra sugiere etapas de nuestra vida donde desaparece la claridad y aumentan los riesgos de perderse, hasta que al final lo logramos; salimos de esos periodos de confusión en dirección a las escaleras talladas en la roca situadas al pie de las montañas. Estamos ante el «ascenso». Cada escalón refleja las etapas cada vez más altas y difíciles, que si bien nos exponen a caídas profundas, también nos ayudan en la conquista de la montaña sagrada de nuestra espiritualidad. La visión desde aquel lugar de todo el valle supone la capacidad de detenerse a evaluar los errores y aciertos de la vida. Y todo lo ya superado aparece ahora más pequeño y sin tanta importancia. De pronto, más arriba, nos encontramos con una grieta o abismo muy profundo y una sola forma de cruzar, que es a través de un rústico puente hecho de cuerdas, con suelo de tablas viejas y crujientes, que se dobla en el medio y se balancea hacia los lados. El abismo representa los miedos y las dudas que en momentos muy importantes de nuestra vida nos asaltan y el puente simboliza la fe con la que superar la prueba. El que el puente se doble en el medio tiene que ver con el hecho de que las pruebas y dudas pesan más a mitad de una prueba que al principio o al final de las mismas. Una vez superado el puente seguimos por un camino de montaña que está cubierto de hielo y nieve, sugiriendo que aunque en el camino hayamos superado muchas cosas nunca estamos libres de caer aun en las más sencillas. En lo alto de la montaña encontraremos un templo, que es nuestro propio templo interior, y en él primero hallamos un monje portero que nos invita a entrar para ir a ver al Gran Maestro, que tendrá dispuesto un mensaje para entregarnos directamente. Dentro del monasterio hay cantidad de monjes y monjas que representan cada una de las vidas anteriores que hemos tenido. El Gran Maestro simboliza nuestro propio maestro interno.

Cruzamos de un lado al otro el santuario, llegando a un edificio donde nuevamente debemos aguardar. Ingresaremos cuando se nos indique y llegaremos ante la presencia del maestro y el mensaje. En esta parte del ejercicio haremos una breve pausa para leer el mensaje, que es una revelación personal para ese especial momento de nuestras vidas, para luego hacer el proceso inverso, esto es, de regreso por el mismo lugar. Y es que no nos podemos quedar dentro de nosotros mismos; la vida y el crecimiento espiritual suponen entrar y salir continuamente.

Llega el momento de volver. Vamos regresando, retirándonos de la presencia del maestro pero conscientes del mensaje. Vamos volviendo por las grandes puertas del monasterio. Retornamos por las escaleras, descendiendo de las montañas, cruzando nuevamente el puente, recordando que el que hayamos sido probados en nuestra fe y perseverancia en la ida no significa que no lo volvamos a ser de vuelta.

Bajamos de la montaña, que representa la esfera de lo espiritual, para reintegrarnos al mundo. Una vez abajo avanzamos por el sendero que cruza el bosque, siempre con el peligro de perdernos a pesar de tener mayor conocimiento, lo cual indica que no hay que confiarse. Y seguimos hasta el lugar donde en su momento halláramos la túnica blanca. En ese sitio nos desprenderemos de la túnica, después de haber leído el mensaje, devolviéndola a su ubicación original, lo que significa que la investidura de pureza y conciencia ya existe en nuestro interior sin necesidad de llevar encima una vestimenta que lo acredite, y que debemos vencer los apegos así como los egos a través de las formas. Emprenderemos entonces la vuelta a través del lago nadando, esforzándonos en no perdernos en el mar de confusiones ni dejar que se ahogue nuestro espíritu de cambio. Siempre hay el peligro de ahogarse en la orilla, pues realmente no hay seguridad de nada.

Llegamos a la orilla inicial, y al salir del agua veremos cómo nuestras ropas aparecen más limpias y brillantes que cuando las dejamos, lo que significa que el proceso ha iniciado en nosotros y en nuestra capacidad de ver la vida una renovación y transformación interna que, con madurez, valentía y constancia, nos pondrá al alcance de la iluminación. Las cosas no cambian; somos nosotros los que cambiamos, y ello nos hace ver la vida de modo diferente.

En este ejercicio la figura del templo puede tener diversas formas, hasta ser simplemente una caverna disimulada en la montaña. Este templo o santuario, como ya dijimos, viene a ser nuestro propio templo interno, donde se nos permite crear las condiciones para recepcionar de nuestro maestro o real ser, esto es, de nosotros mismos, toda la sabiduría depositada en nuestra esencia. El encuentro con el maestro será un paso definitivo en el autoconocimiento, sobre todo cuando verificamos que el mensaje que él nos da brota de lo más íntimo de nuestro ser, como respuesta comprometedora para ese especial momento de la vida.

Las tres puertas

La vida nos presenta opciones, distintas alternativas, algunas de las cuales habremos de recorrer ganando experiencia hasta definir finalmente nuestro camino.

Vamos a iniciar un proceso profundo de relajación. Ningún ruido ni aun la voz que están escuchando interferirá en este proceso, sino que por el contrario todo nos ayudará a hacerlo más y más profundamente y así será.

Tomamos todos una respiración lenta y profunda por la nariz, utilizando el diafragma como si fuese un fuelle, de tal manera que al ir inhalando iremos inflando el vientre hacia adelante, no hacia arriba. Y al terminar de inhalar contraeremos el vientre para llenar la parte baja y media de los pulmones y retendremos demorándonos el mismo tiempo que inhalamos. Y al exhalar por la nariz, sentiremos cómo toda tensión y negativismo van saliendo fuera de nuestro cuerpo, nuestra mente y nuestro espíritu.

Tomamos una segunda inhalación... retenemos... y al exhalar sentimos cómo las energías del Universo descienden sobre todos y cada uno de nosotros de forma espiral, ingresando por nuestra coronilla.

Inhalamos por tercera vez... retenemos... y al exhalar visualizamos cómo las energías de la madre Tierra, del corazón cristal del planeta, van ascendiendo, y esa energía va ingresando por nuestros pies y nuestras piernas, combinándose con las energías del Cielo, de tal manera que quedamos todos armonizados y relajados.

Todos sentimos oleadas de energía que van acariciando y relajando nuestro cuerpo como si lo relajáramos con las manos físicas.

Vamos a mantener una respiración lenta y profunda, inhalando y exhalando lentamente, lo más lentamente posible.

Aprovechando este estado profundo de relajación vamos a visualizar, a la altura de nuestro entrecejo en la frente, un túnel mental. Y vamos a ingresar a través de dicho túnel, de tal manera que al final del mismo nos encontraremos en una habitación amplia e iluminada, y en ella hallaremos tres puertas. Nos fijamos en el detalle de esas tres puertas, su disposición en la habitación, color y material; nos acercaremos abriendo cada una de ellas y fijándonos bien en qué hay en su interior.

Al final, después de haber abierto las tres puertas, escogeremos una de ellas, la que más nos atraiga, y nos quedaremos en ella.

(Pausa de unos minutos)

Vamos regresando a través del túnel mental. Poco a poco vamos volviendo. Vamos dejando atrás las tres puertas y esa habitación amplia e iluminada.

Todos, al término de tres, habremos vuelto. Estaremos completamente conscientes, libres de toda tensión en perfecta paz y armonía.

Tomamos una inhalación lenta y profunda: inhalamos... retenemos... y al exhalar por la nariz visualizamos en nuestra mente el número uno. De tal manera que vamos volviendo a través del túnel mental, tomando conciencia de nuestro cuerpo físico.

Tomamos una segunda inhalación, inhalamos... retenemos... y al exhalar por la nariz visualizamos en nuestra mente el número dos, y vamos tomando conciencia del lugar donde nos encontramos.

Inhalamos por tercera vez... retenemos... y al exhalar por la nariz visualizamos en nuestra mente el número tres, y abrimos lentamente nuestros ojos, quedando todos en paz.

Simbolismo del ejercicio

La discusión sobre el significado del ejercicio siempre se hará a continuación del mismo, una vez que todos hayan vuelto a través del túnel mental.

En este ejercicio se pide a todos los participantes que visualicen una habitación amplia e iluminada y en ella tres puertas. La idea es abrir cada una de ellas y ver lo que hay en su interior, quedándonos finalmente con la que más nos atraiga.

Esta práctica nos puede revelar las opciones y alternativas que vemos que se nos presentan para nuestro desarrollo interior como elección en la vida.

Cada una de las puertas revela una actitud diferente, una forma y un medio distintos de llegar al mismo fin. Por ejemplo, la puerta que se nos presenta a la derecha representaría la opción material, o lo que el mundo del materialismo nos ofrece; mientras que la de la izquierda representaría la espiritualidad manifestada en formas extremas. A todo esto existe la alternativa intermedia, que representa la puerta de en medio, donde encontramos el equilibrio de una vida espiritual en un mundo material. El orden en el que abrimos las puertas ya es un mensaje en sí, porque podría estar indicándonos cómo hemos ido evolucionando en la vida, los pasos que hemos dado, lo que hemos encontrado en el camino y dónde nos encontramos en el momento actual.

Todo lo que veamos en el interior de cada una de las puertas y la capacidad de abrirlas todas o no podría llegar a explicarse como el proceso que ha vivido o está viviendo la persona. Suele ocurrir que hay personas que no abren más que la puerta de en medio, desechando las demás por más que el instructor haya recomendado la apertura de todas ellas. Esto podría estar relacionado con que la persona tiene ya una conciencia muy clara de que lo que busca es el equilibrio e intuitivamente se ha identificado con él, porque es en donde se halla.

Por ejemplo, una persona empezó abriendo la puerta del lado izquierdo y lo que encontró en ella fue una habitación similar a la que recordaba de niño, y en ella a su madre y a una tía que apoyó su crianza. Allí se sintió cómoda y protegida. Luego se retiró de ahí siguiendo para la puerta del medio, donde encontró un corredor con espejos laterales y al final una escalera que ascendía. El lugar le pareció interesante, pero igualmente siguió a la tercera puerta, la del lado derecho, donde halló su actual habitación. Pero sin saber por qué decidió volver a la puerta del medio y ascender por la escalera, pasando delante de los espejos.

Siendo la primera puerta, la de la izquierda, la que simboliza la espiritualidad, esto podría estarnos indicando que esa persona tenía desde que nació inquietudes espirituales, que fueron estimuladas por el amor y con la guía de su madre y la tía, con quien relaciona lo espiritual. Luego, en la medida en que fue madurando e iniciando su propia búsqueda personal, tentó el camino del equilibrio que le pedía verse a sí mismo tal cual es en todos sus aspectos (los espejos), y ascender, elevarse por encima de sus aparentes limitaciones y defectos (la escalera). Pero, como aún no estaba preparado para los grandes retos y compromisos, siguió tras mirar hacia la tercera puerta, que representa el camino o la opción material. Allí se sintió cómodo, se distrajo y hasta se podía aislar y dedicarse a sí mismo sin grandes retos, ni sacrificios. Pero su inquietud interior le motivó a dejar lo cómodo donde podía perderse para intentar alcanzar el equilibrio y la ascensión (evolución), volviendo a la puerta del medio.

Todo lo que una persona puede captar en estos trabajos mentales puede tener un significado simbólico, especialmente cuando se hacen las prácticas por primera vez y no se posee ningún preconcepto. Lo que se procura a través de estos ejercicios es fundamentalmente el fortalecimiento de la voluntad por medio de la disciplina mental y la búsqueda del autoconocimiento. La posible simbología o connotaciones psicológicas derivadas de las visualizaciones será siempre muy relativa, por lo que el instructor solo deberá mencionar en líneas generales las posibles interpretaciones, que cada quien, haciéndolas suyas o no, analizará a la luz su situación particular.

El libro

Todo cuando hemos vivido,
todo cuanto hemos soñado,
cuanto hemos amado y sufrido
y todo lo por venir se encuentra
en el Libro de la Vida. Allí se desvela
que todo ello era para nuestro
aprendizaje y crecimiento.

Este ejercicio consiste en visualizar a la altura del entrecejo un túnel mental, después de las respiraciones lentas y profundas, y de la relajación previa, siempre imprescindible. De tal manera que al final del mismo nos imaginamos que nos encontramos en una habitación amplia e iluminada. Y delante nuestro nos colocamos frente a una puerta. Vamos a abrir dicha puerta, vamos a ingresar a través de ella, encontrándonos con una escalera que desciende hacia una suerte de sótano en penumbras. En el pasamanos de la escalera nos encontramos con unos fósforos y unas velas. Las encendemos, iluminándonos con ellos, mientras vamos avanzando hasta encontrarnos en una biblioteca repleta de anaqueles con libros.

Los textos y volúmenes son de todo tamaño, color y forma. Los hay de colección, por tomos. Y hay muchos ejemplares sueltos.

En uno de los estantes distinguimos un libro que está a medio colocar. Lo tomamos entre nuestras manos y nos fijamos en el color de la portada, su grosor, el título del libro, y hasta el nombre del autor.

A continuación lo abrimos, observando la dedicatoria del libro, y en el índice la cantidad de capítulos y el número de páginas. Al leer los nombres de los capítulos del libro buscamos aquel que nos llama más la atención, fijándonos en el número de página. Indagamos en el libro el título del capítulo y vamos leyendo su contenido. De pronto hasta nos encontramos una ilustración en esa página.

Después de un rato dejamos el libro en el estante, en el mismo lugar donde lo encontramos y en la misma posición.

Echamos una última mirada a la biblioteca y nos vamos retirando. Apagamos las velas y las dejamos junto con los fósforos en el pasamanos de la escalera. Vamos subiendo, cruzamos la puerta y volvemos a la habitación amplia e iluminada, desde donde regresamos.

Al término de tres abriremos lentamente nuestros ojos y nos encontraremos perfectamente descansados, libres de toda tensión, en perfecta paz y armonía. Tomamos tres respiraciones lentas y profundas... Vamos volviendo todos...

Simbolismo del ejercicio

Hay momentos en la vida en los que se nos presenta la oportunidad de profundizar, de sumergirnos en nuestro interior. Eso es lo que significa el hecho de abrir la puerta y bajar las escaleras en dirección a una habitación en penumbra, que esconde la aventura de nuestras existencias pasadas. Las velas y las cerillas representan la fe con la que nos arriesgamos a conocer y a conocernos en profundidad.

La biblioteca posee una cierta cantidad de volúmenes, cada uno de los cuales, o por grupos, representan nuestras vidas anteriores, algunas largas y otras muy breves pero no por ello menos intensas.

El libro que aparece descolocado o fuera de su lugar simboliza la presente existencia; por ello es importante fijarnos en el color de la portada. La idea es conocer el color de nuestra vida, o sobre qué color está girando o hacia dónde se debe orientar nuestra existencia. También interesa el título del libro, así como la dedicatoria, porque ella nos señala lo que nos inspira o quién nos inspira.

En el índice encontramos el número de capítulos y de páginas del libro. Como los números son claves simbólicas, los capítulos son los momentos clave de nuestra existencia, momentos que nos han marcado, mientras que el número de páginas representa la intensidad con la que hemos vivido cada momento. Ahí tenemos nuevas pautas para entender o definir la presente existencia.

También es importante ver qué número de capítulo nos llama la atención, a qué página del libro corresponde y cómo lo hemos titulado, ya que ello define el momento que estamos viviendo.

Finalmente dejamos el libro en su lugar, porque la vida continúa; es un proceso dinámico y en cualquier momento podemos volver para profundizar aún más. Apagamos las velas, porque ellas nos permitieron ver lo que necesitábamos cuando lo necesitábamos, y volvemos al momento presente.

La playa y la curación por el barro

Caminando por una playa solitaria,
la arena y el mar nos brindan un lienzo,
donde con nuestras huellas
escribimos el rumbo de nuestras vidas,
marcando la intensidad de nuestro paso,
pero con el ir y venir de las olas.
Estas desaparecen luego,
simbolizando cuán efímero
en la eternidad es nuestro deambular.

Después de haber hecho nuestra cúpula de protección, nos sentamos cómodamente y tomamos a continuación respiraciones lentas y profundas, relajándonos. Ya completamente relajados y manteniendo la respiración rítmica por la nariz, visualizamos a la altura del entrecejo un túnel mental. Vamos a proyectarnos a través de dicho túnel, de tal manera que al final del mismo nos imaginamos que nos encontramos de día y a pleno sol caminando por una hermosa playa de arena blanca.

Qué hermosa es esa playa. Las olas del mar van y vuelven mostrándonos un océano de colores claros y brillantes. Al caminar vamos dejando nuestras huellas sobre la arena.

Fijémonos en la profundidad de las mismas. Observemos también cómo relajadamente las gaviotas corren ante el paso del agua y buscan su alimento en la arena húmeda.

Nos encontramos todos caminando bajo un intenso sol sobre la arena de una extensa playa...

A un lado tenemos una vegetación tropical con palmeras, y en la medida en que vamos avanzando por la playa logramos divisar a la distancia una barca sobre la arena de la orilla y sobre la barca, una persona vestida de blanco. Nos vamos acercando a ella.

Al ir llegando a su presencia nos damos cuenta de que esa persona es ese alguien con quien siempre nos hubiésemos querido encontrar para poderle plantear nuestras más profundas inquietudes. Nos ubicamos ante ella consultándole aquello que más nos preocupa en ese momento de nuestras vidas o lo que siempre hubiésemos querido saber.

De un momento a otro visualizamos que esa persona se incorpora y, descendiendo del bote, va caminando por la arena. Tras responder a nuestras inquietudes, nos pide que la sigamos, de tal manera que se va introduciendo por un sendero en la selva que va paralelo a un arroyo que desemboca en el mar. La acompañamos y rápidamente se nos adelanta, de modo que más adelante lo vemos en un recodo del camino, introducido hasta casi la cintura en el agua del riachuelo. Con gestos nos invita a ingresar en el agua. Y al hacerlo sentimos el agua fresca que va mojando nuestros pies y piernas.

De pronto esa persona vestida de blanco extrae del fondo del riachuelo barro con sus manos, se acerca hacia nosotros y va cubriendo poco a poco nuestros hombros, el cuello, los brazos, en fin, todo nuestro cuerpo. Cada vez sumerge sus manos y coloca más barro en nuestra cabeza, la espalda, y el pecho, mientras nosotros vamos sintiendo una sensación de alivio, de frescura y de sanación.

Esa persona va cubriendo nuestro rostro mientras sonríe, y de cuando en cuando, con cuidado, moja sus manos en el agua para limpiar nuestros ojos, fosas nasales, los oídos y la boca. Luego nos conduce hasta la orilla; nos hace salir del agua y va cubriendo nuestros pies y piernas también con barro.

Nos encontramos ahora en una parte donde los rayos del sol logran pasar por entre las copas de los árboles y las palmeras, cayendo directamente sobre nuestro rostro y cuerpo. Rápidamente el barro que nos cubre se va secando, y vamos sintiendo cómo al hacerlo va extrayendo todo dolor, toda enfermedad y malestar de nuestro cuerpo, mente y espíritu.

De un momento a otro el barro se ha secado convirtiéndose en una pesada costra que nos cubre. Enfrente nuestro, esa persona vestida de blanco extiende desde el agua sus brazos como invitándonos a avanzar hacia ella. Y tal como si pudiéramos trascender el barro sin romperlo, vamos saliendo convertidos en luz por nuestros ojos, nariz, boca y oídos...

De repente estamos nuevamente en el agua, con un cuerpo de luz, y la persona vestida de blanco nos toma de las manos y nos invita a sumergirnos completamente en el agua, que ahora sentimos diferente. Luego recoge de la orilla una túnica blanca y nos cubre vistiéndonos con ella. Al girar vemos la escultura de barro que ha quedado detrás nuestro conteniendo todo lo que éramos y teníamos. Ahora nos sentimos más sutiles, más sanos y luminosos.

De inmediato somos tomados de la mano por aquella persona vestida de blanco y salimos del agua, siendo conducidos por el sendero que atraviesa la selva, aquel bosque frondoso y tropical; y llegamos a un lugar que es como un inmenso claro, un área sin árboles, donde nos encontramos con un rústico puente de piedra en arco que atraviesa un río, y del otro lado hay como un pórtico que tiene grabado en piedra en la parte superior, una especie de mensaje con unas palabras. Nos vamos fijando en ellas, y cuando menos lo pensamos, la persona de blanco se nos adelanta, de tal manera que cuando reaccionamos estamos solos. Seguimos un camino empedrado encontrándonos rápidamente que accedemos a una ciudad con callejuelas adoquinadas de piedra, con casas de altas y anchas paredes de rocas blancas, como de ceniza volcánica. Tras haber avanzado lo suficiente llegamos a una amplia plaza donde hay una fuente de agua, y sentado en el borde de la misma, la persona vestida de blanco. Nos acercamos a ella y vemos que se encuentra jugando con el agua, tirando parte del agua en el suelo y formando un poco de barro. Nos sentamos a su lado y esa persona coloca parte de ese barro en nuestros ojos, diciéndonos que de ahora en adelante veremos la vida con otros ojos, los ojos del optimismo y la esperanza. Lava sus manos, y con sus dedos limpios, limpia nuestros ojos. A continuación moja nuevamente sus manos, toma el barro, y esta vez lo coloca en nuestros oídos, de tal manera que nos dice que de ahora en adelante solo tendremos oídos para lo trascendente, lo positivo y constructivo. Inmediatamente lava sus manos, y lava con ellos nuestros oídos, lo que nos hace escuchar como nunca. Repite el proceso y el barro lo pone en nuestra boca, diciéndonos que de ahora en adelante solo hablaremos con un lenguaje positivo y constructivo. Después nos lava con agua limpia la comisura de los labios.

De un momento a otro, la plaza que hasta hace unos instantes estaba desierta se empieza a llenar de gente de toda edad, también vestida de blanco. Esa muchedumbre que nos rodea lo hace saludándonos de manera muy amigable y ordenada, y de entre ellos se nos acercan unos niños pequeños trayendo en sus manos un palo. Nos lo entregan y nos conducen a un extremo de la plaza, donde localizamos un monumento, y sobre él una estatua, que resulta ser el mismo cascarón de barro que dejáramos abandonado en el bosque. En el monumento hay una placa que habla de nosotros, que dice quiénes éramos, qué defecto teníamos y en qué nos debemos convertir. Lo leemos detenidamente. Y luego la muchedumbre insiste que con el palo derribemos la estatua y acabemos de una vez con el viejo ser, arriesgándonos a una transformación total, a una renovación.

La estatua cae y se produce una algarabía general. Todos celebran y nos felicitan por nuestra acción, acercándose a nosotros y abrazándonos. De pronto la gente se hace a un lado y aquella persona vestida de blanco que encontramos desde el inicio se acerca a nosotros, nos da su bendición y nos invita a regresar por donde habíamos venido.

Vamos despidiéndonos de todos y dándonos la vuelta vamos regresando, cruzando las calles de aquella ciudad empedrada. Cruzamos el puente recordando lo que allí esta grabado. Volvemos por el camino, seguimos por el sendero y pasamos nuevamente por aquel recodo donde fuimos cubiertos de barro, pero la escultura no esta allí. Seguimos avanzando hasta llegar a la playa, donde vemos cómo el bote se encuentra en el mar, agitado por las olas. Nos acercamos a la orilla e ingresamos en el agua, sintiendo la frescura que invade nuestros pies y piernas. Vamos a nadar hacia el bote, y al llegar a él, nos subimos por el costado. Una vez dentro observamos la presencia de redes de pescador y un objeto que nos llama la atención. Nos fijamos bien qué es...

Vamos a ir tomando respiraciones lentas y profundas, inhalamos... retenemos..., y al exhalar visualizamos en nuestra mente el número uno, y vamos a ir retornando, vamos volviendo a través del túnel mental, vamos tomando conciencia de nuestro cuerpo relajado, libre de toda tensión.

Tomamos una nueva inhalación... retenemos..., y al exhalar visualizamos en nuestra mente el número dos, de tal manera que iremos tomando conciencia de nuestro cuerpo y del lugar donde nos encontramos.

Inhalamos por tercera vez, lento y profundo... retenemos..., y al exhalar, con el número tres, que visualizamos en la mente, vamos abriendo los ojos y nos encontramos en paz.

Interpretación del ejercicio

Esta práctica es uno de los tantos ejercicios de visualización creativa y a la vez una oportunidad especial para practicarnos una autocuración.

El ejercicio empieza con respiraciones lentas y profundas, luego con el túnel mental, y a continuación nos transportamos a una hermosa playa, enseñándonos e induciéndonos a ver la vida con otros ojos, más luminosos, radiantes y relajados, a la vez que nos invita a fijarnos en ciertos detalles como las huellas, que son las marcas y el impacto que vamos dejando a nuestro paso con lo que hacemos en la gente que nos rodea. ¿Cómo son esas huellas? ¿Son profundas o superficiales?

Como este es un ejercicio de autosanación, lo iniciamos sacando de nuestro interior todo lo que nos molesta, lo que nos hace sufrir a través de la consulta a esa persona con la que nos encontramos sentada en el bote. La idea es abrir nuestro corazón y aprender a escucharnos y escuchar.

La persona con la que nos encontramos, y que adquiere la imagen de ese personaje con el que siempre nos hubiésemos querido topar, es nuestro propio maestro interior, que viene a ser nuestro propio real ser pero representando lo mejor de nosotros mismos, aunque lo veamos como un ángel, un avatar, extraterrestre o familiar fallecido. Es también Dios en nuestro interior.

Somos conducidos por ese ser de blanco hasta el interior del bosque, lo cual supone una invitación a hurgar en lo más profundo, recóndito, oscuro o salvaje de nuestro interior. Allí se efectúa una curación con el barro. Ese barro simboliza todo aquello que nos rodea y que a la vez nos purifica, por muy duro o difícil que sea. Ese barro, al irse secando va extrayendo de nosotros la enfermedad, la tristeza, el desaliento, la opresión, etc. Cuando la cáscara de barro se ha secado completamente somos invitados a renacer en la luz, sintiéndonos luz y comportándonos como tal. Luego viene el bautizo con el agua, que nos renueva y termina de limpiar, y la túnica blanca, que representa una iniciación, pues somos invitados a iniciar una acción más comprometida y consciente.

Fuera del agua acompañamos a ese ser vestido de blanco hasta un puente. Ahora la pureza y la renovación son tanto interiores como exteriores. El puente simboliza el cortar con todo lo que éramos antes y conectarnos con otras realidades a través de técnicas y prácticas diversas que nos permitirán llegar mas lejos; por ello es importante observar cómo es el puente, el material y su antigüedad o forma, así como lo que aparece grabado o escrito en el arco del puente.

La ciudad que encontramos más adelante representa la esfera de lo superior, el lugar de los renacidos, el sitio de la conciencia donde se sitúan todos aquellos que despertaron conciencia y procuran mantenerla despierta. Al entrar en la ciudad llegamos a una plaza, lo cual nos recuerda, igual que ocurría con el claro del bosque, que hay momentos de expansión, de claridad y comprensión en la vida que debemos aprovechar bien. La fuente nos indica que la luz del conocimiento no deja jamás de brotar y fluir para quien sabe verlo y apreciarlo. Como la idea es producir una sanación profunda que no solo nos afecte positivamente a nosotros, sino también a quienes están a nuestro lado, la persona vestida de blanco que volvemos a encontrarnos jugando con barro nos lo pone en los ojos, los oídos y la boca para que de ahora en adelante veamos, escuchemos y digamos solo aquello que sea positivo, útil, constructivo; en resumen, para que seamos positivos en todo sentido.

La muchedumbre aparece saliendo de las casas invadiendo la plaza, y es que no estamos solos. Nos sorprendería saber cuánta gente hay realmente consciente intentando seguir adelante y dispuesta a apoyarse mutuamente. De entre toda esa gente asoman unos niños, quienes con toda inocencia nos motivan a romper con todo lo negativo anterior (la placa en el monumento); ese es significado del palo y de la invitación a derribar nuestra estatua de terracota a modo de piñata.

Hay una gran celebración; somos parte de una común unidad de renacidos, de personas bien aventuradas que se han arriesgado a ser mejores de lo que son, con todo lo que ello supone. Inmediatamente la persona vestida de blanco nos sugiere que nos marchemos por donde hemos venido, ya que ahora debemos realizar nuestra tarea, pero donde nos corresponde, debiendo enfrentar el camino y la vida misma (la selva y la playa) por nosotros mismos y con la personalidad que asumamos en esta encarnación.

En la orilla de la playa encontramos que la marea ha subido y la embarcación ha sido arrastrada y llevada mar adentro, siendo mecida por las olas. El mar representa, no solo a Dios, la unión con la divinidad, sino también puede llegar a representar el mundo y la vida misma, en la que podemos ahogarnos o naufragar, y donde también podemos disfrutar y pescar lo que necesitemos cuando lo necesitemos. Nadamos hasta él, nos arriesgamos a acercarnos y encontramos dentro unas redes de pescador que mantienen enredado un objeto, que simboliza para nosotros el siguiente paso en la vida, lo que debemos tener en cuenta en este momento o con lo que debemos trabajar de ahora en adelante. Por ejemplo, el hecho de encontrar entre las redes un libro simbolizaría que debemos continuar con sabiduría y conocimiento o prestar mayor importancia a una preparación basada en el conocimiento.

Hallar un pez podría significar que, si estamos atentos, la vida nos está dando precisamente lo que necesitamos y cuando lo necesitamos. Lo importante en este caso es llegar a escudriñar y discernir qué es lo que realmente necesitamos.

LA ESFERA DE LUZ

> *Si uno puede crear lo que cree,*
> *¿por qué no crear una esfera de luz*
> *en la que pudieras concentrar tus intenciones*
> *y proyectar en ella a quien necesita tu ayuda,*
> *para ayudarla?*

Este es un ejercicio de visualización, pero también de proyección mental y sanación. Consiste en imaginarse cómo llegan hasta uno las energías del Universo, ingresan en nuestro interior y se concentran formando una esfera, que después proyectaremos fuera de nosotros, y a cuyo interior serán enviadas nuestras intenciones particulares.

Para iniciar el ejercicio vamos a colocarnos todos de pie. Talones juntos, columna recta y brazos extendidos por encima de la cabeza, juntando ligeramente las palmas y separando los dedos, como en posición de recibir. Cerramos los ojos y tomamos a continuación una respiración lenta y profunda por la nariz, utilizando, como ya conocemos, el diafragma como si fuese un fuelle, de tal manera que al ir inhalando vamos inflándolo hacia delante, no hacia arriba, y al terminar lo vamos contrayendo, empujando el aire para llenar la parte baja, media y alta de los pulmones. Retenemos..., y luego exhalamos por la nariz, relajando lentamente el vientre. En el momento en que inhalamos visualizamos cómo las energías del Universo descienden sobre nosotros, ingresando por nuestras manos, por los dedos, concentrándose entre las palmas de las manos y formando allí una esfera de luz blanca brillante, donde todas las energías se concentran y sintetizan.

Tomamos una segunda respiración, retenemos, sintiendo como la energía desciende y se concentra, y cómo al exhalar se va consolidando la esfera de luz entre nuestras manos.

Inhalamos por tercera vez..., retenemos... y, al exhalar, vamos descendiendo con nuestras manos en dirección a la coronilla, como si depositáramos la esfera en nuestra cabeza. Poco a poco separamos las manos y descendemos con ellas siguiendo el contorno del cuerpo, acompañando el desplazamiento de la esfera de luz, que seguimos visualizando en nuestra mente que va bajando por la columna vertebral, activando uno a uno nuestros centros de energía. Asimismo percibimos la esfera activando la frente, la garganta, el corazón, el plexo solar, los órganos sexuales, llegando a ubicarse a la altura del coxis. Mientras habremos ido bajando las manos por los costados, invirtiéndolas de tal manera que los dedos ya han quedado hacia abajo y colocándolas a la altura de las caderas.

Mantenemos una respiración lenta y profunda y colocamos las manos sobre la entrepierna, sin tocar el cuerpo, con los dedos formando un círculo que a la vez es la esfera. Tomamos una nueva inhalación lenta y profunda..., retenemos... y al exhalar vamos elevando las manos, llevando el círculo o esfera hacia el plexo solar, situado ligeramente por encima del ombligo. Al hacer esto atraemos todas esas energías contenidas en la esfera de luz.

Inhalamos nuevamente..., retenemos..., y al exhalar extendemos los brazos hacia delante, imaginando que extraemos la esfera de nuestro interior, la proyectamos hacia el frente ubicándola en el centro de la reunión.

Colocamos ahora los brazos flexionados, las palmas de las manos a la altura de hombros, y vamos a proyectar mentalmente hacia la esfera de luz nuestras intenciones particulares. Bastará simplemente con visualizar en nuestra mente la imagen de aquella persona, familiar, amigo, conocido o enemigo que necesite ayuda física, mental y espiritual, y decir su nombre en voz baja o alta, para que con el poder del pensamiento, de la palabra y del sentimiento podamos ayudarla enviándole energía.

Colocamos nuestras manos juntas a la altura del plexo solar con los dedos formando un triángulo. Tomamos nuevamente una inhalación lenta y profunda..., retenemos..., y al exhalar vamos extendiendo los brazos y las manos hacia delante, a la vez que visualizamos cómo desciende del Cosmos, a través de nuestra coronilla, energía del color violeta, que es la energía de la transmutación, la magia, la mística y la fe. Esta energía procedente del sol central de la galaxia y de todas las estrellas violetas del Universo desciende, se concentra en nuestro pecho y se proyecta hacia delante, de tal manera que percibimos cómo dentro de la esfera de luz cada persona por la que hemos pedido va siento envuelta internamente y por fuera por esta energía, que va revirtiendo y transmutando toda enfermedad física, mental o espiritual.

Flexionamos nuevamente los brazos. Colocamos las manos formando un triángulo a la altura del pecho. Inhalamos..., y retenemos, visualizando cómo baja del Cosmos la energía de color azul marino, que es la energía de la espiritualidad. Esta energía se concentra en nuestra frente, y al exhalar extendemos los brazos proyectándola hacia delante, de tal manera que vamos envolviendo en espiritualidad a cada persona por la que hemos pedido, fortaleciéndola para que pueda superarlo todo.

Nuevamente colocamos los brazos flexionados y las manos en triángulo en el plexo solar. Tomamos una nueva inhalación..., retenemos... y al exhalar visualizamos a continuación cómo al extender nuestros brazos para delante desciende desde la atmósfera, el elemento aire, ingresando por la nariz y por los poros, concentrándose la energía en nuestro cuello y garganta. Es la energía de color celeste, que representa el poder de la palabra, de la mejor buena comunicación y relación con los demás. Esta energía ingresa en la esfera de luz y envuelve a cada una de las personas por las que hemos pedido, de tal manera que decretamos la salud, la paz, la armonía, el equilibrio, la abundancia y la prosperidad para cada una de ellas.

Repetimos la flexión de los brazos, colocamos las manos en posición de triángulo e inhalamos con profundidad..., retenemos... y al exhalar extendemos una vez más los brazos y las manos hacia el frente, sintiendo cómo desciende del Cosmos y a la vez asciende de la Tierra a través nuestro una energía de luz verde brillante, que es la energía de la sanación y la esperanza, del amor a la vida. Esa energía que se concentra a la altura de nuestro corazón se proyecta por nuestras manos y pecho hacia cada una de las personas por las que hemos pedido, restaurando en ellas la salud física, mental y espiritual, fortaleciéndolas en la esperanza y el amor a la vida.

Volvemos con los brazos flexionados, tomamos una nueva respiración y al exhalar sentimos cómo desciende a través nuestro una energía de color amarillo brillante procedente del sol y de todas las estrellas amarillas. Es la energía del equilibrio, del poder mental, de la conciencia espiritual y de la sabiduría. Vamos extendiendo nuestros brazos y manos hacia delante y enviamos esa energía hacia cada una de las personas por las que estamos pidiendo, ayudándolas en su equilibrio y fortaleciéndolas mentalmente.

Colocamos nuevamente los brazos flexionados, con las manos formando el triángulo en el pecho. Tomamos una nueva inhalación, retenemos y al exhalar extendemos los brazos hacia delante, visualizando cómo desciende del Cosmos una energía de color naranja brillante, energía de creatividad y de la voluntad, que ingresa por nuestra coronilla, se concentra en el pecho y el vientre, proyectándose por nuestros brazos y manos hacia la esfera de luz, y hacia las personas a las que dirigimos esta cadena de irradiación, de tal manera que vamos a fortalecerlas en voluntad y creatividad para que puedan superar cualquier enfermedad con voluntad y una actitud práctica y positiva.

Todos visualizamos la energía de color naranja que penetra en la esfera de luz y envuelve por dentro y por fuera a cada una de las personas por las que estamos pidiendo.

Flexionamos nuevamente los brazos y colocamos las manos en el pecho formando el triángulo. Tomamos una nueva inhalación..., retenemos..., y al exhalar extendemos los brazos y las manos visualizando cómo desciende del Cosmos energía de color rojo brillante procedente de todas las estrellas rojas del Universo. Esta es la energía del amor, de la pasión y el sentimiento. Esta energía desciende y fluye por nuestro cuerpo, proyectándose hacia delante a través de nuestro pecho y de las manos en dirección a la esfera de luz y hacia la persona o personas por las que hemos pedido, envolviéndolas en amor, lo cual las fortalece y sana anímica y espiritualmente.

Por última vez flexionamos los brazos y colocamos las manos en forma de triángulo en el pecho, visualizando delante de nosotros la esfera de luz rodeada de un arcoíris armónico de color que hace la esfera más grande y brillante. También percibimos a cada persona por la que hemos pedido envuelta en ese arcoíris de luz. Tomamos una nueva inhalación..., retenemos..., y al exhalar extendemos los brazos y las manos hacia delante proyectando mayor energía, lo que hace que la esfera de luz se extienda e incremente su tamaño y potencia, envolviéndonos a nosotros mismos. De pronto en una explosión de luz la esfera se divide en pequeñas esferas u óvalos de luz que van en dirección a cada una de las personas por las que hemos pedido, de tal manera que cada quien recibe inmediatamente lo que necesita en la proporción que necesita.

Relajamos finalmente los brazos, abrimos los ojos y nos encontramos en paz, decretando todos con el poder de la palabra, la magia del verbo:

¡Que así sea!

¡Así es !

¡Así será!

¡Y hecho está!...

LA PIRÁMIDE EN LA SELVA

La vida es como un río
que se renueva permanentemente,
y en el que debemos esforzarnos
por alcanzar la otra orilla,
la de la trascendencia,
valorando la ayuda de quienes en su momento
ofrecieron lo mejor de sí mismos
para traernos a la presente existencia
y nos motivaron a continuar haciendo lo nuestro.

Este ejercicio, como muchos otros de visualización creativa, lo podemos hacer al final de una meditación basada en el canto de *mantrams* o de una meditación en silencio, cuando ya nuestra mente se aquietó y se encuentra en blanco, manteniendo siempre una respiración lenta y profunda, inhalando y exhalando lentamente.

Vamos terminando nuestra meditación, y aprovechando ese estado profundo de relajación vamos a concentrar nuestra atención en el entrecejo, y nos vamos a proyectar mentalmente a través de un túnel mental, de tal manera que al final del mismo nos encontremos saliendo de una espesa jungla hacia la orilla de un caudaloso y ancho río. Vamos recorriendo la orilla, caminando sobre cantos rodados y arena, cuando de pronto observamos que, colgando de la rama de un árbol, hay una bolsa de tela de hechura artesanal. Nos acercamos a ella, sintiendo que alguien la pudo haber dejado allí para nosotros. La tomamos entre las manos y nos fijamos bien en su color o colores, y en si posee algún diseño o detalle. Percibimos que dentro de ella hay tres objetos. Vamos a fijarnos en cuáles son esos objetos, de qué material están hechos, su color; en fin, en cualquier detalle de los mismos.

Nos colgamos la bolsa del hombro y nos acercamos hasta la orilla del río, fijándonos en que en la orilla opuesta se encuentra un barquero en su balsa o bote. Le hacemos señas con los brazos, logrando con ello que se percate de nuestra presencia y cruce el río acercándose hasta donde estamos. Una vez cerca nos saluda. Nosotros le devolvemos el saludo y le preguntamos si nos puede llevar en su bote al otro lado. Él nos indica que sí, invitándonos a subir en su embarcación, lo que hacemos rápidamente. El barquero, con un largo palo, va empujando su bote y luego con un remo nos va llevando, cruzando la corriente. Cuando vamos llegando a la orilla opuesta buscamos en el interior de la bolsa de entre los tres objetos que contiene uno de ellos para entregárselo al barquero en señal de gratitud por habernos conducido hasta allí. Nos fijamos bien en qué objeto escogemos para regalárselo.

Hemos llegado a la orilla opuesta y el barquero nos agradece lo que le hemos dado, y seguimos solos nuestro camino recorriendo la otra orilla del río, que también está cubierta de una espesa selva. De pronto encontramos un sendero que se introduce en la jungla y vamos por allí. Avanzamos por entre la espesura y a la distancia observamos una pirámide antigua que se eleva por encima del bosque. Al ir hacia allí de repente nos encontramos con un guerrero que sale de entre los matorrales, cerrándonos el paso. Su aspecto es agresivo e intimidante. Nosotros le mostramos nuestras buenas intenciones haciéndole un regalo. Extraemos de nuestra bolsa, de entre los dos objetos que nos quedan, uno que le pueda ser útil y llame su atención.

El guerrero con curiosidad recibe lo que le estamos dando y nos lo agradece, haciéndose a un lado y sonriéndonos. Así que seguimos nuestro peregrinaje, llegando y ascendiendo poco a poco hasta la mismísima pirámide.

Vamos subiendo, elevándonos por encima de la jungla, mirando a la distancia el río de donde veníamos. Al llegar arriba tenemos una visión panorámica y completa, encontrándonos con un pequeño santuario o capilla, de cuyo interior sale una sacerdotisa, una mujer de apariencia indígena vestida de blanco, quien nos da la bienvenida a la vez que extiende las manos como esperando que le entreguemos una ofrenda para el santuario. Nosotros, tras saludarla, le damos la bolsa con el último de los tres objetos que quedaba en ella. Nos fijamos bien en qué es lo que le estamos regalando.

La sacerdotisa nos lo agradece y nos conduce hasta el interior del santuario, llevándonos a la puerta de la capilla situada en lo alto de la pirámide. Allí nos comenta que dentro vamos a encontrarnos con tres esculturas de piedra a manera de columnas que sostienen el santuario. Debemos escoger una de ellas, abrazarla y sentir su energía, que nos envolverá.

Vamos ingresando dentro del santuario, avanzando por entre la penumbra hasta que nos situamos delante de esas tres esculturas de animales o espíritus totémicos, una *con forma de águila o cóndor, la otra de puma o jaguar y la tercera de serpiente o víbora. Debemos acercarnos y escoger de entre ellas una, aquella con la que nos identifiquemos, y abrazarla y sentir su energía, que representa el animal escogido y que se hará una con nosotros.*

Poco a poco vamos dejando atrás las columnas que representan animales y nos vamos retirando, y al salir de la capilla la luz del sol nos envuelve de tal manera que si nos identificamos con el águila nos veremos transformados en el ave, elevándonos por encima de la pirámide, pudiendo ascender en dirección del sol sin deslumbrarnos. Si nos identificamos con el jaguar, nos transformaremos en el felino y a grandes brincos bajaremos de la pirámide, introduciéndonos en la selva, pudiendo ver en medio de la oscuridad lo que otros no ven. Si por el contrario nos identificamos con la serpiente, la luz nos transformará en el ofidio, descendiendo, reptando desde el templo y moviéndonos por el sendero en dirección al río.

Poco a poco vamos volviendo todos a través del túnel mental. Vamos dejando atrás la pirámide, la selva y el río y retornamos, de tal manera que, al término de tres, habremos vuelto. Estaremos completamente conscientes, libres de toda tensión, en perfecta paz y armonía.

Tomamos una inhalación lenta y profunda, inhalamos..., retenemos... y al exhalar visualizamos en nuestra mente el número uno, de tal manera que vamos volviendo, tomando poco a poco conciencia de nuestro cuerpo.

Tomamos una segunda inhalación, inhalamos..., retenemos..., y al exhalar con el número dos, que visualizamos en nuestra mente, vamos tomando conciencia del lugar donde nos encontramos.

Inhalamos lenta y profundamente por tercera vez..., retenemos..., y al exhalar visualizamos el número tres, abriendo lentamente los ojos, y encontrándonos en paz y armonía.

Simbolismo del ejercicio

Este ejercicio ambientado a orillas de un río caudaloso rodeado de exuberante jungla nos traslada simbólicamente al momento previo al nacimiento. Nos encontramos en la orilla opuesta, esto es, en el momento anterior a nacer. La bolsa que encontramos colgando de una rama simboliza nuestra misión, la labor encomendada para la presente encarnación por los Señores del Karma o Guardianes del Destino, lo que debemos vivir, aprender, lograr y superar. Hay que estar atentos a los colores de la bolsa, porque son los colores de nuestra misión, los aspectos a los que hemos venido a enfrentarnos como parte del proceso de crecimiento. Por ejemplo, una bolsa de color natural o de color crema, simbolizaría dejarse guiar, dejar fluir; una de color marrón o cuero podría estar simbolizando que en la presente encarnación debemos trabajar la humildad y la sencillez. Una bolsa de color violeta podría significar que nuestra misión en la presente encarnación tiene que ver con transformarnos y transformar, crecer en la fe, o que nuestra fe será puesta a prueba una y otra vez, o también simbolizaría que debemos despertar nuestro mago interior. Una bolsa verde simbolizaría que nuestra vida está marcada por la sanación, la curación, la esperanza, el amor a la vida, o que estará llena de pruebas en ese sentido. Una bolsa que tiene todos los colores podría simbolizar que nuestra vida actual tendrá todos los aspectos y deberemos lidiar y crecer con todos ellos.

Dentro de la bolsa hallamos tres objetos, que representa lo que estamos dispuestos a dar y a compartir en nuestra existencia con los demás y con la vida misma.

Logramos que un balsero o barquero cruce el río y venga a por nosotros para llevarnos a la orilla opuesta. Desde la antigüedad al barquero siempre se le ha asociado con la muerte, pero en este ejercicio se le asocia con la vida. El barquero aquí simbolizaría a nuestros padres, que se hacen uno para traernos a la vida. Lo que nosotros le entregamos o regalamos es con lo que simbólicamente hemos retribuido a nuestros padres por habernos traído a la vida. Supongamos que lo que nosotros le dimos al barquero fue una manzana verde; esto simbolizaría el reconocimiento de que nuestros progenitores han sido nuestros maestros en la vida, enseñándonos a amarla. Un cristal de cuarzo transparente simbolizaría que les estamos retribuyendo con nuestra propia perfección en el autoconocimiento.

Más adelante, como en la vida misma, seguimos pero solos, adentrándonos y desafiando la selva, que son los problemas, dificultades y peligros que nos plantea la existencia. Encontramos un sendero, que son las rutas de la vida, difícil de recorrer pero no imposible, y en la medida en que avanzamos por él localizamos en la distancia una pirámide antigua que simboliza el camino espiritual, la elevación de la conciencia. Al ir hacia allí nos topamos con un guerrero y nos enfrentamos a él, haciéndole un regalo. El guerrero simboliza a la gente con la que convivimos todos los días; lo que le damos es lo que estamos compartiendo con el mundo, lo que damos a la gente que nos rodea.

Supongamos que lo que le hemos dado al guerrero y que encontramos en la bolsa es una esfera de madera; podría simbolizar que lo que compartimos a diario con sencillez con los demás es nuestro propio mundo (la esfera) y lo mejor de nuestra naturaleza. El darle una brújula al guerrero podría simbolizar que lo que estamos compartiendo con la gente es un rumbo, una orientación para que no pierdan el camino o el norte.

El guerrero agradece lo que le hemos dado y se hace a un lado, pudiendo nosotros avanzar, porque si bien el camino espiritual es personal e intransferible, se vive a través de los demás, a través de lo que damos y compartimos con los demás.

El camino continúa, pero ahora ascendiendo a la pirámide, y es que en la medida en que nos esforzamos por avanzar elevamos nuestra conciencia, lo que nos permitirá conseguir una visión panorámica de todo lo que hemos superado y logrado. Al llegar arriba nos encontramos con un santuario, que es nuestro templo interior, nuestro corazón. Del santuario o capilla sale una sacerdotisa, que simboliza nuestra propia alma, y a ella le haremos una ofrenda entregándole la bolsa con el último de los tres objetos que queda en su interior. Como la sacerdotisa somos nosotros mismos, lo que le damos es lo que tenemos reservado para nosotros, por lo que en el regalo incluimos la bolsa, que es nuestra misión.

La sacerdotisa nos conduce hasta el interior del santuario invitándonos a escoger de entre tres esculturas de animales o espíritus totémicos aquel con el que nos identificamos. Esta selección representa el espíritu o actitud con la que estamos dispuestos a enfrentarnos a la presente encarnación. Por ejemplo, si escogimos el águila sería la libertad y la capacidad de elevarnos por encima de nuestras aparentes limitaciones, siendo capaces de no confundirnos ni deslumbrarnos.

Si elegimos el jaguar es que hemos decidido enfrentar la vida como el felino, con valor y arrojo, usando nuestra intuición y pudiendo ver lo que otros no captan.

Si nos identificamos con la serpiente, eso simbolizaría que hemos decidido desenvolvernos con conocimiento y sabiduría, siempre en contacto con la tierra, bien aterrizados.

MALINALCO

Son tres los lugares sagrados
donde los antiguos tlatoanis
eran sometidos a ayunos de purificación
e iniciados en el arte de gobernarse y gobernar
Xochicalco, Malinalco y Tepoztlán.

Vamos a colocarnos todos lo más cómodamente posible. Nos sentamos con los talones juntos, la columna recta y las palmas de las manos hacia arriba, una encima de la otra. Manos relajadas sobre nuestras piernas.

Tomaremos a continuación tres respiraciones lentas y profundas por la nariz, reteniendo y exhalando, también lentamente. Con cada inhalación sentiremos cómo las energías del Universo descienden sobre nosotros ingresando por nuestra coronilla y concentrándose en nuestro pecho. Sentimos entonces un intenso calor y esa energía la irradiamos hacia los pies. Desde ahí subirá, relajando todo el cuerpo a modo de oleadas de energía.

Vamos a ir relajando todo nuestro cuerpo desde los pies a la cabeza, y para ello nos imaginamos que lo acariciamos con las manos físicas.

Quedaremos entonces todos completamente relajados, libres de toda tensión, en perfecta paz y armonía. Ningún ruido, ni aun la voz que están escuchando, interferirá nuestro proceso de relajación, sino que por el contrario nos ayudará a relajarnos más y más.

A continuación concentraremos nuestra atención en el entrecejo, en nuestra frente. Vamos a irnos proyectando a través de un túnel mental imaginario, avanzando hasta el fondo de un valle entre montañas. Es de noche y el cielo luce estrellado. Nos imaginamos que vamos caminando por el fondo de ese valle hasta que llegamos al pie de un cerro, que de la mitad para arriba se encuentra iluminado por sectores, como si hubiesen fuegos encendidos. Encontramos un estrecho camino que asciende. Es un sendero excavado en la roca y que va subiendo en zigzag o herradura la montaña. Vamos a ascender por él, y en la medida en que vamos subiendo nos percatamos de que estamos vestidos de blanco y que llevamos atados a la cintura tres pañuelos de colores. Nos vamos fijando en qué colores tienen los tres pañuelos.

Hemos avanzado cierta distancia cuando nos encontramos delante de una fogata o fuego encendido en una de las curvas del camino. Detrás de esa hoguera hay una anciana mujer sentada vestida de blanco de apariencia indígena. Al percatarse de nuestra presencia se va incorporando y se pone a buscar afanosamente algo entre sus cosas. En cuanto encuentra lo que buscaba, bordeando el fuego se va acercando hacia nosotros y, sonriendo, nos hace entrega de un regalo. Estira los brazos y las manos poniendo entre las nuestras un objeto. ¿Qué es? ¿Qué color tiene? ¿De qué material está hecho ?

Nosotros, en retribución, le entregamos uno de los tres pañuelos que llevamos en la cintura. Nos fijamos bien en qué pañuelo y de qué color es el que le damos. Ella se pone contenta y nos lo agradece, invitándonos a continuar el ascenso.

Nos despedimos y seguimos la subida, llevando con nosotros el regalo. Y más arriba, en otra de las curvas del camino, localizamos un segundo fuego encendido, y detrás de él a una mujer de mediana edad también de apariencia indígena vestida de blanco. Ella, en cuanto nos ve llegar se incorpora y se acerca a nosotros, portando entre las manos un regalo, que nos entrega acompañado de una agradable sonrisa. Nosotros lo recibimos con gratitud, fijándonos bien en qué es, de qué se trata. A la vez le entregamos uno de los dos pañuelos que aún conservamos en la cintura. Nos fijamos bien en el color del pañuelo que le damos.

La mujer de mediana edad nos agradece el presente y también nos motiva a seguir subiendo. Nos despedimos de ella y retomamos el sendero de ascenso. Cada vez estamos más alto y desde allí observamos otros cerros a la distancia.

En otra de las curvas, ya bastante alto, identificamos una tercera fogata y detrás de ella nos encontramos a una niña, casi una adolescente, quien no espera a que nos acerquemos, sino que, casi saltando encima del fuego que calien-

ta e ilumina, se acerca precipitadamente hacia nosotros y nos hace entrega de un regalo. Nos fijamos también en qué es y de qué material está hecho, su color y su forma. Ante la expectativa de la niña, nosotros la obsequiamos con el tercer pañuelo que teníamos en la cintura. Ella se pone muy contenta y danza con él. Luego, con emoción se vuelve hacia nosotros insistiendo en que nos falta poco para alcanzar la cima, que no nos debemos detener. Le agradecemos el consejo y el regalo y seguimos nuestro camino.

Llegamos a la cima del cerro, que es una suerte de pequeña meseta donde el camino ahora es llano y está iluminado por antorchas a izquierda y derecha que nos permiten ver que todo conduce hacia una pequeña pirámide tallada y excavada en la roca.

Llegamos al pie de la pirámide, y cuando ya nos preparábamos para subir por sus estrechos escalones escuchamos una voz que nos dice que para merecer ascender a la pirámide debemos estar dispuestos primero a dejar una ofrenda al pie de la misma. Así que se nos pide que uno de los tres objetos que llevamos con nosotros, uno de los tres regalos recibidos, lo dejemos allí como ofrenda. Vamos escogiendo entonces cuál de ellos estamos dispuestos a dejar.

Subimos la escalinata de piedra, cuando al llegar a la puerta del santuario situado en la parte alta de la pirámide escuchamos la misma voz, que nos dice que para merecer entrar en el interior del monumento debemos dejar en la puerta una ofrenda. Por tanto vamos a tener que desprendernos de otro objeto más. Vamos viendo bien qué dejamos allí a la entrada.

Entramos en el interior de la caverna excavada en la roca que funciona como el santuario de la pirámide y nos encontramos con un fuego encendido en el centro de la habitación, ubicado en un hoyo circular. Alrededor hay tres *esculturas de piedra representando un águila, un jaguar y una serpiente.*

Nuevamente escuchamos la voz que nos dice que para merecer estar dentro del santuario debemos estar dispuestos a colocar una ofrenda dentro del fuego sagrado. Así que el último objeto que aún conservábamos con nosotros lo tenemos que dejar allí, dentro del fuego. Y al hacerlo contemplamos qué es lo que ocurre entonces en el ambiente como consecuencia.

Al cabo de un rato vamos dejando atrás la pirámide y la montaña, vamos alejándonos de la montaña y del valle, volviendo a través del túnel mental. Para ello nuevamente vamos a tomar tres respiraciones lentas y profundas, y al término de tres abriremos lentamente los ojos y nos encontraremos en paz.

Simbolismo del ejercicio

Este ejercicio de imaginación creativa está ambientado en un lugar físico y monumento histórico existente en México que se llama «Malinalco», uno de los tres lugares sagrados donde los que iban a ser reyes aztecas (*tlatoanis*) se sometían a rigurosos ayunos y meditaciones.

El ejercicio nos sitúa primero de noche, lo cual significa interiorizar, buscar dentro de nosotros. Vamos caminando por lo profundo de un valle y luego se nos presenta un camino que asciende por un cerro, lo que supone una invitación a la aventura espiritual, al viaje del alma. La montaña es, como ya hemos visto antes, el proceso de ascenso espiritual; hay que ir al encuentro de la luz, que está arriba. Solo cuando hemos asumido los riesgos y nos hemos esforzado por vencernos nos acercamos a ella. De ahí el simbolismo de estar vestidos de blanco. Quien asume los riesgos acepta la purificación y la renovación. Los tres pañuelos simbolizan las actitudes con las que afrontamos los distintos momentos de nuestra vida.

La anciana que aparece en una de las curvas del camino simboliza nuestro pasado, y lo que ella nos da es lo que nuestro pasado nos ha aportado. Y el pañuelo que nosotros le damos a la ancianita es la actitud con la que nos estamos enfrentando a nuestro pasado.

Por ejemplo, si la ancianita nos entrega un cucharita de plata y nosotros le damos el pañuelo rojo, eso podría estar significando el haber aprendido a tomarnos nuestro tiempo al hacer las cosas, saborearlas y digerirlas lentamente (cucharita) utilizando también la intuición (plata). Y el pañuelo rojo que le damos muestra que nuestra actitud frente a nuestro pasado es de amor.

Como nuestra vida se apoya en todo lo anteriormente vivido (nuestro pasado) seguimos ascendiendo y llegamos a mitad de la montaña a encontrarnos con la mujer de mediana edad, que representa nuestro presente. Ella nos hace entrega de un regalo, que simboliza lo que la vida en ese momento nos está aportando, y el pañuelo que le damos es la actitud con la enfrentamos nuestro presente.

Supongamos que la mujer nos entregó una pirámide de piedra verde y nosotros le dimos un pañuelo violeta. Eso podría simbolizar que el momento actual de nuestra vida está sentando las bases (la piedra) para aprender a dar y a recibir (la pirámide que es un receptor de energías) salud y esperanza (color verde). Y nosotros estamos afrontando ese momento con una actitud de cambio y con fe (violeta).

Seguimos el ascenso y ya muy arriba nos encontramos con una tercera fogata. Cada uno de esos fuegos representa momentos de toma de conciencia, hitos de madurez, etapas de reflexión. La niña, casi una adolescente, simboliza nuestro futuro o nuestra alma proyectada hacia el futuro. Lo que ella nos entrega es lo que nuestro futuro ya nos tiene reservado, y el pañuelo que le damos es la actitud con la que afrontamos dicho devenir.

Por ejemplo, supongamos que la niña nos da una vela y nosotros le entregamos el pañuelo azul. Esto podría significar que nuestro futuro nos da la oportunidad de crecer en fe (la vela), en confianza y en convicción, y nosotros lo asumimos con una actitud realmente espiritual (color azul).

La niña nos alienta a coronar la cima de la montaña espiritual, y así llegamos a una meseta donde se encuentra la pirámide de «la trascendencia». El camino allí está iluminado por antorchas que simbolizan la conciencia permanente alcanzada hasta ese momento. Al llegar al pie de la pirámide escuchamos una voz que nos pide que dejemos una ofrenda en ese lugar. Se nos solicita que renunciemos a algo de lo que se nos ha dado, pero a la vez la renuncia no es tal porque lo que dejemos al pie de la pirámide simbolizará la base de nuestra trascendencia, aquello sobre lo que nos apoyaremos para continuar.

Supongamos que de los tres objetos, el cristal, la pirámide de piedra verde y la vela, se nos ocurre dejar la pirámide de piedra (no tienen necesariamente por qué dejarse en el orden en que se recibieron). Eso podría significar que la base de mi trascendencia depende de que aprenda y crezca en aprender a dar y recibir sanación y esperanza.

Al llegar a la puerta de la pirámide se nos pide una ofrenda. Hemos de renunciar a algo, pero a la vez eso que damos es la llave que nos garantiza entrar dentro de nosotros mismos, el santuario del templo interior. Supongamos que dejamos la vela; esto podría simbolizar que lo que permitirá que profundicemos y nos conozcamos es la fe en que podemos lograrlo y debemos hacerlo.

Ya dentro de la pirámide hay un fuego sagrado, que es la vitalidad y energía necesaria para enfrentar la vida misma. Se nos dice que debemos colocar el tercer objeto como ofrenda en el fuego. Puede que dudemos dejarlo, pero eso es lo que se nos pide, y la ventaja es que el fuego sagrado no consume. Como lo que nos quedaba era el cristal, al dejarlo en el fuego podría ser que lo que permitirá que nos mantengamos en nuestro templo interior y nos fortalezcamos en él será nuestra propia perfección.

Si al dejar el cristal en el fuego sagrado algo ocurrió en nuestro entorno, por ejemplo que todo se iluminó, o el cristal quedó flotando en el aire, o la pirámide se abrió como una flor, etc., todo ello es simbolismo de lo que se espera que pase en nuestro ser si no nos tomamos el proceso en serio.

Como vemos, no es tan difícil poder interpretar sabiendo el significado de los colores y jugando con las formas mentales y la asociación de ideas. Lo importante es que, más que razonar los ejercicios, hay que tratar de sentir e intuir su significado, utilizando la imaginación y la inteligencia combinados.

El puente y el ángel

La vida es como un valle entre montañas con un río.
En él que hay un templo, que es
nuestro santuario interno.
Las montañas son retos a superar,
y el río un obstáculo que purifica.
El aspecto de ambos, el valle y el templo,
y su aprovechamiento depende de
lo que estemos dispuestos a lograr y a dar
para que sean una unidad en el paisaje.

Vamos a tomar tres respiraciones lentas y profundas, inhalando, reteniendo y exhalando, de tal manera que vamos sintiendo cómo descienden del Cosmos sobre nosotros las energías de renovación y sanación del Universo, que ingre-

san por nuestra coronilla, bajan por nuestra columna y se concentran en nuestro pecho para luego irradiar hacia los pies.

Tomamos una respiración lenta y profunda, inhalamos..., retenemos..., y al exhalar por la nariz visualizamos en nuestra mente el número tres, tres veces... Sentimos un agradable calor que asciende desde los pies hasta la cintura relajando nuestro cuerpo como si lo acariciáramos con las manos físicas de tal manera que de la cintura para abajo ya no sentimos nuestro cuerpo. Vamos relajando los pies y las piernas, huesos, músculos, tendones y ligamentos, y todo dolor o molestia desaparece de nuestro cuerpo.

Inhalamos nuevamente..., retenemos..., y al exhalar visualizamos en nuestra mente el número dos, tres veces... y vamos masajeando mentalmente nuestros órganos internos, también la columna vertebral, y los músculos del pecho y la espalda, y a continuación los hombros, los brazos y las manos.

Por tercera vez inhalamos... retenemos... y al exhalar visualizamos en nuestra mente el número uno tres veces... Relajamos el cuello, la nuca, el rostro, los músculos de la cara, la parte posterior del cráneo y finalmente el cerebro, liberándolo de tensión, de todo pensamiento obsesivo.

Mantenemos una respiración lenta y profunda, inhalando y exhalando lentamente, y ya completamente relajados, visualizamos a la altura del entrecejo un túnel mental, de tal manera que nos proyectamos a través de él y al final del mismo nos imaginamos que nos encontramos en un valle entre montañas con un río. Vamos a avanzar por un camino que discurre paralelo al río y que de vez en cuando pasa al lado o por debajo de rústicas capillas pintadas de blanco de aspecto típicamente oriental. Al lado de estas capillas hay unos cilindros de bronce con oraciones grabadas, como para que el leve roce de nuestras manos las haga girar.

A la distancia divisamos un templo o monasterio con unas grandes banderolas agitadas al viento con palabras escritas en ellas. Sus paredes son blancas, con figuras de gigantescos ojos mirando al horizonte. Los techos son de tejas rojas con adornos dorados que reflejan la luz del sol. Vamos acercándonos a este templo y al llegar subimos por unas escaleras laterales de piedra hasta unas grandes puertas de madera de color rojo, que al tocarlas se van abriendo mostrándonos el interior, donde se observa un salón muy largo y grande, con columnas de madera rojas a los lados y cantidad de monjes a izquierda y derecha con sus túnicas de color entre rojo y ocre combinadas con naranja, sentados en el suelo en posición de meditación. El ambiente es de un gran misticismo y espiritualidad; hasta se puede oler el aroma del incienso y hay multitud de velas encendidas.

Vamos entrando y nos dirigimos directamente hacia el fondo, donde sobre un promontorio se encuentra el Gran Maestro, quien nos recibe dándonos la bienvenida e invitándonos a meditar con ellos, para lo cual vamos a tomar unas respiraciones lentas y profundas, y al exhalar vocalizaremos todos la palabra «OM», que en sánscrito, uno de los idiomas más antiguos de la humanidad, se traduce como Dios y que es el sonido primordial de la creación con el cual Dios creó el Universo.

Por catorce veces mantralizaremos la palabra Om.

Empezamos todos inhalando... Om...

Poco a poco vamos terminando de mantralizar y vamos a despedirnos del maestro y de los monjes, retirándonos del interior del templo y saliendo por las puertas que se van abriendo a nuestro paso. Una vez fuera sentimos el aire frío de la montaña, bajamos por las escaleras, volviendo de inmediato sobre el camino, encontrándonos con un rústico puente que cruza el río. Lo vamos recorriendo y al llegar del otro lado nos topamos con un letrero donde aparece el nombre del valle. Fijémonos bien en qué nombre aparece allí.

Continuamos la marcha por un camino de tierra con muros de piedra que se encuentran a izquierda y derecha. Detrás de los mismos se ven campos de cultivo. Vamos a fijarnos si están cultivados o no; hasta podrían estar abandonados.

Seguimos nuestro camino hasta que más adelante nos encontramos con un arroyo o riachuelo que lo cruza. Para no mojarnos vamos a apoyarnos sobre unas piedras, de tal manera que al hacerlo nos fijamos en cuántas piedras pisamos para ir de un lado a otro del arroyo.

Avanzamos por el camino hasta que este comienza a ascender hacia las montañas, y precisamente en la base de la primera montaña hay un letrero donde aparece el nombre de la misma. Vanos a fijarnos bien en cuál es ese nombre.

Empezamos nuestro ascenso y de pronto nos percatamos de que llevamos colgando del hombro una mochila; vamos a ver de qué color es. Seguimos ascendiendo y el peso de la mochila va aumentando. Cada vez estamos más alto, pudiendo observar el valle, el río y el monasterio a la distancia y por debajo nuestro. De repente nos encontramos en lo alto de la montaña con un puente que conecta con otra montaña. A un lado hay una impresionante cascada y un letrero, donde se encuentra el nombre de la catarata. Lo vamos a ir leyendo. Y como el peso de la mochila se hace insostenible avanzamos un poco por el puente y la dejamos en el suelo, y revisamos qué tiene dentro. ¿Qué es lo que pesa tanto? Vamos extrayendo de su interior todo lo que pesa y lo vamos arrojando al vacío, hacia la cascada, sintiendo cómo con ello nos liberamos y aliviamos de pesos innecesarios en la vida.

Al rato nos incorporamos y cuando vamos a continuar cruzando el puente observamos que de pronto, en el extremo opuesto, aparecen unas luciérnagas; son pequeños puntos luminosos revoloteando, que terminan concentrándose en un sitio adquiriendo la forma de silueta humana. Luego esa forma se va condensando de tal manera que de ella va sur-

giendo la figura de un ser angelical. Nos fijamos en el color de la túnica de ese ángel que se está materializando delante nuestro.

El ángel va avanzando hacia nosotros extendiendo manos y brazos. Nosotros también avanzamos hasta encontrarnos con él en medio del puente. Allí, él nos abraza con sus manos y brazos, incluso con unas blancas alas que se cierran en torno nuestro. Sentimos cómo nos estrecha hacia su regazo, experimentando una paz infinita y mucho amor que nos consuela y armoniza...

Estamos todos completamente relajados, en perfecta paz y armonía. Y vamos volviendo a través del túnel mental, de tal manera que, al término de tres, habremos vuelto. Tomamos todos una inhalación lenta y profunda..., retenemos..., y al exhalar visualizamos en nuestra mente el número uno, y vamos volviendo dejando atrás el puente y el ángel, la montaña y el valle, y vamos sintiendo nuestro cuerpo.

Tomamos una segunda inhalación, inhalamos..., retenemos..., y al exhalar visualizamos en nuestra mente el número dos, y poco a poco vamos tomando conciencia del lugar donde nos encontramos.

Inhalamos lento y profundo por tercera vez, inhalamos... retenemos... y al exhalar visualizamos en nuestra mente el número tres, de tal manera que vamos abriendo lentamente nuestros ojos y nos encontramos todos en perfecta paz y armonía.

Interpretación y significado del ejercicio

Nos hemos proyectado por un túnel mental a través de nuestra propia mente imaginándonos que nos encontramos en un valle entre montañas con un río. Es una representación de nuestra propia vida y de nuestro templo interior. Vamos a avanzar por un camino que discurre paralelo al río; todo ello simboliza la vida misma. Las rústicas capillas pintadas de blanco de aspecto típicamente oriental representan todos esos momentos de profunda espiritualidad que hemos vivido en esta y otras encarnaciones.

A la distancia divisamos el templo o monasterio; su estado y apariencia tienen mucho que ver con cómo nos encontramos nosotros espiritualmente, firmes, seguros, sólidos o todo lo contrario. Vamos acercándonos a este templo, y al llegar subimos por unas escaleras laterales de piedra hasta unas grandes puertas de madera de color rojo que, al tocarlas, se van abriendo. Siempre se nos ha dicho «llamad y se os abrirá». Pues de eso se trata en este camino.

Dentro del santuario observamos un salón muy largo y grande, con columnas de madera rojas a los lados. Recordemos que el amor se simboliza con el color rojo, y es el amor el que sostiene nuestro santuario interno, amor para con nosotros mismos y para con los demás. Aquellos monjes con sus túnicas rojas combinadas con naranja representan nuestras existencias pasadas, donde hemos ido creciendo en amor y en carácter y voluntad.

Vamos entrando y nos dirigimos directamente hacia el fondo, donde sobre un promontorio se encuentra el Gran Maestro, que es nuestro propio maestro interno o real ser, que nos recibe dándonos la bienvenida e invitándonos a meditar, lo que nos ayudará a elevar nuestra vibración, y lo haremos con la palabra «OM» por catorce veces, número de la templanza y la disciplina. Con ello crearemos una nueva realidad en nuestro interior.

Terminamos de mantralizar y vamos a despedirnos del maestro y de los monjes, retirándonos del templo, porque cuando uno ingresa conscientemente en el santuario, el templo es uno con nosotros, de manera que aunque salgamos de él siempre nos acompañará. Volvemos por el camino, encontrándonos con un rústico puente que cruza el río; ese puente simboliza las oportunidades que tenemos de afrontar los obstáculos de purificación que la vida nos plantea: la muerte de alguien, una gran pérdida, una crisis afectiva o emocional, un revés económico, etc. Lo vamos recorriendo y al llegar al otro lado del río y del valle nos topamos con un letrero, donde aparece el nombre del valle. Fijémonos bien en qué nombre aparece allí, porque ese nombre será cómo nosotros hemos titulado nuestra vida o cómo la definimos. Por ejemplo «Valle de lágrimas» o «Valle de sombras», para aquella persona que está pasando su noche oscura del alma y aún no vislumbra la luz y la esperanza, o «Valle del sol», para aquella persona que está viendo iluminada su vida con claridad y armonía. ¿Qué pasaría si no hubiera un nombre? Eso podría significar que no tenemos claro el panorama, que nunca nos lo hemos planteado o que ya es momento de que le asignemos un nombre y lo definamos. ¿Qué pasaría si el nombre no se pudiera leer o entender? Eso podría simbolizar que nos falta aclararnos con nosotros mismos en la vida, esforzarnos en ver las cosas claras o en definirlas.

Continuamos la marcha por un camino de tierra con muros de piedras a izquierda y derecha. Detrás de los mismos se ven campos de cultivo. Estos campos representan nuestra siembra, lo que hemos hecho o dejado de hacer en la vida. Por ello es importante ver cómo están la mayoría de esos campos: recién sembrados, cultivados, cosechables o simplemente abandonados, porque ello será reflejo de nuestra presente existencia.

Seguimos nuestro camino hasta que más adelante nos encontramos con un arroyo o riachuelo que lo cruza. Representa nuevos obstáculos, dificultades, pruebas o peligros que se nos presentan en nuestro deambular por la vida. Si el riachuelo es claro sabremos de qué se trata, si es turbio es que no lo tenemos nada claro. Para no mojarnos nos apoyamos sobre unas piedras, de tal manera que al hacerlo nos fijamos en cuántas piedras pisamos para ir de un lado a otro del arroyo. El número de piedras es una clave simbólica que representa la actitud con la que afrontamos las pruebas de la vida. Por ejemplo, cinco piedras podrían simbolizar el hecho de enfrentarnos a las dificultades con magia, con la capacidad de transformarse y transformar con fe. Siete piedras nos estarían indicando perfección y conciencia.

Avanzamos por el camino hasta que este comienza a ascender hacia las montañas, y precisamente en la base de la montaña hay un letrero donde aparece el nombre de esa montaña. Vamos a fijarnos bien en cuál es ese nombre. La montaña representa el camino espiritual, la ascensión y elevación de la conciencia; por ello es importante cómo hemos definido o bautizado nuestro camino espiritual, que se ve reflejado en el nombre de la montaña en el letrero.

Empezamos nuestro ascenso y de repente nos percatamos de que llevamos colgando del hombro una mochila; vamos a ver de qué color es. La mochila representa nuestra tarea en el ascenso, aquello con lo que tenemos que trabajar. Una mochila verde podría estarnos indicando que debemos trabajar con esperanza, con actitud positiva, con amor en la vida. Una mochila de color crema o marrón, con humildad, aceptación y sencillez. Seguimos ascendiendo y el peso de la mochila va aumentando porque el peso de las dificultades, amenazas y situaciones no asumidas, no afrontadas o mal encaradas, con los respectivos sentimientos de culpa, va creciendo. Cada vez estamos más alto, pudiendo observar el valle, el río y el monasterio a la distancia y por debajo de nosotros. Y es que cuando crecemos en conciencia vemos todo desde otra perspectiva.

De pronto nos encontramos en lo alto de la montaña con un puente que conecta con otra montaña. Ese puente representa el final de nuestra presente existencia. A un lado hay una impresionante cascada que simboliza la purificación y un letrero con el nombre de la catarata. Lo vamos leyendo, dando a las pruebas de purificación de nuestra vida un nombre. Por ejemplo, encontrar en el letrero el nombre «El Salto del Ángel» podría estarnos indicando que la vida nos ha estado probando continuamente en la fe.

Y como el peso de la mochila se hace insostenible, avanzamos un poco por el puente y la dejamos en el suelo, de tal manera que al revisarla nos enteramos de qué es lo que ha venido siendo el lastre en nuestras vidas. Al ir extrayendo de su interior todo lo que pesa y arrojarlo al vacío nos liberamos de nuestros errores, a los que muchas veces también nos apegamos y de los que nos cuesta librarnos. Supongamos que siempre nos hemos lamentado de que la gente de nuestro alrededor nos ha supuesto más dificultades que ayuda; entonces lo más seguro es que dentro de la mochila encontremos piedras, lo cual revelaría que hemos dado demasiado importancia a las dificultades sin afrontarlas, tratándolas deportivamente como si fueran retos y pruebas de crecimiento. Suena tonto, pero nos pusieron pruebas en el camino y en vez de sacarlas y ponerlas a un lado, hemos cargado con ellas y las hemos traído con nosotros. Asumámoslas y veremos fácilmente que las superamos, dejando de cargarlas.

Al rato nos incorporamos, y cuando vamos a continuar cruzando el puente observamos cómo de pronto, en el extremo opuesto, aparece la figura de un ser angelical. Es una vez más nuestro maestro interior o uno de aquellos seres de luz que han sido designados para cuidarnos y guiarnos en la vida. Nos fijamos en el color de su túnica porque es el color de esa ayuda. Es en lo que necesitamos ser ayudados. Por ejemplo, una túnica rosada podría simbolizar que debemos crecer en servicio al prójimo o en amor incondicional; una túnica color celeste podría estarnos indicando que debemos mejorar la comunicación con los demás.

El abrazo del ángel es el consuelo que todos necesitamos. Pero aún no es tiempo de trascender, así que volvamos; la vida nos aguarda más conscientes, despiertos y preparados.

EL CHAMÁN

El chamán es el mago, el artista,
el poeta, el primer científico,
el médico, el oráculo, el interpretador de sueños,
el guardián de la tribu.
Aquel que curaba las aflicciones
con una mezcla de canto, intuición, energía,
conocimiento ancestral y la autoridad
que le daba la experiencia.

Estamos todos sentados cómodamente, completamente relajados, ya no sentimos nuestro cuerpo, solo tenemos esa agradable sensación de paz y de armonía que nos acompañará en todo momento. Mantendremos en todo momento una respiración lenta y profunda por la nariz.

Vamos a proyectarnos todos a través de un túnel mental que visualizamos en nuestra mente, de tal manera que al final del mismo nos imaginamos que nos encontramos a la orilla de un río en lo profundo de un valle rodeado de montañas boscosas. Vamos caminando por la orilla disfrutando del hermoso paisaje de montaña cuando de pronto observamos a la distancia, sobre unas piedras, la presencia de un gnomo o duende, que nos observa con curiosidad y nos hace señas para que nos acerquemos. Así lo hacemos. Vamos avanzando poco a poco para no intimidarlo, y cuando llegamos donde él se encontraba ya no está, aunque ha dejado sobre las piedras un regalo para nosotros, que es una piedra especial diferente a las demás, o tal vez un cristal o una piedra semipreciosa. Nos fijamos en sus detalles de color, material y forma.

Seguimos nuestro recorrido ascendiendo por las colinas y entrando en el bosque donde, encima de un inmenso árbol caído, localizamos un hada o un elfo, quien nos hace señas para que nos aproximemos. Vamos avanzando, y al llegar ya no lo vemos pero sobre el tronco ha dejado un regalo para nosotros consistente en una flor. Nos fijamos bien en su color y en su número de pétalos, y la llevamos con nosotros.

Seguimos subiendo por las colinas boscosas hasta que llegamos a un claro del bosque, donde observamos la presencia de un animal escarbando con sus garras o con sus patas el suelo. Es importante ver qué clase de animal es. De repente el animal se marcha, abandonando el lugar lentamente y casi invitándonos con su actitud a que nos acerquemos a ver. Nosotros avanzamos hasta el lugar donde el animal estaba escarbando, hallando un objeto que al parecer habría dejado para nosotros. Nos fijamos bien en qué es; ¿de qué se trata?

Continuamos por el bosque observando el hermoso paisaje salvaje hasta llegar a divisar a la distancia una cabaña. Al acercarnos nos encontramos con una persona de apariencia indígena; un chamán o una chamana. Es importante fijarse en el detalle de si es hombre o mujer. Al vernos nos saluda y nos invita a ingresar a su cabaña. Una vez dentro nos lleva hacia un fuego encendido, animándonos a sentarnos alrededor. Nos comenta que sabe que los animales de la naturaleza y hasta la naturaleza misma han venido compartiendo con nosotros algunos regalos y nos pide por favor que se los mostremos, lo cual hacemos con orgullo e inocencia. Al mostrárselos, el chamán o la chamana los junta y los arroja al fuego. Luego, con un palo los va revolviendo hasta que desaparecen entre los carbones y las cenizas. Nosotros nos quedamos sorprendidos y desconcertados.

Al ver nuestra confusión nos pide calma, acercando un plato de madera con algo de agua. Va extrayendo de entre el fuego un objeto, que mete en el plato, enfriándolo y limpiándolo. Luego busca entre sus cosas una cuerda y lo va atando, de tal manera que de pronto vemos que lo que tiene entre sus manos es una suerte de medallón o talismán, que nos acerca y coloca en nuestro cuello, explicándonos que en él están contenidos todos los objetos que nos regalaron. Es importante fijarse en la forma del medallón, su color, material, diseño, tanto por un lado como por otro, el que se apoya en nuestro pecho.

Esa persona nos dice que si estamos atentos a los detalles en ellos encontraremos las respuestas que tanto buscamos. Nos invita a salir de su cabaña y a volver por donde habíamos venido, y así lo hacemos.

Poco a poco vamos volviendo por el túnel mental dejando atrás el bosque. Y al término de tres abriremos los ojos y nos encontraremos en paz. Tomamos tres respiraciones lentas y profundas, y al final quedamos todos en paz, conscientes y descansados.

Simbolismo del ejercicio

En este ejercicio de visualización nos proyectamos a la orilla de un río en lo profundo de un valle rodeado de montañas boscosas, que es un poco el panorama de nuestra vida. Nuestro primer encuentro va a ser con un gnomo o duende que deja sobre unas piedras un regalo para nosotros, que es una piedra, un cristal o una piedra semipreciosa. La idea es percibir qué es, qué color tiene y de qué material está hecho. El simbolismo tiene que ver con la búsqueda del contacto interior donde el primer regalo hace referencia a lo que debemos aplicar en nuestra vida material o en lo que debemos enfatizar a nivel de nuestro cuerpo físico en ese especial momento de nuestras vidas. Supongamos que la piedra que encontramos es gris y ovalada; podría ser que a nivel material y de nuestro cuerpo físico debamos protegernos y cuidarnos mejor (forma ovalada) y usar más la intuición (color gris); si la piedra fuera más bien una aguamarina cuadrada, podría ser que el mensaje fuese mejorar nuestra comunicación y relaciones (color celeste), y hacerlo con inteligencia (cuadrado).

Seguimos nuestro recorrido ascendiendo por las colinas e ingresando en el bosque, donde, encima de un árbol caído, vemos un hada o un elfo, quien deja un regalo para nosotros consistente en una flor. Nos fijamos bien en su color y número de pétalos, porque ahí está el mensaje. El símbolo nos da a entender lo que debe cambiar en nosotros o en lo que debemos insistir a nivel de cuerpo astral o cuerpo de emociones y deseos. Supongamos que la flor que encontramos es violeta y tienen 19 pétalos; podría simbolizar que a nivel afectivo, con fe y mística debemos cambiar las cosas (color violeta) utilizando para ello la inspiración (el número 19). O que la flor fuera blanca y de 16 pétalos; esto podría estarnos indicando que debemos sincerarnos y ser honestos (número 16) en cuestiones afectivas con la pareja, los hijos, los amigos, actuando como niños con pureza y transparencia (color blanco).

Llevando con nosotros la piedra y la flor llegamos a un claro del bosque, donde observamos la presencia de un animal escarbando con sus garras o con sus patas en el suelo. Es importante ver qué animal es el que está delante nuestro, porque simboliza lo que debemos trabajar o aplicar a nivel de cuerpo mental inferior o ego inferior, el carácter y la personalidad. Supongamos que el animal era una tortuga; esto podría estar simbolizando que debemos ser más constantes, humildes y sólidos en todos los aspectos de nuestra vida. Si el animal era un canario amarillo quizás se nos estaba recomendando ser más alegres, sutiles e inspiradores.

Lo que el animal encuentra y descubre, convirtiéndose en el tercer regalo, simboliza lo que debemos aplicar a nivel de cuerpo mental superior o cuarta dimensión para desarrollar toda nuestra potencialidad. Por ejemplo, supongamos que lo que encontramos en el hueco excavado por el animal es un cofre o relicario de madera; quizás con ello se nos podría estar indicando que debemos valorar en su justa medida (joyero o relicario) lo que está llegando a nuestra vida. El encontrar la casita de madera de un reloj de cuco podría interpretarse como que lo que tenemos que hacer es mantenernos despiertos.

Continuamos por el bosque hasta llegar a la cabaña de un chamán o chamana. Es importante fijarse en el detalle de si es hombre o mujer, porque el sexo simbólicamente determina la actitud. Si es alguien masculino, eso representa que debemos activar y poner en práctica inmediatamente cuanto se nos sugiere, y si es femenino debemos aguardar y reflexionar con profundidad para aplicarlo en la forma y el tiempo adecuado. Lo que nos entrega la persona tras juntar los tres regalos en el fuego de su cabaña es el medallón; simboliza nuestro quinto vehículo, el alma, que es en donde se encuentra el recuerdo de nuestra misión individual y colectiva en la vida. Por ello es importante fijarse en la forma del medallón, color, material y diseño, tanto de un lado como del que se apoya en nuestro pecho. Por ejemplo, un medallón redondo de oro, como un sol con un cristal de cuarzo en el centro y con símbolos por delante y por detrás, podría simbolizar que nuestra misión es ser nosotros mismos y crecer en autoconocimiento (medallón circular y dorado), y que debemos centrarnos en la perfección (el cuarzo en el centro), pero para ello debemos sentir el significado de todo lo que se mueve y circula alrededor nuestro (los símbolos alrededor del centro).

Hay muchas formas simbólicas mediante las cuales podemos conocernos y encontrarnos; estemos atentos a ellas en estos ejercicios.

EL TIPI

> *Para el pensamiento indígena*
> *todo tiene alma, todo está conectado*
> *con el Gran Espíritu.*

Estamos todos completamente relajados, y aprovechando ese estado profundo, visualizamos en nuestro entrecejo un túnel mental, y al final del mismo nos imaginamos que nos encontramos al pie de una colina boscosa. Es de noche y el cielo está claro, estrellado. Todo brilla con una especial luz, y por delante nuestro una hermosa y gigantesca piedra de un color claro nos invita a tocarla. Vamos a acercarnos a ella imaginándonos que la podemos tocar con nuestras manos y dedos. Sentimos su superficie áspera o lisa y percibiremos en ella el alma de la naturaleza. De un momento a otro sentimos que nos hacemos uno con la piedra. ¡Nosotros somos la piedra!...

Vamos dejando atrás la piedra, y un poco más adelante nos encontramos con un hermoso árbol, bastante alto y de grueso tronco, que nos invita a tocarlo, a abrazarlo sintiendo la vida que hay en él... Nos vamos compenetrando con el árbol de tal manera que de pronto nosotros mismos somos el árbol y el bosque, y sentimos lo que siente un árbol. Percibimos la conexión con el cielo y con la tierra.

Poco a poco vamos dejando al árbol atrás, vamos avanzando subiendo la colina por entre los árboles y miramos hacia la cima. En lo alto de la colina divisamos una roca.

Subiremos hacia ella, y en lo que vamos ascendiendo vemos salir una hermosa luna. De pronto visualizamos que sobre aquella peña asoma un lobo que emite su aullido característico.

Nos mira y sentimos lo que nos está queriendo trasmitir, como si fuera un mensaje para nosotros. Vamos ascendiendo, y al llegar a lo alto el lobo ya no está. Subimos a la roca y en lo que nos quedamos mirando a los alrededores aparece un hermoso caballo que se abre paso entre los árboles y se acerca hacia nosotros. Nos fijamos en su color. Es dócil y se deja acariciar mientras brilla luminoso con la noche. Con su hocico y nariz nos empuja, invitándonos a subirnos en su lomo. Al escuchar sus relinchos captamos un mensaje. Sentimos que nos está diciendo algo.

Una vez sobre el caballo vamos descendiendo de la colina pero por el otro lado. Observamos a la distancia un hermoso valle atravesado por un río con meandros, y cerca de su orilla distinguimos un pequeño pueblo indígena de chozas cónicas.

Vamos bajando hacia el valle cuando observamos una lechuza o búho en la rama de un árbol que mueve graciosamente su cabeza y cuello, haciendo sus típicos ruidos. Nosotros entendemos que allí hay un nuevo mensaje. ¿Qué nos dice el búho o lechuza con su presencia y mirada?

Descendemos hasta el valle. La luna se refleja en el río iluminando todo a su alrededor, y al acercarnos va amaneciendo. Asoman los primeros rayos de sol y el valle rápidamente va quedando envuelto en una bruma, en una densa niebla. Al llegar al poblado nos sale al encuentro un perro que, como guardián del lugar, ladra con fuerza. Sentimos el mensaje que proviene del perro. Nos bajamos del corcel con cuidado y el perro cambia de actitud dejándose acariciar. Vamos siguiendo al perro, que nos conduce hacia una choza cónica, un «tipi» hecho con palos y cubierto con pieles que posee un extraño símbolo en lo que vendría a ser la puerta. Abrimos aquella puerta de pieles y palos, y al ingresar nos encontramos con un fuego encendido en el centro cuyo humo se eleva hacia una abertura en el techo. Sentada al lado del fuego hay una persona. Es una anciana indígena vestida de blanco. Nos da la bienvenida y nos invita a sentarnos alrededor del fuego, frente a ella. Así lo hacemos.

La anciana se va incorporando y tomando entre sus manos un atado de hierbas secas. Quema sus puntas en la fogata, luego las apaga dejándolas humear, acercándose a continuación hacia nosotros y rodeándonos con el humo, como purificándonos. Ella sabe que los animales del bosque nos han hablado, y así nos lo dice. Nos recuerda que nos han dado un mensaje que debemos procurar entender, pero sobre todo sentir. En ese momento extiende sus manos sobre el fuego, cierra los ojos, y tras una plegaria los vuelve a abrir recogiendo de entre unas mantas del suelo un plato grande y depositando sobre él cuatro objetos. Son una pluma de águila, un collar de cuentas o huesecitos, un brazalete o pulsera y una bolsita rústica de tela cerrada. Nos invita a escoger de entre los cuatro uno para que lo llevemos con nosotros y nos lo entrega a modo de regalo. Es algo simbólico que según ella confirma y sintetiza los mensajes que hemos venido recibiendo.

Vamos escogiendo y tomando entre nuestras manos el regalo, que observamos detenidamente.

Agradecemos el presente y ante una indicación de la ancianita nos vamos incorporando para marcharnos. Nos despedimos de ella y al llegar a la puerta ella nos da un consejo personal e intransferible. Fuera nos encontramos con que ya está amaneciendo. El ambiente está claro, cubierto de una espesa niebla que envuelve todo el lugar.

Vamos saliendo fuera y entre la niebla logramos divisar la forma del sol que empieza a asomar, escuchando los sonidos de un águila que revolotea sobre el lugar. Tratamos en ese momento de sentir el mensaje del águila.

Nos vamos marchando y poco a poco vamos volviendo, vamos retornando a través del túnel de luz.

Vamos volviendo todos... Y al término de tres, estaremos completamente descansados, libres de toda tensión, en perfecta paz y armonía. Todos, con una respiración lenta y profunda, al término de tres abriremos lentamente los ojos y nos encontraremos en paz.

Uno... dos... tres...

Significado del ejercicio

En este ejercicio procuramos sentir la vida en todo, identificarnos con la naturaleza. Cada uno de los animales simboliza aspectos de la vida que nos recuerdan que tenemos que ahondar y profundizar, abriéndonos a un mensaje. Nos encontramos de noche, lo cual simboliza introspección, la búsqueda interior. La colina representa el ascenso espiritual, la elevación de la consciencia. El hecho de tocar la piedra y luego el árbol es entrar en sintonía con los planos que hay en nosotros, lo denso material y lo sutil y astral.

El lobo simboliza la intuición y la sensibilidad, el control y la conexión con los espíritus, con la energía del bosque, pero también con nuestros fantasmas, con los recuerdos. Nosotros somos el resultado, no solo de toda nuestra vida actual, sino del paso de toda la humanidad previa y del cúmulo de sabiduría de la experiencia ganada a través de nuestras múltiples encarnaciones. En algún momento debemos afrontar esos recuerdos y elevarnos por encima de ellos de manera que constituyan una base para subir más alto. Estamos llamados a proteger el bosque, a ser sus guardianes.

Tenemos que ascender la colina, esto es elevar la conciencia, lograr el control de nuestras emociones, vencer nuestros miedos y escuchar la sabiduría interior.

Al llegar a lo alto de la colina, el lobo ya no está porque ha sido asumido por nosotros. Y aparece el caballo, que simboliza la disciplina, la fortaleza y la voluntad. Estas cualidades y aspectos tienen mucho que decirnos ahora que hemos iniciado la aventura del autodescubrimiento. Estamos atentos a sentir y percibir su mensaje. Una vez subidos en el animal, con el simbolismo que esto supone, que es tomar las riendas de nuestra vida con disciplina y voluntad, vamos descendiendo hacia el valle. El valle representa el terreno de nuestras realizaciones, pero donde el aprendizaje no disminuye sino que se acentúa. Todo esto simboliza la vida misma y el contacto con las Madre Naturaleza.

Al ir bajando pasamos cerca de la rama de un árbol, donde asoma una lechuza, símbolo de la sabiduría en la antigua Grecia. Ella también tiene un mensaje para nosotros.

Llegamos al fondo del valle y al acercarnos a las chozas nos sale al encuentro un perro, símbolo de la vigilancia activa, de la fidelidad y la lealtad. En el camino espiritual debemos mantenernos atentos, vigilantes para no equivocar la marcha, y sobre todo fieles y leales a nosotros mismos para no defraudarnos y no perder con ello nuestra paz interior. Debemos sentir el mensaje de aquel can.

Después de bajarnos del caballo somos conducidos a un «tipi», choza típica de los indios pieles rojas de las praderas, de aspecto cónico, compuesta de largos palos que se cruzan en la parte superior y recubierta de pieles de animales. El símbolo tiene que ver con entrar a la oscuridad protectora y cálida del vientre de la madre, donde nos aguarda la anciana indígena vestida de blanco. Estamos allí simbólicamente en contacto con la vida misma y ella tiene un mensaje para nosotros, personal e intransferible. Este mensaje se ve expresado en un objeto que ella nos regala pero que nosotros escogemos, y que representa en esencia la síntesis del mensaje que nos fueron dando todos los animales a lo largo de nuestro recorrido. Debemos concentrarnos en captar qué es lo que escogimos de entre lo que se nos ofreció; debemos percibir su forma y color, y fijarnos bien en el material del que está hecho.

Ese objeto que la ancianita nos da puede ser tanto una protección para nuestra vida como el arma con que podemos defendernos. Por ello hay que estar muy atentos. Supongamos que escogimos la pluma del águila; esto podría indicarnos que el mensaje para ese momento de nuestras vidas es ser libres y capaces de elevarnos por encima de nuestras aparentes limitaciones, viendo las cosas con otra perspectiva. La pluma en el antiguo Egipto era el símbolo de la diosa Maat, diosa de la justicia y del orden cósmico; también simbolizaba el hecho de pesar el alma o el juicio. Si escogimos la bolsa de tela y en ella encontramos una piedra roja, eso podría estarnos indicando que tenemos que sentar las bases (la piedra) para un amor más sólido (color rojo) o para mejorar nuestras relaciones afectivas. Si escogimos el collar, lo que estamos tomando en nuestras manos es una protección especial. Por ello es importante visualizar los elementos o materiales del collar. Si escogimos el brazalete, ello es un recordatorio a la vez que una señal o un elemento que nos embellece, que nos permite mostrar armonía y sensibilidad.

Luego ella nos aconseja marcharnos, porque el compromiso de vida nos llama. Nos despedimos de la mujer medicina, como suele llamarse a las chamanas, y al salir fuera de la tienda está amaneciendo y el ambiente en el valle está fresco y cubierto de neblina. Por entre la niebla se logra divisar la presencia del disco solar, pero también se escucha la presencia de un águila, que aunque no lo veamos nos hace llegar su mensaje.

El Grial

> *Después de la última cena, José de Arimatea*
> *tomó entre sus manos la copa con la que el Maestro*
> *compartió con sus discípulos,*
> *la guardó y tiempo después se la llevó*
> *en una galera a Bretaña, a la costa de Cornualles,*
> *apareciendo siglos más tarde*
> *en la saga del rey Arturo Pendragón.*

Vamos a sentarnos cómodamente, columna recta, talones juntos, las palmas de las manos una debajo de la otra, palmas hacia arriba. Tomamos de inmediato tres respiraciones lentas y profundas, y al exhalar vamos sintiendo cómo las energías del Universo descienden sobre nosotros, se concentran en nuestro pecho y desde allí se proyectan hacia los pies, de tal manera que vamos sintiendo oleadas de energía que van ascendiendo desde los pies a la cabeza, relajando todo nuestro cuerpo, liberándolo de toda tensión.

Vamos a quedar todos completamente relajados, mantendremos la respiración rítmica por la nariz, inhalando y exhalando lentamente, lo más lentamente posible. Y visualizamos a la altura del entrecejo un túnel mental, proyectándonos a través de él, de tal manera que al final del mismo nos encontramos de noche en lo alto de una colina. En el cielo lucen algunas estrellas, y mirando hacia abajo, al fondo del valle observamos una luz que se desplaza; al parecer es una persona con una lámpara avanzando por un camino. Vamos descendiendo de la colina; con cuidado descendemos por entre los árboles acostumbrándonos a la oscuridad hasta que llegamos a un camino empedrado, pudiendo localizar a cierta distancia a la persona, que va caminando. Rápidamente nos acercamos a ella, llamamos su atención. La per-

sona se detiene y se va girando en nuestra dirección. Tiene una capa que cubre su cabeza y su cuerpo; en una mano sostiene un báculo y en la otra una farola o lámpara antigua.

La saludamos y la luz de su lámpara nos permite ver que es un anciano de rostro afable, que nos devuelve el saludo acompañado de una sonrisa. Le preguntamos si podemos caminar con él, si no le molestaría que lo acompañáramos. Nos dice que no hay ningún problema, que vayamos.

Un poco más adelante, ese anciano peregrino va abandonando el camino principal y se va dirigiendo hacia un sendero lateral que penetra en el bosque. Nosotros vamos detrás suyo. Y en lo que vamos avanzando logramos divisar a la distancia sobre una colina una cabaña en parte de piedra y en parte de madera con una chimenea encendida. El anciano se dirige hacia allí, va subiendo la cuesta e ingresa en el interior de la misma. Llegamos detrás de él y observamos cómo al entrar el anciano peregrino coloca contra la pared el báculo y con la farola va encendiendo otras luces. Luego deja colgada su capa en la entrada y comienza a buscar algo en los estantes y en la mesas. El ambiente parece el laboratorio de un alquimista: hay libros antiguos, frascos, fórmulas, extraños objetos, etc.

De repente el anciano celebra haber encontrado lo que buscaba y viene hacia nosotros y nos lo muestra. Es un medallón, como un talismán de poder. Nos lo cuelga del cuello. Va por su capa y nos la coloca, cubriendo nuestra cabeza y espalda. Nos alcanza el báculo y nos da su lámpara. Y ante nuestra sorpresa nos dice que ahora debemos volver sobre el camino y recorrerlo solos, porque ahora nosotros somos el peregrino. Salimos de la cabaña despidiéndonos del anciano alquimista y bajamos de la colina dirigiéndonos hacia el sendero que cruza el bosque, hasta que llegamos al camino principal empedrado.

Avanzamos por el camino hasta que vemos que el camino pasa al lado de un río, y al borde del mismo, sobre la orilla, hay un edificio de piedra con una rueda de molino que es movida por la corriente de agua. En las ventanas se ve luz encendida, que llama nuestra curiosidad, y abandonamos por un momento el camino, bajamos la cuesta hacia la orilla y caminamos en dirección hacia el edificio, llegando a unas puertas de madera. Las tocamos, y al cabo de un momento escuchamos unos pasos que avanzan por lo que pareciera ser un patio empedrado. La puerta se abre y delante nuestro asoma una anciana mujer que nos observa y sonríe, diciéndonos que nos estaba aguardando, que la acompañemos de inmediato. Sorprendidos por semejante recibimiento, vamos detrás de ella cruzando el patio y entrando en el edificio. Una vez dentro nos encontramos en un amplio salón iluminado con paredes de piedra y largas mesas y estantes abarrotados de toda clase de piedras y cristales, confundiéndose desde las piedras más comunes de río con otras semipreciosas, preciosas y cristales de todo tipo. La anciana nos dice que debemos escoger de entre todas ellas una, la que más nos llame la atención para que la llevemos con nosotros. Ante su invitación vamos recorriendo las mesas y los estantes y buscamos la que más nos atrae. Una vez la encontramos se la acercamos a ella y se la mostramos. Ella confirma que nos la podemos llevar, pero a la vez nos dice que debemos dejarle algo a cambio, algo de lo que hemos recibido anteriormente. Vemos qué le podemos dar a esa anciana mujer que le sea útil y se lo entregamos. Ella queda muy agradecida y nos acompaña hasta la salida. Cruzamos el patio y el umbral de la puerta despidiéndonos de la ancianita, y cuando nos dirigimos nuevamente hacia el camino, nos fijamos en que en la orilla y sobre el río hay un pequeño embarcadero. Nos encaminamos hacia allí, y al final del muelle, en el agua, vemos una embarcación y sobre ella una persona. La saluda-

mos y le preguntamos si nos puede llevar por el río, que así quizás avanzaríamos más rápido. Nos dice que sí, que no hay ningún problema, por lo que subimos a la embarcación y el barquero, con un largo palo, empieza a empujar hasta que la corriente nos arrastra por los meandros que hace el río. Vamos alejándonos del muelle y del molino. Seguimos el curso del río por largo rato, hasta que vemos asomarse la luna, que va iluminando el paisaje, y a la distancia observamos el lugar donde el río se junta con el mar, de tal manera que podemos divisar las olas y el lugar en donde las aguas entran en el océano. El barquero cambia el largo palo por un remo y nos dice que no nos preocupemos, que nos va a llevar con seguridad a una isla situada en el horizonte, que es allí donde debemos ir en ese momento. Con gran pericia conduce por entre las olas y nos vamos alejando de la costa. Todo está iluminado por la luz de la luna, y en la medida en que nos vamos acercando a la isla que asoma en el horizonte una espesa niebla lo va envolviendo todo. Llega un momento en que no se ve hacia dónde nos dirigimos; sin embargo el barquero sigue remando y de pronto aparecen una costa y un muelle. Eso nos tranquiliza. Nos acercamos, preparándonos para desembarcar, cuando de pronto el barquero nos dice que debemos pagarle por habernos llevado hasta allí. Debemos tomar de entre los objetos que hemos recibido uno que le sea útil al barquero como pago por el viaje. Vamos viendo qué tenemos, qué nos queda y le entregamos uno de los objetos. El barquero lo recibe y nos lo agradece. Nosotros vamos bajando hacia el muelle con cuidado y de ahí nos vamos caminando por un sendero que sube una colina. Desde lo alto de la misma logramos mirar hacia la distancia, encontrándonos con una gran plantación de manzanos, y en medio de todos ellos un pequeño edificio a manera de capilla. Bajamos del otro lado de la colina pasando por en medio de los manzanos en dirección a la capilla, nos acercamos y *observamos el edificio de piedra con techos de madera y teja. Accedemos a ella a través de una puerta de madera repujada y una vez dentro nos encontramos en un salón con pequeñas ventanas laterales con vitrales. Delante nuestro hay unas bancadas de madera y al lado del pequeño altar lleno de velas encendidas hay como un trono de madera y en él un anciano con armadura y una suerte de corona de rey sobre la cabeza. Nos acercamos a él con respeto, le saludamos y él nos da la bienvenida. Entre las manos tiene una hermosa espada y nos pide que nos inclinemos ante su presencia. Así lo hacemos, y al poner una rodilla en tierra el anciano rey pone su espada en nuestros hombros y encima de nuestra cabeza y luego nos invita a incorporarnos entregándonos la espada para que la llevemos con nosotros. No nos pide nada a cambio, sino que nos invita a retirarnos y seguir nuestro peregrinaje. Le agradecemos lo que nos dio y nos vamos.*

Salimos de la capilla; la noche está iluminada. Recordamos que el barquero se quedó en el muelle y pensamos de inmediato en darle alcance para que ahora sí nos lleve a tierra firme. Avanzamos por entre los manzanos cuando de pronto nos sale al encuentro una bella mujer con una túnica vaporosa; su mirada y su rostro denotan a alguien misterioso y agresivo, resultando ser una hechicera que nos dice que no nos va a dejar salir del lugar si antes no le damos algo a cambio. Algo de todo lo que hemos recibido anteriormente.

Al ver su determinación vamos buscando entre lo que nos queda, algo que le pueda resultar atractivo a aquella persona. Escogemos y le entregamos un objeto, que ella recibe entre sus manos. De pronto sus gestos cambian y pega una súbita carcajada de complacencia que nos estremece. En ese momento esa bella mujer se gira en dirección hacia los manzanos y extrae de uno de los árboles una manzana de oro y nos la da, diciéndonos que podemos llevarla con no-

sotros. *Nos despedimos de ella y rápidamente nos alejamos, no vaya a ser que cambie de opinión.*

Subimos la colina y divisamos a la distancia el muelle y el barquero. Por suerte no se ha marchado. Descendemos en dirección del embarcadero y al situarnos delante del barquero le preguntamos si nos puede llevar a la costa. Nos dice que sí y nos invita a subir a su embarcación.

Nos alejamos de la isla, que rápidamente va quedando cubierta por la niebla. Vamos cruzando el mar en dirección a la costa, que divisamos delante nuestro. Podemos observar unos altos acantilados y riscos donde las olas golpean violentamente. Al manifestarle nuestra preocupación por el peligro que supone acercarse a la costa por ese lugar, él procura calmarnos mostrándonos una imponente caverna por donde ingresan las olas y se dirige directamente allí.

Somos conducidos hacia aquella caverna en los negros acantilados y al entrar dentro observamos antorchas encendidas y un saliente a manera de improvisado puerto. Nos vamos preparando para saltar de la embarcación aprovechando las subidas y bajadas de las olas cuando el barquero nos dice que debemos pagarle por ese tramo del viaje. Osea que debemos darle algo que le sea útil y le resulte atractivo. Vamos viendo de entre lo que tenemos o aún nos queda de qué estamos dispuestos a desprendernos para dárselo. Rápidamente le hacemos la entrega y el barquero queda complacido, dejándonos la posibilidad de saltar hacia los salientes de las rocas. Así lo hacemos y vamos viendo cómo el barquero se va alejando, mientras nosotros avanzamos por aquella profunda caverna, donde nos encontramos con unas escaleras talladas en la roca que suben a una parte bien alta. Subimos y nos encontramos con un túnel que al parecer lleva hacia el exterior, pero a mitad de camino hay una reja que impide continuar y detrás de ella un guardia. Llamamos su atención y le preguntamos si nos podría abrir la reja para salir al exterior. Él nos contesta que debemos pagar por ello, así que nuevamente debemos ver, de entre todo lo que hemos recibido y que aún conservamos, qué estamos dispuestos a darle para que abra la reja y nos deje pasar.

Escogemos lo que le vamos a dar, se lo mostramos y el guardia se queda encantado con ello, abriéndonos la reja de inmediato. Pasamos y seguimos nuestro recorrido hacia el exterior, donde encontramos el mismo camino empedrado del principio. Seguimos por él y más adelante llegamos a un bosque donde se observan las ruinas de una inmensa catedral. Abandonamos por un momento el camino y avanzamos por entre las ruinas, encontrándonos con un pobre mendigo, que nos pide que le demos una caridad, algo para mitigar su necesidad o simplemente algo que le sea útil. Vamos viendo qué es lo que aún nos queda y de entre ello escogemos un objeto para dárselo. El mendigo lo recibe con alegría y gratitud, y nos dice que no tiene nada a cambio para darnos pero que puede aconsejarnos para que sigamos nuestro camino nos dice que entre las ruinas encontraremos unas escaleras que llevan a una capilla subterránea. Allí debemos llegar.

Nos despedimos haciéndole caso y nada más avanzar hallamos la bajada al subterráneo y al final del mismo la capilla con una mesa de piedra a modo de altar, y alrededor de ella un grupo de monjes con sus túnicas y capirotes cantando sus típicos cantos, que crean en el ambiente una atmósfera de gran espiritualidad.

Vamos acercándonos a la mesa del altar, observando que sobre ella hay un hermoso cáliz, cuando de pronto escuchamos una voz que nos dice que para merecer beber del mismo debemos estar dispuestos a dejar una ofrenda al pie del altar.

Hacemos una evaluación de todo lo que hemos recibido y dado, de tal manera que vemos qué es lo que aún nos queda que podamos poner al pie del altar.

Ponemos nuestra ofrenda... Nos acercamos al cáliz. Lo tomamos entre nuestras manos y bebemos de él. En ese momento sentimos que un líquido muy dulce pero a la vez pesado y amargo llega a nuestro vientre. Dejamos la copa sobre la mesa y esta comienza a brillar tan intensamente que nos deslumbra. Cuando ya podemos ver nos percatamos de que estamos en el bosque y no vemos por ningún lado las ruinas de la catedral. Avanzamos por el bosque y divisamos a la distancia un fuego encendido, como un campamento, y en él un grupo de hombres y mujeres que nos dan la impresión de ser árabes, pues tienen túnicas y turbantes. Están todos como durmiendo alrededor del fuego. Como no encontramos a nadie despierto nos preparamos para marcharnos cuando a poca distancia logramos distinguir la figura de un hombre de blanco orando al pie de unas inmensas rocas. Vamos acercándonos a esa persona y al hacerlo sentimos que la conocemos y que no solamente es alguien conocido sino también entrañable. Al llegar a su lado le vemos sufriendo, como cargando sobre sus espaldas un peso terrible. En ese momento quisiéramos consolarla, abrazarla, hacerle sentir que no está sola, que puede contar con nosotros, cuando de pronto escuchamos un griterío. Suena como una masa de gente que se acerca al lugar.

Preferimos no interrumpir a la persona vestida de blanco y volviendo sobre nuestros pasos vamos saliendo del bosque, encontrándonos con un camino de tierra, con muros de piedras sueltas a los lados. A la distancia se observa la muralla almenada de una imponente ciudad antigua, y por el camino divisamos a aquella muchedumbre con lanzas, espadas y palos que viene con actitud muy agresiva, y sentimos que pretenden atacar con violencia a la persona de blanco.

No nos va a dar tiempo a regresar y advertirle a aquella persona y a sus seguidores del peligro inminente, de manera que vamos al encuentro de la gente buscando entre nuestras cosas algo que nos pueda haber quedado de todo lo que recibimos y que podamos darles a cambio de que dejen en paz a esa persona vestida de blanco.

Vamos acercándonos y, con la decisión de darles algo que los disuada de hacerle daño a esa persona, vamos caminando... Nos vamos enfrentando a la multitud.

(Nos quedamos unos minutos en silencio).

Poco a poco vamos a ir volviendo todos a través del túnel mental. Poco a poco vamos dejando atrás la ciudad amurallada, el bosque, el camino y retornamos.

Todos al término de tres abriremos lentamente los ojos, y nos encontraremos en perfecta paz y armonía.

Tomamos una inhalación lenta y profunda, inhalamos..., retenemos..., y exhalamos visualizando en nuestra mente el número uno, tomando conciencia de nuestro cuerpo, relajado, libres de toda tensión. Tomamos una segunda inhalación, inhalamos..., retenemos..., y al exhalar visualizamos en nuestra mente el número dos, tomando conciencia poco a poco del lugar donde nos encontramos.

Inhalamos por tercera vez..., retenemos..., y al exhalar visualizamos en nuestra mente el número tres, abriendo lentamente los ojos y encontrándonos en paz.

Interpretación del ejercicio

Este es un ejercicio de visualización, concentración y memoria basado en las leyendas artúricas, en donde hay una correspondencia lógica de los objetos, que sin embargo entregamos mayormente por intuición.

Iniciamos la práctica visualizando que estamos en lo alto de una colina de noche, lo que simboliza que partimos de un cierto avance o estado de conciencia adquirido frente a la oscuridad reinante en el mundo. En el cielo lucen algunas estrellas, y mirando hacia abajo, al fondo del valle observamos una luz que se desplaza, que al parecer es una persona con una lámpara avanzando por un camino. Observamos a la distancia una luz, y al descender hacia un camino empedrado identificamos a una persona que va caminando. Tiene una capa que cubre su cabeza y su cuerpo y en una mano sostiene un báculo y en la otra una farola o lámpara antigua. Es el mago Merlín y a la vez nuestro propio maestro interno.

Al preguntarle si podemos caminar con él, accede de inmediato. Un poco más adelante, el anciano peregrino va abandonando el camino principal y se dirige hacia un sendero lateral que penetra en el bosque. El camino principal es la ruta que está establecida en nuestra sociedad a través de distintas religiones y escuelas espirituales. Maestro y escuelas espirituales. Nosotros vamos detrás arriesgándonos a improvisar el camino y seguir a nuestra intuición. ¿Acaso no decía Machado «*Caminante no hay camino, se hace camino al andar*»?

Y en lo que vamos avanzando logramos divisar a la distancia una cabaña sobre una colina, en parte de piedra y en parte de madera, con una chimenea encendida. El anciano se dirige hacia allí, va subiendo la cuesta y entra en el interior de la cabaña. Llegamos detrás de él, ingresando en lo que parece un taller de alquimista. Y es que la cabaña está en nuestro propio interior y es allí donde podemos planear y realizar las más grandes transformaciones.

De repente el anciano celebra haber encontrado lo que buscaba en el desorden de sus cosas y viene hacia nosotros y nos lo muestra. Es un medallón, como un talismán de poder. Nos lo coloca en el cuello. Va a por su capa y nos la pone encima, cubriendo nuestra cabeza y espalda. Nos alcanza el báculo y nos da la lámpara. Y ante nuestra sorpresa nos dice que debemos volver sobre el camino y recorrerlo nosotros solos, siguiendo nuestro sentir interno, porque ahora nosotros somos el peregrino. Así que de un momento a otro nos hemos hecho con un medallón o talismán (el poder interior), con una capa (la protección), con un báculo (el apoyo) y una farola (la luz).

Salimos de la cabaña despidiéndonos del anciano alquimista y bajamos por la colina dirigiéndonos hacia el sendero que cruza el bosque, hasta que llegamos al camino principal empedrado.

Avanzamos hasta que vemos que el camino pasa a un lado de un río, que también simboliza la vida y la muerte (el devenir). Sobre la orilla hay un edificio de piedra con una rueda de molino que es movida por la corriente del agua. En las ventanas se ve luz encendida, cosa que llama nuestra curiosidad. Abandonamos por un momento el camino, bajamos la cuesta hacia la orilla y andamos en dirección al edificio, llegando a unas puertas de madera. Las tocamos, y al cabo de un momento escuchamos unos pasos que avanzan por lo que pareciera un patio empedrado. La puerta se abre y delante nuestro asoma una anciana mujer vestida de blanco. Ella es la Madre Tierra o la Diamantista, que representa las energías femeninas de la Tierra, y nos conduce al interior del edificio. Una vez dentro nos encontramos en un amplio salón iluminado con paredes de piedra y largas mesas y estantes abarrotados con toda clase de piedras y cristales, desde las piedras más comunes de río con otras semipreciosas, preciosas y cristales de todo tipo. La anciana nos dice que debemos escoger de entre todas ellas una que nos llame la atención para que la llevemos con nosotros. Ante su invitación vamos recorriendo las mesas y los estantes, y buscamos la que más nos atrae. Una vez que la encontramos se la acercamos y se la mostramos. Ella confirma que lo que escogemos lo podemos llevar con nosotros, pero que debemos dejarle algo a cambio, algo de lo que hayamos recibido anteriormente. Vemos qué le podemos dar a esta anciana mujer que le sea útil y se lo entregamos. En ese momento nos quedamos con un objeto menos de los que traíamos con nosotros, pero en sustitución tenemos la piedra o el cristal (nuestra conexión con la tierra). Ahora, ¿qué podría serle útil a la ancianita? Ciertamente el báculo de Merlín porque es anciana y se puede apoyar en él, y la idea es devolverle la magia, el apoyo a este mundo.

Ella queda muy agradecida y nos acompaña hasta la salida. Cruzamos el patio y el umbral de la puerta despidiéndonos, y cuando nos dirigimos nuevamente hacia el camino nos fijamos que en la orilla y sobre el río hay un pequeño embarcadero. Nos encaminamos hacia allí y al final del muelle en el agua encontramos una embarcación, y sobre ella una persona. La saludamos y le preguntamos si nos puede llevar en su bote por el río, que así quizás avanzaríamos más rápido. Esa persona nos dice que sí, que no hay ningún problema. No es otro que «Caronte», «La Muerte», y es que desde que nacemos empezamos a morir.

Subimos a la embarcación y el barquero, con un largo palo, empieza a empujar hasta que la corriente nos arrastra por los meandros del río. Vamos alejándonos del muelle y del molino. Seguimos el curso del río por largo rato, hasta que vemos asomarse la luna, que va iluminando el paisaje, y a la distancia observamos el lugar donde el río se junta con el mar, de tal manera que podemos divisar las olas y el punto donde las aguas se funden con el océano. El barquero cambia el largo palo por un remo y nos dice que no nos preocupemos, que nos va a llevar con seguridad a una isla que hay en el horizonte, Avalón, la isla donde fue llevado el rey Arturo a su muerte.

Todo está iluminado por la luz de la luna, y en la medida en que nos vamos acercando a la isla que asoma en el horizonte una espesa niebla lo va envolviendo todo. Llega un momento en que no se ve hacia dónde nos dirigimos, pero el barquero sigue remando. De repente aparecen una costa y un muelle. Eso nos tranquiliza. Nos acercamos, preparándonos para desembarcar, cuando el barquero nos dice que debemos pagarle por habernos llevado hasta allí. De un momento a otro debemos tomar de entre los objetos que hemos recibido uno que le sea útil como pago por el viaje. Vamos viendo qué tenemos, qué nos queda y le entregamos uno. El barquero lo recibe y nos lo agradece. Pero, ¿qué podría resultarle útil al barquero que debe conducir a las personas noche tras noche? ¡La farola! Ciertamente a nosotros no nos es necesaria porque hay una impresionante luz de luna, mientras que el barquero la puede usar en el futuro. Y es que cuando más claro tengamos el hecho de que la muerte no existe, más fuertes podremos ser frente a la vida.

Vamos bajando hacia el muelle con cuidado y de allí vamos caminando por un sendero que sube una colina. Desde lo alto de la misma logramos mirar a la distancia encontrándonos con una gran plantación de manzanos, y en medio de todos ellos un pequeño edificio a modo de capilla. Bajamos del otro lado de la colina pasando por en medio de los manzanos en dirección a la capilla, nos acercamos y observamos el edificio de piedra con techos de madera y teja. Accedemos a través de una puerta de madera repujada y una vez dentro nos encontramos en un salón que hace las veces de capilla con pequeñas ventanas laterales con vidrieras. Delante nuestro hay unas bancadas de madera, y al lado del pequeño altar lleno de velas encendidas un trono de madera y en él un anciano con armadura y una suerte de corona de rey sobre la cabeza. ¡Es el rey Arturo! Nos acercamos a él con respeto, le saludamos y él nos da la bienvenida. Entre sus manos tiene una hermosa espada, ¡la Excalibur!, que fue entregada por la Dama de Lago a Merlín, y Merlín a Uther Pedragón, padre de Arturo.

El rey nos pide que hinquemos la rodilla ante su presencia. Así lo hacemos, y al poner una rodilla en tierra, el anciano rey pone su espada sobre nuestros hombros y encima de nuestra cabeza y luego nos invita a incorporarnos, entregándonos la espada para que la llevemos con nosotros. El rey no nos pide nada a cambio; más bien nos invita a retirarnos y seguir nuestro peregrinaje. La espada representa el autogobierno, la justicia y la verdad, valores de los que debemos revestirnos en la aventura de la vida. Le agradecemos lo que nos da y nos vamos.

Salimos del interior de la capilla. La noche está iluminada. Recordamos que el barquero se quedó en el muelle y pensamos de inmediato darle alcance para que nos lleve a tierra firme. Avanzamos por entre los manzanos cuando de pronto nos sale al encuentro una bella mujer con una vaporosa túnica. Su mirada y su rostro denotan a alguien misterioso y agresivo, resultando ser una hechicera. ¡Es Morgana, la media hermana de Arturo! Ella nos dice que no nos va a dejar salir de ese lugar si antes no le damos algo a cambio, algo de todo lo que hemos recibido anteriormente.

Al ver su determinación buscamos de entre lo que nos queda algo que le pueda resultar atractivo a aquella poderosa hechicera. Escogemos y le entregamos un objeto, que ella recibe entre sus manos. De pronto sus gestos cambian y se ríe. En ese momento la bella mujer se gira en dirección a los manzanos y extrae de uno de los árboles una manzana de oro (en referencia a los trabajos de Hércules y a la historia de Paris y Helena, premio a la belleza interior en la mitología griega) y nos la da, diciéndonos que podemos llevarla con nosotros. ¿Qué podría ser atractivo para esa poderosa mujer de todo aquello que llevamos? ¡Ciertamente el talismán! porque es el de Merlín. Pero ¿por qué tendríamos nosotros que deshacernos del medallón? Porque si somos conscientes de que el poder está dentro de uno, no lo necesitamos.

Nos despedimos de ella y rápidamente nos alejamos, llevando con nosotros la espada y la manzana de oro.

Subimos la colina y divisamos a la distancia el muelle y el barquero. Por suerte no se ha marchado. Descendemos en dirección del embarcadero, y al situarnos delante del barquero le preguntamos si nos puede llevar a la costa. Nos dice que sí y nos invita a subir a su embarcación.

Nos alejamos de la isla, que rápidamente va quedando cubierta por la niebla. Y es que debemos ser capaces de morir a nosotros mismos para renacer a un estado de conciencia superior. Vamos cruzando el mar en dirección a la costa, que divisamos delante nuestro. Podemos observar unos altos acantilados y riscos que las olas violentamente golpean. Al manifestarle nuestra preocupación por el peligro que supone acercarse a la costa por ese lugar él procura calmarnos, mostrándonos una imponente caverna por donde ingresan las olas (siempre hay una conexión interior, profunda, a veces poco evidente, para continuar en el camino), y se dirige directamente hacia allí.

Somos conducidos hacia aquella caverna situada en los negros acantilados y al ingresar dentro vemos antorchas encendidas y un saliente a modo de improvisado puerto. Nos vamos preparando para saltar de la embarcación aprovechando las subidas y bajadas de las olas, cuando el barquero nos dice que debemos pagarle por ese tramo del viaje, osea que debemos darle algo que le sea útil y que le resulte atractivo. Vamos viendo de entre lo que aún nos queda de qué estamos dispuestos a desprendernos para dárselo. Pero ¿qué podría serle útil al barquero que ya vimos que era la mismísima muerte? ¡La piedra o el cristal! Algo que lo conecte con la tierra y con la vida.

Rápidamente le hacemos entrega de ello y el barquero queda complacido, ofreciéndonos la posibilidad de saltar a las salientes rocas. Así lo hacemos, y vamos viendo cómo el barquero se va alejando, mientras nosotros avanzamos por aquella profunda caverna, donde nos encontramos con unas escaleras talladas en la roca que suben hacia una parte alta. Subimos y nos topamos con un túnel que al parecer lleva hacia el exterior, pero a mitad de camino hay una reja que nos impide continuar. Y, detrás de ella, un guardia. Llamamos su atención y le preguntamos si nos podría abrir la reja para salir al exterior. Él nos contesta que debemos pagar por ello, así que nuevamente debemos ver de entre todo lo que hemos recibido y que aún conservamos qué estamos dispuestos a darle para que abra la reja y nos deje pasar.¿Qué sería atractivo para el guardia? Él de por sí ya está armado, pero es un mercenario y reacciona al oro. ¡Sí, la manzana de oro!

Pasamos y seguimos nuestro recorrido hacia el exterior, donde encontramos el mismo camino empedrado del principio. Seguimos por él, y más adelante llegamos a un bosque donde se observan las ruinas de una inmensa catedral gótica. Abandonamos por un momento el camino y avanzamos por entre las ruinas, encontrándonos con un pobre mendigo, que nos pide que le demos una limosna, algo para mitigar su necesidad o simplemente algo que le sea útil. Vamos viendo qué es lo que aún nos queda, y de entre ello escogemos algo para dárselo. El mendigo está solo en la noche, desabrigado, por lo que le serviría muy bien ¡la capa!

Recibe con alegría y gratitud lo que le damos y nos dice que no tiene nada a cambio para darnos él, pero que puede aconsejarnos y que entre las ruinas encontraremos unas escaleras que llevan a una capilla subterránea. Ahí debemos llegar.

Nos despedimos haciéndole caso, y en cuanto avanzamos hallamos la bajada al subterráneo y al final del mismo la capilla con una mesa de piedra a modo de altar, y alrededor de ella un grupo de monjes con sus túnicas y capirotes cantando sus típicos cantos, que crean una atmósfera de mucha espiritualidad. Nos encontramos en las tuinas de la catedral de Glastombury, al sur de Inglaterra, otrora primer monasterio cristiano y antiguo monasterio de druidas.

Vamos acercándonos a la mesa del altar, observando que sobre ella hay un hermoso cáliz cuando de pronto escuchamos una voz que nos dice que para merecer beber del cáliz debemos estar dispuestos a dejar nuestra ofrenda al pie del altar.

Hacemos una evaluación de todo lo que hemos recibido y dado, de tal manera que vemos qué es lo que aún nos queda para ponerlo al pie del altar.

Depositamos nuestra ofrenda, que evidentemente requiere de nosotros el llegar desarmados, por lo que qué mejor ofrenda que ¡la espada!... Nos acercamos al cáliz. Lo tomamos entre las manos y bebemos de él. En ese momento sentimos que un líquido muy dulce pero a la vez pesado y amargo llega a nuestro vientre. Dejamos la copa sobre la mesa y esta comienza a brillar tan intensamente que nos deslumbra. Cuando podemos ver nos percatamos de que estamos en el bosque y no vemos por ningún lado las ruinas de la catedral. Avanzamos por el bosque y divisamos a la distancia un fuego encendido, como un campamento, y en él un grupo de hombres y mujeres que dan la impresión de ser árabes pues tienen túnicas y turbantes. Están todos como durmiendo alrededor del fuego. De un momento a otro nos hemos proyectado de la Inglaterra del siglo V al Israel del siglo I. Y precisamente nos encontramos en el huerto de Getsemaní, propiedad de José de Arimatea. Como no encontramos a nadie despierto nos preparamos para marcharnos cuando a poca distancia logramos distinguir la figura de un hombre de blanco orando al pie de unas inmensas rocas. Vamos acercándonos, y al hacerlo, sentimos que lo conocemos y que no solamente es alguien conocido sino también entrañable. Ciertamente es el ¡Maestro Jesús!

Al llegar a su lado le vemos sufriendo, como cargando sobre sus espaldas un peso terrible. En ese momento quisiéramos consolarlo, abrazarlo, hacerle sentir que no está solo, que puede contar con nosotros, cuando de pronto escuchamos un griterío. Suena como una masa de gente que se acerca al lugar.

Preferimos no interrumpir al maestro, y volviendo sobre nuestros pasos vamos saliendo del bosque y nos encontramos con un camino de tierra, con muros de piedras sueltas a los lados. A la distancia se observa la muralla almenada de una imponente ciudad antigua. ¡Es Jerusalén! Y por el camino divisamos a aquella muchedumbre que viene con lanzas, espadas y palos y que se aproxima con actitud muy agresiva. Son los guardias del Sanedrín acompañados de Judas, y sentimos que vienen cargados de gran violencia.

No nos va a dar tiempo a regresar y advertir al maestro y a sus seguidores del peligro inminente, de manera que vamos al encuentro de aquella gente buscando entre nuestras cosas algo que nos pueda haber quedado de todo lo que recibimos y que podamos darles para salvar a aquella persona vestida del maestro.

Vamos acercándonos y con la decisión de darles algo que los disuada de hacerle daño, vamos caminando... Nos enfrentamos a la multitud.

Cuando llegamos a ese momento nos damos cuenta de que lo único que tenemos que valga realmente la pena es nuestra propia vida, que podemos entregar por amor. Todo lo demás lo fuimos dejando por el camino.

EL MAGO

> *El mago es el maestro, el que sabe,*
> *el que conoce la leyes universales*
> *y las emplea para hacer que la vida sea*
> *mágica y extraordinaria.*

Vamos a sentarnos todos cómodamente. Talones juntos, columna recta. Tomamos tres respiraciones lentas y profundas... Y vamos a relajarnos masajeando mentalmente nuestro cuerpo de los pies a la cabeza, como si lo acariciáramos con las manos físicas. Vamos a quedar todos completamente relajados, en perfecta paz y armonía.

Visualizamos entonces, a la altura del entrecejo en la frente, un túnel mental y nos proyectamos a través de dicho túnel de manera que al final del mismo nos imaginamos que nos encontramos en una habitación amplia e iluminada. Y delante nuestro nos encontramos con una mesa sobre la cual hay multitud de objetos, uno de los cuales nos llama la atención. Lo vamos a tomar entre las manos; observaremos bien qué es, de qué material esta hecho, su color y forma. Una vez que lo hemos visto y reconocido, lo cogemos y nos lo llevamos.

Vamos recorriendo la habitación y observamos que a un lado se encuentra un pasillo donde hay varias puertas a izquierda y derecha. En una de ellas hay un cartel que dice «El mago». Entramos y una vez cruzado el umbral de esa puerta nos encontramos en un bosque. Es de noche y el cielo esta estrellado. Vamos avanzando por el bosque hasta que llegamos a un claro, a una zona despejada de árboles. Delante nuestro encontramos un viejo roble retorcido que da la impresión de que fuese un anciano. Nos acercamos hasta él y de inmediato sentimos que a quien realmente tenemos delante es a un anciano mago atrapado en el árbol, como hechizado.

Nos las tenemos que ingeniar para liberar al mago de su prisión y hechizo utilizando el objeto que encontramos en la mesa.

Todos buscaremos cómo utilizar el objeto que escogimos para liberar al mago...

Con nuestra acción vamos viendo cómo se va liberando el mago, saliendo poco a poco de su prisión y convirtiéndose el árbol en un báculo de poder, en el cual el anciano se apoya. Viene caminando hacia nosotros y nos agradece que lo hayamos liberado y nos pide que lo acompañemos, que no hay tiempo que perder. Vamos con él cruzando el bosque y al cabo de un rato llegamos a la orilla de un inmenso lago de aguas tranquilas. El anciano mago se encarama sobre unas peñas. Sube a ellas, y extendiendo su báculo hacia delante en dirección al lago hace una invocación y casi inmediatamente las aguas del lago se agitan cerca de la orilla, asomando del fondo del agua una hermosa espada. Y, sujetándola por la empuñadura, se ve la mano de una joven mujer.

El anciano mago nos pide que entremos en el agua y tomemos la espada. Así que vamos ingresando en el lago sintiendo el agua fresca y húmeda tocando nuestros pies y las piernas. Vamos avanzando por el agua en dirección a la mano que sostiene la espada. Tomamos la espada y observamos de inmediato que la mano se sumerge. En la hoja de la espada hay una palabra mágica, nos fijamos bien cuál es... y a continuación vamos saliendo del lago. Avanzamos hasta la orilla observando cómo el anciano mago desciende de las peñas y con una sonrisa nos felicita por haber recuperado la espada y nos la pide. Nosotros se la entregamos y él la clava en las piedras, introduciéndola hasta la empuñadura.

Ahora el anciano mago nos dice que debemos ingeniárnosla para extraer la espada de la piedra. Así que vamos a tener que improvisar y buscar la forma de sacarla. Todos intentamos sacar la espada de la piedra...

Hemos podido extraer la espada. Cada uno encontró la forma de hacerlo. El anciano nos felicita viniendo hacia nosotros y entregándonos su báculo de mago, y en ese momento nos abraza como fundiéndose con nosotros, como si se hiciese uno con nosotros. De repente el mago ha desaparecido; tenemos en una mano la espada y en la otra el báculo. A la distancia, a pesar de que es de noche, logramos observar que sobre las colinas boscosas hay un castillo, una ciudad amurallada con una gran torre. Dejamos el lago y nos dirigimos hacia allí. Ingresamos en el bosque y vamos subiendo hasta que llegamos delante de la ciudad amurallada que hay en lo alto de la colina. Toda ella está rodeada de un fuego mágico, de un foso de aguas estancadas y de una alta muralla, de modo que debemos ingeniárnosla para superar ese fuego mágico, ese foso y la muralla para poder entrar en la ciudad...

Cada uno de nosotros buscará la forma de superar dichos obstáculos.

Hemos logrado superar el fuego mágico, el foso de aguas estancadas y la gruesa y alta muralla. Nos encontramos dentro de la ciudad y nos dirigimos de inmediato hacia la torre que habíamos observado a la distancia. De pronto nos encontramos que en la puerta de la torre hay un dragón. Vamos a fijarnos bien en el color o colores del dragón... También observamos que en la parte más alta de la torre hay un balcón, y de él asoma una persona que necesita nuestra ayuda. Vamos a ver quién es, si es alguien conocido o no.

Para poder entrar en la torre y salvar o ayudar a la persona que se encuentra en el balcón debemos vencer al dragón. Cada uno va a buscar la forma valiente e ingeniosa de superar al dragón...

Hemos logrado superar o vencer al dragón, por lo que ingresamos en la torre. Una vez en el interior nos encontra-

mos con un salón con rústicas paredes de piedra, antorchas que iluminan, ventanas con vidrieras de colores y una gran mesa redonda en el centro. Alrededor de la mesa hay multitud de sillas de respaldo alto. Nos acercamos y colocamos la espada sobre la mesa. Sorprendentemente una de las sillas se mueve sola, como si alguien la hubiese agarrado. Nos acercamos a ella, sentimos que esa silla nos pertenece, y observamos que en su respaldo hay un escudo y al pie del mismo el nombre de una virtud. Vamos a fijarnos en la forma que tiene el escudo, su color, diseño, si tiene algún emblema o detalle, y luego leemos el nombre de la virtud.

Después de fijarnos en los detalles de la silla contemplamos en el extremo del salón unas escaleras de piedra que descienden de lo más alto de la torre. Vemos bajando por allí a la persona que habíamos visto en el balcón. Trae en sus manos una copa, como un cáliz, y nos agradece el que hayamos ido a por ella. Nos da de beber del cáliz sintiendo suave y dulce el líquido que ingresa por nuestra boca, aunque al llegar a nuestro estómago lo sentimos pesado y amargo...

Vamos volviendo todos a través del túnel mental; vamos dejando atrás la torre... Todos, al término de tres, habremos vuelto, estaremos completamente relajados, libres de toda tensión, en perfecta paz y armonía.

Tomamos una respiración lenta y profunda... retenemos..., y exhalamos visualizando en nuestra mente el número uno, de tal manera que vamos volviendo a través del túnel mental, tomando conciencia de nuestro cuerpo. Tomamos una segunda inhalación, inhalamos... retenemos..., y al exhalar con el número dos, que visualizamos en nuestra mente, vamos tomando conciencia poco a poco del lugar donde nos encontramos... Tomamos una tercera inhalación, inhalamos... retenemos,... y al exhalar, con el número tres que visualizamos en nuestra mente, vamos abriendo lentamente nuestros ojos y nos encontramos en perfecta paz y armonía.

Significado simbólico del ejercicio

Este ejercicio consiste en una conexión con nuestro mago interior. Para ello visualizamos en nuestro entrecejo un túnel mental que nos conduce directamente a una habitación amplia e iluminada que es nuestra mente. Allí encontramos sobre una mesa, entre multitud de objetos, uno que nos llama la atención y que nuestra intuición nos llevará a tomar con nuestras manos. Ese objeto será la llave o clave para despertar y liberar al mago. De allí seguiremos por un pasillo con puertas a izquierda y derecha, y hacia una en especial que tiene un cartel que dice «El Mago». Entraremos por ella, cruzaremos el umbral y apareceremos de noche en los bosques de Sommerset en el sur de la Inglaterra del siglo V de nuestra era.

Avanzamos hacia un claro del bosque, donde nos encontramos con un viejo roble retorcido con apariencia de anciano. Y es que hay un anciano mago en su interior que ha sido hechizado. Sí, se trata del mismísimo y carismático mago Merlín.

En el ciclo del rey Arturo, el mago Merlín es un personaje más que destacado porque representa la conexión con otros planos y dimensiones. En este ejercicio de visualización vamos a tener un encuentro con el renombrado alquimista y hechicero, que simboliza nuestro mago interior o maestro interno o real ser. Por ello la práctica está dirigida a encontrar en nosotros y alrededor nuestro la magia para conocer nuestra potencialidad y hacer los cambios y esfuerzos necesarios para transformarnos y liberarnos de nuestras limitaciones o trabas, y todo ello a través del lenguaje simbólico.

Merlín el mago vivió en el siglo V de la era cristiana, y según las leyendas era hijo de un «ángel caído» y una princesa galesa. Hay quienes afirman que más bien fue hijo de un íncubo (demonio o ser atrapado en el bajo astral) que sedujo a una monja. Una de las versiones nos cuenta que el mago Kell vino de las «estrellas» para combatir y expulsar a los brujos del reino, lo que hizo con la ayuda de la rama de un roble. Al culminar la cruenta batalla de fuego, con la rama hizo una varita mágica y llegó a levantar una muralla encantada como de fuego, creando un reino protegido de la influencia de lo oscuro. Esta parte me trajo a la memoria la escena de la diosa Isis envolviendo en fuego mágico a la hija del rey de Biblos cuando buscaba el cuerpo de su amado esposo Osiris; o a Perseo construyendo con gigantescas rocas la inexpugnable Micenas, y que simboliza la protección que cada uno debe llegar a establecer alrededor de su propia vida para no ser atrapado.

Sigue la historia con la escena de una fiesta de disfraces organizada por una joven princesa para honrar a su padre, que era el rey. En el lugar se apersona el noble mago Blaise, que también había venido de las estrellas, y advirtió al rey de la amenaza de los brujos oscuros, quienes permanentemente estaban buscando la forma de hacer de las suyas. Pero Blaise se ofreció para proteger a la princesita, susurrándole al oído un nombre secreto y atándole una cinta mágica en el cabello.

Aquella noche llegó a la fiesta un espléndido príncipe con una misteriosa máscara cubierta de pedrería y acompañado de enanos artistas con obsequios para el rey. El soberano, impresionado y confiado, ingenuamente hizo que se abriera la muralla mágica de protección para dejarles entrar. El supuesto príncipe invitó a bailar a la princesa, y mientras giraban por el salón, los enanos, haciendo toda clase de maromas, iban rociando con un hechizo amoroso a la joven, revelando ante todos –pero no a la princesa– la verdadera identidad del príncipe y sus secuaces. Se trataba de un tenebroso brujo y los enanos sus maléficos duendes. Ella, hechizada, se enamoró perdidamente de él y en un momento de imprudencia se desató la cinta del pelo, soltando su dorada cabellera, quedando a completa merced del malvado, que la raptó y se la llevó a una oscura torre, donde fue maniatada. Allí el brujo la sedujo para concebir a través de ella un niño con forma humana que le permitiera entrar en el reino mágico y hallar así la varita oculta. Su intención era invadir el reino.

Cuando llegó el invierno, el niño nació, despertándose la princesita como de un largo sueño y quedando horrorizada al descubrirse sola en lo alto de aquella torre fría y húmeda. Entonces lloró amargamente, mientras sostenía entre sus brazos al niño. En ese momento recordó el nombre secreto que le había trasmitido el mago Blaise, y dirigiéndose a su hijo, le susurró al oído, diciéndole:

–Te llamarás Merlín... ¡Sí, Merlín, Merlín..!

El niño reaccionó al llamado de la madre, abriendo los ojos y sonriendo, quedando a continuación envuelto en luz.

Mucho tiempo después Blaise encontró la torre y a la princesita con su niño, logrando rescatarlos tras una feroz batalla. El brujo y los duendes fueron víctimas de un hechizo de atadura mágica que los convirtió, según estas leyendas, en el anillo de piedras gigantes de Avebury.

Merlín nace en la localidad de Carmiurdin o ciudad de Miurdin en una época de agitación. Como el niño precoz que fue, siempre destacó por tener un talento muy especial para comunicarse con la naturaleza, convirtiéndose poco a poco en un sabio que llegó a sublimar su condición de hijo de un demonio, conectándose con las potencias superiores de la luz que le permitían conocer el futuro. Pero su pasada conexión con la oscuridad le facilitó también el poder percibir el pasado de las cosas. Según esto, los seres de luz contemplan el futuro mientras que los de la oscuridad conocen el pasado, que ocultan. Merlín conocía ambas direcciones del tiempo.

Aquí encontramos una explicación interesante de por qué en el contacto extraterrestre se nos ha dicho que las fuerzas oscuras han venido ocultando sistemáticamente todos los grandes archivos de la historia humana. La conocen y la guardan porque también incluye su historia, con sus malas acciones, temores y limitaciones, y el conocimiento de quiénes somos realmente los terrestres, de dónde venimos y qué se espera de nosotros, o sea, nuestra misión colectiva. Y esto nos da pie a entender por qué es importante la conexión con los retiros interiores de la Hermandad Blanca, donde dichos conocimientos se mantendrían guardados (ver mi libro *El umbral secreto*). Por ello, en muchas de nuestras expediciones, los mensajes de los Guías nos insistían en que a partir de lo que ya sabemos sobre las leyes universales aprendamos a ser magos y alquimistas de nuestro propio desarrollo, aplicándolo a los lugares para rescatar la información.

La magia es el arte o ciencia de persuadir a los seres sobrenaturales o a la vida misma de que le otorguen a uno poder sobre otros seres vivientes, las cosas, los elementos y el tiempo; pero la magia también es el conocimiento de las leyes universales y su correcta utilización, haciendo que nuestro ego o personalidad actúe al servicio de nuestro maestro interno para el cumplimiento de nuestra misión personal, colaborando con ello al cambio global. Pero como una parte de la magia consiste en aprender a usar el poder otorgado por los seres invisibles espirituales sobre las fuerzas de la naturaleza, este arte va más allá de amuletos, pócimas, hechizos y sortilegios, pues consiste en descubrir el potencial interno que hay en uno y que puede ser despertado, como la fuerza del dragón (la energía), que nos da la capacidad de modificar, transformar e influenciar tanto nuestro interior como el entorno.

El mago o hechicero se diferencia de los brujos oscuros en que jamás recurre a la ayuda de espíritus malignos o demonios, sino que busca el poder en su interior y la ayuda de la naturaleza en las hadas, los duendes, los gnomos; y jamás usa su magia malévolamente, sino siempre con un fin trascendente. Aunque siempre puede cometer errores de apreciación, y por ende, de acción. Un buen mago ha permanecido al servicio y como discípulo de un mago mayor o anciano experimentado, siendo con el paso del tiempo receptor de la herencia de su conocimiento. Los grandes magos suelen no casarse, y ese celibato les permite conservar su energía vital, que dedicarán al estudio. A pesar de constituir para muchos un camino atractivo lleno de misterios, la soledad y la permanente cercanía a umbrales potencialmente peligrosos donde habitan seres de toda clase, muchos de ellos tenebrosos, hacen de su vida un tormento.

En el relato de la historia de Merlín se otorga gran importancia al nombre otorgado o revelado por el mago Blaise. A este respecto, entre las iniciaciones que se dan dentro del proceso del contacto extraterrestre está el nombre cósmico, que es la clave vibratoria personal y llave del conocimiento oculto.

Se dice que la naturaleza humana le jugó una mala pasada a Merlín cuando, seducido por los encantos femeninos de una discípula suya, Morgana, hermanastra de Arturo, le confió sus hechizos más poderosos, que ella utilizó para encarcelarlo en una cárcel de aire hasta su muerte. Al morir lanzó un grito terrible que todo el mundo escuchó. En otra versión se dice que fue Nimué, una de las damas del lago, la que contribuyó a su encierro en un viejo roble. Las ondinas, a las que se llamaba «Damas del Lago», eran varias y una de ellas fue quien le dio la famosa espada «Excalibur».

Nimué habría despertado en Merlín la pasión, llevándolo a tener una intensa relación afectiva que le hizo vulnerable, lo que permitió que sus enemigos lo aprisionaran dentro de un roble durante mucho tiempo. Y en otro de los relatos se dice que fue la propia Nimué la que después de aprender de él todas sus artes lo aprisionó en una gruta para quitárselo de encima, ya que Merlín estaba obsesionadamente enamorado de ella y la acosaba.

Merlín quería redimir a la cristiandad devolviéndole sus valores más excelsos, construyendo una nueva sociedad, a la que sabía que debía culturizar primero; por ello se prestó al juego de Uther Pendragon –enamorado vehementemente de la duquesa Igraine de Cornualles–, porque veía en el futuro de aquel enredo de pasiones desenfrenadas un ser especial, un hijo que, engendrado en buena parte por su magia, podría materializar todos sus ideales y realizar todos sus propósitos.

Lamentablemente, Merlín cometió el grave error de estar repitiendo, aunque con buena intención, su propia vida. También podríamos decir que detrás de la historia de Merlín está nuestra propia historia planetaria, ya que el legendario mago representa a la humanidad... Si recordamos el capítulo 6 del Génesis, en él se hace referencia a la unión de los «hijos de Dios» con las «hijas de los hombres», que no sería otra cosa que la hibridación y mestizaje con seres extraterrestres, algunos de los cuales eran ángeles caídos y de los cuales hoy por hoy todos descenderíamos con un potencial sin límites por ser descubierto y desarrollado para trasmutar con magia la vida. Pero esa ya es otra historia.

Como decíamos, Merlín simboliza nuestro propio mago interior, el cual está encerrado o atrapado por nuestras pasiones; liberarlo representa encontrar la forma de despertar nuestras capacidades dormidas.

Después de usar ingeniosamente el objeto que habíamos escogido de la mesa, el mago se acerca a nosotros. El viejo roble se ha convertido en una vara mágica o báculo en el que se apoya el mago, quien nos invita acompañarlo hacia un lago. El mago, llegado a la orilla del lago, se sube a unas peñas e invoca a las hadas, surgiendo del agua la espada «Excalibur», como símbolo de la lealtad del reino de las hadas al potencial humano, que es entregada a aquel que siendo elegido por sus cualidades ha sabido controlar sus pasiones y comulgar con la naturaleza con verdad y justicia.

La espada está sujeta por una mano de mujer, que es de una de las ondinas. El mago nos indica que debemos entrar en el agua y tomar la espada. Ingresar en el agua simboliza purificarnos, asumiendo riesgos para poder ser portadores de la verdad y la justicia (la espada). Tomamos la espada y en su hoja visualizamos una palabra mágica, que también es una clave simbólica para nosotros para ese especial momento de nuestras vidas.

Salimos en dirección a la orilla y el mago, descendiendo de las peñas, nos felicita, y él mismo toma la espada para introducirla en la piedra. Nos pide a continuación que tratemos de extraer la espada de la piedra. Cada uno encontrará su forma de hacerlo. Lo que esto simboliza es que debemos extraer de nuestra personalidad al héroe capaz de blandir por derecho propio el autogobierno, siendo justos y verdaderos.

Con la espada en la mano el mago nos felicita y se funde con nosotros, porque, como dijimos, el mago somos nosotros mismos. Desde allí nos vamos a la ciudad que está en lo alto de la colina, resguardada por un fuego mágico, y donde hay una torre. Es Cadbury o Camelot, la ciudadela de Arturo.

La colina sobre la que se encuentra la ciudad simboliza el ascenso espiritual. Para llegar debemos atravesar un frondoso bosque, que representa los riesgos en el avance, entre ellos los de confusión y desorientación. El hecho de encontrar la forma de ingresar en la ciudad superando el fuego mágico, el foso de aguas turbias y la muralla representa el ser capaces de hallar el camino para superar las dificultades y trabas que se nos presentan en la vida.

En el ciclo de Arturo, la espada «Excalibur» daba derecho a cruzar la muralla encantada sin perder su protección, como símbolo también de la fe y la verdad que debe acompañarnos siempre para superar obstáculos aparentemente infranqueables. Pero, ya sea con la espada o con la forma que hayamos escogido, todo ello es simbólico y sujeto a interpretación.

Una vez dentro de la ciudad llegamos a la torre, que representa la iluminación mediante la entrega total en el servicio afrontando los miedos y asumiendo mayores retos. Y es que el dragón y su color simbolizan el color de nuestros temores, y la forma que escojamos para enfrentarnos a él y superarlo simboliza la forma en que podemos enfrentarnos a dichos miedos. Por ejemplo, un dragón verde podría simbolizar desesperanza, desaliento, el temor a perder la salud o falta de sentido en nuestra vida. Un dragón naranja, falta de fuerza de voluntad, un carácter y temperamento autodestructivo. Y, al combatirlo, el cortarle la cabeza podría simbolizar superar la mente que nos confunde y crea ideas obsesivas. El hacer que el dragón se refleje en la espada e inmovilizarlo podría simbolizar que al dejar de huir y encarar nuestros miedos estos se superan.

En lo alto de la torre hay alguien en un balcón; esa persona representa en quién debemos centrar nuestra ayuda en este especial momento de nuestras vidas. A través de esa persona debemos encaminar nuestro proceso de iluminación.

Una vez dentro de la torre nos encontramos en un salón donde hay una mesa redonda; la primera fue construida por Salomón, la segunda por José de Arimatea, quien llegó a la costa de Cornualles en una galera romana trayendo, según la leyenda, el santo cáliz que usará Jesús en la última cena, y la tercera se atribuye a Merlín, quien la fabricó para Arturo y sus caballeros. La mesa representa la voluntad de servicio y unidad con todos los buscadores de la luz. El hecho de colocar la espada sobre la mesa simbolizaría el supeditar nuestro accionar a una voluntad superior, a una dirección divina. La espada que se encuentra sobre la mesa mueve una silla en cuyo respaldo hay un escudo, que simboliza aquello que nos protege en la vida. Por ello es importante ver la forma del escudo y los colores o diseño del mismo. Todo es simbólico y sujeto a interpretación. Por ejemplo: un escudo en forma de corazón significaría que lo que nos protege en la vida es el amor que le ponemos a nuestro accionar; un escudo redondo simbolizaría unidad y autoconocimiento; uno rectangular, la capacidad de morir a nosotros mismos o de renovarnos; uno ovalado, la confianza en el poder interior, etc.

Debajo del escudo hay una palabra, que es el nombre de una virtud, la misma que será nuestra bandera de batalla en la vida o en ese especial momento de nuestras vidas.

Después de leer el nombre de la virtud nos dirigimos hacia unas escaleras que bajan desde lo alto de la torre, desde donde observamos descender a la persona que vimos en el balcón. Trae entre sus manos el santo cáliz. Decíamos que el cáliz es símbolo de vida, de abundancia y fertilidad. Pero no solo lo es en lo espiritual sino también en lo material. En el misterio y ministerio de la misión crística, el cáliz sana y salva del vacío y estancamiento en el que había caído el Universo a través del amor en el perdón, pero siempre y cuando alguien esté dispuesto a transformarse en él (ofrendando su sangre o muriendo por amor), beberlo y darlo a beber, compartiéndolo y asumiendo sus retos, como en heroica campaña.

STONEHENGE

Sobre las colinas de Salisbury en el sur de Inglaterra
se yergue un insólito monumento.
Sus colosales piedras pesan ochenta toneladas.
Fueron traídas de la lejana Gales, situada a
cuatrocientos kilómetros de distancia
hace casi cinco mil años, porque debían erigirse allí.

Vamos a ponernos todos en posición de meditación. Nos sentamos colocando la columna recta, talones juntos, palmas de las manos una debajo de la otra, los pulgares se tocan. Cerramos así el circuito interno de energía.

Tomamos de inmediato tres respiraciones lentas y profundas, de tal manera que con cada una de ellas sentiremos cómo descienden sobre nosotros las energías del Universo que van relajando nuestro cuerpo desde los pies a las cabeza.

Completamente relajados, mantendremos una respiración lenta y profunda por la nariz, inhalando y exhalando, lentamente, lo más lentamente posible. Y vamos a visualizar a la altura del entrecejo un túnel mental, y nos proyectamos a través de él, de tal manera que al final del mismo nos imaginamos que nos encontramos sobre un pequeño bote. La corriente nos arrastra suavemente. Estamos rodeados de una espesa niebla, pero por la cercanía de la orilla cubierta de pasto podemos apreciar que es un río. De repente nuestro bote se queda detenido, golpeando con un pequeño muelle o embarcadero de madera. Nos preparamos para desembarcar cuando de pronto, en el fondo del barco hallamos un objeto. Vamos a ver qué es, de qué se trata, de qué material está hecho y su color. Llevaremos dicho objeto con nosotros.

Bajamos del bote, caminamos por el pequeño muelle y de inmediato nos encontramos con un ancho camino de tierra y piedras que asciende por una colina. Subimos por él y en lo que vamos avanzando por entre la niebla nos encontramos de frente con dos grandes menhires o piedras monolíticas situadas una a la izquierda y la otra a la derecha, como si fuesen vigilantes. Seguimos caminando hasta que poco a poco la niebla se va disipando y aparece ante nuestros ojos un impresionante círculo de piedras formado por grandes bloques, colocados unos encima de otros.

Con mucho respeto ingresamos en él, y en un extremo visualizamos como un altar de piedra de color verde. Sobre él hay unas flores; nos fijamos en el color de las mismas. Vamos hasta ellas y colocamos sobre el altar el objeto que en-

contramos en el fondo del bote, cuando de entre las grandes piedras asoma un anciano mago con un imponente báculo de madera. Nos da la bienvenida y nos comenta que nos encontramos en un momento muy especial. Nos hace mirar al cielo y vemos cómo la niebla se va terminando de despejar y los rayos del sol van asomando por entre las piedras que parecían guardianes, ingresando en el círculo de piedras e iluminando el altar. El mago nos hace ir al altar y acercarnos, pero los objetos han desaparecido y en su lugar ha quedado un medallón de plata con un símbolo. Nos fijamos en la forma que tiene, y ante la indicación del mago, nos lo colgamos del cuello.

Según el mago aquel símbolo nos guiará y protegerá de ahora en adelante.

Vamos dando un último vistazo a aquel símbolo, al círculo de piedras y al mago, y desde allí vamos volviendo.

Todos vamos retornando a través del túnel mental, vamos volviendo; de tal manera que al término de tres habremos retornado y nos encontraremos en paz.

Tomamos tres respiraciones lentas y profundas, y al exhalar habremos vuelto y nos encontraremos en perfecta paz y armonía.

Significado del ejercicio

El ejercicio empieza cuando nos imaginamos que nos proyectamos por el túnel mental y al final del mismo nos encontramos en un pequeño bote y la corriente nos arrastra suavemente. Estamos rodeados de una espesa niebla, pero por la cercanía de la orilla cubierta de pasto podemos apreciar que es un río. Hay momentos en que la vida nos conduce en una dirección desconocida para nosotros y debemos dejarnos llevar aunque todo a nuestro alrededor se perciba poco claro (niebla). De repente nuestro bote se queda detenido golpeando contra un pequeño muelle o embarcadero, lo cual nos recuerda que siempre hay un destino, que llegaremos a alguna parte, que a la vez es el inicio de una nueva etapa. Nos preparamos para desembarcar cuando, de pronto, en el fondo del bote hallamos un objeto. Vamos a ver qué es, de qué se trata, de qué material está hecho y su color. Este objeto es una clave, algo que la vida nos está aportando en ese especial momento para que lo llevemos con nosotros; a su debido tiempo sabremos cuál es su significado. Por ejemplo, supongamos que en el fondo del bote encontramos un mapa; podría simbolizar que la vida tiene reservado para nosotros un tesoro, un gran hallazgo. De pronto en el fondo del bote había una tablita común y sencilla, un pequeño pedazo de madera sin gracia; podría simbolizar que lo que es aparentemente inútil y común en algún momento puede sernos de gran utilidad, como cuando necesitamos un taco de madera, un apoyo, algo de material de relleno o algo para cubrir un desnivel.

Llevaremos con nosotros dicho objeto. Bajamos del bote, caminamos por el pequeño muelle y de inmediato nos encontramos con un ancho camino de tierra y piedras que asciende por una colina. La colina, como en otros ejercicios, la relacionamos con la montaña, con la pirámide, etc., símbolos del camino espiritual. Subimos por él y en lo que vamos avanzando por entre la niebla nos encontramos de frente con dos grandes menhires, piedras monolíticas, una a la izquierda y la otra a la derecha, como si fuesen vigilantes. Seguimos caminando hasta que poco a poco la niebla se va disipando y ante nuestros ojos aparece un impresionante círculo de piedras formado por grandes bloques, colocados unos encima de otros. Hemos llegado al templo solar de Stonehenge. Simboliza nuestro santuario interno, donde hemos de encontrarnos con el mago, que no es otro que nuestro propio maestro interior o real ser.

Con mucho respeto ingresamos en él y en un extremo localizamos como un altar de piedra de color verde. Sobre él hay unas flores; nos fijamos en el color de las mismas. Las flores representan las emociones y los sentimientos que debemos elevar o sublimar si queremos seguir ascendiendo en la condición espiritual. Supongamos que las flores eran blancas; eso podría simbolizar que debemos purificarnos y actuar con pureza de intención como niños pequeños; si las flores fueran violetas podrían estar simbolizando que nuestras emociones y sentimientos deben transformarse porque el violeta es el color de la alquimia, la magia y la transformación.

Colocamos sobre el altar el objeto que encontramos en el fondo del bote. Y es que lo que se nos ofrece también debe ser ofrecido a su vez en el altar de la vida. De pronto, de entre las grandes piedras asoma el anciano mago con su imponente báculo de madera (símbolo de su poder y de la conexión con la Madre Tierra). Nos da la bienvenida y nos comenta que nos encontramos en un momento muy especial, por lo que debemos mirar al cielo. Observamos cómo la niebla se va terminando de despejar y los rayos del sol van asomando por entre las piedras, que parecían guardianes ingresando en el círculo de piedras e iluminando el altar. Estamos pues en un momento de iluminación, donde se nos darán claves para nuestro avance.

El mago nos hace ir al altar y acercarnos, pero los objetos han desaparecido y en su lugar ha quedado un medallón de plata con un símbolo. Nos fijamos en la forma que tiene, y ante la indicación del mago nos lo colgamos del cuello. La plata representa la conexión con lo superior, sensibilidad y receptividad. Es importante ver la forma del símbolo del medallón y sentir su significado. Supongamos que el medallón era redondo y dentro había una serpiente; eso podría simbolizar que el conocimiento de nosotros mismos (el círculo) y de las energías internas (serpiente, que también es símbolo de conocimiento) será lo que nos protegerá de ahora en adelante. El círculo también se relaciona con la familia y el ambiente que lo rodea a uno. Supongamos más bien que el medallón era un triángulo con un ojo en su interior; eso podría significar que el amor y la sabiduría (el triángulo) de la presencia divina en nuestro interior (el ojo) y en nuestra mente será nuestra mejor protección.

EL ESPEJO MÁGICO

Un espejo puede ser en un determinado momento
una puerta o una ventana,
un umbral conectando con otras dimensiones
mostrándonos otras realidades,
así como también puede revelar
nuestro lado más oscuro.

Estamos todos completamente relajados. Mantenemos una respiración lenta y profunda por la nariz. Y, aprovechando de este estado de tranquilidad paz y armonía, vamos a visualizar un túnel mental a la altura del entrecejo, de tal manera que vamos a proyectarnos a través de él y llegamos hasta un bosque. Todos vamos a imaginar un hermoso bosque. Vamos caminando por él, sentimos la hierba bajo nuestros pies, podemos hasta oler la grama y la tierra húmeda. De pronto observamos, colgando de la rama de un arbusto, una crisálida. Es la envoltura que ha tejido un gusano y en la cual se encuentra, colgando. Mientras miramos logramos observar que el gusano empieza a asomar de la crisálida convertido en una bella mariposa.

Vamos a visualizar los colores de las alas de la mariposa. Vamos a fijarnos bien en los detalles. De un momento a otro la mariposa remonta el vuelo y nosotros vamos tras ella. Más adelante llegamos a un claro del bosque donde hay una fuente de agua. Nos detenemos a observar el color de la fuente; allí vemos cómo la mariposa revolotea hasta que termina colocándose en el pelo suelto y largo de una joven dama vestida de ropajes brillantes. Ella avanza y se sienta en un lado de la fuente y juguetea con la mano sobre el agua. Nos mira, sonríe y nos invita a acercarnos y sentarnos a su lado. Lo hacemos, y de pronto la dama nos hace ver que en el agua, en el interior de la fuente, hay un objeto sumergido. Vamos viendo qué es, de qué se trata, y sumergiendo nuestra mano y el brazo vamos rescatando dicho objeto. Lo vemos y lo contemplamos completamente; incluso se lo mostramos a la dama. Ella nos indica que lo llevemos con nosotros porque más adelante nos será muy útil.

La dama nos toma de la mano y nos invita a acompañarla llevándonos a través de un rústico puente de piedra que cruza al lado de una cascada hacia un castillo. Atravesamos el puente e ingresamos en el castillo, observando en su patio central cantidad de banderolas y pendones. Cruzamos el patio de armas y somos conducidos hacia unas escaleras que nos llevan delante de unas grandes puertas de madera. Las abrimos y una vez dentro nos encontramos en un gran salón con arcos a los lados y columnas. La dama celebra nuestra sorpresa y fascinación por el lugar y, soltándonos de la mano, nos pide que la sigamos. Va subiendo por unas escaleras laterales que nos conducen a un segundo piso, donde hay unas habitaciones. La perdemos de vista y al entrar en una de las habitaciones nos encontramos delante de un inmenso espejo cubierto por una sábana. Nos acercamos hasta él, lo descubrimos y, mirándolo bien, observamos que posee un grueso marco dorado de bronce con adornos diversos. Nos fijamos en sus detalles. Y de pronto observamos que a pesar de que cerramos la puerta de aquella habitación detrás nuestro en el espejo aparece reflejada la puerta abierta, emitiendo una intensa luz. Acercamos nuestros dedos a la superficie del espejo y la sentimos como si fuese líquida, de manera que va mojando nuestras manos y la vamos pudiendo atravesar, así que de repente estamos del otro lado del espejo, en la misma habitación pero en otra realidad. Por curiosidad nos dirigimos hacia la puerta que aparecía abierta y al cruzar el umbral nos acercamos hacia una especie de baranda desde donde contemplamos hacia abajo el salón principal y observamos que está lleno de gente. Es como un banquete, recepción o fiesta. Está lleno de gente vestida con sus mejores galas.

Vamos descendiendo por las escaleras, vamos participando de la fiesta. Hay mesas en los laterales cubiertas de todo tipo de viandas y gente comiendo y bebiendo. Nos sentamos entre ellos sin llamar para nada la atención, cuando de pronto se abren las puertas del gran salón, haciéndose un penetrante silencio en el ambiente. Vemos que entra, pisando el suelo de piedra alfombrado, un hermoso caballo y sobre él un caballero con armadura portando un estandarte. El caballero informa de que ha aparecido un terrible peligro en la región, una gran amenaza, y se necesita que alguien muy valiente la desafíe y se enfrente a ella en nombre de todos. Toda la gente se gira y nos mira a nosotros, apartándose inmediatamente de nuestro lado, dejándonos solos; en ese momento el caballero conduce su caballo hasta nosotros, se baja del corcel y nos felicita por nuestro valor al habernos ofrecido para semejante tarea, reiterando que es muy importante lo que vamos a hacer enfrentándonos a aquel peligro. Preguntamos en qué consiste el peligro y nos responden que ya lo veremos en su momento. Preguntamos nuevamente entonces si bastaremos nosotros para afrontarlo... El caballero nos susurra al oído la respuesta. Inmediatamente la gente trae una armadura y nos viste con ella. También nos alcanzan una espada y un escudo. *Nos ayudan a subirnos al caballo del caballero y nos traen una lanza. Y entre gritos de celebración y felicidad la gente nos acompaña hasta el patio de armas y las afueras del castillo. El caballo que montamos está tan bien domado que nos conduce a gran velocidad al encuentro del peligro, que ni siquiera sabemos en qué consiste.*

Vamos por el camino, cruzamos un valle, subimos unas colinas y llegamos hasta una cascada. Es un hermoso lugar de una paz y calma indescriptibles. Y como no vemos peligro alguno, nos bajamos del caballo, dejamos la lanza en el suelo, al igual que el escudo y la espada, y quitándonos la armadura nos acercamos al agua mirando nuevamente el objeto que encontramos en la fuente y que llevamos con nosotros. Lo dejamos en la orilla y retozamos en el agua, cuando de pronto escuchamos y observamos que el caballo se pone nervioso y aparece aquel peligro del que se había hablado. Nuestras armas están muy lejos, cerca solo está el objeto que recogimos de la fuente; nos hacemos con él y con dicho objeto procuramos con afrontar ese terrible peligro. Cada uno se las va a ingeniar para oponerse al peligro utilizando el objeto que tiene entre manos.

(Dejamos unos minutos en silencio)

Hemos vencido el peligro y vamos a dejar la armadura en el lugar, al igual que la espada, el escudo y la lanza. Nos subimos al caballo y regresamos a gran velocidad al castillo para informar de la buena nueva de que el peligro ha sido vencido.

Vamos llegando y ya desde el camino la gente se agolpa a ambos lados felicitándonos, como si ya todos se hubiesen enterado de lo que pasó. Llegamos al castillo y las puertas están abiertas. Dejando el caballo fuera, entramos al gran salón. Allí observamos que al fondo hay un trono de madera repujada, y la gente sonriente espera que lleguemos para sentarnos y colocarnos una corona. Vamos avanzando cuando de pronto aparece la joven dama del principio advirtiéndonos de que aquellos honores pueden ser tan arriesgados como el peligro que acabamos de enfrentar, y nos lleva de la mano al segundo piso disculpándonos delante de todos. Nos hace entrar en la habitación del espejo y nos pide que volvamos, que llevemos con nosotros el triunfo y nos preparemos para muchos otros en el futuro. Nos acercamos al espejo, lo tocamos, lo atravesamos y una vez dentro nos encontramos del otro lado del mismo. Pero ahora ya el espejo es normal y refleja todo tal cual.

Poco a poco vamos a ir dejando atrás aquel lugar, salimos del castillo, volvemos por el puente, por el bosque...Vamos volviendo a través del túnel mental de tal manera que al término de tres habremos vuelto, estaremos completamente relajados, libres de toda tensión, en perfecta paz y armonía.

Tomamos una inhalación lenta y profunda, retenemos, y al exhalar visualizamos en nuestra mente el número uno, y vamos volviendo, tomando conciencia poco a poco de nuestro cuerpo.

Tomamos una segunda inhalación, retenemos, y al exhalar visualizamos en nuestra mente el número dos, y vamos tomando conciencia poco a poco del lugar donde nos encontramos.

Inhalamos por tercera vez, retenemos, y al exhalar con el número tres, que visualizamos en nuestra mente, abrimos lentamente los ojos y nos encontramos en paz.

Significado del ejercicio

Todo ser humano es como el gusano que debe llegar, por madurez espiritual, a transformarse en algo superior y distinto. La metamorfosis de una mariposa es un sencillo ejemplo simbólico de la gran transformación que debe operarse en la vida, la mente y el corazón de un individuo para que se eleve por encima de sus limitaciones aparentes y crezca en belleza interna.

En este ejercicio de visualización creativa nos ambientamos en un bosque, que es un lugar de belleza, armonía y paz para quien sabe verlo de esa manera, como también existe la posibilidad de quienes lo encuentran un lugar inseguro, peligroso, oscuro. Así es la vida; depende de cómo la veamos y la afrontemos.

El encontrarnos con el gusano en su crisálida en pleno proceso de transformarse en mariposa estaría simbolizando nuestra propia transformación, y los colores de las alas de la mariposa simbolizarían los aspectos que debemos enfatizar a la hora de plantearnos un cambio en nuestras vidas. Supongamos que las alas de la mariposa eran naranja brillante con líneas negras y puntos amarillos. Esto podría significar que nuestro cambio debe empezar por el carácter, el temperamento, por fortalecer la voluntad y la creatividad (color naranja), procurando cada día mayor autocontrol, dominio de nosotros mismos y ser mejores seres humanos (líneas negras), y todo esto procurando el equilibrio en la familia o en nuestro círculo más íntimo (círculo amarillo).

La fuente representa el proceso de purificación. Es importante fijarnos bien en su color porque eso simbolizaría el aspecto con el cual debemos trabajar nuestra purificación para lograr la transformación. Si la fuente era de color celeste esto podría simbolizar trabajar con el diálogo y la comunicación.

La dama de luz simboliza nuestra propia alma o a nuestro maestro interno, que nos induce a buscar y profundizar; para esto nos invita a encontrar y extraer de la fuente un objeto que será pieza clave en nuestra saga personal. Este objeto es el paso siguiente. Una vez hayamos iniciado nuestra purificación y transformación personal simboliza aquello en lo que debemos enfatizar, sobre qué aspectos debemos vencernos y seguir, sobre qué debemos apoyarnos y confiar.

El castillo representa nuestro santuario interior y el espejo, la ventana del alma, que nos permite conocer aspectos desconocidos o no muy evidentes de nuestro interior. El color del caballo del caballero simboliza sobre qué aspectos de nuestra vida debemos trabajar con disciplina y constancia. Un caballo blanco simbolizaría disciplinarnos para lograr claridad en nuestras vidas, así como para lograr pureza de intención; un caballo negro sería disciplinarnos para lograr autogobierno, autocontrol; uno de color café o marrón sería tomar iniciativas, actuar decididamente. El estandarte del caballero simbolizaría lo que debe ser nuestra bandera de batalla; si es verde sería la esperanza; si es naranja, la voluntad.

La armadura con la que somos cubiertos, así como la espada, el escudo y la lanza simbolizan la convicción, la fe y el valor con los que tenemos que armarnos para enfrentar todo peligro.

Recorremos el valle y terminamos quitándonos la armadura y las armas, mientras nos damos un baño refrescante (purificación), y la idea es que el objeto que encontramos al principio nos sirva para enfrentarnos definitivamente a las fuerzas de oposición que tratan de frenar nuestro desarrollo y avance. Supongamos que lo que nos acecha es un monstruo; eso podría simbolizar que a lo que debemos enfrentarnos es a la desarmonía y a todo lo contrario al equilibrio en nuestra vida, a lo positivo y a lo bello que está queriendo afectarnos; por ejemplo visualizar un dragón podría simbolizar afrontar nuestros temores y las energías descontroladas en nuestro interior.

Una vez que nos ingeniamos para usar el objeto apelando a la magia y la creatividad regresamos sin las armas, porque la fuerza y protección están con nosotros y en nosotros, y debemos afrontar ahora el peligro de la excesiva confianza y el ego (la corona y el trono), y la idea es volver a través del espejo y del paisaje con el conocimiento de cómo nos enfrentamos a la aventura para que nos sirva en la vida diaria y lo podamos aplicar.

LUXOR

> *Oh Tebas, la ciudad de las cien puertas*
> *y de los muchos templos,*
> *santuario de Amón y de su barca dorada,*
> *¿acaso en tu lugar más secreto no se guarda el arca,*
> *depósito de las Tablas Esmeralda de Thot el Atlante?*

Vamos a disponernos todos en actitud de meditación. Nos sentamos cómodamente, columna recta, talones juntos y palmas de las manos, una encima de la otra, los pulgares se tocan, cerrando así el circuito interno de energía. Cerramos los ojos y tomamos de inmediato tres respiraciones lentas y profundas por la nariz de tal manera que con cada una de ellas vamos a ir relajando nuestro cuerpo como si lo masajeáramos con las manos físicas.

Quedamos todos completamente relajados, de modo que mantendremos una respiración lenta y profunda, inhalando y exhalando lentamente, lo más lentamente posible. Y vamos a concentrar nuestra atención a la altura del entrecejo proyectándonos a través de un túnel mental, y al final del mismo nos imaginamos que es de noche. El cielo está estrellado y vamos avanzando caminando sobre dunas de arena hasta que llegamos delante de un impresionante pórtico trapezoidal de piedra todo pintado de colores vivos y nos quedamos frente a unas gigantescas e increíbles puertas de madera chapadas con láminas de oro con imágenes de antiguos dioses egipcios.

En el suelo, sobre la arena o cubierta por ella, hallamos una llave. Nos fijamos en el color y el material de la misma, y tomándola entre las manos la colocamos en la cerradura de la puerta, pudiendo a continuación abrirla y pasar. Delante nuestro aparece una calzada, una vía procesional con hermosas esfinges de carneros a derecha e izquierda, además de impresionantes palmeras. Al ir caminando por entre las esfinges nos fijamos que al pie de las mismas discurre un canal de agua del río Nilo y en él observamos la presencia de flores de loto. Escogemos una de ellas, le contamos el número de pétalos y nos la colocamos sobre la cabeza sintiendo la frescura del agua y cómo se hace una con uno.

Vamos avanzando por esa avenida de esfinges y a la distancia observamos un maravilloso edificio de estructuras trapezoidales, grandes obeliscos y gigantescas esculturas. Nos iremos acercando cuando del interior de ese templo sale un hombre con la cabeza rapada y falda blanca de lino; da la impresión de ser un escriba o sacerdote. Se acerca a nosotros y entre las manos tiene una tabla de madera y sobre ella un papel de papiro extendido, y en la otra un tintero con un pincel para que escribamos o pintemos en el papiro tres símbolos o las figuras geométricas que se nos ocurran.

En cuanto lo hacemos el escriba nos quita el pincel y se aleja. Vamos entonces ingresando al templo. Para ello pasamos por en medio de los dos gigantescos obeliscos, observando también a cada lado unas impresionantes estatuas de antiguos reyes con sus coronas. Cruzamos el inmenso pórtico entre las pilonas y dentro nos encontramos con un primer patio rodeado de capillas dedicadas a dioses antiguos con imponentes esculturas de gobernantes. En ese momento llegan hasta nosotros un grupo de sacerdotisas, que danzan a nuestro alrededor. Llevan vaporosas túnicas de lino y pelucas negras, algunas portan panderos y otras canastillas de mimbre con pétalos de flores, que dejan caer en medio de la danza. Nosotros tomamos entre nuestras manos algunos pétalos y miramos el color de los mismos y el número de pétalos que pudimos atrapar al vuelo. Las danzarinas se marchan y vamos detrás de ellas, ingresando por en medio de una columnata magnífica. Son altísimas y gruesas columnas con capiteles impresionantes, que nos conducen hasta un segundo patio, mucho más grande que el primero, rodeado de columnas que simulan tallos de papiros.

Nos encontramos en ese segundo patio cuando de pronto vemos que se acerca a nosotros un grupo de sacerdotes con cabezas rapadas y pieles de leopardo en el pecho. Uno de ellos se ve que es el principal porque viene apoyándose en un báculo dorado, y los demás, más jóvenes que él, vienen a los lados.

Los sacerdotes se detienen delante nuestro, inclinan la cabeza en señal de saludo y nos dan la bienvenida, a la vez que el sumo sacerdote hace una indicación a otro de ellos para que nos acerque un medallón, que nos pone colgando del cuello. Nos fijamos bien en el color de ese medallón, su forma, material y si tiene algún detalle especial.

El sumo sacerdote nos indica que debemos continuar hacia el interior del templo. Nos despedimos de él y seguimos por el corredor, que atraviesa un pequeño bosque de columnas, hasta un tercer patio donde nos recibe una sacerdotisa. Es una mujer de mediana edad vestida de blanco, con peluca negra y un tocado en forma de buitre, y tras saludarnos nos coloca un anillo entre los dedos. Nos fijamos en él, en la forma que tiene, y tomándonos de la mano, ella nos conduce por en medio de un bosque de columnas hacia el santuario. Nos vamos introduciendo en un ambiente en penumbra solo iluminado por lámparas de aceite, hasta que nos encontramos con un salón cuadrado con techo pintado de blanco con cantidad de jeroglíficos y altos relieves igualmente pintados de manera multicolor, y en el centro dos grandes paredes que discurren paralelas por un plano inclinado y que rematan en la parte superior con unas cornisas que se abren, y delante unas puertas de madera chapadas en oro. Es como una caja rectangular dentro del salón cuadrado.

La sacerdotisa posee la llave con la que abrir aquella nueva puerta dorada y ella misma la abre, invitándonos a pasar. Dentro hay una cortina como de seda brillante, y al pasar a través de ella nos encontramos, sobre una mesa de piedra trapezoidal, una barca dorada con cabezas de carnero en los extremos. Sobre ella hay un arca, y en la tapa del arca como dos querubines con las alas mirando hacia el centro. Siguiendo la indicación de la sacerdotisa vamos sosteniendo la tapa y, retirándola, y miramos dentro. Allí hallaremos unas tablillas de un cristal verde. Las tocamos y sentimos el conocimiento que se encuentra en ellas...

Al cabo de un rato nos vamos retirando del santuario. Vamos volviendo por el bosque de columnas, recorriendo en nuestro regreso los tres patios, volviendo por el pórtico y pasando por en medio de los obeliscos.

Todos iremos retornando, regresando por la calzada de esfinges...

Al término de tres habremos vuelto, estaremos completamente conscientes, libres de toda tensión, en perfecta paz y armonía.

Tomamos una inhalación lenta y profunda, inhalamos..., retenemos..., y al exhalar visualizamos en nuestra mente el número uno. Todos iremos retornando por el túnel mental sintiendo nuestro cuerpo, relajado, libre de toda tensión. Tomamos una segunda inhalación, inhalamos..., retenemos..., y al exhalar visualizamos en nuestra mente el número dos, de manera que vamos tomando conciencia poco a poco del lugar donde nos encontramos. Inhalamos lento y *profundo por tercera vez, inhalamos..., retenemos..., y al exhalar con el número tres, que visualizamos en nuestra mente, abrimos lentamente los ojos y nos encontramos en paz.*

Significado del ejercicio

Este ejercicio es una práctica de autoconocimiento y a la vez de proyección mental al antiguo Egipto. Nos situamos de noche. El cielo está estrellado y vamos avanzando sobre dunas de arena hasta que llegamos delante de un impresionante pórtico trapezoidal de piedra pintado de colores vivos, y quedamos frente a unas gigantescas e increíbles puertas de madera chapadas en láminas de oro con imágenes de antiguos dioses egipcios. Hasta aquí estamos recreando en nuestra mente el escenario del Templo de Amón en Luxor, a la vez nuestro propio templo interior.

En el suelo, sobre la arena o cubierta por ella, hallamos una llave; nos fijamos en el color y el material de la misma, y tomándola entre las manos la colocamos en la cerradura de la puerta, pudiendo a continuación abrirla y pasar. Esa llave es, como en otros ejercicios, la técnica, la forma o el medio con el que conectamos con nuestro ser interno. Supongamos que la llave era la típica del «Ank» egipcio, que es la llave de la vida y del conocimiento oculto, de un color dorado. Esto podría simbolizar que con conciencia despierta, sabiduría y equilibrio (dorado) podremos conectar con nuestro interior. Supongamos que la llave era de bronce; esto podría simbolizar que será con la combinación de todo lo que va llegando a nuestra vida con lo que podremos establecer dicha conexión.

Delante nuestro aparece una calzada, una vía procesional con hermosas esfinges de carneros a derecha e izquierda, además de impresionantes palmeras. Esto simboliza que dentro de nosotros hay un camino por recorrer, un sendero sagrado que requiere de nosotros una actitud meditativa y capacidad de observación. Y que para avanzar por ella debemos trascender nuestra naturaleza animal tentando lo sagrado.

Al ir caminando por entre las esfinges nos fijamos en que al pie de las mismas corre un canal de agua del río Nilo, y en él observamos la presencia de flores de loto. Escogemos una de ellas, le contamos el número de pétalos y nos la colocamos sobre la cabeza sintiendo la frescura del agua y cómo esta se hace una con nosotros. Nuestro avance espiritual va a estar sujeto a una permanente purificación (simbolismo del agua), y para eso debemos estar dispuestos a tomar conciencia de lo que realmente es el amor (la flor), trasmutando nuestro egoísmo y sabiendo descubrir el potencial mágico y transformador cuando superamos la pasión y los apegos. El loto es la flor de más exquisito perfume pero que sale del pantano, de las aguas estancadas, de entre la podredumbre. De igual manera nosotros debemos ser capaces de surgir por encima de nuestros defectos.

Era importante ver si el color de la flor era lila, blanco o violeta, y su número de pétalos, porque todo ello es un mensaje. Por ejemplo, en el color detectamos los cambios que se nos recomiendan en la parte afectiva y emocional de nuestra vida. Un color blanco podría simbolizar ser como niños, actuar con pureza de intención, y hasta aceptar las pruebas de purificación; un color lila podría simbolizar tomar con serenidad lo que se nos presenta, así como ser consecuentes y coherentes con lo creemos y pensamos.

Vamos avanzando por esa avenida de esfinges y a la distancia observamos un maravilloso edificio de estructura trapezoidal, grandes obeliscos y gigantescas esculturas. Nos acercamos hasta ese regio edificio, cuando del interior del templo sale un hombre con la cabeza rapada y falda blanca de lino. Da la impresión de ser un escriba o sacerdote. Se acerca a nosotros y observamos que entre sus manos tiene una tabla de madera y sobre ella un papel de papiro extendido; en la otra un tintero con un pincel para que escribamos o pintemos en el papiro tres símbolos o figuras geométricas, las que se nos ocurran. Aquí nuestro maestro interno, bajo la personalidad del escriba, nos pide que representemos simbólicamente las prioridades de nuestra vida a través de los dibujos. No va a ser lo mismo que empecemos dibujando un triángulo que un cuadrado, un círculo que un rombo, que sean figuras planas a que sean en volumen. Empezar dibujando un cuadrado podría significar que lo más importante para nosotros es tener las cosas claras en la vida y un cubo representaría llenarnos del conocimiento para aplicarlo (sabiduría).

En cuanto lo hacemos el escriba nos quita el pincel y se aleja. Vamos entonces ingresando dentro del templo. Para ello pasamos por en medio de los dos gigantescos obeliscos, observando también a cada lado unas impresionantes estatuas de antiguos reyes con sus coronas. Cruzamos el inmenso pórtico entre las pilonas (edificios trapezoidales) y dentro nos encontramos con un primer patio rodeado de capillas dedicadas a dioses antiguos con imponentes esculturas de gobernantes.

Este primer patio representa nuestro plano material, en donde el mensaje tiene que ver con las emociones, los sentimientos y los deseos, representados en los pétalos de las flores, que alcanzamos a coger y que fueron lanzados por unas danzarinas. Es importante el color de los mismos y el número de pétalos. Supongamos que atrapamos solo dos pétalos y que son rojos; eso podría significar que debemos enfrentarnos a la dualidad, la lucha de opuestos con energía, con valor y liderazgo. Quince pétalos de color naranja podrían simbolizar que debemos evitar dejarnos arrastrar por la injusticia y la mentira, y con carácter y voluntad enfrentar lo que se nos presenta.

Accedemos al lugar por en medio de una columnata magnífica. Son altísimas y gruesas columnas con capiteles impresionantes que nos conducen hasta un segundo patio, mucho más grande que el primero, rodeado de columnas que simulan tallos de papiros. Este segundo patio simboliza nuestro plano mental.

En este segundo patio nos encontramos con un grupo de sacerdotes, con cabezas rapadas y pieles de leopardo en el pecho. Uno de ellos, el principal, viene apoyándose sobre un báculo dorado, y los demás, más jóvenes que él, van a los lados. Los jóvenes sacerdotes simbolizan nuestros logros a nivel de voluntad y consciencia y el sumo sacerdote nuestro maestro interno.

El sumo sacerdote nos hace entrega de un medallón, que simboliza la protección de un estado mental equilibrado. Nos fijamos bien en el color de ese medallón, su forma, material y si tiene algún detalle especial, porque todo es parte del mensaje. Supongamos que el medallón era de oro, de forma trapezoidal con las figuras de un buitre y una cobra de piedra lapislázuli en el centro. Esto podría simbolizar que de ahora en adelante lo que nos protege es la sabiduría de actuar en consecuencia (el oro) conectando así con lo superior (la estructura trapezoidal parte de la pirámide), como un escalón o un paso para llegar a lo alto. La cobra en la antigüedad era el símbolo del Bajo Egipto, mientras que el buitre del Alto, uno eran las energías de la tierra y el otro el sol, el cielo, la luz y la libertad (Mut, el buitre esposa de Amón). Y la piedra lapislázuli con su intenso color azul era el color de la espiritualidad y la acción. Así que el mensaje completo podría ser que debemos iniciar un aprendizaje para dar y recibir energía, y mensajes de conexión con el cielo...

El sumo sacerdote nos indica que debemos seguir hacia el interior del templo. Nos despedimos de él y seguimos por el corredor que atraviesa un pequeño bosque de columnas, hasta un tercer patio que simboliza el plano espiritual. Allí nos recibe una sacerdotisa, que es nuestra propia alma. Ella nos coloca un anillo entre los dedos, que simboliza el compromiso que asumimos con la vida, una alianza con nuestro espíritu para elevarnos por encima de nuestra condición actual. Nos fijamos en él, en la forma que tiene. Supongamos que el anillo sea de plata; eso podría simbolizar que de ahora en adelante tenemos que confiar más en la intuición y comprometernos a ser más receptivos.

Seguimos hasta encontrarnos con un salón cuadrado con techo pintado de blanco, con cantidad de jeroglíficos y altos relieves igualmente pintados de manera multicolor, y en el centro, dos grandes paredes que discurren paralelas como en un plano inclinado que rematan en la parte superior con unas cornisas que se abren, y delante unas puertas de madera chapadas en oro. Es como una caja rectangular dentro del salón cuadrado. Ese santuario es nuestro lugar más sagrado, donde se encuentra nuestra esencia divina.

La sacerdotisa posee la llave, esto es, que nuestra alma conoce el camino hacia lo más profundo de nuestro ser. Dentro está el arca de los misterios.

En el santuario egipcio, el «naos» o arca tenía en la tapa dos querubines con las alas hacia el centro, que simbolizan a la diosa Isis, guardiana de los velos del conocimiento oculto, de tal manera que Moisés copió el Arca de la Alianza egipcia para hacer su similar hebrea, ya que él como príncipe de Egipto estaba iniciado en el sacerdocio de Amón.

Siguiendo la indicación de la sacerdotisa quitamos la tapa, retirándola, y miramos dentro; allí hallaremos unas tablillas como de un cristal verde. Las tocaremos y sentiremos el conocimiento que se encuentra en ellas... Esas tablillas eran las «Tablas Esmeralda» de Thot el Atlante, la herencia del conocimiento de los antiguos atlantes.

Lo que cada uno capte puede ir desde un mensaje interno hasta una verdadera conexión con la historia. Supongamos que al tocar el interior del arca percibimos una espiral de luz; esto podría simbolizar que estamos en el mejor momento para intentar la evolución (la espiral).

El propósito del ejercicio hasta aquí se ha completado, y ha sido sumergirnos en nuestro interior y abrirnos a un diálogo interno con nuestra esencia para captar las pautas y el mensaje para ese especial momento de nuestras vidas. Ahora debemos estar atentos a las claves y meditar sobre ellas para entenderlas.

EL FARO

*En los cabos y bahías, en los acantilados e islotes
siempre hay un faro, una estructura
que se yergue valiente,
una luz guía, un punto de referencia,
para que quien esté en el mar
pueda encontrar el camino a casa,
el rumbo a puerto seguro.*

Vamos todos a relajarnos profundamente tomando respiraciones lentas por la nariz. Y a continuación concentramos nuestra atención en el entrecejo, proyectándonos a través de un túnel mental, visualizando de inmediato que estamos caminando por la orilla de una playa... Está atardeciendo, la playa es muy larga y nuestros pies se van hundiendo en la arena mientras avanzamos. A la distancia el sol se está escondiendo mientras en el horizonte se observan nubes oscuras. Mientras caminamos nos percatamos de que, a modo de medallón, llevamos una llave colgada sobre nuestro pecho. Nos fijamos bien en su forma, de qué material está hecha y su color. Seguimos avanzando sintiendo cómo la espuma del mar toca nuestros pies, contemplando a lo lejos una colina, un pequeño cerro que se eleva por encima de la playa y que se encuentra coronado por un faro. Vamos caminando hacia allá y cuando estamos cerca empieza a soplar un viento fuerte y el mar se va embraveciendo, por lo que apretamos el paso.

Vamos subiendo la colina, nos acercamos al edificio del faro y, al llegar a él, usamos la llave que tenemos sobre el pecho para abrir la puerta. Una vez dentro vamos moviéndonos lentamente en la penumbra buscando una mesa sobre la cual, tanteando, vamos a encontrar con qué iluminarnos. Vemos de qué se trata. Nada más iluminar el ambiente identificamos sobre la misma mesa un libro que al parecer alguien había dejado allí. Nos fijamos en el color de su carátula o pasta y lo llevamos con nosotros pues vamos a ir ascendiendo por una escalera de caracol hacia lo más alto del faro. Durante el ascenso escuchamos cómo el viento golpea contra las ventanas. Afuera ha oscurecido pero la noche se enciende cada tanto con los rayos y relámpagos. Se escuchan también las olas que rompen contra los acantilados.

En cuanto llegamos a lo más alto vamos a buscar en el libro cómo hacer para encender el faro. Allí, ubicados en lo más alto, leemos entre las páginas del libro cómo prender el faro para que ilumine la noche tormentosa. Mientras, observamos también desde allí un barco atrapado en la tormenta que se está acercando peligrosamente a los acantilados con riesgo de naufragar. Nos fijamos bien en la clase de embarcación que es, y nos apuramos a iluminar su recorrido con el faro. Después de hacerlo, bajamos por las escaleras hacia el cuarto de abajo, donde encontramos unos estantes donde hay un espacio para colocar el libro al lado de otros libros. A un costado también localizamos un arcón o cofre, que abrimos y en cuyo interior hallamos varios objetos, aunque uno en especial nos llama la atención. Lo extraemos y lo colocamos sobre la mesa. Nos fijamos bien en qué es, qué forma tiene, su color y el material del que está hecho.

Finalmente salimos del interior del faro porque la terrible tormenta ha cesado y las estrellas ya asoman entre las nubes, logrando divisar el barco que pasa cerca nuestro dirigiéndose a puerto seguro.

Significado simbólico del ejercicio

Todos los seres humanos nos encontramos en algún momento en el camino de la vida contemplando o atravesando una noche oscura, una tormenta que se abate sobre nuestras existencias y sobre la humanidad. Pero en nuestro pecho tenemos (el corazón, el amor, la fe y la esperanza) la llave con la cual enfrentar esos momentos difíciles. Esa llave es la forma o las técnicas con las cuales conectaremos con lo espiritual; puede ser nuestra religión, nuestra escuela espiritual, nuestra filosofía de vida, etc. Por ello era importante fijarse en el color, forma y material de la llave.

El cerro sobre el cual está el faro simboliza el ascenso espiritual hacia la iluminación. El faro, que es la iluminación propiamente dicha, es lo que hay que hacer y ya está establecido, aunque el cómo no lo esté totalmente. Dentro, en la penumbra de la habitación a la que entramos encontramos con qué iluminarnos, esto es una vela, veladora, linterna, lámpara, antorcha, etc., dependiendo de qué empecemos por encender o activar en nuestra vida: la fe, la esperanza, la convicción, etc. Y el libro sobre la mesa, pero sobre todo el color de su tapa, simboliza la actitud con la que nos debemos comprometer para ascender hacia la iluminación.

Al subir a lo más alto del faro llegamos a observar a la distancia, en medio de la tormenta, una embarcación con problemas. Es importante fijarse en qué tipo de embarcación es, porque no será lo mismo que sea un trasatlántico, una goleta, un carguero, un petrolero, un bote de pesca, un bote de remos, etc. Porque para iluminarnos debemos orientar nuestra acción en la dirección de quienes nos necesitan. No hay forma de crecer espiritualmente si no es al servicio de los demás. ¿Pero quién nos necesita realmente? ¿O hacia quién hay que orientar nuestro esfuerzo en este momento? La respuesta esta en la clase de embarcación que vemos atrapada en la tormenta; una embarcación de pesca simbolizaría a gente que guía a otros (pescadores de almas); o un trasatlántico, cuando nuestra tarea es ayudar a muchas y muy diferentes tipos de personas; o una goleta o embarcación grande con velas, que simbolizaría a buscadores de la luz pero con cierta vehemencia, por tener las velas desplegadas en pleno temporal; o un barco de guerra, que representaría a los guerreros espirituales; o a un petrolero, que simbolizaría a quienes animan a los demás y necesitan también ser animados, o un botecito de remos, que representaría a un individuo en particular; o un yate o embarcación de recreo, que podría representar a nuestra propia familia.

Es interesante el simbolismo de cómo encender el faro porque está en relación directa a cómo encendernos nosotros mismos o nuestra luz interior. Cada detalle es un mensaje que debemos analizar.

Una vez que descendemos dejamos el libro en un librero, pero hay que fijarse en cuál de los tres estantes lo dejamos, si en el de abajo, en el del medio o en el de arriba, y de que lado del estante: en el centro o a los lados; esto estaría representando el recordatorio de que muestra iluminación depende en este momento más de actitudes muy prácticas y materiales (estante de abajo), de actitudes mentales (del medio), o de actitudes espirituales (el de arriba). Pero la misma posición del libro combina el significado. Por ejemplo, un libro colocado en la parte alta y en el lado izquierdo del estante nos habla de mayor espiritualidad en todo sentido; más en el medio, meditar y pensar más nuestra espiritualidad; y más hacia la derecha, una espiritualidad más práctica y tangible.

A continuación nos encontramos con un cofre, donde hallamos un objeto que nos llama la atención y que simboliza lo que debemos seguir haciendo para conservar nuestra iluminación, esto es, el siguiente paso. Por ejemplo, dentro de las muchas posibilidades, si dentro encontramos una brújula, se nos estaría diciendo que no debemos perder el rumbo en nuestras vidas, que ese rumbo está en nuestra manos. Si hallamos una cucharita de plata se nos podría estar indicando que debemos degustar (cucharita), saborear la vida, y siempre desde la intuición (la plata).

EL ORÁCULO DE PACHACAMAC

En las costas de Sudamérica
se encuentra un antiguo oráculo,
lugar de paso obligado, centro ceremonial y religioso.
Durante siglos lugar de ofrendas,
consulta y adivinación,
donde el Creador de la Tierra,
a través de sus sacerdotes,
interpretaba el futuro y marcaba
el destino de los pueblos.
El santuario se llamaba Pachacamac.

Estamos todos completamente relajados. Mantenemos una respiración lenta y profunda, y aprovechando ese estado de relajación, vamos a concentrar nuestra atención en el entrecejo. Visualizamos todos un túnel mental y nos proyectaremos a través de dicho túnel de manera que al final del mismo nos imaginamos que es de noche y nos encontramos caminando por un inmenso arenal. Sentimos cómo, en la medida en que avanzamos, nuestros pies se van hundiendo en la arena. Más adelante observamos lo que pareciera ser una gran ciudad iluminada entre colinas. Nos iremos acercando hasta toparnos con unas murallas altas y gruesas de adobe pintadas de blanco y amarillo. Las bordeamos hasta encontrarnos con unas grandes puertas de gruesas cañas guardadas por unos guardias indígenas con trajes multicolores, lanzas, escudos y cascos cónicos. A los lados de las puertas hay unas grandes antorchas.

Los guardias nos detienen en la entrada y nos preguntan qué hemos traído de ofrenda al santuario. Sorprendidos por la pregunta, de pronto nos damos cuenta de que traemos colgando de nuestro hombro una bolsa de tela artesanal y rústica. Nos fijamos en su color o en los colores de la bolsa, y metiendo la mano dentro encontramos un objeto; ¡es nuestra ofrenda! Ni siquiera sabíamos que llevábamos una bolsa. Les mostramos el objeto que la bolsa contiene y los guardias asienten con la cabeza y nos dejan entrar en la ciudad sagrada.

Vamos ingresando a través de un camino ceremonial de adobe, con muros laterales no muy altos que nos permiten ver a derecha e izquierda multitud de pirámides de barro con rampa. Seguimos avanzando y logramos divisar a la distancia, a nuestro frente, aunque ligeramente a la derecha, la silueta de una gigantesca pirámide escalonada. Llegamos entonces a una encrucijada del camino. Estamos en un lugar donde el camino se cruza con otro, de tal manera que nos hallamos en medio de una cruz que marca cuatro direcciones. Del lado derecho vemos que viene caminando hacia nosotros, portando antorcha, un grupo de mujeres indígenas vestidas de blanco, lideradas por una más anciana. Llegan hacia nosotros y nos dan la bienvenida al santuario del oráculo. En ese momento nos piden que las acompañemos al templo de la luna, y nos dicen que vayamos nosotros y el niño o niña pequeño que nos acompaña. Les decimos que estamos solos, cuando de repente aparece de detrás nuestro un niño o una niña que, sonriente, va y toma de la mano a la anciana. Nos damos cuenta de que ese niño o niña somos nosotros mismos cuando éramos pequeños, y que está vestido con una suerte de túnica. Nos fijamos en el color de su vestido.

Vamos detrás de la comitiva, que va llevando al niño por delante, y vamos descendiendo por unas escaleras hacia un edificio escalonado de adobe y piedra que está como en un pequeño vallecito rodeado de árboles. El camino está empedrado y, entrando en el edificio, los corredores se van estrechando, tornándose laberínticos con paredes tipo talud ligeramente oblicuas chapadas de piedra fina de un color rosado. Por delante y por detrás observamos puertas trapezoidales de doble marco. Por una de ellas somos conducidos hasta una piscina cuadrada situada en medio de una pequeña plaza. Las mujeres se colocan alrededor de la piscina, mientras que dos de ellas se introducen en el agua con el niño o niña, quitándole el vestido que lo cubre y bañándolo. Pero el agua de la piscina posee un color especial. Nos fijamos en cuál es ese color. Cosa curiosa es que en la medida en que van bañando al niño quienes nos sentimos refrescados y renovados somos nosotros.

Somos llevados de inmediato a través de la puerta por el corredor hacia otra puerta situada a nuestra izquierda; subimos unos escalones de piedra, avanzamos por un nuevo corredor, ascendemos por unas escaleras más altas y llegamos a una explanada o terraza que hace de mirador. Desde allí podemos ver la piscina donde bañan al niño, observando cómo el agua con la que lo bañan tiene una coloración especial. Detrás nuestro hay edificios altos y unas hornacinas trapezoidales a modo de puertas ciegas en los muros. Somos conducidos hacia una de ellas por una de las sacerdotisas del templo. Nos hace ingresar en ella y colocar tanto las yemas de los dedos como la frente en el muro interior de piedra y nos invita a mantralizar 14 veces las palabras «Punchao

Chinam», que se traduciría como «Hagamos que amanezca en nuestras vidas».

Tomamos una inhalación lenta y profunda, inhalamos…, retenemos…, y al exhalar vocalizamos todos …

Sentimos que nos conectamos mentalmente con el niño o niña, y lo sentimos… Sabemos que está en la piscina. Salimos de la hornacina y desde arriba vemos que las sacerdotisas lo secan y lo visten con una nueva túnica, pero esta vez blanca. En ese momento somos conducidos hacia las escaleras. Bajamos en dirección a los corredores pero somos llevados fuera del templo, quedando el niño en él. Subimos unas nuevas escaleras volviendo a aquella encrucijada del camino y desde allí seguimos hacia la derecha, como quien se acerca a la pirámide mayor, y un poco más adelante nos encontramos en una gigantesca plaza rectangular. Es la plaza de los peregrinos. Hay allí multitud de peregrinos venidos de diferentes lugares acomodados bajo techos de cañas y tierra sostenidos por columnas de adobe. Nos colocamos a un lado de ellos. Poco a poco va amaneciendo en aquella ciudad sagrada y logramos observar cómo de una pirámide más pequeña que la principal, ubicada ligeramente a la izquierda y de forma espiral ascendente, va descendiendo un grupo de sacerdotes acompañados de un «curaca» o jefe local, que es traído en andas. Está sentado sobre un trono («usno») en un extremo de esa plaza de los peregrinos, y de pronto los sacerdotes comienzan a avanzar hacia la muchedumbre situada bajo los techos y columnas, y nos llaman a nosotros para que nos acerquemos al trono. Nos piden que mostremos nuestra ofrenda y se la entreguemos; a continuación nos consultan cuál es nuestra pregunta al oráculo, así que vamos a formular una pregunta, aquello que más nos inquieta en ese momento de la vida. Los sacerdotes lo escuchan y se retiran en dirección a la pirámide del oráculo. Nosotros nos volvemos a la zona techada y aguar-

damos. Pasa el tiempo y de pronto los sacerdotes regresan y nos llaman. Vamos hacia ellos y nos dicen que la respuesta se encuentra dentro de una tela. La recibimos en nuestras manos, nos fijamos en el color de la misma, y, al abrirla, nos encontramos con un objeto. Entonces uno de los sacerdotes se acerca a nosotros y nos susurra al oído un comentario sobre lo que hemos recibido. Allí está el mensaje, en el color de la tela, en el tipo de objeto recibido y en lo que se nos susurró al oído. Vamos agradeciendo su ayuda y nos retiramos de aquel lugar, volviendo por el camino en cruz que nos lleva fuera de la ciudad sagrada. Llegamos a la encrucijada y de pronto por nuestra izquierda vemos que viene el niño, o niña, pequeño vestido con la túnica del color que le pusieron, acompañado de dos sacerdotisas. Viene corriendo hacia nosotros y se nos abraza a las piernas con mucho amor. Nosotros nos agachamos y lo abrazamos igualmente, cargándolo, y sentimos que el niño se va integrando en nosotros, hasta que desaparece totalmente haciéndonos uno con él. Sorprendidos seguimos nuestro camino hasta llegar a las grandes murallas perimetrales de la ciudad. Cruzamos los inmensos portones y volvemos al desierto.

Vamos volviendo todos a través del túnel mental. Vamos retornando, de tal manera que, al término de tres, habremos vuelto; estaremos completamente conscientes, en perfecta paz y armonía.

Tomamos todos tres respiraciones lentas y profundas, inhalamos..., retenemos..., y al exhalar vamos volviendo, visualizando en nuestra mente el túnel mental y el número uno. Tomamos una segunda inhalación, inhalamos..., retenemos..., y al exhalar visualizamos en nuestra mente el número dos, de tal manera que vamos tomando conciencia poco a poco del lugar donde nos encontramos. Inhalamos por tercera vez..., retenemos..., y al exhalar, con el número tres que visualizamos en nuestra mente, abrimos lentamente los ojos y nos encontramos en paz.

Interpretación simbólica del ejercicio

Este ejercicio consiste en una proyección hacia nuestro interior, hacia el templo o santuario que está en lo más profundo de nosotros mismos para escuchar la voz del «oráculo», de nuestro real ser para recibir su consejo y ayuda.

Nos proyectamos mentalmente a un ambiente nocturno, encontrándonos caminando por un inmenso arenal. La arena simboliza el paso del tiempo. Sentimos cómo, en la medida en que avanzamos, nuestros pies se van hundiendo en la arena, lo cual simboliza que el tiempo cobra factura por el esfuerzo empleado en avanzar. Más adelante observamos lo que pareciera ser una gran ciudad iluminada entre colinas. Es el santuario de Pachacamac, lugar de culto en la antigüedad desde tiempos preincas. Allí había un oráculo muy famoso, similar al de Apolo en Delfos (Grecia). Emisarios eran enviados con ofrendas para hacer consultas sobre los temas más diversos, desde la salud, las lluvias, el resultado de una guerra, etc., al gran dios Pachacamac, creador de la Tierra.

Nos iremos acercando hasta toparnos con unas murallas altas y gruesas de adobe pintadas de blanco y amarillo. Simbólicamente estamos acercándonos a tener un real contacto espiritual con nuestra esencia espiritual en el santuario del alma.

Bordeamos las murallas hasta encontrarnos con unas grandes puertas de gruesas cañas guardadas por unos guardias indígenas con trajes multicolores, lanzas, escudos y cascos cónicos. A los lados de las puertas hay unas grandes antorchas, lo cual significa que aunque muchas cosas no estén claras en nuestra vida siempre habrá la suficiente luz si sabemos verla para encontrar y seguir nuestro camino. Y siempre habrá una puerta que podremos y deberemos cruzar.

Los guardias nos detienen en la entrada y nos preguntan qué hemos traído de ofrenda al santuario.

Continuamente nuestros ángeles guardianes o espíritus protectores nos recuerdan la necesidad de que llenemos nuestra vida de logros para compartirlos y ofrendarlos. Todos los seres humanos tenemos dos ángeles o guardianes custodios, uno que alguna vez tuvo cuerpo físico y ahora ya no lo necesita, vinculado a nosotros en esta u otra existencia, y otro que nunca tuvo corporeidad física y cuya evolución ha sido diferente a la nuestra. Pero ambos están a cargo nuestro cuidándonos. Aunque así como tenemos protectores tenemos también un contingente de entidades en oposición procurando dificultarnos las cosas a cada paso.

Sorprendidos por la pregunta de los guerreros, de pronto nos damos cuenta de que llevamos colgando de nuestro hombro una bolsa de tela artesanal y rústica. Nos fijamos en su color o en los colores de la bolsa, porque esa bolsa simboliza nuestra misión en la vida. Supongamos que la bolsa fuese de un color amarillo; nuestra misión podría ser lograr el equilibrio en nuestra vida actual, despertar conciencia y crecer en sabiduría. Si la bolsa tuviera más de un color, e incluso algún diseño, sería la combinación de todos esos elementos. Por ejemplo, una bolsa de color naranja, con una raya negra en la base y con un adorno en el centro de una llama (animal autóctono de los Andes) podría simbolizar que nuestra misión en la presente existencia es crecer en voluntad y creatividad aprendiendo a controlar nuestro carácter y temperamento (el color naranja), sobre la base del autodominio y los valores humanos (color negro), haciendo énfasis en la constancia y la adaptación a las dificultades y variaciones del terreno, que es la vida (la llama).

Metiendo la mano dentro de la bolsa encontramos un objeto, ¡es nuestra ofrenda! Es lo que cada uno viene trayendo consigo de antes o que ha ido reuniendo a lo largo de la vida, como aporte. Por ejemplo, si miramos dentro de la bolsa y encontramos una jarra de cerámica, ¿cuál podría ser el simbolismo? Que lo que nosotros venimos trayendo tiene que ver con la actitud de servir, de compartir y repartir lo mejor de nosotros (la jarra de cerámica).

Les mostramos el objeto que la bolsa contiene y los guardias asienten con la cabeza y nos dejan entrar en la ciudad sagrada.

Vamos ingresando a través de un camino ceremonial de adobe, con muros laterales no muy altos que nos permiten ver a derecha e izquierda multitud de pirámides de barro con rampa. Cada pirámide estaría simbolizando los innumerables intentos que hemos desarrollado en vidas anteriores para crecer espiritualmente y conectar con lo superior.

Seguimos avanzando y logramos divisar a la distancia, enfrente nuestro aunque ligeramente a la derecha, la silueta de una gigantesca pirámide escalonada. Es la pirámide del sol de los incas, quienes respetaron los cultos locales ancestrales pero a la vez impusieron su propio culto colocando una pirámide más grande y alta que las demás. Llegamos entonces a una encrucijada del camino. Estamos en un lugar donde el camino se cruza con otro de manera que nos hallamos en medio de una cruz que marca cuatro direcciones. Del lado derecho vemos que vienen caminando hacia nosotros, portando antorchas, un grupo de mujeres indígenas vestidas de blanco, lideradas por una más anciana. Llegan a nosotros y nos dan la bienvenida al santuario del oráculo. En ese momento nos piden que las acompañemos al templo de la luna, y nos dicen que vayamos nosotros y el niño o niña pequeño que viene con nosotros. Las sacerdotisas y la anciana representan nuestra alma, rodeada de las virtudes. Y el niño o niña pequeños que está con nosotros, y que no habíamos visto hasta ese momento, es nuestro niño interno, quien ha sido afectado por todo lo negativo de nuestra vida y por lo cual es llevado a ser purificado y sanado. El color de su túnica podría estarnos indicando los problemas que arrastramos en la vida; una túnica verde oscura o rojiza podría estar simbolizando desaliento y desesperanza, pesimismo y negatividad.

Vamos tras de la comitiva, que lleva al niño delante, y vamos descendiendo por unas escaleras hacia un edificio escalonado de adobe y piedra que está como en un pequeño vallecito rodeado de árboles. Es el Acllahuasi, casa de las escogidas del sol, o Templo de la Luna. El camino está empedrado y, entrando en el edificio, los corredores se van estrechando, tornándose laberínticos con paredes tipo talud ligeramente oblicuas chapadas en piedra fina de color rosado (sillar o ceniza volcánica). Por delante y por detrás observamos puertas trapezoidales de doble marco. Por una de ellas somos conducidos hasta una piscina cuadrada situada en medio de una pequeña plaza. Las mujeres se colocan alrededor de la piscina, mientras que dos de ellas se introducen en el agua con el niño o niña, quitándole el vestido que lo cubre y bañándolo. Pero el agua no tiene un color normal; nos fijamos en el color del agua de la piscina, porque es con lo que podemos ser purificados de todo aquello que nos afectó cuando éramos niños. Cosa curiosa es que en la medida en que van bañando al niño, quienes nos sentimos refrescados y renovados somos nosotros porque, como dije, somos nosotros mismos.

Somos llevados de inmediato por el corredor hacia otra puerta situada a nuestra izquierda, subimos unos escalones de piedra, avanzamos por un nuevo corredor, ascendemos por unas escaleras más altas, y llegamos a una explanada o terraza que hace de mirador; desde allí podemos ver la piscina donde bañan al niño. Detrás nuestro hay edificios altos y unas hornacinas trapezoidales a modo de puertas ciegas en los muros. Somos conducidos hacia una de ellas por una de las sacerdotisas del templo. Nos hace ingresar en ella y nos aconseja colocar las yemas de los dedos y la frente en el muro interior de piedra y nos invita a mantralizar 14 veces (número del temple, la templanza y la disciplina) las palabras *Punchao*

Chinam, que se traducirían como «Hagamos que amanezca en nuestras vidas». Y es que si queremos renovarnos debemos estar dispuestos a un nuevo amanecer en nuestras vidas.

Sentimos que nos conectamos mentalmente con el niño o niña y lo sentimos... Recordemos que la palabra es creadora.

Las sacerdotisas secan al niño o niña y lo visten con una nueva túnica, pero esta vez blanca, pues se ha purificado. En ese momento somos conducidos hacia las escaleras. Bajamos en dirección a los corredores, siendo llevados fuera del templo, quedando el niño en él. Subimos unas nuevas escaleras volviendo a aquella encrucijada del camino y desde ahí seguimos hacia la derecha, como quien se acerca a la pirámide mayor, y un poco más adelante nos encontramos en una gigantesca plaza rectangular. Es la plaza de los peregrinos. Allí hay multitud de peregrinos venidos de diferentes lugares, acomodados bajo techos de cañas y tierra sostenidos por columnas de adobes. Esos otros peregrinos podrían simbolizar a nuestros compañeros en la búsqueda, o nuestros muchos intentos anteriores de llegar a lo más profundo de nosotros mismos. Poco a poco va amaneciendo en esa ciudad sagrada y logramos observar cómo de una pirámide más pequeña que la principal, ubicada ligeramente a la izquierda y de forma espiral ascendente (símbolo de la evolución), va descendiendo un grupo de sacerdotes acompañados de un *curaca* o jefe local, quien es traído en andas. Está sentado sobre un trono (*usno*) en un extremo de esa Plaza de los Peregrinos (nuestro espíritu o conciencia), y de pronto los sacerdotes comienzan a avanzar hacia la muchedumbre situada bajo los techos y columnas y nos llaman para que nos acerquemos al trono. Nos piden que mostremos nuestra ofrenda y se la entreguemos, y a continuación nos consultan cuál es nuestra pregunta al oráculo, así que formulamos una pregunta, aquello que más nos inquiete en ese momento de la vida. Los sacerdotes lo escuchan y se retiran en dirección a la pirámide del oráculo. Nosotros nos volvemos a la zona techada y aguardamos.

Pasa el tiempo y de repente los sacerdotes vuelven, llegan a la plaza y nos llaman. Vamos hacia ellos y nos dicen que la respuesta se encuentra dentro de una tela. La recibimos en nuestras manos, nos fijamos en el color de la misma, y al abrirla nos encontramos con un objeto. Entonces uno de los sacerdotes se acerca a nosotros y nos susurra al oído un comentario sobre lo que hemos recibido. Allí esta el mensaje, en el color de la tela, en el tipo de objeto recibido y en lo que se nos susurró al oído. Supongamos que la tela era de color rojo, lo cual simboliza pasión, entusiasmo, amor, sentimiento. Dentro de la tela nos encontramos una piedra de jade, como un huevo de cristal verde. Esto podría simbolizar que con amor y pasión debemos entregarnos a perfeccionarnos (piedra cristalina) en la curación y la sanación (color verde) de los demás y del planeta, lo cual producirá en nosotros un renacimiento (el huevo).

Vamos agradeciendo su ayuda y nos retiramos de aquel lugar, volviendo por el camino en cruz que nos lleva fuera de la ciudad sagrada. Y es que si bien debemos alcanzar niveles de desarrollo espiritual superiores, no debemos desconectarnos del mundo material, donde podemos poner en práctica nuestro crecimiento interno en el contacto con los demás.

Llegamos a la encrucijada del camino, y de pronto, a nuestra izquierda, vemos que viene el niño o niña pequeño vestido con la túnica blanca que le pusieron acompañado de dos sacerdotisas, y viene corriendo hacia nosotros y se nos abraza las piernas con mucho amor. Nosotros nos agachamos y lo abrazamos igualmente, cargándolo, sintiendo que el niño se va integrando en nosotros, hasta que desaparece totalmente haciéndonos uno con nosotros. Y es que debemos recuperar nuestro niño interior, sano y limpio de todos los traumas y frustraciones de nuestra niñez.

Sorprendidos seguimos nuestro camino hasta llegar a las grandes murallas perimetrales de la ciudad, cruzamos los inmensos portones y volvemos al desierto, pero ahora llenos de la mística de la ciudad sagrada y con la fuerza del conocimiento recibido.

LAS SIETE PUERTAS DE LA CONCIENCIA

Cada uno de los siete cuerpos del ser humano es como una de siete puertas que deben ser traspuestas, comunicándonos a través de ellas con diferentes realidades y dimensiones.

Nos encontramos todos sentados cómodamente, manteniendo una respiración lenta y profunda. Estamos perfectamente relajados, libres de toda tensión, en paz y armonía. Y, aprovechando ese estado de relajación, vamos a concentrar nuestra atención en el entrecejo. Visualizaremos en nuestra mente un túnel mental y nos proyectaremos a través de él, de tal manera que al final del mismo nos encontramos en una habitación amplia e iluminada, y delante nuestro observamos la presencia de una puerta como de hierro, antigua y pesada. Vamos a acercarnos a ella, vamos abriendo esta puerta, y al cruzar el umbral de la misma nos encontramos entre dunas de arena, cerca de una hermosa playa natural. Vamos caminando por entre las dunas y nos aproximamos a la orilla. Sentimos cómo las olas de mar llegan hasta nuestros pies y vamos avanzando en dirección al agua, sintiendo cómo nuestros pies y piernas se van mojando, hasta que las olas nos envuelven sumergiéndonos en el mar. De un momento a otro sentimos que nos hacemos uno con las olas del mar, que nosotros mismos somos el mar, con sus profundi-

dades, su inmensidad y toda la vida que lo integra, así como sus mareas, corrientes y olas.

Todos nos hacemos uno con el elemento agua, nosotros somos el mar...

(Dejamos un espacio de varios minutos).

Poco a poco vamos tomando conciencia de nosotros mismos. Vamos saliendo de entre las olas del mar a la orilla de la playa. Subimos por entre las dunas de arena y nos encontramos con una segunda puerta; es como de madera al natural. La abrimos, cruzamos el umbral y nos encontramos en medio de una selva, de una jungla frondosa llena de flores, plantas diversas y árboles. Nos acercamos a alguna planta, quizás a una flor, o tal vez a un árbol, y al tocarlo sentimos que nos hacemos uno con ella o con él y sentimos lo que siente la planta o el árbol; de un momento a otro nosotros somos la flor o el árbol.

(Dejamos un espacio de unos minutos).

Poco a poco vamos volviendo a tomar conciencia de nosotros mismos, dejando atrás las plantas y las flores, así como los árboles, y descubriremos en medio del bosque una tercera puerta; es de madera también, pero oscura y barnizada. La abrimos y al cruzar el umbral nos encontramos en un hermoso valle entre montañas, con un río, bosques, aves en el cielo y animales de todo tipo. Es más, cerca nuestro observamos un animal que se acerca a beber del río. Nos acercamos hacia él y sentimos cómo nos hacemos uno con él. ¿Qué sentimos? ¿Qué percibimos? Somos uno con el animal...

(Dejamos un espacio de unos minutos).

Iremos tomando conciencia de nosotros mismos, vamos dejando a tras al animal con el que nos integramos, y observamos en aquel valle una cuarta puerta. Está muy cerca nuestro y es también de madera pero pintada de blanco. La abrimos, y al cruzar el umbral nos encontramos con unas escaleras que ascienden. Subimos a través de ellas y nos conducen hacia un mirador, como si estuviéramos en lo alto de una montaña. Es de noche y tenemos encima nuestro una hermosa noche estrellada. De pronto observamos como un hermoso lucero; una estrella muy brillante lanza un haz de luz sobre nosotros. Nos fijamos bien sobre qué parte de nuestro cuerpo cae el haz de luz... Por un momento vamos a sentirnos luz y uno con el Universo...

(Dejamos un espacio de unos minutos).

Poco a poco vamos tomando conciencia de nosotros mismos y nos encontramos delante de una imponente catedral antigua con grandes puertas de madera con adornos de bronce. Abrimos dichas puertas e ingresamos en el interior del templo. Lo vamos recorriendo por dentro, observando sus vitrales multicolores y un espectacular rosetón. En el suelo nos fijamos en un gigantesco laberinto grabado cubierto en parte por los bancos de la iglesia. Vamos recorriendo la catedral hasta que llegamos al altar mayor; allí divisamos a un grupo de monjes orando con sus capirotes cubriéndoles la cabeza. Nos colocamos entre las bancadas y uno de los monjes se va incorporando y se acerca al altar, tomando entre sus manos una espada y un escudo, llamándonos a la distancia por nuestro nombre. Sorprendidos, nos detenemos y acercamos al altar, y recibimos la espada del monje, que tiene una palabra grabada en la hoja y un escudo. Nos fijamos en la palabra que hay en la espada y en la forma del escudo, su diseño y su color o colores.

De un momento a otro el monje nos dice que nosotros somos la espada y el escudo, que los sintamos como parte nuestra y nos hacemos uno con ellos.

(Dejamos un espacio de unos minutos).

Vamos recobrando la conciencia de nosotros mismos, llevamos con nosotros la espada y el escudo, de tal manera que detrás del altar mayor observamos que hay un corre-

dor. *Nos dirigimos hacia allí y hallamos una sexta puerta, como de cristal. Vamos a abrirla y al intentar cruzarla nos encontramos con un profundo abismo y un estrecho puente en arco y sin barandillas que lo cruza. Vamos a avanzar por él y cuando llegamos como a la mitad del puente del otro lado, de una cueva asoma un dragón y comienza a avanzar con una actitud desafiante por el puente de manera que no nos queda otra posibilidad que enfrentarnos a él. Nos fijamos para esto en el color del dragón.*

Todos nos hemos enfrentado y superado al dragón, por lo que terminamos de cruzar el puente y salimos por dentro de la cueva a un campo lleno de cristales. Observamos que todo es de cristal, las rocas, los árboles, todo, y en lo que avanzamos nos encontramos con una especie de promontorio o monumento y en él destaca un gigantesco diamante. Vamos a subir hasta él, lo tocamos con nuestras manos y de inmediato sentimos que nos hacemos uno con el diamante, que nosotros mismos somos el diamante. ¿Qué sentimos? ¿Qué percibimos?

(Dejamos un espacio de unos minutos).

Retomamos la conciencia de nosotros mismos y el diamante ha desaparecido; es como si lo hubiésemos incorporado en nosotros. Vamos tomando nuestras cosas y bajamos de esa especie de monumento. Seguimos el camino y este nos lleva hasta unas grandes puertas, a modo de rejas de hierro forjado. A los lados los muros son de piedras rústicas. Abrimos las rejas y vamos avanzando por un camino que asciende a una colina donde todo es luz, las piedras, los árboles, los animales, todo. Vamos ascendiendo hasta llegar a un lago con una cascada, todo de luz. Y ese ambiente tan especial nos invita a sumergirnos en esas aguas, por lo que dejamos el escudo y la espada, al igual que nuestras vestiduras en la orilla, y vamos ingresando en el lago de luz, sintiendo que nos hacemos uno con la luz. En lo que vamos disfrutando de ese lago de luz observamos que debajo de la catarata hay como una cueva de donde no sale luz. Nos dirigimos hacia allí, vamos subiendo por entre unas piedras, vamos llegando a la boca de la cueva y al entrar en ella logramos divisar a la distancia una tenue luminosidad de color verde que crea una atmósfera de penumbra. Ingresamos en el interior de la cueva y percibimos las gotas de agua que caen del techo y el ambiente húmedo del interior, cuando de pronto nos encontramos con una rústica mesa de piedra y sobre ella un cáliz. Nos fijamos en que las gotas de agua que atraviesan el techo caen sobre el cáliz, el cual se encuentra lleno hasta el borde, aunque no llega a rebosar. Lo tomamos entre las manos y bebemos de él sintiendo cómo el líquido contenido llega hasta lo más profundo de nosotros. Dejamos el cáliz en su sitio, salimos de la cueva y bajamos al lago. Empezamos a nadar cuando en un extremo divisamos la presencia de una inmensa cruz de madera sobre una colina. Nadamos hacia allí, salimos de la orilla y nos colocamos debajo de ella fijándonos en que la madera está al natural, áspera y sin acabado, con tres gruesos clavos oscuros repartidos entre el travesaño horizontal superior y la parte baja del vertical. Acercamos nuestra mano a la cruz para tocarla y de inmediato sentimos como si la atravesáramos, como que nos hacemos uno con la cruz, que nosotros mismos somos la cruz.

De un momento a otro estamos colgando de la cruz y los gruesos clavos atraviesan la piel de las muñecas de nuestras manos, e igualmente de nuestros pies. Sentimos también como si la piel de nuestra espalda se desgarrara en tiras. El dolor es indescriptible. Hasta va apareciendo como una corona de espina que atraviesa nuestra sien. Y al pie de la cruz van surgiendo multitud de personas, entre los cuales podemos reconocer a todas aquellas que a lo largo de nuestra vida nos han perjudicado, traicionado, o hasta hablado mal de nosotros, y también a quienes nosotros mismos he-

mos perjudicado, consciente e inconscientemente. A algunas las vemos burlarse y hasta celebrar nuestra crucifixión, y en ese momento sentimos que una lanza se acerca amenazante hacia nuestro costado. Tenemos una oportunidad única de limpiarnos definitivamente de toda la pesada carga de resentimientos, rencores, dolor, sufrimiento, frustración y hasta sentimientos de culpa; bastará tan solo con perdonar y pedir perdón. No tenemos mucho tiempo; todo se va oscureciendo a nuestro alrededor. Debemos sentirlo intensa y profundamente.

(Dejamos unos minutos en silencio).

De un momento a otro la lanza atraviesa nuestro costado. Sentimos un frío intenso y como si la vida se nos hubiese marchado. De pronto, en la total oscuridad sentimos cómo toda esa luz que vimos inicialmente en la colina comenzara a despertarse en nosotros y nos vamos transformando en luz, y un potente sonido o estruendo atrona el lugar donde nos encontramos. Y resulta que estamos en el interior de la caverna, tendidos en el suelo frío y húmedo. Y al irnos incorporando la luz va saliendo por nuestros dedos y manos, de tal manera que la caverna se va iluminando. Salimos de la cueva de luz y bajamos hacia el lago de luz. Ya no divisamos la cruz en la colina. Al acercarnos nadando hacia la orilla donde dejamos nuestras vestiduras, la espada y el escudo, encontramos ahora una túnica de luz, y grabada en el pecho, a la altura del corazón, como con hilo dorado, la espada, el escudo, el diamante y la cruz.

Vamos a descender de la colina. Echamos una última mirada al lugar y vamos bajando recorriendo el camino de descenso hasta que llegamos a las grandes rejas de hierro forjado, que dejamos abiertas detrás nuestro. Seguimos por aquel valle de cristales, pasando muy cerca del monumento que contenía el diamante gigante. Seguimos nuestro recorrido y cruzamos la caverna hasta llegar al puente, pero ya no hay abismo bajo él, sino que son verdes campos llenos de cultivos. Llegamos a la puerta de cristal situada en la parte posterior de la catedral y la dejamos abierta. Recorremos toda la catedral por dentro y al llegar a sus grandes puertas de madera con adornos de bronce también las dejamos abiertas para que la luz entre directamente en el templo.

Salimos y, subiendo por unas colinas, aparecemos en lo alto del tejado, desde donde miramos las estrellas. Bajamos del mirador, atravesamos el umbral de la puerta blanca de madera, volviendo al valle y, así como las anteriores, esta puerta también la dejamos abierta. Localizamos la puerta de madera oscura y también la atravesamos, apareciendo en medio del bosque. Allí echamos una última mirada a aquel lugar, encontrándonos con la puerta de madera al natural. Seguimos avanzando, dejando las puertas abiertas detrás nuestro, y aparecemos al lado del mar por entre dunas de arena. Allí ubicamos a la distancia la puerta de hierro, antigua y pesada; la vamos a atravesar, dejándola abierta detrás nuestro y volviendo a aquella habitación amplia e iluminada del inicio. Desde ahí vamos retornando todos a través del túnel mental.

Todos vamos volviendo, de tal manera que al término de tres habremos vuelto, estaremos completamente conscientes, libres de toda tensión, en perfecta paz y armonía. Tomamos tres respiraciones lentas y profundas, inhalamos..., retenemos..., y al exhalar visualizamos en nuestra mente el número uno, y con él vamos sintiendo nuestro cuerpo relajado. Tomamos una segunda inhalación, retenemos..., y al exhalar visualizamos en nuestra mente el número dos, tomando conciencia del lugar donde nos encontramos.

Inhalamos por tercera vez..., retenemos..., y al exhalar visualizamos en nuestra mente el número tres, de tal manera que vamos abriendo lentamente nuestros ojos y nos encontramos en paz.

Interpretación simbólica del ejercicio

Este ejercicio de visualización procura familiarizarnos con los siete planos y dimensiones de la conciencia. Empezamos por visualizar una habitación amplia e iluminada, que es nuestra propia mente, y delante nuestro observamos la presencia de una puerta como de hierro, antigua y pesada. Esta puerta simboliza el plano material, denso, pesado. Corresponde al nivel de conciencia de las piedras, los minerales y el agua.

Cruzamos esa puerta y al atravesar su umbral nos encontramos entre dunas de arena, cerca de una hermosa playa natural. La arena simboliza el tiempo de nuestra vida; no lo podemos contabilizar pero sabemos que está ahí y es finito. La idea es vivir la vida con intensidad.

Vamos caminando por entre las dunas y nos acercamos a la orilla. Sentimos cómo las olas del mar llegan hasta nuestros pies y vamos avanzando en dirección del agua, hasta que las olas nos envuelven, sumergiéndonos en el mar. Y es que la vida es un proceso de purificación permanente que nos pide compromiso e identificación. De un momento a otro sentimos que nos hacemos uno con las olas del mar, que nosotros mismos somos el mar, con sus profundidades, su inmensidad y toda la vida que lo integra, así como sus mareas, corrientes y olas. El mar, como la vida, tiene sus peligros, su inmensidad, su profundidad, sus ritmos, y debemos aprender a vivir sin temor, en armonía y sintonía con ellos.

Nos encontramos con una segunda puerta; es como de madera, al natural. Es la puerta del plano astral, que corresponde a las emociones y los sentimientos, y que representa la dimensión de conciencia de las plantas y vegetales, que generalmente tienen la conciencia desplazada en el elemental de la planta o el árbol. Nos fijamos bien en con qué vegetal nos identificamos, si es una planta, una flor o un árbol, porque eso indicaría cómo debemos enfrentar las emociones y los sentimientos, si enfatizando el amor (flores), la esperanza y el optimismo (planta verde), o la constancia, la convicción, el aplomo y la solidaridad (el árbol).

Dejamos atrás las plantas y las flores, así como los árboles, y descubrimos en medio del bosque una tercera puerta; es de madera también, pero oscura y barnizada. Esa puerta corresponde a la tercera dimensión, la de los animales y los seres humanos aún no despiertos; corresponde al carácter y a la personalidad. La abrimos, y al cruzar el umbral nos encontramos en un hermoso valle entre montañas con un río, bosques, aves en el cielo y animales de todo tipo. Es más, cerca nuestro observamos un animal, que se acerca a beber del río. Nos acercamos a él y sentimos cómo nos hacemos uno con él. ¿Qué sentimos? ¿Qué percibimos? Somos uno con el animal ¿Qué animal es?... La elección del animal tiene que ver con un pauta que se nos está dando para que implementemos en ese momento a nivel de nuestro carácter y personalidad. Supongamos que el animal era una cabra; eso podría simbolizar que debemos estar dispuestos a movernos por terrenos poco firmes y arriesgarnos por algunos sumamente peligrosos por donde otros no irían.

Encontramos en ese valle una cuarta puerta. Está muy cerca nuestro y es también de madera pero pintada de blanco. Es la puerta que nos conecta con la cuarta dimensión, la de los potenciales psíquicos. La abrimos, y al cruzar su umbral nos encontramos con unas escaleras que ascienden. Subimos a través de ellas y nos conducen a un mirador, como si estuviéramos en lo alto de una montaña. Es de noche y tenemos encima nuestro una hermosa noche estrellada. De pronto observamos cómo un hermoso lucero, una estrella muy brillante (nos fijamos en su color), lanza un haz de luz sobre nosotros sobre una parte de nuestro cuerpo, que obviamente depende de algún chacra en particular. Fijémonos bien en sobre qué parte cayó, porque allí hay mensajes para ser activados.

Supongamos que la estrella era de un color naranja y el haz cayó sobre la garganta; esto podría estar refiriéndose a usar nuestra creatividad y voluntad para activar más la palabra y la comunicación con nosotros mismos y con los demás.

Seguimos avanzando, encontrándonos delante de una imponente catedral antigua con grandes puertas de madera con adornos de bronce. Abrimos dichas puertas e ingresamos en el templo. Estas puertas corresponden a la quinta dimensión o dimensión del alma. Es en este plano donde podemos llegar a conocer nuestra misión. Vamos recorriendo por dentro la catedral, observando sus vitrales multicolores y un espectacular rosetón. En el suelo nos fijamos en que hay un gigantesco laberinto grabado, cubierto en parte por las bancadas de la iglesia. El laberinto representa la aventura del alma. Avanzamos por la catedral hasta que llegamos al altar mayor; allí divisamos a un grupo de monjes orando con sus capirotes cubriéndoles la cabeza. En la catedral del alma no es extraño encontrarse con los arcontes del destino o los Señores del karma, que serían esos personajes. Nos colocamos entre las bancadas y uno de los monjes se va incorporando y se acerca al altar, tomando entre sus manos una espada (la verdad y la justicia) y un escudo (sabiduría y conocimiento), llamándonos a la distancia por nuestro nombre. Sorprendidos, nos detenemos y nos acercamos al altar, recibiendo del monje la espada, que tiene una palabra grabada en la hoja, y el escudo. Nos fijamos en la palabra que está en la espada y en la forma del escudo, su diseño y color o colores. Supongamos que la hoja de la espada dice «Amor», y el escudo tiene forma de corazón y los colores blanco y rojo repartidos en dos mitades exactas; eso podría simbolizar que para ser justos y verdaderos debemos identificarnos con el amor y protegernos con el conocimiento del amor (escudo en forma de corazón), un amor filial (rojo) y puro (blanco).

Llevando con nosotros la espada y el escudo, nos dirigimos a la zona de detrás del altar mayor y hallamos una sexta puerta, pero como de cristal. Es la que nos conduce a la sexta dimensión, la del espíritu, la de la conciencia. Vamos a abrirla, y al intentar cruzarla nos encontramos con un profundo abismo y un estrecho puente en arco y sin barandillas que lo cruza. Vamos a avanzar por él y cuando llegamos como a la mitad del puente del otro lado, de una cueva asoma un dragón y comienza a avanzar con una actitud desafiante por el puente de modo que no nos queda otra posibilidad que enfrentarnos a él. Para esto nos fijamos en el color del dragón. Y es que para avanzar en la vida espiritual debemos ser capaces de afrontar nuestros miedos, miedo a fallar, a caer, a no ser capaces, etc.

Superamos al dragón, por lo que terminamos de cruzar el puente y salimos por la cueva a un campo lleno de cristales. Observamos que todo es de cristal, las rocas, los árboles, todo, y es que el cristal simboliza la perfección dentro del reino mineral. En lo que avanzamos nos encontramos con una especie de promontorio o monumento y en él se destaca un gigantesco diamante. Ese diamante representa nuestra perfección en todos los aspectos de la vida, de ahí sus facetas o caras. Vamos a subir hasta él, lo tocamos con nuestras manos y de inmediato sentimos que nos hacemos uno con el diamante, que nosotros mismos somos el diamante.

Retomamos la conciencia de nosotros mismos y el diamante ha desaparecido, porque lo hemos incorporado en nosotros. Vamos tomando nuestras cosas y bajamos de esa especie de monumento, seguimos el camino y este nos lleva hasta unas grandes puertas, a modo de rejas de hierro forjado. A los lados los muros son de piedra rústica. Estas puertas representan la séptima dimensión, que es la de la esencia.

Abrimos las rejas y vamos avanzando por un camino que asciende a una colina donde todo es luz, las piedras, los árboles, los animales, todo. Vamos ascendiendo hasta llegar a un lago con una cascada, todo de luz. Y ese ambiente tan especial nos invita a sumergirnos en esas aguas, a purificarnos más aún, por lo que dejamos el escudo y la espada, al igual que nuestras vestiduras en la orilla, y vamos ingresando en el lago de luz, sintiendo que nos hacemos uno con la luz. En lo que vamos disfrutando de ese lago de luz observamos que debajo de la catarata hay como una cueva de donde no sale luz. Nos dirigimos hacia allí, vamos subiendo por entre unas piedras, vamos llegando a la boca de la cueva y al ingresar en ella logramos divisar a la distancia una tenue luminosidad de color verde que crea una atmósfera de penumbra. Entramos en la cueva y percibimos las gotas de agua que caen del techo y el ambiente húmedo del interior, cuando de pronto nos encontramos con una rústica mesa de piedra y sobre ella un cáliz, símbolo del sacrificio por amor. Nos fijamos en que las gotas de agua que atraviesan el techo caen sobre el cáliz, que se encuentra lleno hasta el borde, aunque no llega a rebosar. Esto simboliza que la misericordia divina sigue siendo divina. Lo tomamos entre las manos y bebemos de él asumiendo el compromiso que esto supone, sintiendo como el líquido contenido llega hasta lo más profundo de nosotros. Dejamos el cáliz en su sitio, salimos de aquella cueva y bajamos al lago. Empezamos a nadar cuando en un extremo divisamos la presencia de una inmensa cruz de madera sobre una colina. Nadamos hacia allí, salimos de la orilla y nos colocamos debajo de ella fijándonos en que la madera está al natural, áspera y sin acabar, con tres gruesos clavos oscuros repartidos entre el travesaño horizontal superior y la parte baja del vertical. Acercamos nuestra mano a la cruz para tocarla y de inmediato sentimos como si la atravesáramos; como que nos hacemos uno con la cruz, que nosotros mismos somos la cruz. Esta parte del ejercicio es una invitación a vivir en carne propia la misión crística.

De un momento a otro estamos colgando de la cruz y los gruesos clavos atraviesan la piel de las muñecas de nuestras manos, e igualmente de nuestros pies. Sentimos también como si la piel de nuestra espalda se desgarrara en tiras. El dolor es indescriptible. Hasta va apareciendo como una corona de espina que atraviesa nuestras sienes. Y al pie de la cruz van apareciendo multitud de personas, entre las cuales podemos reconocer a todas aquellas que a lo largo de nuestra vida nos han perjudicado, traicionado, o hasta han hablado mal de nosotros, y también a quienes nosotros mismos hemos perjudicado, consciente e inconscientemente. A algunas las vemos burlarse y hasta celebrar nuestra crucifixión, y en ese momento sentimos que una lanza se acerca amenazante hacia nuestro costado. Tenemos una oportunidad única de limpiarnos definitivamente de toda la carga pesada de resentimientos, rencores, dolor, sufrimiento, frustración y hasta sentimientos de culpa; bastará tan solo con perdonar y pedir perdón. No tenemos mucho tiempo; todo se va oscureciendo a nuestro alrededor. Debemos sentirlo intensa y profundamente.

De un momento a otro la lanza atraviesa nuestro costado. Sentimos un frío intenso y es como si la vida se nos hubiese marchado. Y es que debemos ser capaces de aceptar morir por amor para poder vivir en conciencia. De pronto, en la total oscuridad sentimos como toda esa luz que vimos inicialmente en la colina comienza a despertarse en nosotros, se inicia nuestra resurrección y nos vamos transformando en luz, de manera que un potente sonido o estruendo atrona en el lugar donde nos encontramos. Y resulta que estamos en el interior de la caverna, tendidos en el suelo frío y húmedo. Y al irnos incorporando la luz va saliendo por nuestros dedos y por las manos, de tal manera que la caverna se va iluminando. Salimos de la cueva de luz y bajamos hacia el lago de luz. Nuevamente divisamos la cruz en la colina, pero es de luz, y de cuatro lados iguales (símbolo de lo positivo). Al acercarnos nadando hacia la orilla, donde dejamos nuestras vestiduras, así como la espada y el escudo, estos han desaparecido, pero ahora encontramos una túnica de luz y grabada en el pecho, a la altura del corazón como con hilo dorado, la espada, el escudo, el diamante y la cruz.

Vamos a descender de la colina, y es que una vez que se ha coronado la cima y se ha contemplado la lejanía, esa visión nos acompañará todos los días de nuestra vida y ya no será necesario quedarse allí, sino más bien volver para contarles a los demás la buena nueva: el camino existe y puede ser recorrido. Echamos un último vistazo a aquel lugar y vamos bajando recorriendo el camino de descenso hasta que llegamos a las grandes rejas de hierro forjado que dejamos abiertas detrás nuestro. Seguimos por aquel valle de cristales, pasando muy cerca del monumento que contenía el diamante gigante. Seguimos nuestro recorrido y cruzamos la caverna hasta llegar al puente, pero ya no hay abismo bajo él, sino que son verdes campos llenos de cultivo. Llegamos a la puerta de cristal en la parte posterior de la catedral y la dejamos abierta, recorremos toda la catedral por dentro y al llegar a sus grandes puertas de madera con adornos de bronce, también las dejamos abiertas para que la luz entre directamente en el templo.

Salimos y, subiendo por unas colinas, aparecemos en lo alto del tejado, desde donde contemplamos las estrellas, bajamos del mirador, atravesamos el umbral de la puerta blanca de madera volviendo al valle, así como las anteriores. Esta puerta también la dejamos abierta. Ubicamos la puerta de madera oscura y también la atravesamos, apareciendo en medio del bosque; echamos una última mirada a aquel lugar encontrándonos con la puerta de madera al natural. Seguimos avanzando, dejando las puertas abiertas detrás nuestro, y aparecemos al lado del mar por entre dunas de arena. Allí localizaremos a la distancia la puerta de hierro, antigua y pesada; la vamos a atravesar, dejándola abierta detrás nuestro y volviendo a aquella habitación amplia e iluminada del inicio. Desde ahí vamos retornando todos a través del túnel mental.

La idea de dejar las puertas abiertas es que, al haberlas conectado, estas quedan enlazadas en una, de tal manera que ya sabemos adónde conducen y repetir el viaje ahora será más fácil.

LAS TRES LLAVES

Tenemos diferentes opciones para transitar
por el camino de la vida.
Esas opciones tienen que ver con actitudes;
y a cada instante estamos
tomando decisiones y escogiendo;
por ello cada decisión, cada paso a seguir
es parte de una aventura
que requiere sabiduría y voluntad,
y no hay seguridad alguna de llegar al final.

Estamos todos completamente relajados. Ya no sentimos nuestro cuerpo; solo sentimos esa agradable sensación de paz y de armonía, que durará todo el tiempo que nosotros así lo dispongamos. Mantendremos una respiración lenta y profunda, y aprovechando ese estado muy profundo de relajación vamos a concentrar nuestra atención en el entrecejo.

Todos visualizamos en nuestra mente un túnel mental, y nos proyectamos a través de dicho túnel, de tal manera que al final del mismo nos imaginamos que nos encontramos en un hermoso jardín, y delante nuestro hay una mesa cubierta con un finísimo manto blanco, y sobre él tres llaves, una de oro, otra de plata y la tercera de bronce. Cada una de ellas tiene atada una cinta de un color. Vamos a escoger una de ellas, la que más nos llame la atención, y la vamos a llevar con nosotros, de modo que más adelante y, en lo que vamos avanzando por el jardín, llegamos hasta una bellísima fuente de agua. Alrededor de ella, en su borde, todo chapado de losetas multicolor, hay tres cofres perfectamente dispuestos y separados entre sí, uno de hierro, otro de madera y el otro de cristal. Vamos a utilizar la llave que elegimos para abrir uno de los tres cofres; para ello probamos a ver cuál de los tres se logra abrir con dicha llave y así observar lo que hay en su interior.

¿Qué hay dentro? ¿De qué se trata? ¿Qué forma tiene y de qué material está hecho? Lo observamos detenidamente.

Dejaremos la llave en la cerradura, y con lo que encontremos dentro del cofre nos alejaremos de la fuente y seguiremos caminando, cruzando un puente sobre un río. Al final del puente hallamos una persona sentada en el borde. Nos fijamos bien en cómo es esa persona y ella nos dice que sabe que hemos abierto el cofre que nos corresponde, pidiéndonos que le enseñemos lo que encontramos dentro. Se lo mostramos y de inmediato vemos cómo de su bolsa o alforja saca otro objeto, que nos dice que se complementa con lo que ya tenemos, y nos lo da, invitándonos a actuar con la misma generosidad con los demás en el futuro. Nos despedimos de esa persona y avanzamos por un camino. A los lados del mismo observamos campos de cultivo, y en ellos vemos a alguien que al parecer está en apuros, necesitado de ayuda. Abandonamos el camino y nos fijamos en quién es esa persona, qué es lo que necesita y, una vez lo averiguamos, utilizamos de la manera más ingeniosa los dos objetos que tenemos para ayudarle.

Al cabo de un rato volvemos al camino y retornamos por él. Vamos volviendo, todos vamos regresando a través del túnel mental, de tal manera que al término de tres abriremos lentamente los ojos y nos encontraremos en paz.

Tomamos todos una inhalación lenta y profunda, inhalamos... retenemos, y al exhalar visualizamos en nuestra mente el número uno, dos y tres... Abrimos lentamente los ojos y nos encontramos en paz.

Interpretación simbólica del ejercicio

Aquí tenemos un simbolismo de las actitudes con las que solemos enfrentar la búsqueda en nuestra vida: con sabiduría (el oro), que es conocimiento aplicado; intuición (plata) o con el trabajo empírico (el bronce), una mezcla de conocimiento e intuición. La cinta atada en la parte posterior de la llave también es una clave, un matiz en la actitud asumida. Y los cofres representan lo que podemos hallar en la vida si enfatizamos lo material (cofre de hierro) a través de las emociones y sentimientos (el cofre de madera), y la perfección espiritual (el cofre de cristal). Lo que encontramos dentro de cualesquiera de los cofres constituye el resultado de nuestra búsqueda y lo que nos va a servir para ayudar a restablecer el puente de conexión con la vida.

Aquella persona que encontramos cruzando el puente simboliza nuestro maestro interno, o a los guías, maestros o ángeles que nos salen al encuentro para apoyar nuestro accionar en la vida aportándonos un complemento. Era importante fijarnos bien en qué era lo que se nos daba porque se complementaría con lo que encontramos antes.

La persona que hallamos en el campo simboliza hacia quién debemos orientar nuestra ayuda y servicio en ese especial momento de nuestras vidas, y la combinación de objetos nos ayuda a entender qué debemos hacer y cómo debemos actuar.

Las puertas de Jerusalén

En las montañas de Judea está Jerushalaim,
la ciudad de la paz, capital de los jebuseos,
lugar del Monte Moriah,
donde Abraham llevó a su hijo Isaac en sacrificio;
santuario del rey sacerdote Melquisedec,
donde David construyó su ciudadela,
Salomón un templo a Dios en honor a su padre David,
donde Jesús fue crucificado y resucitó,
y donde el profeta Mahoma subió al Cielo.

Vamos a sentarnos todos, cómodamente. Columna recta, talones juntos. Las palmas de las manos una sobre la otra. Y de inmediato tomaremos tres respiraciones, lentas y profundas, por la nariz. Lo más lento posible, y gracias a la energía que se va concentrando en nuestro pecho, iremos masajeando mentalmente nuestro cuerpo desde los pies a la cabeza, como si lo acariciáramos con las manos físicas hasta quedar completamente relajados, libres de toda tensión, en perfecta paz y armonía.

Estamos todos completamente relajados y esa relajación durará todo el tiempo que nosotros así lo permitamos. Aprovechando ese estado muy profundo de relajación vamos a concentrar nuestra atención en el entrecejo. Todos visualizamos a la altura del entrecejo un túnel mental, y vamos a proyectarnos a través de él, de tal manera que al final del mismo nos encontramos caminando por un sendero de tierra entre colinas con terrazas, donde destacan árboles de olivos. A ambos lados hay rústicos muros de piedras. Mientras avanzamos nos percatamos de que llevamos al hombro un morral o mochila y que dentro de ella hay dos cajitas: una dorada y otra plateada, cada una de ellas con un símbolo.

Nos fijamos entonces en que por el camino viene un pastor con su rebaño de ovejas que se dirige hacia nosotros. Lo saludamos y él, sonriendo, nos dice que nos falta muy poco para llegar a la ciudad santa. Y que no nos olvidemos de tener en cuenta las cajitas que están en nuestro morral; una nos indicará por dónde debemos entrar y otra por dónde debemos salir; y que su contenido nos servirá para ayudar a alguien que solicitará nuestra ayuda y el otro para dárselo a alguien que lo necesita o que consideramos que lo merece. Pero que solo revisemos las cajitas una vez que le hayamos dado una vuelta completa a toda la ciudad amurallada.

El pastor sigue su recorrido y nosotros continuamos avanzando aún más, hasta que desde el camino logramos divisar a la distancia, en lo alto de una colina, una imponente ciudad amurallada, toda ella de piedra entre blanca y amarilla. El camino comienza a subir la colina, por lo que nos vamos acercando a ella.

Observamos procesiones de gente, un tráfico continuo de mercaderes y caravanas entrando y saliendo por sus puertas. Nos fijamos en que son varias las puertas adosadas en todo el perímetro de las sólidas paredes de roca, y cada una de ellas tiene un símbolo tallado en la parte superior del dintel. Vamos a caminar bordeando la ciudad por fuera y a cierta distancia, de manera que el camino mismo nos lleva hacia una fuente de agua al pie de las murallas, situándonos cerca de la primera puerta, la que da hacia el sur, la cual posee en la parte superior un cuadrado pintado de rojo. Es la puerta del «estiércol».Vemos allí a unos guardias que controlan el paso de todos aquellos que llevan mercancía para el mercado.

Nos lavamos allí como todos los peregrinos, quitándonos el polvo del camino, y seguimos caminando por el exterior, encontrándonos otra puerta a una distancia equi-

distante de la primera. Esta tiene en lo alto un triángulo pintado de color naranja y se halla al lado de otra pequeña ciudadela, igualmente fortificada. Esta puerta se llama «La Puerta de Sión».Vemos que por ella cruzan muchos hombres que se ve que son sabios y maestros de las leyes.

Continuamos recorriendo la ciudad por fuera y la siguiente puerta, más adelante, tiene arriba un círculo amarillo. Esta puerta da hacia el oeste, por ello la llaman de «Jope o Yaffo», como el puerto que está a orillas del mar; y en sus almenas se aprecia a muchos guardias en permanente vigilancia. Por ella avanzan los comerciantes.

La siguiente puerta tiene como símbolo una cruz de cuadro lados iguales verde, es la que llaman de «Damasco», pues apunta al norte. Por ella vemos que sale e ingresa el grueso del pueblo, los enfermos, los músicos y los poetas.

Continuando con nuestro caminar alrededor de las murallas llegamos a la siguiente puerta, que tiene en su parte alta una medialuna celeste; es la puerta de «Herodes» y se encuentra frente a una colina en forma de cráneo o calavera. Por ella vemos entrar a muchos soldados con coloridas armaduras, escudos y lanzas, así como con suministros para sus cuarteles.

Bajando por una cuesta que va hacia el valle por donde vinimos en dirección al este, bordeamos la muralla y nos encontramos con la siguiente puerta, que posee una estrella de seis puntas de color azul marino debajo de unos leones, por lo que la llaman «La puerta de los leones y los reyes». A través de ella vemos, ingresando y saliendo, personas nobles y de alto nivel con mucha servidumbre. Y finalmente llegamos a la séptima puerta, donde en la parte superior divisamos una hermosa flor violeta con dorado, por lo que la llaman «La puerta dorada». A través de ella podemos ver unas escaleras que ascienden a un hermoso templo, y por donde suben y bajan los sacerdotes.

Hemos llegado a contar que son siete las puertas de la ciudad sagrada, por lo que vamos a elegir una por donde acceder a la ciudad. Es ahora cuando recordamos que tenemos las cajitas, por lo que procedemos a sacarlas del morral, y mirándolas fijamente, escogemos, de acuerdo a su símbolo, cuál nos servirá para entrar y cuál para salir. Inmediatamente localizamos la puerta que le corresponde y entramos por ella. Una vez dentro de la ciudad observamos el ambiente de aquella cosmopolita urbe antigua; al parecer están preparando una fiesta. Vamos a recorrer sus callejuelas, la plaza del mercado, el templo, etc., y a la primera persona que nos solicite una ayuda le daremos el contenido de una de las cajitas.

¿A quién ayudamos? ¿Quién era esa persona? Más adelante buscaremos a quién entregarle el segundo objeto.

Al cabo de un rato buscaremos salir de la ciudad siguiendo la indicación del símbolo de la segunda cajita.

Todos vamos volviendo, de tal manera que al término de tres abriremos los ojos y nos encontraremos en paz.

Tomamos una inhalación lenta y profunda, inhalamos... retenemos, y al exhalar visualizamos en nuestra mente el número uno, dos y tres... Abrimos lentamente los ojos y nos encontramos en paz.

Interpretación del ejercicio

El ejercicio de Las puertas de Jerusalén es un viaje espiritual a nuestro interior conectando con algunos de los siete chacras, ruedas o vórtices de energía. Nuestro maestro interno nos da una clave, las dos cajitas y el morral. El morral simboliza la gran tarea o misión que traemos a esta vida, mientras que las dos cajitas nos hablan de la tarea para ese especial momento de nuestras vidas.

La caja dorada es la de la sabiduría y la plateada la de la intuición. En ambas cajas hay un símbolo, por lo que debemos escoger y seguir a la sabiduría o a la intuición para ver por dónde entramos y luego por dónde salimos. El símbolo será el que nos conduzca a través de la puerta o chacra y color que nos corresponde trabajar en ese momento.

La persona que encontramos en la ciudad y que nos pide ayuda es a quien debemos atender y ayudar con prioridad, mientras que la segunda persona es a la que debemos apoyar.

Por ejemplo, si escogimos entrar con el símbolo de la cajita plateada, que es de la intuición, y ese símbolo era el círculo, nos dirigimos hacia la tercera puerta, la del «plexo solar» o «puerta del oeste de Yaffo o Jope», entrando por ella, lo que significa que debemos trabajar el equilibrio y el balance, la conciencia despierta, la sabiduría y el poder mental en nuestra vida.

Si el símbolo de la cajita era la estrella de David o de seis puntas, entraremos por la sexta puerta, la de los leones, lo que nos indica que en todo lo que hacemos debemos enfatizar la espiritualidad y la realización.

Si escogimos entrar con el símbolo de la cajita dorada, y esta tenía el cuadrado, entramos por aquella puerta a la ciudad, lo que significaría que en nuestra vida debemos trabajar el amor, controlar y orientar adecuadamente las emociones, frenar las pasiones y sublimar los deseos.

Lo que le damos a la segunda persona es lo que podemos aportar o apoyar a quienes consideremos que vale la pena apoyar. Y la puerta de salida es el chacra o vórtice por donde debemos continuar profundizando.

LA TORRE DE SAN MIGUEL

*En lo alto de una colina en forma de dragón
se encuentra una torre alta y misteriosa;
asemeja la cabeza de una serpiente alada.
En tiempos antiguos se creía
que era la entrada del «Anwn», el intramundo;
un mundo subterráneo donde reinaba Gwyn ap Nudd,
rey de las hadas, y en donde había un caldero mágico
que regeneraba la vida.*

Nos encontramos todos completamente relajados y, aprovechando ese estado muy profundo de relajación, vamos a concentrar nuestra atención en el entrecejo y a través de él visualizamos todos un túnel mental. Nos proyectaremos a través de dicho túnel, de tal manera que al final del mismo nos imaginamos que vamos caminando por un camino de tierra, por en medio de suaves y verdes colinas con muros de piedras amontonadas a ambos lados. De vez en cuando aparecen grupos de frondosos árboles formando pequeños bosques.

Al pie de una colina nos encontramos con un antiguo pozo. Lo localizamos dentro de un bellísimo y bien arreglado jardín donde abundan los árboles. Ese pozo está rodeado de un suelo empedrado con piedras que muestran las huellas de antiguos caracoles fosilizados en espiral. Sentimos de inmediato que ese pozo era utilizado por los druidas para sus rituales. Sus aguas son cristalinas, pero al correr por unos canales que se extienden por el jardín se ven teñidas de un rojo fuego por el alto contenido de hierro. Es un manantial natural, que posee agua en abundancia y que transcurre en parte por un cauce subterráneo y en otra por canales al aire libre, cayendo en cascada sobre unas pozas creadas a propósito.

Avanzamos hacia el fondo del espléndido jardín y llegamos al pozo, retirando la tapa de madera y bronce que posee la figura de un número ocho (dos círculos que se cortan tangencialmente) dentro de un círculo mayor, y visualizamos cómo al abrirse la tapa del pozo brota una intensa luz que nos deslumbra. En ese momento aparece a un lado un anciano vestido de blanco apoyado en un cayado o báculo y nos da la bienvenida. Nos hace mirar en el interior del pozo, que no es profundo, y de pronto en el agua clara vemos un medallón con un símbolo. Nos indica que lo tomemos entre nuestras manos y nos fijemos en el símbolo que tiene por delante y por detrás, así como en el material del que está hecho y en su forma. El anciano ata el medallón a una cuerda de cuero y nos lo coloca al cuello, acercándose a nuestro oído y susurrándonos una palabra de poder. Estamos atentos para poder captar todas sus letras.

Nos lleva entonces al final del jardín, desde donde podemos observar a poca distancia una enigmática colina que, según el anciano, posee en su cima la Torre de San Miguel. A esta colina se accede de dos maneras, una por un camino corto directo pero más empinado, y la otra subiendo por una calle hasta una reja que nos conduce a un campo, desde donde se asciende más suavemente siguiendo un camino serpenteante. Escogemos por dónde queremos ir y avanzamos por ahí hasta la colina. Empezamos a subir y a la distancia divisamos el Thor, o la Torre de San Miguel, que se alza solitaria en un extremo de la cima. Llegamos a ella, encontrándonos con un edificio vertical de piedra. Es una alta y solitaria torre de estilo gótico sin puertas, donde una vez dentro uno observa siguiendo con la mirada las verticales paredes laterales, que tampoco tienen techo. Cada tanto aparecen unas ventanas de hipotéticas plantas que no existen. Por los marcos de las inexistentes puertas de la parte baja entra un viento terrible que le obliga a uno a guarecerse en los ángulos interiores de los muros. De repente comienzan a aparecer delante nuestro unos misteriosos escalones de piedra, como invitándonos a ascenderlos. Vamos subiendo por ellos. Van haciéndonos trepar siguiendo la forma cuadrada del interior en espiral hasta que llegamos delante de una puerta de madera pintada de rojo. La abrimos, entrando de inmediato a una habitación en cuyo suelo hay un viejo arcón o baúl. Lo abrimos y observamos que dentro de ese cofre hay multitud de objetos de toda forma, tamaño y material. Debemos tomar de entre todos ellos el que más nos llame la atención, observarlo bien, fijarnos en sus detalles y llevarlo con nosotros. Así lo hacemos, y saliendo por la puerta, los escalones siguen apareciendo, conduciéndonos más arriba, donde nos encontramos con otra puerta, esta vez pintada de amarillo. La empujamos, entrando dentro de una nueva habitación, encontrándonos allí con un libro grande y antiguo abierto colocado sobre un atril . Nos fijamos en el color de su portada y en la parte o página por la que está abierto. ¿Qué dice? ¿A qué hace referencia? ¿De qué trata?

Salimos de la habitación y los escalones siguen subiendo, por lo que nos dirigimos por ellos más arriba, hacia una tercera puerta, esta vez pintada de azul. La abrimos y estamos en el piso más alto. La habitación está llena de ventanas y hay una enorme campana, y por las ventanas llegan todo tipo de aves, atraídas por nosotros al tocar la campana. Nos acercamos y una de ellas se queda quieta sin moverse como las demás. ¿Qué ave es? La tocamos y nosotros mismos nos convertimos en dicha ave saliendo volando desde la torre por encima de un verde valle entre colinas y bosques.

Salimos de habitación y los escalones suben a una cuarta habitación, cuya puerta es violeta. La empujamos y estamos en el piso más alto. La habitación está llena de ventanas y hay una enorme campana, y por las ventanas llegan todo *tipo de aves, atraídas por nosotros al tocar la campana. Nos acercamos y una de ellas se queda quieta sin moverse como las demás. ¿Qué ave es? La tocamos y nosotros mismos nos convertimos en dicha ave saliendo volando desde la torre por encima de un verde valle entre colinas y bosques. A la distancia observamos una colina grande, redonda y ligeramente cónica que se alza por en medio de los bosques y otras colinas circundantes. En ella hay una pequeña ciudad amurallada. Nos acercamos a esa ciudad. No es fácil entrar porque está protegida mágicamente. Debemos usar la palabra secreta que nos diera el druida en el pozo. Ingresamos por la ventana de la torre principal del castillo que protege a la ciudad y vamos bajando, siempre convertidos en ave, hasta un gran salón donde hay una mesa circular. Las paredes del edificio son de piedra, decoradas con banderas y estandartes, así como con escudos, espadas y armaduras. El salón posee ventanas de vidrieras multicolores.*

Convertidos en aves terminamos posados sobre el respaldo de una de las innumerables sillas de madera que circundan la mesa redonda. Y en dicho respaldo está escrito el nombre de una virtud. Nos fijamos en cuál es la silla donde nos encontramos.

Vamos a ir volviendo a través del túnel mental... Poco a poco iremos retornando, de tal manera que al término de tres habremos vuelto, estaremos completamente relajados libres de toda tensión, en perfecta paz y armonía. Tomamos una respiración lenta y profunda, inhalamos... retenemos...Y al exhalar visualizamos en nuestra mente el número uno, e iremos retornando, tomando conciencia de nuestros cuerpo. Tomamos una segunda inhalación lenta y profunda, inhalamos... retenemos... y al exhalar visualizamos en nuestra mente el número dos, de tal manera que poco a poco vamos a ir tomando conciencia del lugar donde nos encontramos.

Tomamos una tercera inhalación, inhalamos todos... retenemos... y al exhalar vamos a ir abriendo lentamente los ojos y nos encontramos todos en paz.

Significado del ejercicio

El cerro donde está la Torre de San Miguel, en el sur de Inglaterra, se creía que era la entrada del «Anwn», el intramundo; un mundo subterráneo donde reinaba Gwyn ap Nudd, rey de las hadas, y donde había un caldero mágico que regeneraba la vida. En el siglo VI, san Collen visitó el lugar, pudiendo entrar, según el mismo, mágicamente al lugar donde se encontraba Gwyn, esto es, dentro de la colina, viéndose inmediatamente en un extraño palacio, pero al ser tentado tenebrosamente por las entidades de esa corte mágica roció agua bendita en todas direcciones y todo desapareció. Lo que sí es totalmente seguro es que los primeros cristianos acostumbraban a colocar iglesias, santuarios y capillas sobre antiguos centros de culto pagano, imponiendo unos sobre otros. Y si la colina era un importante lugar mágico religioso desde la antigüedad, no pudo librarse de ello. Así que la torre actual estaría ocultando algo especial, pues el edificio representa al mismo san Miguel, quien estaría pisando a la «serpiente», pero una serpiente de ondulantes corrientes de energía telúrica poderosísimas y que conectan el sudoeste de Inglaterra con la isla de San Miguel situada más hacia el suroccidente. Tenemos un caso similar en la catedral de la ciudad del Cuzco en Perú, donde el edificio colonial está construido sobre una antigua pirámide inca y una fuente de agua, y donde, según los relatos de los cronistas, apareció la Virgen para salvar a los españoles que se encontraban sitiados allí por Manco Inca.

Los templos dedicados al agua tenían relación con la fertilidad y con los aspectos femeninos de la divinidad, lo que podemos apreciar claramente en el Acllahuasi o Templo de

La Luna en el oráculo de Pachacamac en Lima (Perú), o en las fuentes alrededor del oráculo de Delfos en Grecia.

Las terrazas que circundan la colina de San Miguel pueden corresponder a una forma de pirámide escalonada ascendente, o a un antiguo sendero de peregrinos, o una especie de laberinto en espiral que conducía a la cima, que quizás dataría de la época de los monumentos de Sillbury Hill y Avebury, o de los celtas, o quizás de los primeros cristianos en la zona. También surge la posibilidad de que represente un laberinto tridimensional, al estilo del laberinto cretense o egipcio, para llegar a un centro que apunta hacia el subsuelo (nuestro propio interior), a la vez punto de despegue hacia el cielo.

Para ciertos investigadores, la colina forma parte de la figura de acuario en el zodiaco de Glastombury, que según se dice está trazado en un círculo de 16 km de diámetro, donde las colinas, fuentes de agua y demás elementos del paisaje, representarían a los personajes de la saga artúrica. Por ejemplo Arturo sería Sagitario, su esposa Ginebra Virgo, el mago Merlín Capricornio y sir Lanzarote Leo. Y este zodiaco revelaría la conexión del lugar, no solo con el cielo, sino con otros enclaves importantes del mundo por líneas de energía. Se dice que en lo alto de la colina había una iglesia, la misma que fue destruida por un terremoto. Hoy por hoy, lo que allí hay es, como decía, una solitaria torre que corona la cima a unos 158 metros sobre el nivel del mar, y que vista desde el ángulo del inicio del camino corto que conecta con la entrada del sitio conocido como Pozo del Cáliz parece la cabeza y la cresta de un dragón inmenso. Y realmente se siente como si allí hubiera un dragón dormido. Es una sensación muy rara.

En la fachada de la torre hay unas extrañas tallas, como la del diablo en actitud de pesar un alma humana con el mundo en el otro platillo de la balanza, como en el *Libro de los muertos* egipcio, y que tiene que ver nuevamente con el número 8, que representa la justicia y la balanza, así como el tiempo.

Desde el lugar uno tiene una vista privilegiada del paisaje con colinas verdes y vastas zonas de cultivo. Pero la atmósfera que se vive dentro del edificio es difícil de describir, aunque lo que más se acercaría sería decir que es sobrenatural. Allí corre permanentemente un viento huracanado, que lo obliga a uno a colocarse dentro, ubicándose a los costados, en los ángulos de la construcción. Primero la torre no tiene puertas; nunca las tuvo o bien han desaparecido con el paso del tiempo. Dentro, aunque se eleva varios pisos, tampoco tiene techo ni entrepisos. Es como un tubo dirigido al espacio, pero cada tanto hay unos salientes como para sujetar varias plantas de madera, y hay ventanas que parecen confirmarlo. Estando en el sitio, aprovechamos para hacer una visualización imaginándonos que subíamos a unos pisos imaginarios por una escalera mágica que se iba materializando, escalón por escalón, en forma espiral, en la medida la que nos esforzábamos en ascender. Y cada piso era como un nivel de conciencia, donde en el interior de extrañas habitaciones hallábamos distintos objetos. En el primero, representado por una puerta roja (la materia, el amor, la pasión y el sentimiento), hallamos un cofre con múltiples objetos, uno de los cuales nos llama la atención y lo tomamos con nosotros. Ese objeto es una clave para entender qué debemos hacer a nivel material en nuestra vida. Recordemos que antes de nacer nosotros acordamos o nos comprometimos con entidades espirituales a hacer tal o cual cosa en la vida material para avanzar, y el objeto es el recordatorio de ese compromiso.

Continuando a través de esa otra realidad, subiendo nuevos escalones hasta el siguiente piso, nos encontramos con una puerta amarilla (la mente, la conciencia, la sabiduría, el equilibrio y el conocimiento). Al entrar localizamos una habitación donde hay un libro grande y antiguo sobre un trípode. Al acercarnos a él nos fijamos en el color de su portada y procuramos leer su contenido, así si hay alguna ilustración.

Esta segunda habitación representa la mente. Al leer el libro y ver el color de su portada estamos recibiendo una orientación de hacia dónde debemos orientar nuestra mente y nuestros pensamientos.

Una tercera puerta, esta vez pintada de azul, nos conduce al plano espiritual. Entramos a través de ella y dentro nos encontramos con el simbolismo de la espiritualidad, que nos recuerda lo que debemos hacer, que es vibrar alto, en una habitación llena de ventanas, cada una de ellas mostrando un panorama distinto y con una gran campana colgando del techo, la cual debíamos tocar, y, al hacerlo, nos veíamos transformados en un ave (una paloma, un halcón, un águila, un colibrí o un cóndor), elevándonos desde allí y saliendo por alguna de las ventanas, recorriendo la zona en dirección a Camelot, ubicada en lo alto de una verde colina. Debíamos entonces revolotear alrededor de la ciudad, buscando entrar en ella y superando sus protecciones invisibles, y para ello usamos la palabra que nos susurró al oído el druida. Ingresamos por una ventana de la torre del castillo al salón de la Tabla Redonda, donde encontramos multitud de sillas alrededor de una gran mesa, cada una con el nombre de una virtud escrito en el respaldo. Tenemos que llegar a descubrir la virtud de la silla que nos corresponde, porque esa virtud marcará la trascendencia en nuestras vidas.

Ejemplo de desarrollo del ejercicio:

Una persona puede que visualizara que el medallón encontrado en el interior del pozo era redondo, de plata, con un sol en su interior y sin diseño en la parte posterior. Que el druida le susurraba la palabra «realización», que subía por el camino corto y que, en el primer piso de la torre, dentro del cofre encontró una regla, que simboliza calcular el esfuerzo a realizar, en el segundo piso su libro era rojo y decía «amor», mientras que en la tercera habitación el ave que se le acercó era una paloma, y ,convertido en ella, llegó a la ciudad, pudiendo entrar con la palabra «realización» y descendiendo sobre la silla que decía «paz y amor».

Todo esto podría significar que su maestro interno le está recordando a través de símbolos que su misión en la vida es lograr la unidad (el medallón redondo), trabajando consigo mismo y con su familia, siguiendo siempre la intuición (plata). La clave mágica para superar las dificultades y aparentes limitaciones es «realización», que no es otra cosa que hacer y materializar intenciones.

A nivel material (primera habitación) se le está pidiendo que mida su esfuerzo (la regla), que calcule muy bien y trace su línea de acción sin dejar las cosas a la improvisación. A nivel mental se le pide que le ponga pasión, entusiasmo y sentimiento a lo que hace y piensa (rojo-pasión). A nivel espiritual el trabajo siempre es con la familia, ayudándolos a entender el por qué de las cosas (escena de la muerte del familiar). Para lograr la trascendencia (cuarta puerta), la clave es en parte el ave, la paloma (la paz); por ello hay que vivir la paz interior y estar en paz con la vida. Y, finalmente, el mensaje del respaldo de la silla es un recordatorio de la necesidad de purificarnos y trabajar en nuestras vidas la pureza de intención.

EL ANILLO Y LA COLINA DEL REY

> *Un anillo simboliza una alianza,*
> *un acuerdo entre los hombres,*
> *un compromiso y un recordatorio.*
> *La realización del compromiso cierra el círculo*
> *y da a su poseedor el poder de la verdad*
> *basado en la coherencia y la unidad.*

Vamos tomando asiento. Nos ponemos a continuación en posición de meditación, talones juntos, columna recta. Nos sentamos lo más cómodamente posible y colocamos las manos una encima de la otra, palmas hacia arriba, cerrando así el circuito interno de energía.

Vamos a mantener todos la respiración lenta y profunda de manera que sentimos oleadas de energía que descienden del Cosmos sobre nosotros, se concentran en nuestro pecho y desde allí se irradian hacia nuestros pies, volviendo a ascender, relajando todo a su paso.

Estamos completamente relajados, de tal manera que ningún ruido, ni aún la voz que estamos escuchando nos interrumpe, sino que, por el contrario, todo contribuye a hacer la relajación más profunda.

Aprovechando ese estado de plena relajación visualizamos a la altura del entrecejo en nuestra frente un túnel mental, y al final del mismo nos imaginamos que vamos caminando a pleno día por la orilla de un estero, un brazo de mar que ha entrado en tierra firme confundiéndose con las aguas de los ríos, pantanos y arroyos. De un lado tenemos verdes prados, suaves colinas, frondosos bosques y campos de cultivo cubiertos de cereales que dan a la vegetación una coloración dorada como el oro. De pronto nos encontramos con una elevación artificial de tierra a modo de empalizada de tiempos antiguos que forma un gigantesco semicírculo alrededor de la orilla de una parte del estero. Dejamos ese sitio atraídos por el bosque, donde vemos que se eleva una colina más alta que las demás, cubierta de hierba. Avanzamos por entre los hermosos árboles, algunos de los cuales adquieren formas insólitas como si fuesen personas. Subimos la colina y en el bosque, en un claro, nos encontramos con unas grandes estelas de piedra de diferentes tamaños. Bloques verticales inmensos en aparente desorden con inscripciones, como runas. Y entre las piedras aparece alguien extraño e irreal; nos fijamos bien en quién es ese misterioso personaje. Sale a nuestro encuentro y dándonos la bienvenida nos sonríe, y pidiendo que confiemos en él se acerca hasta nosotros colocando en uno de nuestros dedos un anillo. Nos fijamos bien en de qué material es el anillo y si tiene algún diseño en particular. Luego observamos qué personaje nos llama, llevándonos hasta el centro de la colina, donde nos encontramos con un túmulo circular bastante grande, que se ve a todas luces que es artificial, quizás algún antiguo enterramiento real. Observamos cómo esa persona nos muestra una entrada secreta, invitándonos a ingresar a través de ella, descendiendo por una suerte de corredor con grandes bloques de piedra en los laterales, como tabiques que sostienen otras piedras horizontales similares. Le seguimos la corriente y haciéndole caso vamos entrando, encontrándonos con un gran espacio circular con muros de grandes bloques de piedra igual que el techo, situado a cierta altura. El espacio está iluminado por antorchas encendidas adosadas en las paredes. En el centro del túmulo se encuentra un rústico sarcófago de piedra con inscripciones rúnicas que podemos leer y que dicen:

«Debes tomar la espada, aquella que sabes que te pertenece».

Nos fijamos entonces en que, en los muros, al lado de las antorchas, hay varias espadas colgadas. Vamos mirándolas. Hay una que por su forma nos llama la atención; es más en la empuñadura posee una gema o piedra o cristal. Nos fijamos bien en su color. Sacamos la espada de la vaina y en la hoja nos encontramos con una o varias palabras. Tratamos de leerlas y allí dice:

«Busca aquello que te protege de toda amenaza y ataque artero, pero hazlo sin temor, porque te acompañará en tu aventura».

Buscamos alrededor nuestro y en un lado de la habitación encontramos varios escudos. De entre ellos escogemos uno que por su forma, diseño y color nos atraiga. En la parte posterior del escudo hay una inscripción que dice:

«Encuentra una protección adicional; siempre es más útil. Pero solo toma una».

Recorremos con mayor atención esa estancia y divisamos en otro rincón partes de armaduras y otras armas. Vamos a escoger entre un arma o una parte de armadura. Y en ella encontramos una pequeña inscripción casi imperceptible que dice :

«Toma entre tus manos y lleva contigo aquello que representa la riqueza de tu reino, pero encuéntralo y obsérvalo con ojos ausentes de ambición».

Miramos una vez más a nuestro alrededor y vemos un pequeño tesoro con multitud de objetos preciosos y muy valiosos. Escogemos uno de entre todos ellos uno y lo observamos bien, fijándonos en sus detalles.

Como no encontramos ninguna otra inscripción adicional, vamos saliendo del interior del túmulo, de esa tumba en la colina del rey, y pasando por entre las piedras con inscripciones descendemos hacia el estero, pasando frente a aquella elevación de tierra que nos llamó la atención desde el principio, y vemos que ha cambiado. Encima de ella ahora se pueden observar muros de madera y guardias con sus lanzas. Vamos caminando alrededor y se van abriendo unas grandes puertas de madera, como invitándonos a entrar en una vigorosa población que se encuentra allí adentro, a resguardo. Al entrar la gente sale de sus casas con mucha alegría, pasándose la voz unos a otros como si hubiese llegado alguien muy importante y esperado. En la orilla podemos divisar a poca distancia rústicos muelles con varios barcos con dragones en sus proas y velas de colores y diseños mul-

ticolores. *La abigarrada muchedumbre nos conduce hacia una cabaña central de grandes proporciones, donde se encuentran reunidos los notables y las personas importantes de la aldea junto con una sacerdotisa o chamana, quien nos llama para que nos acerquemos. Ella pide silencio a la población allí congregada, y dándonos la bienvenida, pone entre nuestras manos una bolsa de tela rústica con algo en su interior. Nos dice entonces que no lo miremos aún, porque aquello es para el viaje, para que lo llevemos a lejanas tierras. Y nos despide mientras la muchedumbre lanza vivas y vítores.*

Salimos de la choza y somos conducidos a los embarcaderos por los ancianos y notables, así como por los niños. Y de entre las varias naves allí fondeadas se nos invita a escoger una cuyo diseño de vela, color y figura nos atraiga más. Hacemos nuestra elección y subimos a la embarcación. Junto a nosotros ingresan quienes nos acompañarán, tomando sus puestos en los remos. Casi de inmediato empiezan a remar.

En lo que nos vamos alejando observamos en la orilla y en los muelles a la muchedumbre, incluyendo a la chamana, despidiéndonos con gran sentimiento. En ese momento abrimos la bolsita de tela y vemos qué hay en su interior.

(Dejamos un espacio de unos minutos).

Vamos volviendo todos a través del túnel mental. Poco a poco vamos retornando, de tal manera que al término de tres habremos vuelto, estaremos completamente relajados, libres de toda tensión, en perfecta paz y armonía. Todos al término de tres abriremos lentamente nuestros ojos y nos encontraremos en paz.

Tomamos una inhalación lenta y profunda, inhalamos..., retenemos..., y al exhalar por la nariz visualizamos en nuestra mente el número uno. Y vamos volviendo a través del túnel mental, vamos tomando conciencia de nuestro cuerpo relajado, libre de toda tensión.

Inhalamos lento y profundo por segunda vez..., retenemos..., y al exhalar visualizamos en nuestra mente el número dos, tomando conciencia del lugar donde nos encontramos.

Por tercera vez inhalamos..., retenemos..., y al exhalar visualizamos en nuestra mente el número tres, abriendo lentamente los ojos y encontrándonos en paz.

Interpretación simbólica del ejercicio

Este ejercicio lo asociamos con un reencuentro personal con elementos de nuestras vidas anteriores para enfocarnos en afrontar la aventura de nuestra vida actual de la mejor manera.

El ejercicio está ambientado en Escandinavia, en Europa del Norte, donde imaginamos que vamos caminando a pleno día por la orilla de un estero rodeado de verdes prados, suaves colinas, frondosos bosques y campos de cultivo cubiertos de cereales que le dan a la vegetación una coloración dorada. De pronto nos encontramos con una elevación artificial de tierra a modo de empalizada de tiempos antiguos, que forma un gigantesco semicírculo alrededor de la orilla. Es la muralla perimetral que protegía a la población antigua. Dejamos ese sitio atraídos por el bosque, donde vemos que una colina más alta que las demás se eleva cubierta de hierba. Es un túmulo funerario. Subimos la colina y en el bosque, en un claro, nos encontramos con unas grandes estelas de piedra de diferentes tamaños. Bloques verticales inmensos en aparente desorden con inscripciones; son runas vikingas. Y entre las piedras aparece alguien extraño e irreal, que puede ser un hada, ondina, un duende, un hechicero, un ángel, etc. y que representa a nuestro maestro interno o el contacto con las fuerzas de la naturaleza. Esta persona nos da un anillo. El anillo es símbolo de una alianza y un compromiso; por ello es importante que nos fijemos bien en de qué material es y si tiene algún diseño en particular. Toda vida espiritual y todo camino requiere de asumir retos y compromisos. Un anillo de oro podría simbolizar compromiso con el conocimiento, la sabiduría y el equilibrio; uno de plata podría estarnos indicando que el compromiso es con la receptividad y la sensibilidad; uno de bronce, con una actitud vigilante que nos permita aprovechar todo lo que llega a nosotros, independientemente de la fuente de procedencia; un anillo de madera podría simbolizar compromiso con la vida, la naturaleza y la salud; un anillo de nácar, marfil o hueso podría representar la necesidad de mostrar lo mejor de nosotros, desvelar nuestro interior; un anillo de cristal simbolizaría el procurar nuestra perfección; un anillo de plástico podría representar el ser prácticos, sencillos y útiles.

Luego observamos que dicho personaje nos llama, llevándonos hasta el centro de la colina, donde nos encontramos con un túmulo circular bastante grande, que se ve a todas luces que es artificial. Es la tumba de un rey. Observamos que esa persona nos muestra una entrada secreta, invitándonos a entrar simbólicamente en lo más profundo de nosotros mismos.

Dentro nos encontramos con un gran espacio circular con muros de piedra, al igual que el techo, situado a cierta altura. El espacio está iluminado por antorchas encendidas. Estamos ingresando en el santuario de nuestras vidas pasadas, donde todo es un recuerdo de existencias anteriores con logros y alcances. En el centro del túmulo se encuentra un sarcófago de piedra primitivo con inscripciones rúnicas que de pronto podemos leer sin dificultad, y que dicen:

«Debes tomar la espada, aquella que sabes que te pertenece».

Nos fijamos entonces en que en los muros, al lado de las antorchas, hay varias espadas colgadas; vamos mirándolas. Y hay una que por su forma nos llama la atención, es más, en la empuñadura posee una gema, piedra o cristal. Nos fijamos bien en su color. La espada, como ya hemos dicho anteriormente, simboliza aquello con lo que vamos a luchar en la vida, la autoridad, la verdad, la justicia, el autodominio y el poder. Debemos morir simbólicamente a nosotros mismos si queremos ser capaces de gobernarnos con equidad y justicia. La gema o piedra en la empuñadura representaría aquello sobre lo que debemos enfocar nuestra atención para ser más justos, verdaderos y auto controlados en la vida. Supongamos que la piedra era un rubí; eso podría simbolizar que debemos controlar las pasiones y emociones. Si la piedra era ámbar, como de color naranja, lo que debemos controlar es nuestro carácter y temperamento, y fortalecer la voluntad.

Tras tomar la espada, la sacamos de la vaina y en la hoja nos encontramos con una o varias palabras; tratamos de leerlas y allí percibimos que dice:

«Busca aquello que te protege de toda amenaza y ataque artero, pero hazlo sin temor, porque te acompañará en tu aventura».

Cada objeto nos conducirá a otro, eslabonándose el mensaje. Primero será aquello con lo que lucharás, luego con lo que te defenderás. El escudo es lo que nos protege. Si es un escudo redondo, la protección viene por el lado del autoconocimiento, de la unidad familiar, del grupo al que estamos vinculados. Un escudo rectangular al estilo romano nos indicaría que la protección proviene de nuestra capacidad de morir a nosotros mismos. Un escudo ovalado simbolizaría la protección en el conocimiento y la convicción de que la protección está en nosotros mismos. Un escudo en forma de corazón indicaría protección centrada en el amor y el afecto.

Y en la parte posterior del escudo hay una inscripción que dice:

«Encuentra una protección adicional; siempre es más que útil. Pero toma solo una».

Esta protección adicional tiene que ver con los recursos extras de que disponemos en la vida y que nos llevan a reforzar la seguridad y protección de determinado aspecto. Por ejemplo, el que hayamos buscado una cota de malla de metal para nuestro cuerpo podría simbolizar que debemos aumentar el cuidado de nuestro cuerpo, porque el ataque podría venir del lado de la salud; el que hayamos escogido un yelmo para cubrirnos la cabeza o el rostro podría simbolizar que debemos protegernos de toda manipulación que venga por el lado de la mentira y la falsedad disfrazadas; también que debemos evitar que cierta gente se aproveche de nosotros («nos vea la cara»). Supongamos que en vez de tomar una pieza de armadura tomamos una daga; ¿qué podría significar? La daga representa una protección adicional que corta directamente todo aquello que nos amenaza, previniendo la traición. Un hacha en cambio podría estar simbolizando el desarraigar definitivamente toda amenaza (alejarse definitivamente de ciertas personas o situaciones).

En aquella arma adicional, en la parte de la armadura escogida encontramos una pequeña inscripción casi imperceptible que dice :

«Toma entre tus manos y lleva contigo aquello que representa la riqueza de tu reino, pero encuéntralo y míralo con ojos ausentes de ambición».

Miramos una vez más a nuestro alrededor y descubrimos que verdaderamente allí hay un pequeño tesoro con multitud de objetos preciosos. Ese tesoro es todo aquello muy valioso que está en nosotros y que hemos venido incrementando en nuestro interior como virtudes y experiencias de vida. Supongamos que lo que nos llamó la atención fue un cáliz de oro; podría simbolizar que lo más valioso para nosotros es el ser conscientes del valor del sacrificio y la entrega total por amor; un collar de eslabones de oro podría estarnos indicando que lo verdaderamente valioso en nuestra vida es el conocimiento y la sabiduría ganadas que terminan protegiéndonos también (el collar).

Salimos del interior del túmulo, de esa tumba en la colina del rey, y pasando por entre las piedras con inscripciones descendemos hacia el estero, pasando frente a aquella elevación de tierra que nos llamó la atención desde el principio. Vemos que ha cambiado. Encima suyo se pueden apreciar muros de madera y guardias con sus lanzas. Vamos caminando alrededor y se van abriendo unas grandes puertas de madera, como invitándonos a ingresar en una vigorosa población que se encuentra allí adentro, bien protegida. Al entrar, la gente sale de sus casas con mucha alegría, pasándose la voz unos a otros como si hubiese llegado alguien muy importante y esperado. En la orilla podemos divisar a poca distancia rústicos muelles con varios barcos con dragones en sus proas y con velas de colores y diseños multicolor.

Todo eso que vemos está en nuestro interior; es la suma de las vivencias de esta y otras existencias.

La abigarrada muchedumbre nos conduce a una cabaña central de grandes proporciones, donde se encuentran reunidos los notables y las personas importantes de la aldea junto con una sacerdotisa o chamana, quien nos llama para que nos acerquemos. Esa sacerdotisa es nuestra propia alma. Ella pide silencio a la población allí reunida, y dándonos la bienvenida, pone en nuestras manos una bolsa de tela rústica con algo en su interior. Nos dice entonces que no lo veamos aún, porque aquello es para el viaje, para que lo llevemos a tierras lejanas. Y es que siempre debe haber una cuota de misterio y sorpresa en nuestra vida. La chamana nos despide, mientras la muchedumbre lanza vivas y vítores.

Salimos de la choza y somos conducidos por los ancianos y notables así como por los niños hacia los embarcaderos. Y de entre las varias naves allí fondeadas se nos invita a escoger una, cuyo diseño de vela, color y forma nos atraiga más. Hacemos nuestra elección y subimos a la embarcación. La embarcación que escogemos es la forma con la que nos moveremos de ahora en adelante en el camino espiritual y en la vida. Junto a nosotros ingresan quienes nos acompañarán, tomando sus puestos en los remos; son nuestros pensamientos y actitudes, que pueden hacerse fuertes o debilitarse en el camino dependiendo de la atención y control que les dispensemos.

En lo que nos vamos alejando observamos en la orilla y en los muelles a la muchedumbre, incluyendo a la chamana, despidiéndonos con gran sentimiento. En ese momento abrimos la bolsita de tela y vemos qué hay en su interior. Allí se encuentra la pauta de lo que debemos llevar con nosotros, de lo que debemos sembrar o depositar en el viaje de nuestra alma a todo lugar al que vayamos o con toda persona con la que compartamos.

Ejemplo de desarrollo del ejercicio

Supongamos que en un principio el anillo que se nos dio era de oro, la espada que elegimos tenía una piedra de jade en su mango, llevaba como inscripción la palabra «justicia», el escudo era redondo, de un color blanco con un centro negro, el arma adicional era una maza y el objeto del tesoro fue un vaso tipo cáliz. El barco en el muelle llevaba una vela con rayas verdes y blancas con un macho cabrío como símbolo. Y la bolsa de tela que nos dio la chamana era de color cuero y dentro había cinco piedras.

Todo eso podría simbolizar que en nuestro camino espiritual personal debemos comprometernos con el conocimiento y la sabiduría, con el equilibrio (anillo de oro), armarnos de la esperanza y amor a la vida (la piedra de jade en la espada), proteger la unidad y el autoconocimiento con pureza y valores humanos, el blanco y el negro. A esto hay que añadirle firmeza en nuestro actuar (la maza) y valorar el sacrificio (el cáliz). Nuestro viaje nos llevará a mantenernos a flote marcando el camino (el macho cabrío) con bondad y esperanza (las líneas blancas y verdes de la vela), sin olvidar jamás que nuestra alma (la chamana) nos insiste en la humildad, en dejarse guiar (color cuero de la bolsa) y en apoyarnos en la magia (las cinco piedras), que es la capacidad de transformarse y transformar.

EL CABALLERO Y LA ARMADURA

> *En el caldero del alquimista*
> *siete metales son reunidos.*
> *Con ellos se busca fabricar*
> *el tesoro más valioso:*
> *el oro de la transmutación.*

Vamos a sentarnos todos cómodamente y a disponernos en posición de meditación. Talones juntos, columna recta; palmas de las manos hacia arriba, relajadas sobre nuestras piernas, una debajo de la otra, los pulgares se tocan. Tomamos todos tres respiraciones lentas y profundas por la nariz, inhalamos..., retenemos..., y al exhalar visualizamos en nuestra mente el número tres, tres veces... Y sentimos cómo las energías del Universo descienden sobre nosotros, se concentran en nuestro pecho y desde ahí se irradian hacia nuestros pies. Desde los pies esa misma energía va a ir ascendiendo, masajeando todo nuestro cuerpo como si lo acariciáramos con las manos físicas.

Vamos relajando nuestros pies y piernas. Huesos, músculos, tendones y ligamentos quedarán completamente relajados, de tal manera que de la cintura hacia abajo ya no sentimos nuestro cuerpo, solo sentiremos esta agradable sensación de paz que durará todo el tiempo que nosotros así lo permitamos.

Tomamos una segunda inhalación, inhalamos... retenemos... y al exhalar visualizamos en nuestra mente el número dos, tres veces... Y vamos a ir relajando nuestro cuerpo envolviendo en luz nuestros órganos internos, el corazón y los pulmones, la columna vertebral, los músculos del pecho y la espalda, los hombros, los brazos, los codos y las manos, de tal manera que de los hombros hacia abajo ya no sentimos el cuerpo.

Por tercera vez inhalamos... retenemos... y al exhalar visualizamos en nuestra mente el número uno, tres veces...Y sentimos oleadas de energía que van envolviendo el cuello, la nuca, la glándula tiroides, los músculos de la cara... Los párpados se cierran por sí solos, la boca queda entreabierta. Relajamos la parte posterior de la cabeza y finalmente nuestro cerebro, liberándolo de todo pensamiento obsesivo, de toda preocupación o angustia.

Estamos completamente relajados y mantenemos una respiración lenta y profunda, inhalando y exhalando lentamente.

Aprovechando ese estado profundo de relajación vamos a concentrar nuestra atención en el entrecejo. Todos visualizamos a la altura de nuestra frente un túnel mental y nos proyectamos a través de él, de tal manera que al final del mismo nos encontramos en una habitación amplia e iluminada de la que cuelgan gran cantidad de piezas de armaduras antiguas de diferentes colores y formas, cascos o yelmos, pecheras o petos, rodilleras, coderas, guantes, partes para el pecho, las pantorrillas, los muslos, etc. Basta simplemente acercarnos a alguna de ella para que se incorpore a nuestro cuerpo, tirando de las demás piezas que les corresponden, de tal manera que cuando menos lo pensamos se ha montado encima nuestro una armadura completa. Pero nos fijamos en que una de las piezas es de diferente color y diseño, por lo queremos cambiarla y sin embargo no la podemos retirar. Está fuertemente unida a nosotros. De pronto observamos delante nuestro la presencia de una puerta. Vamos a acercarnos a ella, vamos a abrirla y cruzar el umbral, de modo que una vez que pasamos nos encontramos caminando de día al lado de un arroyo en medio de un bosque. Hay una ligera niebla que lo cubre todo. Caminamos por la orilla del agua hasta que nos encontramos con un rústico puente de piedra, y sobre él, un hermoso caballo. Se encuentra allí como si nos estuviera aguardando porque está hasta ensillado. Nos acercamos y después de fijarnos en su color, con cierta dificultad nos subimos a él, tomamos las riendas y nos vamos conduciendo por el camino que cruza el bosque. Al final del mismo divisamos un poblado. Vamos llegando hasta él, cuando al pasar por la primera casa nos sale al encuentro un herrero. Nos saluda y nos pide que nos bajemos del caballo e ingresemos en su taller, pues tiene una espada especialmente hecha para nosotros.

De entre todas las espadas que hay a un lado de la fragua el herrero nos pide que escojamos una. Al hacerlo nos fijamos en sus características. Tomamos la espada con el beneplácito del artista y salimos, subiendo nuevamente al caballo. Seguimos nuestro camino cruzando el pueblo y desde lo alto de un balcón una joven dama nos llama para que nos acerquemos, entregándonos un escudo. Nos fijamos en la forma, los colores y los motivos o diseños del escudo. Agradecemos lo recibido y seguimos hasta las afueras del pueblo, donde un joven escudero aparece trayendo entre sus manos una larga lanza. Nos fijamos en el color de la misma.

Armados con la espada, el escudo y la lanza seguimos el camino, que nos introduce en el bosque, donde nos encontraremos con un poderoso dragón, al cual habremos de enfren-

tarnos. Nos fijamos en el color del dragón y en la manera en que nos enfrentamos a él. Una vez superado el dragón, seguimos camino por el bosque hasta llegar a un hermoso castillo. Cruzamos el puente de madera levadizo, y al entrar en el patio de armas, unos criados toman el caballo y nuestras armas, conduciéndonos al interior de un salón de fiestas, donde hay multitud de gente celebrando. Pero en un extremo del salón, bajo escudos y un estandarte, se encuentra un trono de madera, y sobre él un anciano rey que al parecer está enfermo o herido. Sentimos que deberíamos acercarnos a él para preguntarle el motivo de su enfermedad o pena, pero finalmente le dejamos pasar. Lo miramos fijamente y él nos hace una venia. Hemos sido sentados a una larga mesa al lado de multitud de invitados, cuando por detrás del rey aparece un cortejo de jóvenes de ambos sexos llevando entre sus manos una bandeja de plata y un cáliz de oro.

De un momento a otro todo desaparece y estamos sentados en el mismo salón en la mesa, que está llena de polvo, pero no hay alimentos ni gente. Todo está vacío y abandonado. Nos vamos incorporando y retirando de aquel lugar. En el patio de armas está nuestro caballo y las armas, pero todo ha cambiado y está como en ruinas. Salimos del lugar y al pasar sobre el puente levadizo, la madera vieja se quiebra con el peso y el caballo nos tira para no caerse con nosotros, lanzándonos directamente al agua. El peso de la armadura nos hunde, por lo que con gran esfuerzo hacemos lo imposible por quitarnos las piezas de la armadura, y nos las retiramos todas excepto esa que es de diferente color y diseño. Cuando ya parecía que nos ahogábamos, una mano se introduce en el agua y nos arrastra a la orilla, quitándonos la pieza y llevándosela consigo. A la distancia observamos retirarse a un hombre anciano. En cuanto recuperamos las fuerzas vamos a seguir su rastro hasta que llegamos a una cabaña en parte de piedra y de madera. La puerta está ce-

rrada, así que la empujamos y dentro nos encontramos con el anciano en el preciso momento en que colocaba la pieza de nuestra armadura dentro de un perol, fundiéndolo con otros metales. Al rato toma el perol y lo vacía dentro de un molde, que enfría, entregándonos al rato la pieza forjada. ¿Qué es? ¿De qué se trata?

El alquimista nos indica que debemos volver al castillo llevando con nosotros la pieza de metal. Nos despedimos de su presencia y nos vamos retirando. Al llegar a las ruinas del castillo buscaremos usar de alguna manera la pieza para restaurar las cosas y volver al castillo en otro tiempo.

Logramos cambiar el panorama y entramos dentro del castillo, que ahora luce como en su mejor momento. Y nuevamente en el salón de fiestas vemos al rey en su trono y al cortejo. Nos aproximamos y tomamos el cáliz de las manos de una joven y, acercándoselo al rey, le hacemos dos preguntas que debimos hacerle desde el principio:

–¿Qué os aflige, Señor? ¿A quién sirve el Grial?

Le hacemos beber del contenido del cáliz y el rey se rejuvenece y se sana, al igual que todo a su alrededor...

(Dejamos unos minutos en silencio).

Vamos volviendo todos a través del túnel mental. Vamos retornando, y al término de tres abriremos lentamente los ojos y nos encontraremos en paz.

Tomamos una inhalación lenta y profundo, inhalamos... retenemos... y al exhalar abrimos lentamente nuestros ojos, uno, dos y tres...

Simbolismo del ejercicio

Es mundialmente conocida la historia del rey Arturo, en la que el rey llega a enfrentarse a las sombras de la traición y de la infidelidad con su propia esposa (aunque él mismo no tenía una vida muy correcta en ese sentido), y cómo todo ello por la Ley de causa-efecto arrastra una terrible situación que desencadenó el ataque artero de las fuerzas tenebrosas, llevando a la aparición en escena del Santo Grial, símbolo de la sangre derramada por amor para enseñarnos el valor y la trascendencia del perdón.

En la leyenda del Santo Grial escrita en el siglo XII por Chrétien de Troyes, el caballero Percival cabalga durante mucho tiempo buscando la cura de la enfermedad de Arturo (la frustración, la decepción y el rencor), que ha sumido al reino en el abandono y la infertilidad. En su largo recorrido atraviesa bosques y montañas hasta que encuentra un río, y en él una barca con dos hombres, uno de los cuales está pescando. Percival les pregunta por dónde sigue el camino y cómo puede cruzar el río. Pero el pescador le dice que no hay forma de cruzar el río a caballo, pero que no muy lejos de allí hay una grieta en la roca por donde puede llegar a lo alto de una colina, donde encontrará un casa donde cobijarse.

Tras agradecer la información busca la grieta y la encuentra, llegando no a una casa, sino a un castillo, al que entra cruzando un puente levadizo. De pronto se da cuenta de que ve cosas que antes no podía ver, y que ha llegado al mismo castillo del Grial. Una vez dentro recibe la bienvenida del señor del castillo, que resulta ser el mismo pescador del río, pero ahora bajo la apariencia de un rey enfermo por una grave herida. Está delante de lo que ha dejado y no se da cuenta; ha vuelto al mismo lugar pero en otra dimensión... A continuación es invitado a un festín, donde se le tributan todo tipo de honores, y durante el banquete observa el desfile del cortejo del Grial. Primero ingresa un paje, que porta entre las manos una lanza manchada con sangre, luego vienen dos pajes más llevando entre las manos un candelabro con velas encendidas, y con ellos una hermosa dama portando una luminosa y resplandeciente copa. Detrás de ella va otra dama con una fuente de plata. Esta escena se repite una y otra vez, sin que Percival haga otra cosa que seguir comiendo. Está dormido y cansado; aún no ha despertado de su inconsciencia. Busca y no sabe realmente lo que busca, por lo que difícilmente podrá percatarse de ello cuando lo encuentre. Mira pero no ve porque aún no ha llegado su tiempo.

El caballero desaprovecha la oportunidad de preguntarle al anfitrión el motivo del cortejo o el origen de su herida. Terminada la cena, Percival mantiene una conversación intrascendente con el rey hasta que se va a dormir.

Al día siguiente, al despertar se encuentra con que las puertas del castillo están cerradas, menos el puente levadizo que cruza el foso. Fuera espera su caballo ensillado y sus armas apoyadas en el muro. Aunque llama varias veces no hay respuesta alguna, y al tratar de cruzar el puente una vez más este se levanta de manos, arrojándolo al foso. Molesto grita, pero el castillo completo desaparece delante de sus ojos. Y aunque va a vagar por el bosque durante años buscando nuevamente el castillo del Grial, no lo volverá a hallar hasta que logre tener la actitud adecuada.

En el simbolismo de la historia, el rey herido, cuyo reino es un campo yermo y seco (simbolismo del universo estancado y de la terrible noche oscura de la humanidad), solo puede ser curado si un caballero encuentra el castillo. Esto significa que debemos activar nuestro templo interior y percatarnos del lugar y el momento actual como la gran oportunidad que brinda el estar cerca del fin del ciclo de oscuridad. El llegar a ver el Grial (el amor desprendido y solidario) y al rey en el estado en que se encuentra exige que seamos lo suficientemente conscientes como para formular las preguntas correctas, como son: «¿Qué os aflige?» y «¿A quién sirve el Grial?». Hasta que cure su reino (por el perdón y la compasión), permanecerá arruinado. Este simbolismo también debe extenderse a nuestro mundo, que está siendo devastado por el egoísmo. Por ello, si no aprendemos a protegerlo con amor no tendrá esperanza alguna.

El propio ser humano, sumergido en la crisis del pesimismo, la depresión, la frustración, y hasta los sentimientos de culpa a los que tanto han contribuido las religiones, debe recordar esa ley universal que dice que a toda fuerza se le opone otra contraria de igual intensidad. Si el rol de la humanidad es importante en el concierto de los mundos, habrá una fuerza poderosa tratando de neutralizarlo; y qué mejor que haciendo enfermar al ser humano con el desaliento y la desesperanza.

Todos podemos ser curados. El Grial, que simboliza el sacrificio y el amor, pero también la toma de conciencia y la recuperación del conocimiento profundo de las cosas, también pueden curarnos. Pero hay que saber encontrar el Grial y no perder de vista su significado, y, al encontrarlo, entenderlo aplicando su significado, para que con la actitud correcta podamos responder a sus exigencias...

Ejemplo de desarrollo del ejercicio

El color de nuestra armadura es el color de aquello que nos reviste, protege o caracteriza en esta vida, como son los rasgos de nuestra personalidad. Pero hay una parte que desentona o que con el tiempo se va manifestando como totalmente disonante. Esta es la pieza de diferente color o diseño. Una armadura oscura, como de hierro, simbolizaría el peso de las tradiciones y los esquemas en nuestra enseñanza y formación. Una pieza diferente de color naranja situada a la altura del corazón podría representar aspectos de nuestro carácter y temperamento que han afectado a nuestra capacidad de dar y expresar amor.

El caballo y su color tienen que ver con la voluntad y el esfuerzo para afrontar los retos y riesgos de la vida. Un caballo blanco simbolizaría la voluntad lograda a través de la purificación; uno negro la voluntad, pero siendo cada vez mejor ser humano.

La espada es el autocontrol, la verdad y la justicia; el escudo es la defensa, la protección; la lanza, la capacidad de proyectarse a la distancia, de extender nuestros recursos y capacidades personales. El dragón y su color simbolizan nuestros miedos, los que debemos afrontar y vencer. Un dragón verde podría simbolizar el temor a la desesperanza, al desaliento, la pérdida de la salud, la enfermedad, etc.

El hecho de caernos en el pozo de aguas estancadas representa que habrá momentos en la vida donde perdemos nuestro apoyo y deberemos ser capaces de desprendernos de todo aquello que pesa y nos hunde en la vida. El alquimista es nuestro propio maestro interior o los ángeles que nos ayudan a sobrevivir espiritualmente. Y la pieza de metal que sale de la fundición, suma de muchos metales, es la pieza clave para el cambio, porque representa la toma de conciencia que nos lleva a usar lo que en algún momento fue un tropiezo para establecer una conexión superior.

OTRAS CAPACIDADES Y PRÁCTICAS DEL INSTRUCTOR DEL NUEVO TIEMPO

DERMÓPTICA Y SICOMETRÍA

*Los ojos de la conciencia están en todo tu ser,
de tal manera que si estás despierto
también puedes ver a través de tus manos y tu piel
como si fuese a través de tus propios ojos,
porque tu capacidad de ver está en ti, no en los ojos.*

La dermóptica o sicometría es la percepción extrasensorial que nos permite captar, a través de la piel, la vibración (color), así como las impresiones y vibraciones dejadas en un objeto por las personas que tuvieron contacto previo con él. Es como llegar a ver (en nuestra mente) a través del tacto. La palabra dermóptica viene de «dermo», piel, y «óptica», que es visión, lo cual significa «ver a través de la piel».

El FBI, la Interpol, la KGB y Scotland Yard utilizan psíquicos, algunos de los cuales dominan la dermóptica, para resolver casos delictivos que no pueden ser resueltos por la vía normal. Por ejemplo, en el caso de un secuestro se facilita al psíquico la fotografía de la víctima y algún objeto personal, como puede ser algo de su ropa, lo que le permite sintonizarse con dicha persona y percibir si está viva o muerta, saber su paradero o detalles de la misma que puedan servirle a la Policía.

Esta percepción, como las anteriores, depende mucho de la actitud de la persona, en el sentido de que para dejar que se manifiesta hay que saber que existe, creer que se puede desarrollar y querer hacerlo. Requiere también entrenamiento para sensibilizarse, con ejercicios de respiración y concentración previos. Se puede empezar a ejercitar utilizando tarjetas de colores, postales, fotos, sobres cerrados y diversos objetos (las llaves del coche, de casa, un lapicero personal de alguien no presente y desconocido para los experimentadores, fragmentos de cerámica o de alguna escultura), algunos de los cuales, cargados de historia, permitirán visualizar el entorno.

A los niños invidentes en Inglaterra se les enseña a reconocer los colores a través del tacto. Se les facilita un juego de tarjetas de colores, que sean del mismo tamaño, del mismo material y de diferente color: una violeta, otra azul, celeste, verde, amarilla, naranja y roja. Primero se les entrega la roja (siempre en orden cromático) y se les explica que aquella que tienen entre las manos es la tarjeta roja, la del color rojo. El niño o niña la toca, la frota en contacto con su cuerpo, se la pone en la frente y, después de unos minutos, devuelve la tarjeta y entonces se le da algo orgánico que posee ese mismo color, algo como una manzana o una fresa roja. Y la idea es tocarlo y sentir la vibración del color en lo orgánico. A continuación se hace lo mismo con la tarjeta naranja, explicándole que aquella es la tarjeta del color naranja. La toca y la siente, percibiendo que el rojo era más cálido y, que este color lo es menos. Luego se le da algo orgánico como una naranja, naranja, sintiendo así la vibración del color en lo orgánico. Luego seguimos con la tarjeta amarilla acompañada a continuación de algo orgánico, y en orden con cada una de las tarjetas.

Después de que ha terminado se barajan las tarjetas y se le da a la niña o niño cualquiera de ellas al azar esperando que la reconozca por el tacto o colocándosela en la frente y distinguiendo entre los colores cálidos y los que no lo son tanto; y así con todas y cada una de las tarjetas. Se anota qué tarjeta se le dio y qué tarjeta dijo que era, sin decirle si acertó o no, repitiéndose el ejercicio de las siete tarjetas por tres veces. Cuando la niña o niño llegan a acertar cuatro de las siete se hace el ejercicio más complicado. Se le entregan las siete tarjetas en las manos desordenadas y la niña o niño, tiene que ordenarlas en la escala cromática: rojo, naranja, amarillo, verde, celeste, azul y violeta.

Para profundizar en el ejercicio, una vez finalizada esta primera parte, al niño o a niña se le facilita una tarjeta postal o una fotografía, y tocándola debe describir los colores que se encuentran en la misma, y, por qué no, también lo que hay en ella. Si es un lugar abierto cerrado, si es de día o de noche, si hay gente o no , si hay edificios o montañas, si es naturaleza, si hay mar, etc.

Una práctica continua y constante a manera de un juego podría llegar a hacer ver o reconocer al niño a través del tacto.

Nosotros no somos invidentes, aunque para muchas cosas nos hayamos limitado por ignorancia y falta de práctica, pero todo ello se puede recuperar, activar y desarrollar. Podemos hacer las mismas prácticas de los niños ciegos y con la ventaja de que, al poder ver, se facilita el que podamos cotejar lo que sentimos.

Las prácticas de dermóptica requieren siempre de un ambiente tranquilo, una práctica previa de respiración, relajación y concentración, a la que le seguirá la utilización del tacto como mecanismo material para la activación de la percepción extrasensorial. La captación se hará, como ya dijimos, a través de las yemas de los dedos, las palmas, los codos, la frente o cualquier otra parte de nuestro cuerpo.

Los primeros ejercicios se realizarán con tarjetas del mismo material de diversos colores, de preferencia cartulinas de 15 x 10 cm. de igual color por ambas caras. Para esto se le dará a cada participante un juego completo de las mismas, ordenadas en el orden cromático del rojo al violeta. El ejercicio empieza tocando una por una las tarjetas con ambas manos por espacio de unos treinta segundos, con los ojos abiertos, procurando sentir entre nuestras manos, con la yema de los dedos o colocando la tarjeta en la frente, la diferente temperatura y vibración de cada color. Posteriormente, manteniendo los ojos cerrados y con la ayuda de un compañero, se le entregarán a este una a una las tarjetas, nuevamente de acuerdo a la escala cromática, demorándose un tiempo prudencial en cada tarjeta para percibir el color. Luego se barajarán las tarjetas y se nos irán proporcionando en desorden, una por una, tratando de distinguir y sentir su color. En ningún momento se nos dirá si estamos acertando o no para no descartar posibilidades y no caer en el error de razonar más que intuir. Simplemente se anotará cuáles decimos y cuáles correspondían. Cuando logremos captar con claridad cuatro de las siete tarjetas podremos complicar aún más el ejercicio y, siempre con la ayuda de otra persona, recibiremos con los ojos cerrados todas las tarjetas juntas y en desorden, intentando ponerlas en su justo orden: violeta, azul, celeste, verde, amarillo, naranja y rojo.

El siguiente paso es el uso de fotos, para lo cual, mientras todos los participantes se mantienen sentados con los ojos cerrados, se les entregará a cada uno una fotografía por el lado de la imagen, de tal manera que, colocando la foto sobre las piernas, tocándola con las yemas de los dedos y pudiéndola mover, situándola en nuestra frente, iremos recorriendo su superficie, tratando de percibir primero si hay allí colores claros u oscuros, qué colores son, si la foto corresponde a un lugar abierto o cerrado, si es de día o de noche, si hay cielo, montañas, vegetación, agua, ciudades, personas, animales, etc. Recordemos que todo ello puede ser captado.

A continuación emplearemos postales, procurando que no estén escritas por detrás, sobre todo porque si han sido usadas podrían estar cargadas de las vibraciones de su dueño y de las imágenes que más le impresionaron en su visita, confundiéndose las que se deberían captar con las que quedaron impresas. No se vería entonces lo que la postal contiene realmente sino lo que la persona escribió o pensó en ese momento.

Antes de abrir los ojos se pide a los participantes que volteen la postal para que no la puedan mirar, dejándola en el suelo, y que, abriendo los ojos , tomen lápices de colores y folios en blanco y dibujen lo que creen que contiene la foto o la postal. Terminado todo ello se confrontará lo dibujado y captado con la foto o postal.

El siguiente paso será trabajar con las llaves o el lapicero de alguno de los presentes o de alguien que no esté en el lugar, pero del cual se tengan sus datos para cotejar los resultados después. Cada uno del grupo, por turnos, tomará entre sus manos el objeto, recorriéndolo con las yemas de los dedos y luego se lo colocará en la frente, describiendo lo que siente y percibe. Entre todos se tratará de reconstruir la imagen de la persona y del coche o la casa del individuo, aportando datos acerca del color, el número de matrícula, el tamaño de la vivienda, etc.

Finalmente podremos trabajar con fragmentos de madera, cerámica o esculturas cargadas de historia, cuya procedencia ignoramos, a excepción del que dirige la práctica, que en una tarjeta habrá anotado los datos de procedencia y antigüedad, repitiendo la práctica anterior, y tras describir el lugar lo confrontaremos con la tarjeta donde estén todos los datos.

El desarrollo de esta percepción nos facultará a ayudar en casos de personas y animales desaparecidos, así como en la recuperación de algún objeto valioso, o en la reconstrucción de diversos hechos e incluso para recuperar la historia de un lugar.

La dermóptica nos abre paso a captar y trasmitir colores telepáticamente o a ver y percibir de forma clarividente a través del tercer ojo los colores del aura. La clave es sentir los colores y definir las sensaciones.

MAGNETISMO Y SANACIÓN

La salud es una condición de equilibrio y armonía del alma que se extiende por cada uno de los vehículos densos y sutiles del individuo. Como todo tiene un origen vibratorio y energético, antes de que se enferme el cuerpo se enferma la mente, y antes el alma. Por ello en el proceso de sanación hay que ir a la causa y no al efecto de la enfermedad. En esto es muy útil la prospección u observación del aura de salud, en la que se pueden captar los estados vibratorios y energéticos de cada uno de los vórtices o ruedas de energía del individuo llamados chacras.

La medicina extraterrestre es preventiva, no curativa. La pauta es enseñar a la gente a no enfermar, para lo cual se recurre a una educación integral que hace énfasis en la actitud positiva y en la necesidad de vivir en armonía con la naturaleza, con el propio cuerpo y con los demás.

El ser humano es como una esponja; mientras está seca se la ve con una forma y color definidos, y sin peso; pero en cuanto empieza a absorber agua pierde su forma, tornándose amorfa, oscura y pesada. Y si uno se demora en exprimirla, la esponja se pudre y se cae a pedazos. . Lo que realmente enferma al ser humano son los sentimientos de culpa, los rencores, las frustraciones, las dudas y los miedos. Por tanto debemos aprender a exprimir la negatividad de nuestras vidas, la misma que se ha ido absorbiendo a lo largo de la vida cotidiana, y también debemos saber que en la medida en la que aprendamos a respirar y canalizar mayor cantidad de energías, nuestra aura, que es la barrera inmunológica y la cúpula de protección natural de la persona, se va a ver ampliada y nos aislará de vibraciones bajas, densas y pesadas que desarmonizan y enferman. Esto es como ponerse un impermeable en temporada de lluvias.

Debemos aprender a vivir, por lo que hay que empezar por una adecuada respiración, siguiendo luego por cambiar la dieta alimenticia, porque somos el producto de lo que comemos. Si te alimentas de muerte y descomposición, al cabo de siete años, en que habrás regenerado las células de tu cuerpo, te habrás convertido precisamente en muerte y descomposición, contaminándote por completo con todo tipo de enfermedades, que esperarán el momento de debilidad, en que las defensas estén al mínimo, para acabar contigo.

La respiración se debe hacer por la nariz, usando el diafragma como si fuese un fuelle, inhalando e inflando el vientre hacia delante, haciendo espacio para luego contraerlo, empujando el aire, llenando la parte baja y alta de los pulmones, y procurando inhalar a toda capacidad. Después de retener el aire se exhala igualmente por la nariz, tratando de hacerlo lentamente.

Con una respiración lenta y profunda, no solo oxigenaremos la sangre e irrigaremos mejor los pulmones, mejorando la memoria y la concentración, sino que también nos cargaremos de electrones, que es toda esa carga eléctrica que se aloja en el sistema nervioso, que constituye el sistema eléctrico del ser humano. Esa energía se manifiesta a través del cuerpo físico como una luz (halo) y como un campo magnético, formando por encima de este el cuerpo bioplasmático o cinturón electromagnético del ser humano, que no es otra cosa que el aura.

Como decíamos, lo que se ve a simple vista por encima del individuo es el halo o cuerpo etérico, que es la cantidad de energía que uno posee. Por la mañana, cuando hemos descansado adecuadamente, esta luz que se percibe alrededor de nuestro cuerpo es mayor que por la tarde o la noche, en que uno ya está cansado y el campo de energía se ha debilitado. Por encima del halo se percibe el aura, que es la calidad de la energía. Pero el aura no se ve a simple vista, se siente.

Llegando a percibir el aura podemos percibir que no es una, sino que son tres las auras que posee el ser humano: el aura mental, el aura total y el aura de salud. Gracias a la sensibilización y la estimulación continua del sistema neurovegetativo mediante la respiración se puede llegar a captar el aura, y con dedicación y práctica podríamos hasta percibir el aura de salud, que refleja el estado de salud de la persona. En ella aparecen, a manera de manchas flotando sobre el cuerpo, la causa de las enfermedades, y no tanto su efecto, pudiéndose lograr diagnósticos de precisión.

Además de aprender a respirar y tomar varias veces al día respiraciones lentas y profundas, debemos aprender a relajarnos, pues muchas enfermedades son producto de la tensión y el estrés. También es aconsejable una dieta equilibrada y lo más natural posible, si se puede basada fundamentalmente en vegetales y cereales integrales. Y no nos olvidemos del ayuno terapéutico de limpieza orgánica, por lo menos una vez al mes, y de la importancia del ejercicio y del deporte para mantenernos activos y sanos, así como acostarnos temprano, procurar el contacto con la naturaleza y dejar de lado los estimulantes.

Como dijimos anteriormente, en las últimas décadas hemos visto incrementarse, no solo al sur de Inglaterra sino en más de treinticinco países, el fenómeno de los agroglifos, o círculos de los campos de cosecha. Estos signos o «señales del Cielo en la Tierra» siempre aparecen sobre campos de cereales, como queriéndonos decir con esto los extraterrestres, autores intelectuales y materiales de los mismos, que una dieta alimenticia natural basada en cereales integrales puede prevenir y hasta revertir la mayoría de enfermedades que nosotros mismos nos producimos por una alimentación inadecuada. También es de destacar el que estas marcas se producen en suelos ricos en magnesio, por lo que si incluimos en nuestra dieta alimenticia cloruro de magnesio (una cucharita de café al ras en un vaso de agua, revolviéndola y tomándola en ayunas cada mañana), equilibraremos toda la parte eléctrica del organismo, acabando con los calambres, migrañas, jaquecas, estrés, falta de energía por las mañanas, falta de sueño por las noches, dolores articulares, problemas digestivos, etc. Como el magnesio interviene en más de trescientos procesos fisiológicos del organismo, su carencia es gravitante en nuestra salud; por ello su consumo diario actuará como el mejor antidepresivo natural y antiestrés, mejorará nuestra digestión y ayudará a hacer desaparecer el estreñimiento. También el magnesio ayuda a afianzar mejor el calcio en los huesos, combatiendo la osteoporosis. Si por cualquier motivo nuestro cuerpo resistiera el consumo directo del magnesio habría que reforzar la alimentación con alimentos que lo contienen.

Otros aspectos importantísimos son la gimnasia psicofísica y el deporte para mantener el ritmo en nuestras vidas, ya que el Universo es movimiento y ser sedentario es perjudicial para la salud. Combatamos el anquilosamiento del cuerpo con movimiento.

Para completar la receta se recomienda reducir al mínimo o eliminar el consumo de todo tipo de estimulantes que afectan al sistema nervioso y crean dependencia, minando la voluntad, como son el consumo de café y té. También es aconsejable reducir el consumo de azúcar, reemplazándola por miel de abeja o estevia, y evitar el tabaco y el alcohol, pues afectan violentamente a nuestra aura. Se dice que el tabaco tiene sustancias volátiles que perforan el aura.

Una rutina de vida sana que incluya el acostarse temprano para poder levantarse temprano y estar así en armonía con el sol y la luna, como las plantas, es más que aconsejable. Además, aprovechando las mejores horas para el sueño, el profundo y relajado descanso nos permitirá tener viajes astrales más conscientes, recordar más fácilmente nuestros sueños y hasta aprender a programar los viajes astrales.

También debemos mantener la limpieza continua del cuerpo y salir al campo por lo menos una vez a la semana, caminando descalzos sobre la hierba o la arena, para hacer contacto con la tierra, pues nuestro cuerpo es un circuito eléctrico y necesita descargar y reciclar las energías.

Como vemos, para poder trabajar en la sanación del planeta y en la de los demás primero tenemos que consolidar nuestra propia salud, y ello requiere armonía de vida, equilibrio y ser consecuentes con las enseñanzas que se han venido trasmitiendo sin mayores variaciones en cuanto a su esencia a lo largo de los siglos. La enseñanza es buena, pero lo que nos falta es constancia y convicción. Adentrémonos en el conocimiento de la salud perfecta, que requiere voluntad para saber renunciar a todo aquello que nos hace daño, adoptando las pautas adecuadas que traerán consigo una vida saludable.

Toda persona tiene capacidad para canalizar energías que pueden restablecer la armonía y equilibrar a otras personas. Pero para poder hacer esto hay que saber que la canalización y la transmisión de energías existe y puede manifestarse a través nuestro. ¡Hay que creerlo para crearlo!

El puente de ayuda se establece cuando la persona que va a servir de canal de las energías superiores es consciente de su capacidad como transmisor y está preparado para hacerlo. La preparación, como ya hemos visto, parte de una actitud y luego de una disciplina. Esta preparación nos da autoridad y presencia, y nos permite emitir una energía que puede ser percibida por los demás, que refleja confianza y seguridad. De nada servirá que alguien sienta y crea que puede ayudar a los demás si no consigue que las demás personas confíen en ella. Y al revés: de nada serviría que los demás creyeran que uno les puede ayudar, si uno mismo no lo cree. La confianza es un puente que facilita el desplazamiento y la concreción de las energías.

Todos podemos intervenir en cualquier caso de curación, ya sea con personas presentes o a la distancia, ya que para el poder mental y para el amor no hay distancias ni límites. Procuremos que no nos falte la concentración y menos la convicción a la hora de ayudar. Sobre todo confiemos en una voluntad superior que habrá permitido la situación y el que nosotros nos encontremos allí como instrumentos útiles del amor universal.

No hay una sola técnica específica o definitiva para hacer sanación, sino muchas, como, por ejemplo:

Imposición de manos

Hay que colocar nuestras manos ligeramente por encima de la cabeza, o sobre la zona afectada por la dolencia o sobre los vórtices de energía a lo largo de la espalda (chacras) sin necesidad de tocar el cuerpo. Se puede trabajar entonces colocando ambas manos sobre la cabeza de la persona a la que se va a ayudar, mientras que se van tomando respiraciones lentas y profundas. Paralelamente se visualiza cómo con cada inhalación, retención y exhalación profundas desciende en espiral a través nuestro un rayo de color en el orden de la escala cromática, comenzando por el violeta, color de trasmutación y cambio, siguiendo por el azul, el celeste, el verde, el amarillo, el naranja, y finalmente con el rojo. Uno mismo visualiza, se imagina y siente cómo esos colores ingresan en nosotros y se proyectan a través de nuestras manos y pecho hacia la cabeza de la persona que está sentada delante nuestro, percibiendo en nuestra mente cómo la energía de tal o cual color va descendiendo por su coronilla, envolviéndola por fuera y por dentro, llegando a las diferentes partes del cuerpo del enfermo. Si la persona no estuviese presente podemos imaginarla y hacerlo como si estuviera.

Mientras efectuamos este trabajo, podemos también ir visualizando en nuestra mente la presencia cercana de la nave orbital extraterrestre Columo, en la que se encuentra alrededor de la Tierra el guía médico Erjabel, nave que existe y que sin embargo no es fácilmente visible ni detectable desde la superficie de nuestro mundo. Aunque en 1999 se dio a conocer que el satélite geoestacionario Goes 8, ubicado permanentemente sobre la Patagonia chilena y argentina, había detectado y fotografiado sobre esa misma zona la presencia de un objeto ovalado de ¡cuatrocientos cincuenta kilómetros de diámetro!

En una sala circular muy amplia de la nave existe un cuerpo completo de cristal de roca. En él se puede ejercitar la proyección mental, enviando hacia él la imagen de la persona a la que se está ayudando para que los guías extraterrestres también la puedan asistir a la distancia.

Otra de las formas de imposición es colocar ambas manos sobre la frente o en el área afectada de la persona o en su espalda a la altura de uno de los chacras, especialmente aquel que se relaciona con la zona afectada, realizando el trabajo anterior. Uno mantiene las manos sobre el lugar, de cinco a quince minutos, dependiendo de lo que nos vaya diciendo la propia intuición o de las sensaciones que acompañen el trabajo.

Una forma más es la imposición de una sola mano dirigida hacia la frente, con la palma a la altura del entrecejo de la persona a ayudar.

Sanación en sueños

Consiste en la programación de nuestros sueños para hacerlos coincidir con un encuentro astral con la persona a ayudar, para lo cual hay que practicar mucho el desdoblamiento astral consciente y las programaciones en sueños. Por eso es importante que visualicemos siempre a la persona a la que deseamos ayudar sana, libre de toda enfermedad, en perfecta paz y armonía. Y no nos olvidemos jamás de pedir humildemente la ayuda a lo Alto, de tal manera que nuestra actitud canalizará esas extraordinarias energías de amor del Universo en un estado vibratorio óptimo.

El solo acto de amor que supone practicar una sanación es la mejor vacuna contra cualquier enfermedad, por lo que no es posible que por intervenir en una curación, sanación, cadena, etc., seamos víctimas de la enfermedad del enfermo. Pero no aconsejamos que se intente hacer estas ayudas cuando quien las lleve a cabo sea una persona fácilmente sugestionable o esté también mal de salud, ya que su falta de equilibrio e incapacidad de concentración por la enfermedad o el malestar impedirían hacerlas efectivas.

Tengamos presente que jamás damos de nuestra energía, sino que en el momento de una sanación o curación nos convertimos en canales de la energía cósmica que fluye a través nuestro, dejándola pasar y a la vez recargándonos nosotros de modo beneficioso. Como dice el antiguo adagio: «Cuando llueve, todos se mojan».

Curación por arquetipos

Es un tipo de sanación que me fue enseñada por Collin Bloyd, gran maestro y amigo británico. Uno se coloca de pie detrás de la persona sentada con las palmas de las manos extendidas hacia delante, sin tocarla y a la vez formando un triángulo sobre su cabeza. Se pide a la persona que recibirá la ayuda que cierre los ojos y tome respiraciones lentas y profundas, mientras uno invoca mentalmente al arquetipo de la enfermedad que la aqueja.

Cada enfermedad tiene una forma mental, y un color, de manera que vamos a visualizar cuál es la suya, y, como suele ser, aparecerá una forma más bien amorfa, oscura, sin luz, desagradable. Y esa forma saldrá por en medio de nuestras manos, y una vez que la tengamos delante nuestro empezaremos a trabajar con ella moviendo las manos, como si fuera la arcilla de un ceramista que puede ser moldeada, transformándola, dándole una forma basada en formas geométricas con volumen, esto es una esfera, una pirámide o un cubo, y un color claro y brillante. La idea es que transmutemos la forma haciéndola bella y armónica. Y finalmente depositaremos esa nueva forma en la coronilla de nuestro paciente, como vacunándolo contra su propia enfermedad.

Al cabo de un rato bajaremos las manos, siguiendo el contorno del cuerpo de la persona, y daremos por finalizado el trabajo.

La técnica del agua magnetizada

Es otra técnica, y muy sencilla, que consiste en coger un vaso, de preferencia de vidrio, lleno de agua con una mano y con la otra ubicamos la palma sobre la superficie de la misma.

Comenzamos a concentrarnos, orar o meditar con toda clase pensamientos positivos. Podemos imaginarnos en ese instante cómo una luz verde de sanación y esperanza desciende del Cosmos o asciende de la Tierra y se canaliza a través nuestro fluyendo por la mano que tenemos apuntando hacia la superficie del agua, concentrando en ella la energía y convirtiéndola en un instrumento de salud, recordando que el agua es, de entre los cuatro elementos, el que puede ser más fácilmente programado con nuestras intenciones al ser como cristal líquido. Mientras canalizamos la energía podemos ir girando la mano que tenemos sobre el agua lentamente en espiral. Si queremos trabajar sobre problemas de salud actuales giramos en sentido horario; si lo queremos hacer sobre problemas del pasado lo haremos en sentido contrario. Si queremos trabajar sobre enfermedades psíquicas canalizaremos energía del color amarillo dorado; problemas de origen espiritual la azul; problemas de origen afectivo, rojo; y problemas de carácter y temperamento, naranja.

Luego se lo daremos a beber a la persona enferma o, si es para nosotros, la beberemos lentamente, sintiendo con ello un baño de luz y sanación interior.

La cadena de sanación

Para esta técnica requerimos la intervención de más de una persona y si la persona a ser ayudada no está presente o consciente se puede avisar a familiares y conocidos suyos para que estén atentos, actuando como puente para recibir la ayuda y canalizársela.

Nos colocamos entonces en círculo alrededor del enfermo, o hacemos un círculo, imaginándonos al enfermo en el centro, donde todos los participantes elevamos los brazos por encima de la cabeza, juntando las palmas de las manos y separando los dedos. Tomamos inmediatamente una respiración lenta y profunda, inhalamos... retenemos... y al exhalar, visualizamos cómo energías multicolores procedentes del Universo descienden sobre nosotros y van formando entre nuestras manos una esfera de luz, blanca brillante, donde todas las energías del Universo se sintetizan. Tomamos una segunda inhalación... retenemos... y al exhalar visualizamos cómo esa esfera de luz se va consolidando sobre nuestra cabeza. Tomamos una tercera inhalación... retenemos... exhalamos, y vamos descendiendo con nuestras manos, abriéndolas sobre la cabeza, depositando la esfera de luz, que ingresa por nuestra coronilla y va descendiendo, bajando a lo largo de toda la columna vertebral, hasta ubicarse a la altura del coxis. Con las manos también vamos recorriendo los costados hasta llegar a la altura de las caderas, quedando con las palmas hacia abajo. Luego con los dedos formamos un triángulo a la altura de la entrepierna. Tomamos una nueva inhalación lenta y profunda... retenemos... exhalamos, y colocamos las manos formando el triángulo con la punta hacia arriba a la altura del plexo solar, elevando la esfera de luz hasta este. Tomamos una nueva inhalación... retenemos... y al exhalar vamos extendiendo las manos hacia delante, extrayendo de nuestro interior la esfera de luz, visualizando que la proyectamos hacia delante, al centro de la reunión. La suma de las esferas de luz de todos y cada uno de los participantes contribuye a hacer una esfera de luz única y muy grande.

Colocamos ahora todos los brazos flexionados, palmas de las manos a la altura de los hombros, y visualizamos a la persona a la que vamos a ayudar en el interior de la esfera de luz. Para ello decimos en voz alta su nombre.

Extendemos ahora las manos hacia delante, tomamos una inhalación lenta y profunda... retenemos... y al exhalar visualizamos cómo desciende del Cosmos a través nuestro la energía de luz violeta, que es la energía de la transformación, de la mística, la fe y la magia. Y esa energía se proyecta desde nuestro pecho y las palmas de las manos hacia la persona que va a ser ayudada. Esto lo repetimos con los colores azul, celeste, verde, amarillo, naranja y rojo, siempre con respiraciones lentas y profundas, hasta que en nuestra mente visualizamos a esa persona rodeada de un arcoíris armónico de color.

Dolencias y chacras

En cuanto a las dolencias y los chacras, el vórtice situado a la altura del coxis y que llaman raíz guarda relación directa con los órganos sexuales o gónadas; su color es el rojo y su aplicación curativa es prevenir o intervenir en caso de circulación, esterilidad, anemia, problemas de la regla, neuralgia, parálisis y depresión.

El vórtice que se ubica en la primera vértebra lumbar, llamado del vientre, guarda relación con las glándulas suprarrenales o adrenales, el hígado y el bazo; su color es el naranja y su aplicación curativa es para trastornos sexuales, estreñimiento, colitis, disentería, artritis, riñones, tos, fatiga, y también ayuda a levantar el ánimo.

El vórtice ubicado en la octava vértebra torácica, llamado del plexo solar, se relaciona con el páncreas; su color es el amarillo y su aplicación curativa es para el estrés, aumentar la resistencia, alergias, urticarias, cansancio, digestión, el hipo y problemas de aprendizaje.

El vórtice ubicado en la primera vértebra torácica, llamado del corazón, se relaciona con el timo; su color es el verde y su aplicación curativa es para corazón, dolores del pecho, asma, úlceras, problemas en los ojos, quemaduras, dolor de cabeza, infecciones, antiséptico, tristeza y depresión por soledad.

El vórtice ubicado en la tercera vértebra cervical, llamado de la garganta, se relaciona con las glándulas tiroides y paratiroides; su color es el celeste aguamarina o azul claro y su aplicación curativa es para dolores, neuralgia, quemaduras, regular el sueño, tranquilizar, dolores de cabeza, inflamaciones, infecciones, hinchazones, fiebre, calambres, dolor de garganta, acné y eccemas.

El vórtice ubicado en la primera vértebra cervical, llamado de la frente, se relaciona con la glándula pituitaria; su color es el azul índigo y su aplicación curativa es para oídos, ojos, nariz, dolor de cabeza, nerviosismo, insomnio, catarro, presión sanguínea, amnesia, epilepsia, mareos, neumonía y también para la negatividad.

El vórtice ubicado en la coronilla, llamado corona, se relaciona con la glándula pineal; su color es el violeta y su aplicación curativa es para cataratas, tumores, insomnio, estrés, nerviosismo, cuero cabelludo y cráneo.

No hay pedido o acción que no reciba respuesta, y más aún cuando se realiza en la actitud adecuada. La ayuda siempre llegará, pero no necesariamente como y cuando uno quiera, sino cuando las leyes universales así lo dispongan. Se puede dar el caso de que haciendo una cadena de sanación o realizando una imposición de manos a alguien, esa persona, en vez de mejorar, empeora, enfrentando una fuerte crisis, después de lo cual mejorará vertiginosamente. Aquí lo que vemos que ocurrió fue que se aceleró el proceso de la dolencia, y lo que hubiese sido una larga y penosa enfermedad duró poco. Ahí estuvo la ayuda.

Existen otros casos en que se ayuda a alguien y esa persona, en vez de mejorar, desencarna rápidamente. Aquí la ayuda se manifestó al haber contribuido inconscientemente a acelerar el proceso, liberando a la persona de su sufrimiento, ya que la muerte cuando llega no necesariamente es una desgracia o un castigo; también puede ser una liberación frente al sufrimiento, tanto de la persona como de sus parientes cercanos.

Evitemos la enfermedad enseñando a vivir en armonía, prescindiendo de todo aquello que nos hace daño física, mental y espiritualmente. Aprendamos a ser felices viviendo en consecuencia, de tal manera que la paz interior será nuestra mejor vacuna frente a los males de este mundo.

TELEQUINESIS

> *«Si tuvierais fe como del tamaño*
> *de un granito de mostaza,*
> *le dirías a esa montaña: 'muévete de tu sitio',*
> *y ella se movería, pero para ello se requiere*
> *oración y ayuno».*

JESÚS DE NAZARET (Mateo 17:20)

La telequinesis es la capacidad paranormal de movilizar objetos a la distancia con el poder de la mente.

¿Cómo funciona o cómo se activa? Ya hemos dicho que todos los seres humanos tenemos todas las percepciones extrasensoriales y capacidades paranormales, solo que algunos nacen con ellas más desarrolladas o son más conscientes de ellas que los demás. Y cada persona tiene alguna facultad, percepción o capacidad más manifiesta que el resto. Hay quienes tienen más facilidad para la telepatía, otros más sensibles a la dermóptica, otros tienen una gran sensibilidad clarividente, hay también quienes recuerdan más fácilmente los sueños o los gobiernan a voluntad, otros intuyen más, etc.

¿De qué depende el que tengamos tal o cual facultad o percepción más desarrollada? Pues de nuestro avance de vidas anteriores o de cómo haya o se haya desenvuelto la presente existencia. Si hemos tenido una infancia y adolescencia muy tranquila y positiva, o por el contrario muy violenta, desordenada o problemática, esas capacidades se pueden manifestar más fácilmente. En el caso de los adultos también puede llegar a producirse un despertar de facultades después de una situación muy fuerte o traumática en nuestras vidas que nos sensibiliza, haciendo de detonador. Un ejemplo sería el de los sueños y visiones antes o después de que alguien muy querido o cercano a nosotros muera. También pueden empezar a evidenciarse ciertas percepciones y capacidades cuando alguien es privado de su libertad o de su capacidad de movimiento físico.

Asimismo, una persona podría tener una gran percepción extrasensorial que sea producto de su avance de vidas pasadas, pues en esta vida no somos seres improvisados. Somos consecuencia de nuestras existencias anteriores. Como el alumno en una escuela, que va aprendiendo y dominando poco a poco las cosas.

El entrenamiento y la convicción juegan un rol fundamental para llegar a desarrollar la telequinesis. Recordemos que parte de la clave es saber que existe, creer que podemos desarrollarla y querer poder hacerlo.

Como la idea es llegar a mover objetos con el poder de la mente, debemos tratar primero de focalizar nuestra atención en algún objeto pequeño ubicado sobre una mesa, pero que no pueda ser desequilibrado por alguna corriente de aire o por la inclinación de la superficie. Y, colocando nuestras manos cerca y alrededor suyo podemos tratar cada día de moverlo un poquito. Recordemos que la clave son los ritmos al respirar, una relajación para concentrarnos y la concentración propiamente dicha. Le podemos asignar a este ejercicio 5 minutos cada día.

¿Cuál es la utilidad práctica de este ejercicio? Dice el adagio: «Uno no sabe cómo de útiles pueden ser las cosas hasta que las necesita». Con la telequinesis uno puede movilizar objetos, lo cual en caso de emergencia puede resultar vital. Y no desmerezcamos nuestros potenciales, que «uno no sabe de lo que es capaz hasta que lo intenta».

Visión del aura

Hay un arcoíris de colores, un campo de energía
que envuelve nuestros pensamientos,
que expresa el estado de nuestra alma
y que nos muestra tal como somos
a los ojos del espíritu.
Le llamamos el aura.

El aura es el cuerpo bioplasmático o cinturón electromagnético del ser humano. Es nuestra cúpula de luz natural, nuestra barrera inmunológica frente a la amenaza de entidades de bajas vibraciones y la expresión de nuestro estado vibratorio. En ella se puede apreciar el estado mental y espiritual de una persona, su estado de salud, su armonía y equilibrio, su honestidad y sinceridad, su avance, su poderosa mentalidad y también su grado de elevación espiritual. Sería muy útil llegar a aprender a ver el aura, pues ello nos permitiría conocer a las personas en profundidad. Todos tenemos aura, y no solo una, sino tres: el aura mental, el aura total y el aura de salud.

Todos podemos llegar a visualizar el aura de una persona, y para ello debemos entrenar nuestra concentración y la capacidad de focalización de nuestra atención. La clave está en aprender a sentir. Para ello, primero practicaremos la visión del halo etérico o doble etéreo, que es la cantidad de energía que una persona tiene, mientras que el aura es la calidad de dicha energía. A diferencia del halo, que se puede observar a simple vista, el aura no se ve, sino que se siente, de manera que la captaremos, no con los ojos físicos, sino con el tercer ojo o visión interior clarividente.

El ejercicio más común para disciplinar nuestra atención y lograr la captación del etérico o halo es la concentración en la llama de una vela. Y para llegar a «sentir» el aura se recomienda hacer la práctica de dermóptica con las tarjetas de colores, aprendiendo a sentir los colores sin verlos, percibiendo su vibración y temperatura.

Ejercicio de la vela

Esta práctica consiste en la fijación de la atención, por espacio no mayor de un minuto, en la llama de una vela encendida, situada a por lo menos un metro de distancia en una habitación en penumbra. Tras un minuto cerraremos los ojos, procurando controlar la imagen que queda registrada en la retina para que esta se coloque en el entrecejo (nuestra frente), conservándose fija, procurando observar la llama de la vela del mismo color y tamaño tal y como la veíamos con los ojos abiertos. Lo que generalmente retenemos como imagen es una mancha amorfa naranja o roja, que con el uso de nuestra imaginación deberemos cambiar por la imagen original de la llama de la vela, fijando dicha imagen. Al cabo de un minuto abriremos los ojos y trataremos de observar la vela nuevamente por espacio de medio minuto, volviéndolos a cerrar y repitiendo la observación anterior. Luego podemos hacer una última observación de la llama de la vela sin que nos lastime los ojos, proyectándonos mentalmente de forma imaginaria al interior de la flama, y sintiendo con ello una purificación con la que nos veremos envueltos por una luz vivificante.

Este ejercicio lo haremos lo suficientemente espaciado en el tiempo (una vez cada quince días) para que no nos lastime la vista física. De ninguna manera se insistirá en este ejercicio si la vista se encontrara afectada.

El propósito del trabajo con la vela es focalizar nuestra atención y fortalecer la voluntad mediante la concentración de nuestra atención en un punto fijo, para conseguir el dominio paulatino de nuestra atención e imaginación.

El ejercicio de la vela tiene su aplicación práctica también sobre el incremento de la sensibilidad en la percepción, ya que en el campo de las sensaciones visuales, la gama de frecuencias que abarca el espectro cubre desde los 428 hasta los 750 billones de ciclos por segundo. Ampliando el campo de frecuencias que podemos llegar a apreciar (por educación del cerebro y de la mente, y no simplemente del ojo) se seguirá viendo el naranja, pero con otra intensidad y calidad se verá un nuevo amarillo, un nuevo verde, etc. Todos y cada uno de los colores serán apreciados con sus distintos tonos y matices, pero cada uno de estos más luminoso que el básico o inferior de la gama conocida.

Ejercicio de la visión del halo, aura mental, aura total, aura de salud y formas de pensamiento

La percepción extrasensorial conocida como clarividencia no es tanto el producto de una rarísima facultad superior de muy pocos sino más bien la recuperación de una condición natural perdida por falta de educación y motivación al respecto, ya sea por olvido progresivo de su existencia o producto de una tenebrosa manipulación que se basa en mantener al ser humano sumido en la ignorancia acerca de ciertos aspectos potenciales propios de su naturaleza, pudiendo fomentar de esa manera el engaño, la falsedad y la mentira. Debe destacarse que en los niños existe una clarividencia natural y capacidad de ver con la mente que se olvida y se pierde casi invariablemente en cuanto comienzan a darse cuenta de que los adultos ya no la poseemos, o debido a una educación que más bien desorienta, produce olvido, obligándolos a entrar en el proceso de socialización que en vez de integrarlos los individualiza hasta aislarlos de sí mismos y de los demás.

Habíamos dicho que el halo es el reflejo de luz del cuerpo electromagnético del ser humano. Es la cantidad de energía.

Su existencia se fundamenta en principios físicos comunes y corrientes, como que el cuerpo humano es un circuito eléctrico que crea un campo magnético, apreciable a simple vista. La observación del mismo se alcanza por la concentración visual y se precisa por la percepción extrasensorial.

Debe destacar como elemento de interés que la capa más densa del cuerpo etérico humano es más sutil que el tipo de éter ambiental por el que se propagan las radiaciones, luz, calor, etc. Dicho en otros términos: la energía etérica humana es en cualquier caso más refinada que la energía etérica, que es equivalente a la utilizada en los procesos físicos.

En cuanto al aspecto morfológico, el espesor del halo de una persona adulta, de salud más o menos normal, es aproximadamente de unos dos a tres centímetros. Por supuesto que la parte de la cabeza sobrepasa la medida o el grosor del resto del cuerpo.

La distribución de esta energía etérica es sustancialmente la misma en todas las zonas del cuerpo siguiendo su forma. Se genera así una especie de doble corporal, pero etérico; aunque, como decíamos, suele observarse siempre como más grueso e intenso a la altura de la cabeza, debido a la actividad cerebral.

Para efectuar la observación del halo procuraremos sentarnos todos cómodamente, poniendo a alguien frente a nosotros a una distancia no mayor de entre 3 a 5 metros, de espaldas a un fondo claro y con una luz ambiental no muy fuerte, y preferiblemente en penumbra. La idea al realizar la práctica, como en el caso de la vela, consiste en retener la vista fija sobre el hombro o la cabeza del sujeto a observar por espacio no mayor de un minuto sin parpadear, tratando de precisar el espesor de la luminosidad existente alrededor del cuerpo.

Todos los seres vivos, ya sean seres humanos, animales o plantas cuentan con un halo que suele ser fluctuante dependiendo de la hora del día en que se haga la observación y del grado de desgaste o cansancio. Los objetos también llegan a presentar una suerte de halo que es más bien constante.

En cuanto al aura, como decíamos antes, a diferencia del halo que refleja el volumen, cantidad e intensidad de la energía vital, o sea el aspecto cuantitativo, nos expresa el aspecto cualitativo del ser, esto es, la calidad o su nivel de vibración en los planos físico, mental y espiritual.

La fotografía de la yema del dedo obtenida por Semiur Kirlian mediante su célebre cámara permitía apreciar parte de la capa más densa del cuerpo etérico y no precisamente el aura, lo cual constituye algo más sutil todavía.

El aura es el reflejo de nuestra realidad interna. No podemos impedir que alguien que tenga la percepción necesaria nos observe tal como somos, ya que el aura no puede ser disfrazada o arreglada; pero para una adecuada captación e interpretación de la misma se deberán conocer las variaciones y combinaciones múltiples de los colores y su significado, así como la existencia en el ser humano de tres auras que simultáneamente llevamos con nosotros.

Para la preparación de la observación de las distintas clases de aura, durante la práctica deberá procurarse contar con cartulinas de colores de un tamaño de unos 15 x 10 cm. una de color violeta, otra azul índigo, celeste, verde, amarillo, naranja y rojo. Un juego por cada uno de los miembros de la familia o miembro del grupo con el que deseemos trabajar. Tienen que ser del mismo material, y del mismo tamaño. La idea es que cada uno vaya familiarizándose con la vibración de cada color, tocando cada cartoncito en el orden de en la escala cromática por espacio de un minuto o más con las yemas de los dedos, y luego, colocándoselo en la frente, procurar «sentir» la vibración, sensación o emoción que nos produce cada color.

Aura mental

Es el arcoíris de colores que se observa por encima de la cabeza, con tonos definidos como en arco o en medias lunas, por encima del cráneo y los hombros, o simplemente como nubes o manchas amorfas. Esta aura es muy variable, debido a que está sujeta a las fluctuaciones de nuestros estados mentales, anímicos y emocionales, que suelen ser cambiantes. Este aura podría cambiar significativamente de un día para otro o de un momento a otro.

Los colores que percibimos del lado derecho de la persona son el momento actual, mientras que los que percibimos del lado izquierdo son el futuro inmediato; los colores van de derecha a izquierda de la persona, no del observador.

El aura mental se puede interpretar como el estado mental de la persona; un estado que resume sus actitudes, conceptos, ideales, preocupaciones, miedos, dudas y manera de ver la vida. Para percibirla se colocará a la persona sujeta a observación enfrente nuestro (como hacíamos con la observación del halo), de espaldas a una pared o fondo claro (la persona a observarse debe procurar estar vestida con ropas claras), en un ambiente bien iluminado. Concentraremos entonces nuestra atención y la vista ligeramente por encima de la cabeza del sujeto observado. En ese momento, con el dedo índice nos tocaremos suavemente el entrecejo. Esto lo haremos para concentrar nuestra atención en la frente y poder captar, ya sea con los ojos abiertos o cerrados, y en nuestra mente, los colores del aura mental. Al cabo de veinte segundos relajamos la mano y mantenemos la concentración a través de la sensación aún presente de la yema del dedo en el entrecejo con los ojos mirando al frente. Transcurrido un minuto —como en el ejercicio de la llama de la vela—, uno cierra los ojos y procura trasladar la silueta de la persona guardada en la retina al entrecejo y allí procura «sentir» los colores que hay alrededor de la persona. Porque la idea es «sentir» más que ver. Y podemos continuar percibiendo y sintiendo con los ojos abiertos, entreabiertos o cerrados, como nos resulte más fácil, recordando que el color más cercano al cuerpo es el violeta; le siguen el azul, el celeste, el verde, el amarillo, el naranja, y finalmente el rojo, que es el más externo.

En una hoja en blanco, con lápices de colores dibujaremos la silueta de un cuerpo humano y alrededor suyo pintaremos los colores que captemos. No siempre se aprecian los colores en el orden antes mencionado, pues alguno suele destacarse más que otro, o hay colores que son muy sutiles o que son imperceptibles, pudiendo aparecer en la observación solo dos o tres como revueltos y en movimiento.

El aura total

Es la cúpula de protección natural que posee el ser humano. Su tamaño abarca lo que alcanzan nuestros brazos extendidos, pudiendo llegar a ser en algunos casos mucho mayor, pues el tamaño del aura total es a la vez el del campo de influencia e irradiación de las energías que forman nuestra esencia integral de cuerpo, mente y espíritu.

Como el aura envuelve completamente a la persona, en ella suele destacar un color en particular, que es el llamado color «envolvente» o «predominante», que suele definir nuestro estado interno actual. Nuestra aura total tiene la forma de un huevo (ovalada), ligeramente achatada en los pies y la cabeza. Dentro del aura los colores pueden aparecer de forma horizontal, vertical, oblicua o como manchas, cubriendo o girando por delante, encima y atrás de la persona, dependiendo de su grado de equilibrio o desequilibrio. Cuando los colores aparecen en horizontal esto podría interpretarse como que la persona va a mantener su estado actual, ya que el lado derecho del cuerpo suele relacionarse con el momento actual de la persona, mientras que el izquierdo con su futuro inmediato. Cuando los colores aparecen en oblicuo es que hay una tendencia hacia el equilibrio o al desequilibrio de tal o cual color. Un aura con manchas podría estar señalándonos caos personal.

Para que tengamos un aura total sana y estable, los colores tendrían que aparecer en sus ubicaciones correctas, que corresponden a los chacras, esto es: el color violeta a la altura de la coronilla; el color azul índigo a la altura de la frente o entrecejo; el celeste aguamarina sobre la boca y la garganta; el verde cubriendo los hombros, el corazón y los pulmones; el amarillo en el plexo solar, a la altura del esternón y el ombligo; el naranja en la zona del bajo vientre y los órganos sexuales; y finalmente el rojo a la altura del coxis y las caderas, así como sobre la entrepierna. Para que el aura total sea saludable y positiva, los colores tendrán que lucir claros y brillantes. Pero en la realidad son pocas las personas que poseen sus colores en las ubicaciones correctas y con la claridad y brillantez que denoten equilibrio y armonía.

Para observar el aura total habremos de situar nuevamente el dedo índice sobre el entrecejo por veinte segundos, al cabo de lo cual relajaremos la mano y concentraremos nuestra vista física durante un minuto sin parpadear, calculando una cuarta o una mano sobre la cabeza de la persona que hayamos escogido. Al cabo de ese minuto cerramos los ojos y procuramos definir la silueta de la persona, colocándola en el entrecejo, tratando de sentir el color que la envuelve o destaca. Tras un minuto abriremos nuevamente los ojos y volveremos a concentrar la vista física en el mismo punto, procurando sentir y definir primero el color envolvente o predominante, luego los colores del interior del aura y su ubicación; si son horizontales, oblicuos o verticales, y qué colores son. Cualquier detalle del aura lo plasmaremos en una hoja blanca con lápices de colores que nos permitirán cotejar y comparar después las similitudes en las captaciones.

El aura de salud

Comprende los colores que pueden ser apreciados mediante clarividencia en el cuerpo o fuera de él y que se asocian con los estados de salud o enfermedad que afectan a la persona. Estos colores suelen asomar del cuerpo como manchas, que no serían otra cosa que las dolencias y enfermedades que ha tenido, tiene o tendrá la persona en el cuerpo. En otras palabras, los males que lo aquejan.

La ventaja de la percepción del aura de salud es que permite establecer la verdadera causa y no de los efectos de las enfermedades, localizando el foco de concentración de los desequilibrios energéticos. Esto permitirá al facultativo establecer una atención precisa en la raíz del mal sin tener que perder tiempo en diagnósticos especulativos. No olvidemos que algunas enfermedades son de origen karmático, esto es que proceden de otras existencias, y por ello tenemos que procurar entender su posible origen para empezar a trasmutarla y superarla. Hacer prácticas de retroceso reencarnativo ayudarían a averiguar las causas de este tipo de dolencias o limitaciones.

El ejercicio continuo para percibir el aura mental y total nos dará la seguridad necesaria como para captar el aura de salud. La observación de este aura se consigue con práctica, experiencia y entrenamiento continuos, concentrando la visión física para enfocar nuestra atención y luego aplicar la percepción mental en un punto determinado del cuerpo de la persona, pudiendo ser este el chacra del corazón vinculado a la salud , o en el plexo solar (ligeramente por encima del ombligo) o cualquiera de los otros centros energéticos o chacras de la persona.

Al cabo de un momento de tener nuestra visión física concentrada en la persona, podemos cerrar los ojos, (esto es optativo, así como una parte del proceso operativo) y procuramos centrar la imagen en nuestra mente, a la altura del entrecejo, percibiendo y detallando mentalmente lo que percibimos. Al rato podremos abrir nuevamente los ojos y seguir la observación con los ojos abiertos, pudiendo desplazar la vista física por otros puntos del cuerpo de la persona observada, pero especialmente por su plexo solar.

Como en el caso anterior, todo detalle observado lo plasmaremos con lápices de colores en una hoja blanca, para cotejar luego los resultados entre todos. Las manchas blancas o amarillo brillantes suelen ser enfermedades ya superadas (como cicatrices energéticas); las manchas de color verde señalan recuperación de enfermedades o en proceso de curación; las de color naranja, enfermedades que se están gestando y que en cualquier momento pueden manifestarse con fuerza; las manchas rojas son enfermedades ya presentes que podrían llegar a acabar con la persona; y finalmente las manchas de color ladrillo, grisáceas u oscuras que pueden ser graves enfermedades de origen kármico (deudas de vidas anteriores).

Muchas veces ocurre que basta con cerrar los ojos para que aparezcan delante nuestro un sinfín de colores; estos pertenecen a nuestra propia aura.

Una práctica que se puede hacer en grupo es ubicar a todos los presentes separados entre sí, en lo posible un metro y medio, colocándolos uno frente a otro. Esto con la finalidad de que, con los ojos cerrados, cada uno trate de sentir su propia aura y luego la del vecino que tiene detrás, delante o a los lados. El ejercicio se puede combinar con la visualización previa del túnel mental, al final del cual llegaremos a una habitación amplia e iluminada, donde delante nuestro habrá un espejo de gran tamaño, con un marco de bronce, que estará cubierto por una sábana blanca y al que nosotros le retiraremos la sábana, pudiendo vernos a reflejados en él, como una forma de concentrarnos en nosotros mismos. Luego la idea es sentir qué color es el que nos está envolviendo; cuál es el que destaca en nuestra aura. Este color es el que caracteriza ese momento de nuestra vida. Cuando hayamos terminado de precisar el nuestro procuraremos visualizar el de los compañeros más cercanos. Al término del ejercicio compararemos nuestras observaciones.

Formas de pensamiento

Si nos concentramos en una persona e intentamos verle o sentirle el aura podría llegar a darse el caso de que la viéramos rodeada de múltiples colores yendo en una dirección y otra, como si estuviera dentro de un ovillo de lana multicolor. Eso significaría que de inmediato habríamos captado los tres tipos de aura de la persona, así como las formas de pensamiento que está emitiendo. Para poder distinguir una cosa de otra evitando las confusiones uno poco a poco deberá aprender a enfocar con ayuda de la voluntad las diferentes capas, y así llegará a distinguir qué es qué.

Dentro de la observación del aura se da frecuentemente la aparición de manchas móviles de color, pequeñas sombras, figuras geométricas o destellos alrededor y sobre el cuerpo. Todo esto no son otra cosa que las llamadas formas del pensamiento, pues los pensamientos pueden adquirir colores y formas diversas, ya sean ideas positivas o negativas,

Los colores claros y brillantes siempre suelen acompañar lo positivo, mientras que lo negativo vendría a corresponderse con los colores sombríos y oscuros. Por ejemplo: una nubecita ploma a la altura de la cabeza podría significar tensión, angustia familiar o problemas en el trabajo. Un destello brillante en el oído sería una inspiración musical o una idea positiva. Un cuadrado transparente o un rombo naranja podría estar relacionado con ideas limitadas a lo cotidiano, preocupaciones o proyectos en el trabajo, etc.

Para la práctica de estas observaciones se pedirá a la persona voluntaria que se ha colocado delante de los demás que se concentre en una idea específica, que anotará sin comunicárselo a nadie y guardará dentro de un sobre. Lo que llegue a ser observado por el resto del grupo será precisado por los participantes, manifestándolo verbalmente o en una hoja en blanco, donde previamente habremos dibujado una silueta humana.

Si queremos tener la seguridad de que lo estamos observando o sintiendo es exacto o correcto se recomienda la presencia en el lugar de por lo menos dos niños pequeños de entre cuatro y seis años, quienes también intentarán hacer cada una de las captaciones. Nosotros contrastaremos nuestros resultados con los suyos.

El hablar delante de los niños de estos temas y el hacer los ejercicios con ellos les dará la confianza necesaria para que no solo no pierdan su facultad y sensibilidad naturales, sino que estas se incrementen. Deberemos enseñarles a ser discretos en sus observaciones explicándoles la ignorancia y el olvido en los que viven la mayoría.

Las auras, sus colores, características y propiedades

El aura viene a ser el resplandor, la vibración luminosa o radiación surgida del cuerpo humano, cuya captación es posible por parte de una persona sensibilizada. En otras palabras, el aura es la representación en colores de los aspectos cualitativos de nuestro ser en forma de emanación de un efluvio brillante, una envoltura vaporosa luminosa, oviforme, que rodea el cuerpo y que está compuesto de siete partes fundamentales, siendo la parte más alta más dilatada. Estas capas son los diferentes cuerpos o vehículos que ha elaborado el ser para expresarse en cada uno de los planos. Las personas que no cesan en su preparación mental y espiritual alcanzan en su momento la estimulación clarividente que les permite percibir, si no bien todas, algunas de las capas que más destacan en el huevo áurico.

Reiterando la anteriormente expuesto, cuando hablamos de auras no podemos dejar de lado el cuerpo vital o doble etérico, conformado por emanaciones que se ven como una luminosa neblina muy suave bordeando el cuerpo, con una tonalidad clara o trasparentosa, y que es lo primero que nosotros captamos en un ejercicio de visualización de aura. La neblina del cuerpo aparece brillante y clara cuando la persona está descansada y sana, mientras que se torna delgada y lechosa cuando es lo contrario.

El doble etérico puede tener muy poco espesor, quizás menos de un centímetro, o elevarse hasta dos o tres dedos de grosor.

Cuando se han desarrollado lo suficiente la voluntad y la capacidad de enfoque de nuestra mente, y por consiguiente la visión astral o clarividente, es posible percibir fácilmente las vibraciones del cuerpo vital; para comprobarlo es igualmente necesario acercarse a una persona cuyo doble etéreo se observa sano y concentrarnos en ella, teniéndola en cuenta como modelo o pauta.

El cuerpo vital es el lugar donde se localiza la enfermedad, cumpliendo una labor similar a la del aura de salud.

Si la persona atraviesa un momento de tranquilidad, su halo y su aura nos ofrecerán la apariencia de una sosegada fosforescencia; pero si en los instantes en que es analizada se encuentra exaltada, sacudida o fuertemente conmovida por una violenta pasión, angustia o desaliento, entonces el aura se percibirá como tormentosa, con colores rojos, naranjas y amarillos (como si fuera fuego), y la sustancia astral se turbará en un remolino que se agigantará y chispeará.

Como hemos visto, el huevo áurico envuelve totalmente a la persona y normalmente tendrá el tamaño de los brazos y las manos extendidas, pero puede alcanzar, en el caso de un gran desarrollo, algo más de dos metros de altura desde su extremo más amplio, que está sobre la cabeza de la persona, hasta su extremo más afilado, que se extiende por debajo de los pies. El lado derecho del aura es el momento actual de la persona, mientras que el izquierdo corresponde a su futuro inmediato. Así, si los colores son horizontales y van de derecha a izquierda es que no habrán variaciones significativas en la persona; cosa muy diferente será si los colores son verticales o como manchas, porque eso nos estaría indicando que ahora está de una manera y después estará de otra, osea que cambiará significativamente.

Dentro del seno materno el feto está rodeado por una masa carnosa que es la placenta, que constituye algo así como una bolsa protectora. Fuera del vientre de la madre, la persona posee otro tipo de envoltura, el aura: un capuchón polícromo, que debidamente conocido nos advierte de que es un manto protector. Así, el aura total revela cualquier enfermedad que podamos padecer, incluso las que están en periodo inicial, lo que nos permitirá una oportuna intervención.

El aura total está poblada de diversos colores y tonalidades, unos tenues y otros brillantes. Estos colores cambian de intensidad según las variaciones de la persona. Ninguna persona puede engañar a otra en lo relativo a su aura; menos ocultarle su estado anímico. Pero el aura no solo denota los sentimientos, emociones, y algunos pensamientos interiores, sino que también evidencia lo que es constante: el temperamento.

El color o los colores predominantes del aura expresan el grado de adelanto o atraso espiritual de la persona. La riqueza cromática del aura es ilimitada y en ella el blanco constituye el símbolo de la perfección.

Color rojo

Es uno de los colores del arcoíris de vibración más baja y el color más cálido. En la naturaleza el rojo simboliza el fuego creador; en el aura representa los aspectos del amor, desde el sensual hasta el afectivo, o lo que con mayor propiedad deberíamos definir como emociones, sentimientos, atracción y conjugación física.

Un rojo suave es el color del amor personal abnegado y también del amor familiar. Un rojo brillante es el amor puro; mientras que el rosa es el color del amor incondicional y en el servicio.

Un rojo oscuro se relaciona con la pasión, mientras que un rojo sucio (sombrío) se asociaría con la fuerza y la vitalidad empleados en el mal. Un rojo de esa clase revelaría al sujeto desleal, con inclinación a las riñas. Los criminales tienen este color.

Un rojo como la grana, subido, evidenciaría ira, en tanto que el escarlata significaría orgullo vano, obstinación y soberbia. Cuando el rojo está bordeado de amarillo brillante indica fuerzas y vitalidad dirigida a la realización del bien. En este caso el color señala a la persona que colabora con los demás.

Color naranja

Es el color de la voluntad, la creatividad, el orgullo intelectual, el temperamento y el carácter. Un naranja limpio y suave nos revela a una persona respetuosa. Un naranja sombrío nos indicaría a alguien despreocupado y ocioso. Un naranja rojizo con cierta tonalidad verdosa representaría a una persona celosa o con la cual no se podrá razonar y es mejor evitar. Un naranja con cierta graduación de verde destacaría en un individuo prejuicioso, poco imaginativo.

Un naranja brillante denotaría fuerza de voluntad, creatividad y una poderosa personalidad y carácter.

Color amarillo

Cuando aparece resplandeciente, dorado y puro es exponente de elevado intelecto, equilibrio y conciencia espiritual. Este color ilumina e inspira la mente.

El amarillo matizado con destellos brillantes más o menos nítidos revela el grado de entrega personal al servicio, sobre todo cuando aparece en el color envolvente.

Un amarillo naranja denota un claro control sobre el carácter y la conducta. El amarillo grisáceo expresa estados mentales negativos. El amarillo sucio con manchas de rojo oscuro evidencia traición. Un amarillo sombrío revela a quienes no han progresado en el campo moral. Un amarillo grisáceo muestra a los tímidos; y si es rojizo opaco o naranja opaco pone de manifiesto a los cobardes.

En las mezclas cromáticas, la interpretación deberá tomar en cuenta el significado de cada uno de los colores componentes, su claridad, así como lo que nos dice la intuición al hacer la observación.

Color verde

El verde ocupa el segmento central del espectro apreciable por el ojo físico, generalmente la zona media del huevo áurico. Este color, que refleja la esperanza y la honestidad, destaca en las personas cuya profesión o misión es la vida o la salud, y que están en permanente y directo servicio al prójimo o a la naturaleza. Es el caso de los médicos, que liberan a las personas de sus enfermedades o colaboran en el nacimiento o asisten en la muerte; de los veterinarios, que velan por la salud de los animales; de los biólogos, que redescubren los aspectos de la vida cada día; de los terapeutas, que guían a la gente a amar la vida a través de la autocuración; o los jardineros, que se preocupan por la belleza y vitalidad de las plantas, etc.

El verde prevalece en los armonizadores y pacificadores del mundo. El verde es lo que dijimos: esperanza, honestidad, salud, sanación, estabilidad, tranquilidad, generosidad, verdad y entrega amorosa a la obtención del conocimiento. Por ello se halla en el medio del aura y a la altura del corazón y los pulmones.

La acción del verde entibia la sangre y templa los nervios. El verde es el color del reino de la naturaleza. El verde claro lo irradia una persona con simpatía y comprensión, mientras que un verde con tonalidades oscuras mostraría a aquel que inspira desconfianza.

Un verde tamizado de azul eléctrico denota al ser responsable; pero si el verde es fuertemente sombrío, ante nosotros se erigirá alguien egoísta y envidioso. Un verde rojizo significa sospechas y también celos. Pero en general el verde es un color ideal, saludable y de equilibrio.

Color celeste

Es el color que ubicamos a la altura de la garganta y se relaciona con el poder de la palabra y la magia del verbo. Es el color de los comunicadores y de aquellos que inspiran confianza en los demás con la palabra precisa y el consejo oportuno. Este color, en sus tonos grises y oscuros, denotaría mentira y falsedad, señalando a los embaucadores.

Color azul

El azul es uno de los cuerpos primarios y eléctricos. Un azul limpio y claro manifiesta una elevada espiritualidad. Un azul tamizado de violeta o morado nos hace reconocer el sublime idealismo o la religiosidad. Un azul con pinceladas grises se presenta cuando los sentimientos y las inclinaciones religiosas están afectados por temores. Un azul con sombras serían las creencias ensombrecidas. Si el toque oscuro sobre el azul es mayor, las creencias es que están retorcidas por el fanatismo y en algunas ocasiones por el odio.

Un azul índigo o marino se trata en realidad de un azul muy profundo que revela devoción religiosa, generosa y sacrificada. El índigo expresaría asimismo orientación espiritual de la conciencia hacia lo divino.

Color violeta

Es el último color de la banda irisada. El idealismo espiritualizado refleja ese color. Es la devoción, la fe y la mística. Denota la capacidad de transformarse y transformar cuanto nos rodea. Es el color de los magos y los alquimistas.

Entre las vibraciones del violeta debemos tener en cuenta el orquídea, el lila, el púrpura y el morado.

El orquídea simboliza la entrega de la vida al amor de Dios. El lila representa el altruismo. El púrpura es una combinación de las cualidades anímicas que simbolizan el azul y el morado. En el mundo físico, el púrpura es un color orquídea morado que no despierta la admiración más que de muy pocas personas, pero astralmente manifiesta contemplación y renuncia.

Un violeta suave podría significar un amor maternal abnegado de la persona que todo lo entrega en una generosidad sin límites y puede inmolarse a sí misma. La ubicación áurica del violeta y sus variaciones están casi siempre muy próximas a la cabeza del individuo.

El violeta es magnético y quien lo posee es en general alguien atractivo y seguido por los demás. El violeta y sus variaciones apaciguan los ánimos, detienen las exaltaciones, calman los nervios y simbolizan alta serenidad.

Cuando los colores se hinchan y son irregulares en sus contornos muestran a una persona incapaz de controlarse a sí misma.

Color café

Es propio de personas materialistas muy apegadas a las cosas terrenas; el café es el color de la tierra. Pero si este mismo color café o marrón es claro y brillante simbolizaría humildad y sencillez.

Color gris

Es un color neutro, pero modifica los colores del aura. Cuando aparece sobre los otros colores, en forma de bandas o capas tenues, acusa a las personas débiles de salud y tímidas de carácter. Un velo muy tenue de gris sobre otro color puede significar melancolía o negatividad. Pero un gris brillante puede estar señalando a una persona receptiva, intuitiva y buena canalizadora de energías y mensajes de entidades superiores.

Encima de una octava cromática hallamos otra, compuesta siempre por colores muy suaves y delicados. Por ejemplo, tenemos que el rosa corresponde a una octava de vibraciones más altas que la de los colores de la banda captada por el iris.

Color blanco

Es el color de la pureza; suele relacionarse con la perfección y representa la más alta espiritualidad. Aparece cuando los demás colores están en armonía.

Resulta difícil leer el aura con seguridad y completa exactitud si no se usan la intuición, la imaginación y la inteligencia, para no solo sentir su significado sino tener el cuenta el conocimiento de la que debería ser la ubicación ideal de los colores, así como jugar con la asociación de ideas. Es complicado hasta que uno le coge el truco, y esto ocurre porque en el aura los colores aparecen mezclados en múltiples combinaciones. Con el ejercicio de nuestra voluntad y capacidad de enfoque podremos precisar qué estamos viendo, si es el aura mental, el total o la de salud, si son formas del pensamiento o qué.

Para la percepción del aura es de gran importancia practicar una respiración profunda y la relajación, que mantengan tanto el que observa como el que es observado.

VIAJES ASTRALES

> *Vivimos en un Universo sin límites;*
> *el único límite es nuestra ignorancia.*

Ya sabemos que el ser humano tiene, además de su cuerpo físico, otros seis vehículos, aunque sutiles. Uno de ellos es el cuerpo astral, vehículo de las emociones y los deseos, que se encuentra unido al cuerpo físico a través de un cordón umbilical de energía que se conoce como el «cordón de plata» y que se quiebra cuando uno muere. Precisamente la Biblia, haciendo referencia a la muerte, dice: «...*Antes de que se rompa el cordón de plata*» (Eclesiastés 12, 6).

Durante el sueño siempre nos desdoblamos, desprendiéndonos del cuerpo físico y viviendo experiencias en la dimensión del astral. Todos los sueños son viajes astrales, aunque no todos los viajes astrales son sueños. Uno puede desdoblarse sin estar durmiendo, para lo cual bastará con una relajación profunda.

Si estamos en buenas condiciones de salud la experiencia astral consciente no entraña ninguna dificultad. Para esta práctica se recomienda que estemos con el estómago libre de procesos de digestión; por ello es aconsejable realizarla antes de ingerir alimentos, o por lo menos dos horas después de hacerlo.

El viaje astral, como decíamos, es algo que naturalmente y de manera espontánea realizamos todas las noches durante el sueño. El esfuerzo que debemos desplegar en este sentido es estar completamente conscientes y efectuarlo con el ejercicio de nuestra voluntad, que debe haberse visto fortalecida por la disciplina interior, que venimos desarrollando a través de prácticas anteriores (respiración, protección, relajación, concentración y meditación). Todo proceso de crecimiento interior apunta hacia el afloramiento natural de capacidades que son parte de nuestra naturaleza y que nos permitirán ampliar nuestra capacidad de amar en el servicio, porque descubriremos que vivimos en un Universo sin límites y que el único límite son nuestra ignorancia y nuestros miedos, a los que muchas veces nos aferramos.

El viaje astral es ingresar en otra realidad, una realidad interna y manifestación de otro plano de experiencias, que están reservadas para el ser humano.

Recordemos que antes de nacer estábamos en el mundo astral; durante el sueño volvemos al astral y al fallecer regresamos allí. ¿Cuál de los planos de existencia es más real? ¿En cuál pasamos más tiempo, en el astral o en el físico? Como la respuesta es evidente, tenemos entonces que reflexionar por qué solemos olvidar ese otro plano de vida que resulta más real que el físico. Y es que el recordar los sueños es señal de madurez y parte del proceso de expansión de la conciencia. Así como por las mañanas nos despertamos y luego nos levantamos de la cama, igualmente se requiere que despertemos conciencia a todo el universo de posibilidades que nos rodea. Debemos reaccionar y abrir los ojos a una realidad que, no porque no la terminamos de percibir deja de existir, de manifestarse y de actuar, influyendo en nuestro mundo material.

Antes de iniciar la aventura del viaje astral consciente deberemos superar todos los temores. Nada malo puede pasar que nosotros no permitamos. El miedo es la puerta por la que llegan todas las amenazas y peligros. Y ese temor proviene del hecho de que el viaje astral consciente reproduce los síntomas de la muerte, de tal manera que las mismas sensaciones que percibimos cuando nos morimos se repiten cuando uno se desdobla conscientemente; y entre ellas dejar de sentir el cuerpo y abandonarlo. Y esto es porque durante el sueño uno deja de ser la persona que cree que es para pasar a ser la persona que realmente es.

Si uno sabe que está protegido (recordemos la existencia de nuestra aura), protegido está. Dejemos paso a la convicción y la seguridad de que contamos con la protección de entidades superiores con las que nos unen lazos vibratorios, y entre quienes se cuentan los hermanos guías extraterrestres, así como otros seres que, siendo espirituales, nos librarán del acecho de entidades bajas astrales que siempre existen y pululan en esos planos buscando introducirse en el cuerpo de los encarnados. Pero el peligro real está en nuestra inseguridad, en nuestro propio miedo.

Técnica para el viaje astral

Para el desdoblamiento se requiere, entre otras cosas, una posición cómoda, de preferencia acostados en la cama, o en el suelo sobre una manta, o sentados sobre un sofá con un buen respaldo y grandes reposabrazos. Al cabo de una buena relajación iniciamos nuestro trabajo con miras a abandonar lentamente y, paso a paso, nuestro cuerpo físico por un período corto de tiempo, procurando antes que nada perder el temor a dejar de sentirlo.

El primer paso, como dijimos, para lograr el desdoblamiento consiste en alcanzar, con respiraciones lentas y profundas, una buena relajación, dejando de percibir nuestro cuerpo. Luego nos imaginamos que somos una esfera de luz flotando en el interior del envase que es nuestro cuerpo, ubicándola exactamente en nuestro plexo solar. Nos imaginamos a continuación que esa esferita de luz sale flotando por encima de nuestra cabeza, como si la cabeza se estirara, pudiendo llegar a ver nuestro cuerpo desde cierta altura. Después de un tiempo prudencial volvemos, descendiendo sobre nuestra cabeza y situándonos nuevamente en el pecho, sintiéndonos siempre esa esfera brillante.

Hacemos un nuevo intento concentrándonos para empezar a balancearnos como si fuéramos un péndulo, de tal manera que intentaremos salir por los lados del cuerpo o balanceándonos hacia delante y hacia atrás. Una vez fuera nos giraremos y procuraremos ver nuestro cuerpo físico tendido donde se encuentre. Después de un rato volveremos de la misma manera, ingresando por donde salimos.

Otra forma de salida, siempre a partir del plexo solar, es sentirnos flotando dentro del cuerpo y empezar a girar a gran velocidad, de tal manera que la fuerza centrífuga termine por sacarnos de nuestro cuerpo. Quedaremos flotando por encima del cuerpo y, para regresar, bastará con invertir el giro (fuerza centrípeta), o concentrarnos en un dedo del pie o de la mano, sintiéndolo, para que caigamos en el cuerpo como una pluma que lleva el viento.

También podemos intentar deslizarnos por los pies o caer hacia atrás por la espalda como a una piscina. Y fuera del cuerpo nos giraremos siempre para vernos tal como somos y observar todo a nuestro alrededor para poder hacer después confirmaciones. Para volver simplemente bastará con desearlo.

Otra forma es, tras la relajación, imaginarnos que nos levantamos dejando nuestro cuerpo al lado. Recordaremos entonces todos los detalles de la habitación y procuraremos a continuación desplazarnos hacia la puerta más cercana, que abriremos; de allí, siempre con la imaginación, recorreremos toda la casa (o el lugar), abriendo y cerrando puertas detrás nuestro. Procuraremos salir afuera a la calle y observarlo todo. Luego regresaremos, volviendo por nuestros pasos, hasta encontrarnos con nuestro cuerpo, en el cual ingresaremos lentamente. Al haber completado este reconocimiento mental del lugar habremos adquirido la concentración y orientación necesarias para intentar el desdoblamiento en serio.

Tenemos que focalizar nuestra atención en el proceso de desprendernos y no preocuparnos en sentir el cuerpo en el proceso de abandonarlo, o esto nos atraerá velozmente a él.

Otra manera sería, en caso de que no nos convenzan demasiado las anteriores, que sin mover nuestro cuerpo tratemos de incorporarnos astralmente, como sentándonos y girando para ver nuestro rostro, como si estuviésemos frente a un espejo; luego levantarnos, parándonos y observando el cuerpo tendido en el suelo, o sentado, como lo hayamos dejado.

Cuando hayamos escogido elevarnos por encima de la cabeza procuraremos mirar todo desde arriba, llegando a tocar el techo de la habitación y recordando allí que nuestro vehículo astral puede atravesarlo por lo cual podremos flotar y salir al exterior, procurando siempre fijarnos en algún hecho o circunstancia externa que después nos permita una verificación de la veracidad de la experiencia. Podremos por ejemplo ir a nuestras respectivas casas o a las de familiares y amigos, fijándonos en algo que posteriormente podamos contrastar.

Una vez que nos encontremos fuera de nuestro cuerpo y hayamos superado la sensación de temor podremos avanzar fijándonos en todo cuanto hay alrededor nuestro, pudiendo volar o atravesar puertas y paredes, porque el astral no está sujeto a las leyes de la física material. Siempre es bueno pedir al principio de la práctica una protección especial a los guías extraterrestres o a los maestros de luz; es muy probable que uno de ellos esté aguardando en el astral para orientarnos.

Las distancias, astralmente son a la velocidad del pensamiento, por lo que se pueden realizar fácilmente viajes a otros planetas sin necesidad de usar trajes espaciales y hasta podremos conocer recónditos lugares de nuestro planeta atravesando muros, rocas y montañas completas. El retorno igualmente lo realizaremos con tranquilidad y sin apuro, procurando no olvidar los detalles de la experiencia. Bastará simplemente con desear volver, procurando concentrarnos en alguna parte de nuestro cuerpo, para que vayamos entrando suavemente en él. Para poder viajar a otros mundos es necesario tener mucha vitalidad y esto se consigue con respiraciones lentas y profundas, así como con una alimentación natural y una vida sana. Porque si manejamos poca energía no podremos desplazarnos más allá del barrio.

La práctica del viaje astral se dirige como una relajación normal y, cuando llegamos al momento en que ha de iniciarse la salida, hemos de empezar el proceso de desprendimiento sin temor y con confianza. Sugerimos entonces los diversos sistemas que ya conocemos, dando un margen de unos quince a veinte minutos de experiencia antes de iniciar el retorno, que se dirige como si se nos trajera de una meditación profunda.

Los sueños

Como dijimos, todos los sueños son viajes astrales, pero no todos los viajes astrales son sueños, ya que estos pueden realizarse sin necesidad de estar dormidos, por ejemplo, a través de los pasos de la meditación.

El hecho de recordar los sueños es un síntoma de avance en el despertar de la conciencia, aunque no en todos los casos. Pero lo más importante es la capacidad de interpretación de los mismos. Los sueños vienen a ser mensajes que afloran del subconsciente o del inconsciente tratándonos de enseñar, recordar o advertir algo; es una forma que tiene el maestro interno (el real ser) de comunicarse con nosotros a través de un lenguaje simbólico. Por ello, podemos distinguir varias clases de sueños, y entre ellos están los:

- Sueños simbólicos: contienen imágenes a ser interpretadas, por muy extrañas y descabelladas que parezcan, y a través de las cuales nuestro maestro interno está buscando dialogar con nosotros.
- Sueños precognitorios y premonitorios: son generalmente avisos sobre eventos futuros, que se generan como mecanismo de protección, o adelantos y señales para que sepamos que nuestra vida está siguiendo una programación que en cualquier momento puede variar con el ejercicio de nuestra voluntad.
- Sueños experimentales: suelen ser verdaderas experiencias en el astral donde recibimos instrucción y capacitación, o aparecemos nosotros dándola.
- Sueños recordatorios: afloran imágenes de vidas pasadas o de momentos significativos de nuestra experiencia y existencia actual.
- Sueños de imaginación: la mente se limpia de todas las impresiones, temores, angustia, ideas obsesivas y preocupaciones que la persona arrastra consigo.

Muchas veces los sueños aparecen mezclados, y un mismo sueño puede ser en parte real, simbólico, premonitorio, recuerdo de vidas pasadas y hasta imaginación. Durante la noche no tenemos un sueño sino varios, que se mezclan a la hora de despertarnos. Debemos aprender a separarlos e interpretarlos con el uso de la intuición, la imaginación y la inteligencia para reconocer qué es cada cosa.

El principal problema que se nos presenta en los viajes astrales es el olvido instantáneo de los sueños; para lo cual se recomienda que debajo de la almohada o en la mesilla que tenemos al lado de la cama dejemos un cuaderno y un lápiz para anotar lo que recordemos en el momento en que lo hagamos. Y esto porque cuando abandonamos nuestro cuerpo en el sueño, durante la noche, lo hacemos como si fuera un vaso lleno de agua turbia que, al quedar en reposo, todo lo turbio se asienta en el fondo. Al retornar después de la experiencia, el reingreso al cuerpo puede llegar a ser más o menos aparatoso de acuerdo a nuestra evolución, por lo que el vaso se agita y la experiencia se confunde, mezclándose con los afloramientos del subconsciente, haciéndonos olvidar lo vivido.

Práctica para recordar los sueños

Lo primero que se recomienda para empezar a recordar los sueños es acostarse temprano. Una persona cansada, agotada y tensa, con déficit de descanso, difícilmente podrá recordar sus sueños; por ello se requiere compensar esos déficits durmiéndonos más temprano, dándonos tiempo para relajarnos en la cama y luego llegar a hacer del acostarse temprano para levantarse temprano un hábito, así estaremos en armonía con el sol y la luna, lo que nos devolverá la salud y la armonía interna.

Al acostarnos temprano tenemos tiempo de relajar el cuerpo y realizar una breve meditación, lo cual nos inducirá al mundo astral en una buena vibración y actitud mental.

Para empezar la programación se aconseja acostarse horizontalmente en la cama sin almohada. Pondremos entonces las yemas de los dedos sobre nuestro pecho debajo del esternóny ligeramente por encima del ombligo. Los brazos flexionados permanecen a los lados del cuerpo, talones juntos o rozándose. Entonces tomaremos respiraciones muy profundas por la nariz y con el vientre, con la boca ligeramente cerrada, produciéndose una respiración silenciosa que procurará llenar al máximo la capacidad de los pulmones. Haremos cinco respiraciones utilizando el diafragma como si fuese un fuelle, realizando triángulos perfectos: inhalando lo más lentamente posible, reteniendo el mismo tiempo que inhalamos y exhalando el mismo tiempo que retuvimos. Mientras efectuamos este proceso nos iremos repitiendo mentalmente frases como: «Voy a recordar mis sueños» (al inhalar)... «Sabré que estoy soñando» (al retener)... Y «seré guiado o asistido por seres de luz» (al exhalar).

Al término de las respiraciones profundas podremos emplear la almohada si queremos y nos acostaremos sobre el lado derecho en la «posición del león», esto es la pierna y el brazo derecho estirados, mientras el brazo izquierdo y la pierna izquierda permanecen flexionados. El mentón se apoyará sobre el hombro. Esta posición facilita el desdoblamiento y la respiración al no oprimir el corazón. Se recomienda asumir esta postura después de haber realizado nuestras personales y acostumbradas evoluciones en la cama.

Una parte importante en el proceso de recordar los sueños es el que, al despertarse por la mañana, no hay que abrir los ojos de inmediato, ni moverse siquiera, sino que, por el contrario, permanecer quietos por un rato y con los ojos cerrados, haciendo de inmediato y allí mismo memoria de la experiencia astral. Esto lo hacemos así porque si nos moviéramos, agitando nuestros vehículos sutiles, confundiríamos la memoria astral con la consciente. También ocurre que si abrimos los ojos al despertar dirigimos la atención interna hacia lo externo, perdiendo de inmediato la memoria astral, lo que nos distraería y nos haría olvidar automáticamente lo vivido.

La memoria astral, al ingresar al consciente se hace muy frágil, porque hay mecanismos llamados velos astrales que impiden los recuerdos y la conciencia astral para quien aún no está preparado.

Debemos pues, con los ojos cerrados y un mínimo movimiento, que sería el que nos demandaría el estirar el brazo para coger un cuaderno y un lápiz, disponernos a tomar nota de la experiencia astral que previamente procuraremos recordar al detalle y en el momento. Al dejarla anotada podremos seguir durmiendo sin temor a olvidar, ya que al despertar definitivamente lo escrito nos servirá como clave de memoria.

Hay ocasiones en que uno sueña que sueña, y esto ocurre cuando uno recuerda un sueño dentro de otro. También hay casos en que uno se despierta y no puede mover el cuerpo, quedándose como paralizado. Esto ocurre cuando nos falla la puntería y nos despertamos antes de haber reingresado en el cuerpo, quedándonos por encima de él. En ese caso se recomienda concentrar la atención en alguna parte del cuerpo y tratar de sentirla para poder reingresar. No hay posibilidad alguna de que nos quedemos fuera.

A nivel astral es posible que uno llegue a relacionarse con espíritus afines a quienes jamás ha conocido físicamente, estableciendo con ellos una conexión intensa, y cuando llegue a encontrarse con esas personas físicamente sentirá conocerlas de siempre.

Las pesadillas son muchas veces experiencias en el bajo astral con entidades bajas. Llegamos a esas experiencias cuando estamos atravesando etapas de mucha densidad vibracional en nuestra vida, no solo por una mala digestión.

A nivel astral uno puede llegar a tener contacto directo con los extraterrestres y hasta subir al interior de sus naves, como una forma de preparación para experiencias físicas posteriores.

MÁS ALLÁ DE LA MUERTE

«¿Qué es la vida? un frenesí.
¿Qué es la vida?, una ilusión,
Una sombra, una ficción.
Que el mayor bien es pequeño,
Que toda la vida es sueño
Y los sueños, sueños son».

CALDERÓN DE LA BARCA

La muerte es sinónimo de cambio en un Universo dinámico de transformación continua. La muerte no existe ni es realmente el final último de la vida, porque es simplemente un cambio de traje. El ser humano es como un actor de una obra teatral, que una vez termina, marca la distancia entre el personaje que le tocó vivir y su identidad como actor. No podemos identificarnos demasiado con el personaje porque es meramente transitorio. Y a un papel le sigue otro y otro.

La muerte es como el examen final al término del curso escolar. Si uno ha estudiado, será algo sencillo; tendrá unas buenas vacaciones y estará mejor preparado para el próximo año. Pero si uno no estudió durante el periodo que correspondía, suspenderá y tendrá que repetir.

Ante la pregunta de por qué hay que morir, primero tendríamos que preguntarnos para qué vivimos. Si todo es aprendizaje, ¿un aprendizaje de qué y hacia qué? ¿Por qué al concebirnos nuestros padres fuimos nosotros los que llegamos y no otros? ¿Elegimos o fuimos elegidos? ¿Somos producto del azar o de un destino predeterminado? ¿Cuál es el propósito de la vida más allá de la supervivencia de la especie? Buscando respuestas tendríamos que hacer una inmersión dentro de nosotros.

Por lo mismo que somos creados, tenemos la capacidad de crear. Si uno no tuviese la oportunidad de llegar a conocer la esencia divina que hay dentro de sí, no podríamos llegar a conocer a Dios. Hemos venido a conocer y a ser conocidos. Si uno no muriese, si no tuviéramos un plazo, no valoraríamos la oportunidad que nos concede la vida para llegar a darle su justo valor a las cosas. Y es que todo tiene un tiempo y un margen para ser realizado. Cada plazo, como cada vida, es una oportunidad de llevarlo a cabo de tal o cual manera; experimentando y perfeccionando. Es un juego cósmico de alternativas, en donde vamos ensayando de diversas formas una aventura de crecimiento.

La respuesta por tanto no es otra que vivimos y morimos para aprender, para crecer en conciencia y para llegar a saber valorar lo que realmente tiene valor.

¿Pero somos acaso el juguete de alguien? De ninguna manera; nadie está jugando con nosotros. Somos el producto de un acto de amor, no solo de nuestros padres, sino de la vida misma. Nadie quiere nuestro sufrimiento, ni hemos nacido para sufrir, sino para aprender y madurar para dar fruto. Cada uno es el que debe disponer su propio juego, jugarlo y disfrutar ganando.

DECIDIENDO SOBRE NUESTRA VIDA

¿Hemos tenido alguna participación en la decisión sobre nuestro nacimiento y sobre lo que será nuestra vida? El orden de la energía en el Universo apunta hacia la existencia y la perfección por la experimentación continua a través de las formas. A mayor conciencia, mayor injerencia en la organización de nuestra aventura de vida y muerte, de nacimiento y renacimiento. Al principio uno no tiene la capacidad ni la posibilidad de decidir, porque es como el niño que es enviado por sus padres al colegio. Lo envían considerando qué es lo mejor para él sin siquiera haberle consultado su parecer, pues ellos saben que esa educación algún día le permitirá tener la capacidad de optar por sí mismo, cómo enfrentará las siguientes etapas.

Así, cuando ese niño crece y llega a la adolescencia y a la juventud, se le debe ir dando un margen cada vez mayor para que pueda decidir por sí mismo su futuro.

Los «Señores del Karma» o «Guardianes del Destino» (que son unas entidades espirituales que rigen los nacimientos y las encarnaciones) son los que asumen la condición de padres o apoderados espirituales nuestros, dictaminando las circunstancias en las que vendremos a la vida, hasta que nuestro avance evolutivo nos permita negociar o decidir las condiciones de cada existencia.

A mayor avance evolutivo mayores serán nuestras posibilidades de intervenir en la programación de nuestras existencias.

La vida es experimentación. Si uno sale suspenso en tal o cual aspecto o curso, por así decirlo, deberá repetirlo hasta que lo supere. Pero eso no es un castigo, sino una nueva oportunidad.

Es cierto que existe una Ley de causa-efecto que hace que uno viva en carne propia las consecuencias de sus actuaciones, buenas o desacertadas; pero el propósito no es hacer sufrir a nadie sino el darse cuenta y entender el sentido de la vida y de la Creación.

Todos deberemos pasar por todas las experiencias humanas, de tal manera que en una vida seremos hombres y en otra mujeres (porque el espíritu no tiene sexo); en alguna seremos pobres y en otra ricos; en alguna estaremos sanos y en otra enfermos; y así todas las posibilidades para que aprendamos a ser solidarios y compasivos, para que lleguemos a ser capaces de perdonarnos y perdonar los errores.

UNA HORA MARCADA PARA MORIR

Todos tenemos un destino, que es parte de la programación que dispone cuándo naces y cuándo te vas. Pero todo puede variar dependiendo del nivel de consciencia que desarrolles y de cómo afrontes la vida. Por ejemplo, un suicida es alguien que decide morir antes de la fecha que estaba prevista, renunciando con ello a la oportunidad que le daba la vida para evolucionar. Otro ejemplo: una persona que está tratando de cambiar y de ser mejor, o alguien muy comprometido con el amor y el servicio a los demás, llega a morir. Pero en el momento del tránsito ve asomarse a través de un túnel de luz a un ser celestial o a un pariente que le inspira confianza, que le hace saber que se le va a prolongar el plazo, terminando por vivir unos años más de lo que estaba inicialmente previsto, pues lo estaba haciendo bien. En ese mismo momento la persona se recupera de forma increíble (resucitada) para asombro de los médicos, que ya la daban por perdida.

No hay nada definitivo. El destino no es algo inamovible, se puede variar. Por eso existe el libre albedrío, para demorarnos más o menos en hacer lo que debemos hacer, creciendo y madurando en conciencia.

El gran temor que se le tiene a la muerte obedece solo a la ignorancia y al olvido de los que somos víctimas por habernos desconectado de nuestro proceso individual. Por ello es importante que nos esforcemos en profundizar en el autoconocimiento, y con ello recordemos que la muerte es una vieja conocida y que es una amiga, no enemiga, de la que hemos aprendido mucho y muchas veces.

No hay nada que temer... Nada llega antes si uno no lo busca. Si nos comprometemos en darle sentido a la vida, nuestra labor no será desaprovechada por las jerarquías superiores y durará todo lo necesario para alcanzar su objetivo, que es nuestra realización progresiva a través del servicio a los demás.

La muerte es tan solo el plazo para hacer y crecer. Es un recordatorio de que debemos valorar y aprovechar el tiempo que se nos ha otorgado, dándole sentido y trascendencia.

DESTINO

*«Tenemos la sensación, quizá solo
subconscientemente,
de que cualquier forma de contacto con la muerte,
por muy indirecta que sea,
nos enfrenta con la perspectiva de la nuestra».*

RAYMOND MOODY

En la vorágine de acontecimientos que se dan en nuestra vida y alrededor de ella hay veces que percibimos sutilmente la existencia de un Plan que lo tiene todo previsto. Y sin embargo, en otras ocasiones pareciera que estuviéramos sometidos a las inclemencias de la casualidad, a la acción desordenada de fuerzas que juegan con nosotros como humildes pedazos de madera arrastrados por la poderosa corriente de un río caudaloso contra el cual no podemos oponernos.

Sin embargo, si uno está atento a esa multitud de circunstancias y hechos sincrónicos que siguen ciertos patrones inteligentes ajenos a nuestra voluntad llegará a percatarse de que hay un destino, una programación o acuerdo previo antes de nacer, en el que se nos comprometió o nos comprometimos voluntariamente a hacer tal o cual cosa en la vida material, a lograr tal o cual objetivo o meta. O por lo menos a intentarlo.

Aquello a lo que se le llama karma en la Tierra no es otra cosa que el proceso de aprendizaje o currícula en base al cual todas las personas están sujetas a un destino. No es sinónimo de castigo sino de aprendizaje.

Volviendo a los ejemplos basados en el proceso cotidiano, imaginémonos a un alumno de una universidad que debe llevar determinados cursos, para estudiarlos y aprenderlos durante el semestre. Todo eso constituye, simbólicamente hablando, el destino de la presente encarnación. Pero, a pesar de que sus procesos parezcan ser ordenadamente fijos, es fácil observar que no siempre se cumplen los plazos establecidos y que las variaciones pueden deberse a muchas circunstancias, a veces generadas por el individuo o ajenas a su voluntad, que pueden llevarle a terminar antes o después, o simplemente no alcanzar las metas.

La aprobación o no de cada «materia» constituye el «karma». Lo no aprobado habrá de repetirse hasta superarlo, mientras que lo ya aprendido lo encamina a uno a materias más complejas y profundas. De ninguna manera el karma significa solo endeudamiento, sino repetir para corregir y aprender, en un juego de oportunidades para crecer en conciencia, muchas veces a través del sufrimiento.

Aquellos que se encargan de organizar y aplicar el karma son los que conocemos como los «Señores del Karma» o «Guardianes del Destino», con quienes propiamente se negocia lo que va a ser cada encarnación.

Todo cuanto se le asigna al individuo o se permite que le ocurra está dispuesto para ayudarlo en su superación. Precisamente, dependiendo de cómo afronte la vida y las dificultades o como haga uso de las facilidades que se le presenten será su avance y crecimiento espiritual.

Como el tiempo realmente no existe y más bien es algo sujeto a formas mentales, dependiendo de la dimensión que se maneje, los Guardianes del Destino generalmente toman como base para establecer el tiempo de vida de una persona el espacio de vida temporal necesario para que transcurran y se den las circunstancias adecuadas para que pueda crear a su alrededor el entorno propicio para conocerse a sí misma y superarse. Si la persona no se da ella misma la oportunidad, y la desaprovecha tendrá que volver una y otra vez en circunstancias similares, y quizás cada vez tenga menos tiempo para lograr lo mismo; o se le exija más en períodos más cortos.

El valor de una vida no depende de la cantidad de años, sino de la calidad y riqueza de la misma. La existencia es tanto más valiosa y trascendente cuanto más útil sea para los demás.

Todo en la vida es dual, y dependiendo de cómo uno se enfrente a ello se orientará hacia lo constructivo o lo destructivo. Todo en la vida es cuestión de actitud. Lo que para una persona pueden ser grandes trabas y limitaciones, para otra constituirá un reto o una gran oportunidad para desarrollar sus capacidades.

Si bien es cierto que todo depende de la actitud ante los acontecimientos, no podemos negar algo que es un hecho en el Universo y es la existencia de leyes universales, y entre ellas la Ley de causa y efecto, que nos enseña que por cada acto, palabra o pensamiento, positivo o negativo, generamos una reacción alrededor nuestro, que en su momento se manifestará como consecuencia. Esto es lo mismo que decir: «Uno cosecha lo que siembra, tanto en esta como en las demás existencias»... Por eso en las Escrituras se nos dice: «Haz con otros como quisieras que hicieran contigo, y no hagas a otros lo que no quieras que te hagan a ti».

Volviendo a la analogía de la escuela, hay ocasiones en que en determinado curso coincidimos en la misma clase con determinados alumnos y con tal o cual profesor. Eso no es producto de la casualidad. Se puede explicar de muchas formas, como por ejemplo, que ingresaron en la misma época a esa escuela, o que compartimos intereses; o que estamos siguiendo la misma carrera para realizar lo mismo en la vida, etc.

Así como el karma debe entenderse como un proceso de aprendizaje, también la enseñanza nos dice que no existe posibilidad de crecer internamente si no es a través de los demás.

Cada persona a nuestro alrededor, más cercana o más lejana, es un maestro para nosotros, tanto de lo bueno como de lo malo. Debemos estar atentos para extraer la mejor enseñanza de cada una de nuestras relaciones.

Debemos estar abiertos a aprender de todo y de todos, pero sin que eso signifique dar oportunidad a los demás para que nos hagan daño. Nuestros parientes no están a nuestro alrededor para perjudicarnos o hacernos la vida imposible, sino para fortalecernos y a la vez para crecer juntos, superándonos cada día. Nadie está a nuestro lado para estorbarnos sino para que aprendamos a amarnos mutuamente.

Cuanto más tratemos de huir de ciertas responsabilidades más veces volveremos a ellas. Nada ha sido dejado al azar; por algo estamos donde estamos, en el lugar y con las personas con las que convivimos. Tratemos de aprovechar esa oportunidad descubriendo el por qué de todo ello y haciendo lo que se espera de nosotros. Porque nada es para siempre, y cada situación es una oportunidad de crecimiento que no debe ser desaprovechada.

Y en este momento podemos formularnos la siguiente pregunta: ¿Qué ocurre con el karma planetario por la matanza indiscriminada de animales que está llevando a la extinción a muchos de ellos?

Hay especies animales que por egoísmo y necedad del ser humano han desaparecido de la faz de la Tierra, aunque ello no significa que se hayan extinguido para siempre, ya que muchas de ellas se encontrarían preservadas fuera de nuestro planeta, en naves extraterrestres, y serán repuestas en su momento, cuando el panorama de la Tierra sea otro y haya no solo una nueva faz sino un solo corazón. Además, los adelantos en genética pronto podrán recuperar lo perdido si hay voluntad para ello.

Es cierto que mucha sangre ha sido volcada en el planeta y por eso seguirán ocurriendo muchas desgracias como guerras, catástrofes y accidentes, que buscan compensar aquellas situaciones y también enseñar a la humanidad cuáles son las consecuencias de su desacertada actitud.

Todo está sujeto a un destino, a un plan de vida. Nada está dejado al azar. Pero, como dijimos, no es algo inamovible; por el contrario, puede ser modificado sobre la base de una fuerza de voluntad firme y una conciencia despierta.

Somos la consecuencia de nuestra vidas pasadas, sujetos a un largo proceso de aprendizaje y crecimiento evolutivo.

El destino es el programa de actividades existenciales previstas para el desarrollo y avance evolutivo del ser. Existe para nuestro beneficio y no en perjuicio de nadie.

La intención del destino no es otra que la de hacer que todos tengamos un mismo punto inicial de partida y podamos alcanzar una trascendencia futura basada en el esfuerzo individual y al ritmo que cada uno aplique.

Quienes, como dijimos, se encargan de establecerlo y hacerlo cumplir son los llamados «Guardianes del Destino» (Señores del Karma). Ellos, al igual que el director de un colegio, tienen elaborado el programa de cursos (un sistema curricular) y actividades a desarrollar conforme al grado escolar de cada cual.

Cuanto mayor sea nuestra edad evolutiva, que es lo mismo que decir mayor madurez y consciencia a lo largo de las distintas existencias, mayor margen para escoger las condiciones de cada nuevo nacimiento y de lo que será cada existencia.

Como se ha expuesto, pertenecemos a un universo material de siete dimensiones, y más allá, en una octava superior —como en la música—, existe un universo paralelo, que ya no es material sino mental, y los seres que proceden de allí ya no son extraterrestres sino ultraterrestres. Ellos son los padres creadores del universo material, y es de esa esfera «de lo mental» de donde proceden los «Señores del Destino», a cargo del proceso de avance y crecimiento de las consciencias.

¿Y puede una persona de la Tierra reencarnar en otro planeta? Claro que sí... Cuando uno evoluciona más allá del nivel medio evolutivo del planeta puede optar entre seguir en este mundo o reencarnar en planetas superiores. Pero no antes de haber hecho lo que tenían que hacer aquí. Recordemos: «Uno debe estar donde pueda cumplir su misión». Y si nos ha tocado evolucionar en la Tierra debemos hallar ese propósito y cumplirlo.

¿Y un extraterrestre podría reencarnar en la Tierra? La Tierra es un planeta de una categoría muy especial dentro de los mundos; y en este momento, por condiciones muy particulares que la hacen encontrarse al final de un ciclo cósmico y al inicio de otro, su situación es como la de una escuela que al final del año escolar se prepara para dar oportunidad a que todos sus alumnos y muchos otros venidos de escuelas cercanas particulares, religiosas y estatales, puedan hacer el examen de fin de año. Cada cual para el grado que le corresponda.

Nuestro mundo está entrando en un proceso de redimensionamiento, lo cual supone una elevación vibracional que le permitirá completar el tránsito hacia la cuarta dimensión.

Los que alcancen el nivel evolutivo adecuado para el proceso seguirán en la Tierra, aunque ahora lo harán bajo condiciones distintas, o reencarnarán en planetas más evolucionados. Los que no logren el nivel requerido tendrán que encarnar en planetas parecidos a la Tierra, pero antes de la gran depuración, y deberán esperar un nuevo ciclo cósmico.

El destino establece la duración del proceso por el cual el individuo realiza el aprendizaje relativo a la presente existencia. Esto no quiere decir que la persona no pueda morir antes o después de esa fecha, porque el destino puede variar sobre la marcha. Por ejemplo, si al final de una vida de realizaciones personales al servicio de otros, como puede ser también la propia familia, la persona no había acabado con la misión asignada pero estaba a punto de lograrlo, se le puede ampliar el plazo u otorgarle una nueva existencia bajo condiciones muy similares para culminar lo comenzado. En el primer caso la persona viviría lo que se ha denominado «experiencia de vida después de la vida».

Con respecto a la cantidad de años que uno vivirá, esto es muy relativo, porque bien sabemos que no depende de la cantidad sino de la calidad en la vida el hacer más o mejores cosas por uno y por los demás, lo que puede extender o reducir el período de aprendizaje.

En cuanto al tiempo que uno se demora para encarnar entre una existencia y otra, este es más o menos similar a la cantidad de años que vivió, o si no hasta un margen de doscientos años entre una vida y otra. Aunque en la actualidad, por la sobrepoblación mundial y los requerimientos evolutivos planetarios, mucha gente tarda muy poco tiempo en retornar, de modo que algunos vuelven a encarnar al año de haberse ido.

Supongamos por ejemplo que un joven se suicidó a los veinte años por una fuerte depresión, pero que, conforme a su destino, él iba a vivir cincuenta años. Ese era el tiempo asignado para que su vida incluyera ciertos viajes y experiencias con mucha gente, pero todo ello se frustró. Esa persona tendrá que aguardar los treinta años que le faltó vivir en una dimensión fronteriza con el mundo físico, que es el llamado «bajo astral». Y, cuando vuelva a encarnar, vivirá solo los treinta años que tenía pendientes.

Eso explicaría el por qué hay gente que muere al rato de haber nacido o al año, o de forma súbita. Hay gente que se suicida lentamente a través del alcohol, las drogas, el tabaco y el consumo de todo tipo de estimulantes. Esa gente puede estar falleciendo un año, un mes o un día antes de la fecha prevista inicialmente, y ese sería el tiempo pendiente que tendría que vivir después.

Pero a pesar de que el proceso de evolución es personal e intransferible, todo lo que les ocurre a las personas que están a nuestro alrededor nos afecta en mayor o menor medida a todos, porque el ser humano evoluciona interactuando con los demás. No hay evolución aislada. Y las cosas están dispuestas para que no solo evolucionemos en función de cómo afrontamos las circunstancias que nos afectan directamente, sino que también las que lo hagan indirectamente a través de los más cercanos a nosotros.

LA REENCARNACIÓN

*«Pasando vio a un hombre ciego de nacimiento.
Y sus discípulos le preguntaron:
Maestro, ¿quién pecó, este o sus padres,
para que naciera ciego?».*

Evangelio de Juan 9,1

Saber quiénes hemos sido para saber quiénes podemos llegar a ser, reconocer que nuestras condiciones actuales obedecen a deudas o méritos de existencias pasadas es parte del proceso de autoconocimiento.

Así como nosotros no enviamos a nuestros hijos un año a la escuela, sino que los remitimos año tras año para ampliar su aprendizaje y para que incorporen cosas nuevas, la divinidad, sabiendo que el ser no logra realizarse en una sola existencia física, le otorga tantas existencias como sean necesarias para pasar al plano inmediato superior.

Ya dijimos en capítulos anteriores que el ser humano es como el actor de una obra teatral. Cada actuación lo lleva a asumir un diferente personaje que enriquece su capacidad histriónica. Pero, terminada la obra, el actor deja de lado el personaje, se quita el vestuario, el maquillaje, deja atrás la escenografía y sale a la calle como el individuo que es. En el gran teatro del mundo nos encontramos permanentemente variando personajes, que con el tiempo nos permitirán llegar a hacer actuaciones memorables.

Nunca hemos sido mejores de lo que somos ahora pues somos el resultado de todas nuestras experiencias pasadas. La reencarnación es entonces la explicación del por qué de las oportunidades, dificultades y situaciones diversas, muchas de ellas muy complejas, que nos toca vivir. Pero obviamente algún mérito habremos conseguido para ser ahora conscientes de la responsabilidad que tenemos de saber y actuar, preparándonos cada día más para cuando seamos requeridos a plenitud.

Los egipcios enseñaban el concepto de reencarnación 3.000 años antes de nuestra era con estas palabras: «Antes de nacer, el niño ha vivido ya y la muerte no termina en la nada. La vida es un devenir, que transcurre semejante a un día de sol, que recomenzará».

Asimismo, Platón enseñaba la doctrina del renacimiento. Decía: «Para que en esas vidas las almas de los muertos desgasten sus malas acciones pasadas». Afirmaba que: «Las almas reencarnadas lo hacen en cuerpos que se asemejan a los que tuvieron en vidas anteriores, e igualmente en instinto y tendencias adquiridas por anteriores experiencias». Y en *Fedón* podemos leer: «El alma es más vieja que el cuerpo. Las almas renacen sin cesar del Hado para volver a la vida actual».

La escuela de Hermes ya sostenía que: «Las almas bajas y malas permanecen encadenadas a la Tierra por múltiples renacimientos; pero las almas virtuosas suben volando hacia las esferas superiores».

Los neoplatónicos afirmaban: «Cada alma recibe el cuerpo que le conviene y que está en armonía con sus existencias anteriores».

Orígenes, discípulo de san Clemente, el más instruido de los padres cristianos, aceptaba la doctrina de la reencarnación (vidas sucesivas), que era de conocimiento y creencia común de los primeros tres siglos del cristianismo, y que sería anatematizado en el Segundo Concilio de Constantinopla. Decía él: «Cada alma recibe un cuerpo de acuerdo con sus merecimientos y sus previas acciones».

San Gregorio Nacianceno (328-389) afirmaba que: «Hay necesidad natural de que el alma sea curada y purificada, y de que, si no lo es en esta vida, lo sea en otras siguientes y futuras».

San Agustín, en su libro *Confesiones,* emplea esta frase: «Antes del tiempo que pasé en el seno de mi madre, ¿no habré estado en otra parte y sido otra persona?».

Krishna, hacia el año 3,000 antes de nuestra era (según la cronología de los brahamanes), dijo: «Yo y vosotros hemos tenido muchos nacimientos. Los míos no son conocidos sino por mí, pero vosotros no conocéis siquiera los vuestros». Y en diálogo con su discípulo Arjuna (véase *Bhagavad Gita*), dice: «Así como el alma residente en el cuerpo material pasa por las etapas de la infancia, juventud, madurez y vejez; así a su debido tiempo pasa a otro cuerpo y en otras encarnaciones volverá a vivir y desempeñar una nueva misión en la Tierra».

Los Vedas, al igual que los cristianos, afirmaban la inmortalidad del alma y la vuelta a la carne. Sostenían que «el alma es la parte inmortal del hombre; que las almas vienen hacia nosotros y regresan, y vuelven a venir; que todo nacimiento, feliz o desdichado es consecuencia de las obras practicadas en las vidas anteriores».

Y según el Corán: «Alá nos envía muchas veces hasta que regresemos a Él».

También Ovidio cantaba: «Las almas van y vienen. Cuando vuelven a la Tierra dan vida y luz a nuevas formas». Y Virgilio en *La Eneida* aseguraba que «el alma, al hundirse en la carne, pierde el recuerdo de sus vidas pasadas».

Los cabalistas, así como los exégetas judíos, se ocuparon intensamente de la reencarnación; basta leer *Trasmigración del alma,* del rabí Isaac Luria. Los hebreos tenían la convicción de la existencia de la reencarnación, tal como se puede ver con lo que sucedió con la comisión enviada por el clero judaico del Sanedrín a Juan el Bautista, al preguntarle si él era el Mesías o era Elías (Juan 1,19-22). Posteriormente será el mismo Jesucristo quien lo confirma diciendo: «Y si queréis oírlo, él es Elías, que había de venir...» (Mateo 11,14-15).

En el siglo IV-V, san Jerónimo, secretario del papa Dámaso I y autor de la *Vulgata* (la Biblia traducida al latín), en su controversia con Vigilantus, el Galés, reconocía que el renacimiento de las almas era la creencia de la mayoría de cristianos de su tiempo.

La condenación de los puntos de vista de Orígenes, por ejemplo, y las teorías gnósticas en el Segundo Concilio de Constantinopla (año 553), a instancias del emperador Justiniano I y el papa Vigilio, quien promulgó una ley en la que declaraba que «todo aquel que sostenga la mística idea de la preexistencia del alma y la maravillosa opinión de su regreso será anatematizado» supuso que, a pesar de ser una creencia sostenida por los primeros cristianos, la reencarnación fuera cayendo en el olvido en las siguientes generaciones.

Y en lugar de esta concepción clara acerca del destino en la vida de los humanos, conciliadora de la justicia divina con las desigualdades y sufrimientos humanos, surgieron un conjunto de dogmas que hicieron la oscuridad en el problema de la vida y alejaron al hombre de Dios. Sin embargo la creencia en las vidas sucesivas reaparece en el mundo cristiano en diversas épocas.

Un caso evidente de reencarnación mencionado en la Biblia, en el *Libro de Reyes*, es el caso de Elías, profeta de Israel. Él fue arrebatado en un carro de fuego (un ovni), delante de un testigo presencial llamado Eliseo, su discípulo. Pero poco antes de que esto ocurriera, Elías se enteró de que el rey Ajab, rey de Israel, se había olvidado del culto a Yahvé o Jehová, y estaba adorando al dios de su esposa fenicia Jesabel. Cuatrocientos cincuenta sacerdotes del dios Baal comían en la mesa de Ajab. Por tanto, en un arranque de celo de amor a Dios, Elías retó a los sacerdotes de Baal a que ofrecieran un holocausto a su dios en el monte Carmel afirmando que él haría lo propio delante del pueblo. Quien no pudiera demostrar que su dios era el verdadero lo pagaría con la muerte. Los sacerdotes de Baal estuvieron cantando y danzando durante horas delante de su altar, pero su dios no se manifestó. Elías hizo lo propio y del cielo bajó un rayo de luz que consumió la ofrenda. Entonces tomó entre sus manos una espada, y arengando al pueblo, degolló a los sacerdotes, cortándoles la cabeza.

En el Evangelio de Lucas se nos dice: «Que el ángel se le apareció a Zacarías, el esposo de Isabel, la prima de María y sacerdote del templo. Y le dijo que le iba a nacer un hijo, que vendría con el espíritu de Elías». No con la personalidad ni con el carácter, porque eso muere con la persona, sino con su espíritu. Así Juan el Bautista era la reencarnación de Elías, y Elías tenía una deuda de sangre por haber matado a otros seres humanos cortándoles la cabeza. Y ¿cómo murió Juan Bautista?[1]

Las versiones actuales del Nuevo Testamento explican que Jesús, después de la transfiguración en el Monte Tabor, se encontró con los tres apóstoles que lo acompañaban, y estos le preguntaron: «'Señor, ¿pero no estaba dispuesto acaso que antes de que viniera el Mesías tenía regresar primero Elías?'. A esto, Jesús les respondió: 'En verdad os digo que Elías ya vino y no lo reconocieron, sino que hasta lo habéis matado. Así también harán ellos padecer al hijo del hombre'. Entonces entendieron los discípulos que les había hablado de Juan el Bautista» (Mateo 17,10-13).

---

1   La Ley de causa y efecto es expresada en la Biblia como Ley del Talión, que es el «ojo por ojo y diente por diente», mientras que el Evangelio dice: «Haz con otros como quisieras que hicieran contigo, y no hagas a otros lo que no quieres que te hagan a ti».

En el Evangelio de San Juan (Cap.9, 1- 3) dice: «Pasando vio un hombre ciego de nacimiento y sus discípulos le preguntaron: 'Maestro ¿quién pecó, este o sus padres, para que naciera ciego?' Respondió Jesús: 'Ni pecó este ni sus padres, sino para que se manifiesten en él las obras de Dios'».

¿Cómo podían preguntarle a Jesús si ese hombre que era ciego de nacimiento lo era porque él o sus padres habían pecado? ¿En qué quedamos? Si no existen vidas anteriores ¿cuándo habría pecado ? Pero no siempre las situaciones de la vida son consecuencia de desaciertos o temas pendientes de nuestras vidas anteriores. Ciertas situaciones duras pueden ser parte del proceso de aprendizaje y no necesariamente un castigo.

Si dos personas no nacen en igualdad de condiciones, ¿cómo podríamos hablar de justicia y equidad divina? Uno nace hombre y otro mujer, y aún hoy no hay igualdad de condiciones para ambos; uno nace pobre y otro rico; uno sano y otro enfermo; uno con todas las oportunidades en la vida y otro sin ninguna; uno tuvo una larga vida y el otro en cuanto nació se murió o no nació; uno tuvo una hermosa familia y el otro, o no la tuvo, o mejor que ni la hubiera tenido. Todo esto se explica desde la reencarnación como la oportunidad para aprender a ser solidarios los unos con los otros.

La Ley de causa-efecto aplicada al tema de la reencarnación nos muestra un orden y sentido en la vida, así como justicia y equidad divinas, y a la vez la oportunidad de manifestar entre todos el amor incondicional.

La reencarnación, o encarnación sucesiva de los seres, es una ley natural y cósmica. Sin ella las actuales desigualdades humanas, físicas, intelectuales y morales, no tendrían explicación lógica. Así, hasta los fenómenos dolorosos serían ajustes del orden violado, rescate de deudas contraídas con la ley universal del amor en el pasado o procesos de aprendizaje... Además, si el alma es creada por Dios, al nacer tiene que ser pura, porque es inadmisible a la razón el que Dios pueda crear algo impuro.

La más elemental lógica nos hace ver que, si Dios es infinitamente sabio y justo (algo en lo que concuerdan todas las religiones), tendría que proveer a todas las almas con las mismas cualidades intelectuales, morales y volitivas, y que todos nacieran en las mismas condiciones. Y si esto no ocurre en la práctica, cómo explicar que tan solo se le diera a cada alma una vida para alcanzar las bienaventuranzas. No nacemos todos iguales, y por tanto debe haber una explicación lógica basada en las leyes universales. ¿Podemos culpar a Dios, que es la máxima sabiduría cósmica y el eterno amor, de las desigualdades e incongruencias?

LA INMORTALIDAD DEL ALMA

Todo cuerpo recién fallecido aún contiene todas las sustancias orgánicas, pero carece de eso que llamamos vida; porque de ese cuerpo ha salido la energía consciente o el psiquismo que la animaba, a la cual llamamos alma. Pero ese psiquismo no se desintegra, porque lo que no ha nacido con la vida material orgánica no muere con ella. Ese psiquismo, ese hálito de vida, el alma preexistente a la formación del cuerpo, es inmaterial e inmortal y pasa a vivir en otra dimensión.

El alma, el psiquismo que anima a todo cuerpo humano, animal, vegetal, sobrevive entero, como unidad en el hombre, y de forma grupal en los reinos animal y vegetal.

La muerte destruye tan solo el cuerpo físico orgánico y da libertad al alma, que continúa viviendo ligada por el amor a los que fueron sus afines, familiares o amigos en la vida física. Cuando las personas evolucionan en conciencia llegan a desarrollar la facultad sensitiva y vibrar en el amor fraterno, pasando a ser como protectores espirituales de sus parientes más queridos. Pero cuando son almas ruines y cargadas de odio o resentimiento pueden causar mucho daño a aquellos a quienes odian, llegando a causar trastornos alrededor.

El espíritu, que es la conciencia, es donde residen las facultades intelectiva, volitiva, racional y creadora. Junto con el alma, donde se encuentra la facultad sensitiva, forman un todo espiritual que no muere jamás. Sigue progresando y viviendo en los mundos hasta llegar al grado de perfección que la libere de las encarnaciones en los mundos físicos para continuar colaborando en la obra divina de la evolución de la Creación.

LA CIENCIA

> *«Y el Señor Dios me habló diciendo: 'Antes de que fueses engendrado en el seno de tu madre te conocí'».*
>
> JEREMÍAS I, 4-5

Según los trabajos de investigación del Dr. J. B. Rhine en el laboratorio de Parapsicología de la Universidad de Duke (North Carolina, E.U.), ya se han colado en el plano científico, de forma probada, los fenómenos de materializaciones de cuerpos fluídicos (psicosoma), probando así la existencia del alma después de la muerte física.

En el siglo XX, un grupo de científicos soviéticos compuestos por biólogos, biofísicos y bioquímicos se reunieron cerca del centro espacial soviético de Kazakstán para estudiar un espectacular descubrimiento: la cámara Kirlian, del físico ruso Semyur Kirlian y su esposa Valentina. Consiste en una cámara de alta frecuencia que, traspasando la densidad del cuerpo físico, cual rayos X, muestra el doble inmaterial de una persona. Y llega hasta a mostrar la energía de un brazo o una pierna cortado en personas a quienes les habían sido amputados. Con equipos ópticos combinados con la cámara de los Kirlian, los científicos llegaron a obtener la visión y fotografía (efluviografía) del psicosoma y el aura que emana de personas, animales y vegetales; visión que hasta ese momento estaba reservada a algunos con capacidad clarividente.

Para los científicos soviéticos no fue tan solo la confirmación de la veracidad del fenómeno, sino de que el ser humano, los animales y las plantas tienen, además del cuerpo físico orgánico, un cuerpo de energía, que denominaron cuerpo de plasma biológico o cuerpo bioplasmático, y que los cuerpos emiten efluvios o emanaciones en colores, según el estado psicomagnético del sujeto, que cesan al producirse la muerte.

EJERCICIOS PARA RECORDAR VIDAS PASADAS

Para despertar el conocimiento lúcido y consciente de las vidas anteriores es aconsejable realizar el siguiente ejercicio:

Sentados en posición cómoda frente a un espejo, relajar el cuerpo y la mente; luego, con los ojos abiertos, concentrar toda nuestra atención a la altura del entrecejo en la imagen reflejada. No deberemos perder en ningún momento la concentración y la observación. Será entonces cuando nos proyectaremos mentalmente por el entrecejo y empezaremos a captar ciertas imágenes y rasgos particulares, que comenzarán a adquirir forma y a manifestarse en nuestro rostro, el cual aparecerá distorsionado y cambiante hasta que las imágenes se vayan definiendo.

Seguidamente nos acostaremos en el suelo, con los brazos a los lados del cuerpo, talones juntos, y cerrando los ojos realizamos una relajación aún más profunda, y cuando esta ya haya sido alcanzada, nos concentraremos en hacer una práctica de retroceso reencarnativo, requiriendo para empezar la visualización de un túnel mental en nuestro entrecejo, para luego ingresar en él como si navegáramos, pero girando en una espiral en el sentido inverso a las manecillas del reloj. Sobre todo hay que empezar por utilizar nuestra memoria sobre los hechos más cercanos a los actuales, volviendo sobre las imágenes del día de hoy, del día de ayer; los recuerdos de hace una semana, de hace dos semanas, un mes, hace seis meses, hace un año, hace dos años, hace cinco años, hace diez años, hace veinte años, hasta llegar a cuando éramos adolescentes, cuando éramos niños, cuando acabábamos de nacer, al momento mismo del nacimiento, un mes antes de nacer, seis meses antes de nacer... Hasta llegar a ese momento en que ya no hay recuerdos de la presente encarnación, ni siquiera en el subconsciente.

Y seguimos proyectándonos a través del túnel mental, de tal manera que llegamos a ese momento en que negociamos con entidades espirituales lo que sería nuestra presente encarnación. ¿Qué sentimos, qué recordamos?

Seguimos hacia atrás, veinte años antes de nacer en la presente encarnación. ¿Dónde estábamos, qué sentíamos? Cincuenta años antes de nacer, cien años, doscientos años... Las imágenes se van sucediendo, los recuerdos también. ¿Dónde estamos? ¿Quiénes somos? ¿Cuándo y dónde conocimos antes en otras existencias a nuestros actuales familiares? Seguimos girando a través del túnel mental, a través de la luz, quinientos años, mil años, dos mil años, cinco mil años, diez mil años y más... Vamos llegando al momento mismo en que nuestra esencia se condensó del estanque cósmico. Vamos llegando a ese momento en que una explosión de luz y de sonido acompañó nuestra creación como seres individualizados. Estamos atentos al sonido, porque es en parte nuestro «nombre cósmico», nuestra clave vibratoria personal, que será completada más adelante a lo largo del crecimiento en nuestras diferentes existencias.

Nos quedamos en silencio concentrados en las imágenes y sensaciones por unos minutos...

Poco a poco vamos a ir volviendo...Vamos retornando a través del túnel mental, desde hace diez mil años o más. Volveremos a través de los recuerdos positivos y constructivos. Cinco mil años, dos mil años... ¿Dónde estamos? ¿Quiénes somos? ¿Con quién nos relacionamos? Observamos detalles que nos puedan servir de puntos de referencia, lugares, costumbres, paisajes, etc.

Seguimos volviendo: mil años, quinientos años, doscientos años, cien años... Estamos cada vez más y más relajados, libres de toda tensión, y solo nos acompañarán los recuerdos constructivos y edificantes, y todo aquello que podamos sobrellevar y que nos permita conocernos, recordarnos y situarnos en el momento actual.

Vamos volviendo... Cincuenta años antes de nacer a esta encarnación, veinte años, diez años... Llegaremos al momento de nuestra última muerte... De pronto sentimos que no somos nada, que hemos dejado de ser...

Vamos girando a través del túnel mental, siguiendo el sentido horario, volviendo a través de la oscuridad y localizando un punto de luz a la distancia.

De nuevo nos encontramos dentro del vientre materno, estamos a seis meses de nacer. ¿Qué sentimos? ¿Qué recordamos? Tres meses antes de nacer... Nos vamos acercando al momento de nuestro nacimiento.

Hemos nacido a esta última encarnación... Y vamos volviendo a través de los recuerdos de nuestra infancia, de nuestra niñez, de nuestra adolescencia y juventud hasta el momento presente. Estamos retornando por el túnel mental poco a poco al momento actual.

Al término de tres abriremos lentamente los ojos, nos encontraremos completamente relajados, libres de toda tensión, en perfecta paz y armonía.

Con el número uno que visualizamos en nuestra mente, vamos volviendo, vamos sintiendo nuestro cuerpo sano y armónico... Con el número dos, vamos a ir tomando conciencia del momento actual y del lugar donde nos encontramos. Con el número tres, tomamos una respiración lenta y profunda, y, al exhalar, abrimos lentamente los ojos, y nos encontramos en paz...

LA CATEDRAL DEL ALMA. EJERCICIO PRÁCTICO DE VISUALIZACIÓN

> Antes de nacer negociamos
> con los Señores del Karma,
> con los Guardianes del Destino lo que va a ser
> nuestro próximo nacimiento.
> Nuestra vida, con sus dificultades y posibilidades,
> con sus retos y relaciones,
> surgirá de esa negociación.

En esta oportunidad procuraremos acostarnos en el suelo, poniéndonos de manera cómoda, pero no tanto como para que nos durmamos. Colocamos los brazos a los lados del cuerpo, las palmas de las manos hacia arriba y los talones juntos.

Vamos a tomar tres respiraciones lentas y profundas, por la nariz... inhalando, reteniendo y exhalando, lentamente, lo más lentamente posible, y vamos sintiendo todos oleadas de energía que van subiendo desde los pies a la cabeza, relajando nuestro cuerpo como si lo acariciáramos con las manos físicas.

Poco a poco vamos a dejar de sentir nuestro cuerpo, vamos relajándolo completamente... Solo sentimos esa agradable sensación de paz y de armonía que durará todo el tiempo que nosotros así lo permitamos.

Ningún ruido, ni aún la voz que estamos escuchando, interferirá el proceso de relajación sino que, por el contrario, todo nos ayudará a relajarnos más y más.

Aprovechando que estamos completamente relajados, vamos a concentrar nuestra atención en el entrecejo. Visualizamos entonces un túnel mental y nos proyectamos a través de él, de tal manera que al final del mismo nos imaginamos que estamos caminando por la orilla de una hermosa playa. Es un día soleado, luminoso. Vamos avanzando por aquella inmensa playa sintiendo cómo dejamos nuestras huellas sobre la arena. De un momento a otro nos detenemos y nos acostamos sobre la arena, sintiendo el frío de la humedad y lo áspero de la arena. Las olas del mar avanzan hasta alcanzar nuestros pies, envolviéndolos y masajeándolos, de tal manera que al retroceder la ola sentimos como la arena va cediendo bajo nuestros pies.

Mantenemos todos una respiración lenta y profunda, y sentimos entonces cómo nuevamente las olas del mar avanzan hasta alcanzar nuestros pies y las piernas haciéndolas flotar, relajándolas. Sentimos todos unos agradables masajes en los músculos, los huesos, las articulaciones. Y al retroceder la ola sentimos cómo nuestras piernas se hunden en el suelo, haciéndose uno.

Las olas del mar van y vuelven, y al retornar con fuerza van cubriendo nuestros pies y piernas, así como la cintura, masajeando los huesos de la cadera, la columna vertebral, los músculos del pecho y la espalda, las manos, los brazos, y los hombros. Sentiremos cómo se relajan los huesos, los músculos y también nuestros órganos internos. Y al retroceder la ola, la arena cede bajo el peso de nuestro cuerpo, de tal manera que nos vamos haciendo uno con la playa.

Vamos dejando de sentir nuestro cuerpo; solo sentimos esa agradable sensación de paz y de armonía que durará todo el tiempo que nosotros así lo dispongamos.

Nuevamente visualizamos las olas del mar que avanzan con fuerza llegando a cubrirnos las piernas, la cintura, la espalda, el pecho, los hombros, el cuello y la cabeza. Todo nuestro cuerpo va quedando completamente relajado, sintiendo que las olas del mar nos arrastran, llevándonos flotando sobre sus aguas.

Aprovechando de que estamos totalmente relajados, vamos a focalizar nuestra atención nuevamente en el entrecejo, dejando que la imagen del océano desaparezca y nos proyectaremos a través de un túnel mental por el océano del espacio. Observamos la infinidad de estrellas y avanzamos por ese vórtice que nosotros mismos estamos generando, girando en sentido antihorario, de tal manera que van viniendo a nuestra mente las imágenes de una profunda oscuridad y de pronto todo se aclara, encontrándonos a las puertas de una catedral de estilo gótico. Es de noche y el cielo sigue estrellado. Vamos a entrar dentro del templo y nos encontramos con un suelo de piedra, inmensas columnas, vidrieras y rosetones multicolores. Avanzamos por el interior de la catedral en dirección al altar mayor. Terminamos al pie del altar delante de un inmenso libro abierto colocado sobre un atril. En un promontorio delante nuestro se encuentran sentados un grupo de ancianos y ancianas vestidos con túnicas blancas como en consejo. Uno de los ancianos nos indica que debemos leer en el libro, que allí encontraremos la definición de nuestra misión en la que va a ser la presente encarnación. Revisamos el libro, nos fijamos en los detalles, leemos su contenido y sentimos cómo será o deberá ser la presente encarnación.

Mantenemos todos una respiración lenta y profunda. Seguimos girando y vamos evocando las imágenes de cuan-

to vivimos el día de ayer, hace dos días, hace una semana, hace dos semanas, hace un mes, hace seis meses, hace un año... ¿Dónde estábamos hace un año? ¿Qué sentíamos?...

Seguimos girando y se van sucediendo las imágenes de hace dos años, cinco años atrás, diez años, veinte años... Poco a poco se van sucediendo las imágenes de nuestra juventud, de nuestra adolescencia, de nuestra niñez, de la infancia... Vamos llegando al momento mismo de nuestro nacimiento. ¿Qué sentimos? ¿Qué recordamos de aquel momento?

Nos proyectamos dos meses antes de nacer a esta última encarnación, seis meses antes... ¿Dónde estábamos?

Vamos retornando girando a través del túnel mental en el sentido de las manecillas del reloj a través de los últimos cien años. Llegamos a cincuenta años antes de nacer a la presente encarnación, ¡veinte años!, ¡diez años! antes de la presente existencia.

En un momento todo es oscuridad y de pronto nos encontramos a las puertas de una catedral de estilo gótico. Es de noche y el cielo sigue estrellado. Vamos a entrar dentro del templo y nos encontramos con un suelo de piedra, inmensas columnas, vidrieras y rosetones multicolores. Avanzamos por el interior de la catedral en dirección al altar mayor. Terminamos al pie del altar delante de un inmenso libro abierto colocado sobre un atril. En un promontorio delante nuestro se encuentran sentados un grupo de ancianos y ancianas vestidos con túnicas blancas como en consejo. Uno de los ancianos nos indica que debemos leer en el libro, que allí encontraremos la definición de nuestra misión en la que va a ser la presente encarnación. Revisamos el libro, nos fijamos en los detalles, leemos su contenido y sentimos cómo será o deberá ser la presente encarnación.

Poco a poco vamos a despedirnos respetuosamente... Cerramos el libro y nos retiramos, regresando por donde vinimos. Cruzamos el interior de la catedral y salimos por sus grandes puertas de madera con adornos de bronce y hierro.

De inmediato vamos volviendo hasta el momento mismo de nuestro nacimiento. Sentimos nuestro nacimiento y cómo se van sucediendo las imágenes y sensaciones de nuestra niñez, de nuestra adolescencia, de nuestra juventud. Poco a poco vamos volviendo a través de los años de la presente existencia al momento actual de nuestras vidas.

Todos vamos retornando a través del túnel mental girando en el sentido horario, hasta que llegamos exactamente al momento presente. Todos vamos retornando, de tal manera que al término de tres habremos vuelto, estaremos completamente conscientes y relajados, libres de toda tensión, en perfecta paz y armonía.

Tomamos todos una respiración lenta y profunda, inhalamos... retenemos... y al exhalar por la nariz visualizamos en nuestra mente el número uno, y con él vamos a ir volviendo de tal manera que sentimos nuestro cuerpo, relajado y libre de tensión. Tomamos una segunda inhalación, inhalamos... retenemos... y al exhalar, con el número dos, que visualizamos en nuestra mente, poco a poco tomamos conciencia del lugar donde nos encontramos.

Por tercera vez inhalamos... retenemos... y al exhalar visualizamos en nuestra mente el número tres, y abrimos lentamente los ojos, quedando todos en paz.

Explicación del ejercicio

Sabemos que nunca hemos sido mejores de lo que somos ahora, y que somos el producto de nuestras vidas pasadas, por lo que el retroceso reencarnativo no va a ser precisamente una experiencia feliz, pero sí esclarecedora de por qué nuestra vida actual es como es y cuál es el origen de las relaciones y lazos con quienes nos rodean.

La clave para realizar este ejercicio es, primero, lograr una muy buena relajación y, a continuación, programarse para solo recordar aquello que estemos en capacidad de recordar, asumir y afrontar, lo cual podría curarnos de muchas enfermedades físicas y espirituales, y darnos entendimiento y paz. Muchas enfermedades o situaciones adversas de nuestras vidas son consecuencia de decisiones y actitudes equivocadas; la idea no es tanto resignarse, sino primero recordar, luego comprender y finalmente superarlos en nuestra mente y espíritu, para que se manifieste en el cuerpo.

En este ejercicio buscamos recordar las pautas de nuestra negociación kármica de manera simbólica proyectándonos a una catedral gótica, la «catedral del alma», donde podremos visualizar el momento de nuestra negociación con «los Señores del Karma» o «Guardianes del Destino». El mensaje y nuestra misión personal para la presente encarnación aparecerán en el contenido del «Libro de la Vida». Por ello debemos estar atentos a todos los detalles.

NIÑOS ÍNDIGO Y CRISTAL

*¿Quiénes son esos niños y niñas que, cual sabios
maestros y guías, retan, aconsejan y se enfrentan con
sabiduría y argumentos a sus padres, tutores y maestros,
y que con incomprensible precocidad y madurez se
comportan como ancianos en cuerpos de niños?
¿Por qué aquellas almas sabias y maduras velan por
las noches mirando al cielo y derramando más de una
lágrima, recordando una familia sideral
que dejaron en su hogar en las estrellas?
Qué difícil se les hace tener que aprender lo ya
aprendido, cuando sienten en su interior la premura del
tiempo del cambio que es llegado.*

Nuestro mundo ya ha llegado al final de un ciclo cósmico, a un verdadero y trascendental «parto planetario», que se gestó el 21 de diciembre del año 2012 tal como lo habían profetizado los mayas (el Giro del Tiempo) de tal manera que no solo las personas que fallecen vuelven a encarnar casi de inmediato en nuestro mundo, sino que también muchos otros espíritus de otros planetas están viniendo a la Tierra para aprovechar este trampolín en la evolución que nuestro mundo ofrece. Algunos de esos espíritus vienen a aprender, otros a enseñar, y algunos a ambas cosas, resintiendo de inmediato la violenta diferencia de vibración al ir tomando conciencia e ir recuperando el recuerdo de sus fuentes de origen.

Los niños son por naturaleza hiperactivos. Es tal la cantidad de energía que manejan que tienen que moverse y estar cambiando continuamente de entorno y estímulo para alimentar su capacidad de aprendizaje. El niño que está quieto todo el tiempo, que no curiosea, ni diversifica su atención y concentración en varias cosas a la vez realmente tiene problemas, y a veces el problema son los adultos que lo rodean, que equivocadamente le imponen una educación parametrizada, represora y castradora.

El niño debe ser libre pero a la vez guiado; debe ser amado, pero no mimado; debe ser enseñado y orientado, pero incentivándolo a la experimentación y la exploración. Al niño se le deben explicar las cosas, no imponérselas. Al ser un alma parcialmente adormecida que ha olvidado sus procesos anteriores, hay que ayudarle a recordar, facilitándole el afloramiento de toda su preparación anterior.

En la actualidad, las ciudades modernas no están preparadas para ofrecer a la niñez la posibilidad de explayarse, de mantener contacto con la naturaleza, de expandirse y explorar no solo con los ojos, los oídos y la mente. La buena lectura es una compensación que sirve de guía al espíritu, así como de inspiración, al igual que la práctica de algún deporte como disciplina y mecanismo de relax y desfogue frente al estrés del hacinamiento y la masificación. Pero no es suficiente. Se necesita espacio y la posibilidad de volver a la naturaleza con cierta frecuencia para poder mantener o recobrar la salud del cuerpo, la mente y el espíritu.

NIÑOS ÍNDIGO

Algunos de estos espíritus encarnados de origen estelar son los «niños índigo», seres en cuya aura total o cuerpo bioplasmático destaca como color envolvente o predominante el azul marino intenso y brillante, o con una ligera tonalidad violácea. Esto se explica porque son seres con un mayor nivel de espiritualidad que el común de los humanos.

Algunos niños índigo también son seres humanos originarios del alma colectiva de nuestro planeta que han evolucionado y vuelven a encarnar rápidamente con la misión de positivizar el planeta y aportar luz e iluminación.

La característica de un niño o niña índigo es su precocidad, madurez, responsabilidad e inteligencia superiores que les permite entender y comprender las cosas, muchas veces antes de que se las expliquen, de tal manera que un sistema educativo lento y anacrónico muchas veces produce en ellos aburrimiento y frustración, lo cual con frecuencia es mal interpretado por los adultos como déficit de atención, exponiéndolos a perjudiciales y agresivos tratamientos farmacológicos. Por ello el consejo es aprender con ellos y de ellos, procurándoles sistemas nuevos y dinámicos de enseñanza.

NIÑOS CRISTAL

Sabemos que en el reino mineral la perfección se expresa en los cristales, debido a que estos se forman por efecto de las grandes presiones del subsuelo, algo muy similar a lo que ocurre en un ser altamente evolucionado y espiritual, que se ha perfeccionado enfrentándose a grandes pruebas de crecimiento, arriesgándose a saber y a comprometerse con el conocimiento, actuando con sabiduría. Los niños cristal son estos seres superiores y avanzados en la perfección que vienen a traer una elevación de todo y de todos, a riesgo de su propia entrega.

El color del aura de estas personas suele ser un blanco o dorado brillante.

Estos niños y niñas, como en el caso de los índigo, pueden ser de origen terrestre o estelar. Y se les reconoce por su actitud casi permanente de espíritus viejos y a la vez de maestros de sabiduría, con un sentido común y una claridad inexplicables. Esto no quiere decir que esas personas no pasen por los procesos propios de la infancia, adolescencia y juventud, los cuales pueden llegar a ser traumáticos por su mayor avance y a la vez por su permanente sentimiento de impotencia y premura, que raya en la urgencia por actuar y hacer cosas importantes.

El nacimiento a partir de 1947 de estos niños y niñas va en aumento y está relacionado con los grandes cambios planetarios y el tránsito dimensional de la Tierra y la humanidad. Ellos vienen, no solo a asistir al proceso apoyándolo, sino también a participar y aprovecharlo en beneficio de sus propias civilizaciones de origen.

EJERCICIOS PRÁCTICOS DE VISUALIZACIÓN. SEGUNDA PARTE

La nave de luz

*¿Cómo de lejos puede llegar un ser humano en la
vida? Tan lejos como su imaginación,
creatividad y voluntad se lo permitan.
¿Y si quisiera proyectarse más allá de esta vida?
Dependería entonces de su capacidad de volar.
Pero, ¿es que acaso un hombre puede volar?
Te elevas por encima de la condición humana
cuando amas. Entonces vuelas...*

Este ejercicio consiste en crear mentalmente dos pirámides de luz violeta, a modo de dos grandes cristales piramidales de base triangular, que nos habrán de envolver, conformando primero una estructura romboidal, para luego integrarse en una estrella de múltiples puntas, que a su vez se transformará en una nave de luz que nos conducirá hacia el umbral del real tiempo del Universo.

Nos ponemos de pie con los talones juntos y colocamos los brazos por encima de la cabeza. Dejamos que los párpados se cierren por sí solos y tomamos a continuación una respiración lenta y profunda. Retenemos, y al exhalar visualizamos cómo desciende del Cosmos una energía maravillosa de luz violeta, procedente del sol central de la galaxia. Es la energía de la transmutación, del cambio, la mística y la fe. Esa energía desciende a través de nuestros dedos, manos y brazos, al igual que por nuestra coronilla, y va envolviendo la parte superior de nuestro cuerpo.

Tomamos una segunda inhalación... retenemos, y al exhalar visualizamos cómo esa energía de luz violeta que desciende sobre nosotros va adquiriendo la forma de una pirámide de luz violeta; una pirámide de base triangular que va cubriendo la parte superior de nuestro cuerpo, quedando su base a la altura de nuestra cintura.

Inhalamos por tercera vez... retenemos... y al exhalar queda consolidada esa pirámide de luz violeta que contiene la parte superior de nuestro cuerpo. A continuación vamos relajando los brazos en arco, colocándolos hacia abajo, dejándolos sueltos a los lados del cuerpo.

A continuación vamos tomando tres nuevas inhalaciones lentas y profundas. Inhalamos... retenemos... y al exhalar visualizamos cómo de la tierra misma va brotando la energía de la luz violeta. Es toda la energía que la Madre Tierra ha recibido del sol central y que ahora comparte con nosotros. Esa energía va subiendo por nuestros pies y nuestras piernas, envolviendo la parte inferior de nuestro cuerpo.

Tomamos una nueva inhalación... retenemos... y al exhalar visualizamos que la energía de la luz violeta va brotando de la tierra en forma de pirámide invertida, con la base hacia arriba y la punta hacia abajo, cubriendo la parte inferior de nuestro cuerpo.

Inhalamos por tercera vez... retenemos... y exhalamos, consolidando esa pirámide invertida de base triangular de luz violeta, que se va uniendo por su base con la pirámide anterior, de tal manera que vamos quedando dentro de una estructura romboidal.

Ahora ponemos nuestras manos a la altura del plexo solar, ligeramente por encima del ombligo, con los dedos formando un triángulo. Tomamos una nueva inhalación... retenemos, y al exhalar visualizaremos cómo ambas pirámides se compenetran, dejándonos a nosotros en su interior.

Tomamos una nueva inhalación... retenemos... y al exhalar, visualizamos que la pirámide superior empieza a girar de derecha a izquierda a gran velocidad.

Inhalamos nuevamente... retenemos... y al exhalar imaginamos cómo la pirámide inferior también empieza a girar, pero en sentido inverso, de izquierda a derecha, también a gran velocidad. Colocamos ahora los brazos flexionados con las palmas hacia arriba y visualizamos que nos vamos elevando en esa nave de luz violeta por encima de ese lugar, de esa ciudad, de ese país, de ese continente; por encima del planeta, pudiéndolo visualizar desde el espacio. Y desde allí nos proyectamos al Cosmos a la velocidad del pensamiento, de tal manera que vemos cómo la luna va quedando a un lado nuestro, mientras nosotros avanzamos por el espacio.

Viajando a la velocidad del pensamiento nos vamos acercando al planeta rojo. Sí, es Marte el que aparece delante nuestro, al que también superamos dejándolo de lado, y cada vez más rápidamente nos dirigimos hacia Júpiter, el planeta más grande del Sistema solar. Para ello atravesamos el cinturón de asteroides, que son los restos de un planeta que alguna vez existió entre Marte y Júpiter. Observamos los restos de tan terrible colisión estelar. Vamos acercándonos a Júpiter y ya divisamos delante nuestro la presencia de sus lunas: Ganímedes, Io, Calixto, Europa y Amaltea, entre otras. Y vamos a localizar entre las lunas la presencia de un portal galáctico, una suerte de puerta de conexión con el real tiempo del Universo.

Una vez ubicamos dicho portal, tomamos tres nuevas inhalaciones lentas y profundas. Inhalamos... retenemos... y al exhalar visualizamos que las energías del Universo van siendo absorbidas por cada una de las puntas en movimiento de la estrella de luz violeta que nos envuelve, de tal manera que en nuestro interior se va formando una esfera de luz, blanca y brillante, donde todas las energías se sintetizan. Colocamos entonces nuestras manos por delante nuestro con las palmas hacia arriba, a la altura del plexo solar, luego inhalamos nuevamente... retenemos... y al exhalar visualizamos que la esfera de luz sale de nuestro cuerpo y se deposita entre ambas palmas como si fuera una hermosa perla de gran tamaño.

Tomamos una nueva inhalación... retenemos... y al exhalar sentimos nuevas y muy poderosas energías que son absorbidas por nosotros a través de nuestra nave de luz, y que pasan a través nuestro y se reflejan y concentran en la esfera, haciéndola más grande y luminosa.

Aprovechamos ese momento para proyectar en la esfera todo aquello que consideramos que refleja, representa o sintetiza lo mejor de la naturaleza humana. Vamos a impregnar la esfera de luz de formas mentales con el poder de la palabra, así como del sentimiento y la emoción, de tal manera que ella concentre todo lo más hermoso, importante y trascendental de la naturaleza humana, razones por demás válidas para que la humanidad continúe y prevalezca sobre los grandes cambios y transformaciones que se avecinan.

Podemos ir diciendo en voz baja o alta todo aquello que consideramos que expresa lo mejor del ser humano. Y lo decimos, sintiéndolo e imaginándolo.

Por ejemplo: ¡El amor!, ¡la paz!, ¡la ternura!, ¡la amistad!, ¡el cariño!, ¡el perdón!, ¡la solidaridad!, etc.

Sentimos cómo todo ello va haciendo más luminosa la esfera.

Tomamos todos una inhalación, lenta y profunda... retenemos... al exhalar vamos extendiendo los brazos y las manos hacia delante, proyectando la esfera de luz hacia el portal galáctico, de tal manera que visualizamos que la esfera penetra e ingresa en el real tiempo del Universo, como semilla de nueva era, semilla de esperanza, consolidando el tránsito dimensional de la humanidad hacia la cuarta dimensión. Y nos fijamos a continuación en qué es lo que ocurre...

(Después de unos minutos)... Vamos flexionando los brazos, colocando las palmas de las manos a la altura de los hombros... Iremos regresando por donde hemos venido. Volvemos todos a través del Cosmos, a la velocidad del pensamiento. Lo haremos dejando detrás nuestro el planeta Júpiter y sus lunas. Vamos volviendo por el cinturón de asteroides. Regresamos, observando a la distancia como el planeta rojo se va acercando, hasta que le vemos pasar a un lado nuestro, quedando atrás.

Seguimos volviendo y vamos llegando a la luna. Ya logramos divisar también a la distancia el planeta azul, la Tierra. Observamos cómo va pasando a nuestro lado la luna, pudiendo divisar sus cráteres. Seguimos retornando y cada vez estamos más cerca de la Tierra. De un momento a otro estamos sobre nuestro mundo, podemos divisar sus continentes, sus océanos y vamos descendiendo sobre el planeta. Vamos bajando por entre las nubes hasta ubicarnos sobre nuestro continente, sobre nuestro país, sobre la ciudad y poco a poco vamos llegando al lugar de donde partimos.

Nos encontramos todos en el lugar desde donde iniciamos nuestro trabajo. Tomamos una respiración lenta y profunda, inhalamos... retenemos... y al exhalar visualizamos como la pirámide de luz violeta que envuelve la parte superior de nuestro cuerpo comienza a detenerse, hasta que se queda completamente inmóvil. Tomamos una nueva inhalación... retenemos... y al exhalar sentimos y visualizamos como la pirámide inferior también se va deteniendo poco a poco, hasta que se queda totalmente quieta. A continuación, y con una nueva inhalación, visualizamos todos cómo ambas pirámides se van separando, hasta que terminan de hacerlo.

Elevamos ahora el brazo derecho por encima de la cabeza, dejando el brazo izquierdo suelto y hacia abajo. Tomamos una nueva inhalación... retenemos... y al exhalar visualizamos como aquellas dos estructuras piramidales comienzan a desprenderse de nuestro cuerpo y van introduciéndose en la tierra como sembrándolas, quedando depositadas en ese lugar, conectándose con otros lugares en el mundo, donde se han hecho trabajos similares, estableciéndose una gran red de energía planetaria retroalimentada permanentemente con las energías del Cielo y de la Tierra.

Cruzamos nuestras manos a la altura del pecho, tomamos una nueva inhalación... retenemos... y al exhalar vamos a abrir lentamente los ojos y quedamos todos en paz.

LAS ENERGÍAS DEL CIELO EN LA TIERRA

En el Universo todo es energía,
y la mente creadora consciente
es capaz de dar forma a esa energía,
dirigiéndola en la dirección conveniente.

Nos ponemos todos de pie. Colocamos los brazos por encima de la cabeza; talones juntos, columna recta. Vamos de inmediato a tomar tres respiraciones lentas y profundas, inhalando, reteniendo y exhalando lentamente, lo más lentamente posible.

Con la primera respiración visualizamos cómo las energías del sol descienden sobre nosotros ingresando por las yemas de los dedos, por las manos y los brazos, así como por la coronilla. Y esa energía va a terminar envolviendo la parte superior de nuestro cuerpo en una energía de luz dorada.

Con la segunda respiración visualizamos que esa energía de luz dorada va adquiriendo la forma de una pirámide como de cristal dorado, aportándonos paz, armonía, equilibrio, sabiduría y conciencia despierta. Esa pirámide va a cubrir la parte superior de nuestro cuerpo, de tal manera que su punta queda por encima de nuestras manos y la base se sitúa a la altura de nuestra cintura.

Tomamos una tercera respiración lenta y profunda, y al exhalar sentimos cómo dicha pirámide queda consolidada, cubriendo la parte superior de nuestro cuerpo.

De inmediato tomamos tres nuevas respiraciones lentas y profundas, de tal manera que con la primera visualizamos cómo una energía poderosa de color verde brillante va saliendo del suelo y se va elevando de la madre Tierra, cubriendo nuestros pies y piernas.

Tomamos una segunda respiración, y al exhalar visualizamos que esa energía de color verde brillante, que simboliza la salud, la esperanza y el amor a la vida, va adquiriendo la forma de una pirámide invertida de color verde brillante, que va cubriendo nuestros pies y piernas y cuya base va a ubicarse a la altura de la cintura.

Con la tercera respiración vamos consolidando esta pirámide invertida de luz verde brillante, de tal manera que por la base se va uniendo con la pirámide anterior, formando una estructura romboidal que nos envuelve completamente.

Vamos a imaginarnos a continuación que nos elevamos por encima del suelo y del lugar donde nos encontramos, de tal manera que vamos a dejar atrás la ciudad, las nubes, el país, el continente, para llegar a situarnos en el espacio por encima del planeta. Escogeremos entonces algún lugar de nuestra ciudad, de nuestro país, o del planeta que requiera alguna ayuda especial.

Ahora colocamos los brazos flexionados y las manos a la altura del pecho, formando con los dedos un triángulo. Tomamos una nueva inhalación, retenemos, y al exhalar visualizamos cómo ambas pirámides se van compenetrando de tal manera que nosotros vamos a quedar dentro de una estructura con forma de estrella de múltiples puntas.

Tomamos una nueva inhalación lenta y profunda y con ella sentimos cómo las energías del Cielo y de la Tierra se concentran dentro nuestro formando a la altura del pecho una esfera de luz blanca brillante. Retenemos y exhalamos.

Inhalamos y exhalamos nuevamente, fortaleciendo esa esfera de luz con las energías del Universo.

Con una tercera respiración extendemos los brazos hacia delante y ligeramente hacia abajo, proyectando la esfera de luz fuera de nosotros y de la estructura en forma de estrella. Vamos entonces a concentrar nuestras intenciones en la esfera con respiraciones lentas y profundas enviando alguna energía especial, para lo cual escogeremos el color dependiendo de lo que queramos enviar o irradiar (si es sanación, color verde; si es espiritualidad, azul; si es voluntad, naranja; si es equilibrio, luz dorada, etc.)

Ahora proyectamos la esfera hacia la Tierra cubriendo a alguna persona, nuestro hogar, el barrio, la ciudad, o el país al que queremos irradiar. Y visualizamos y sentimos el resultado bajando los brazos y dejándolos a los lados del cuerpo.

Poco a poco vamos bajando sobre el planeta. Visualizamos que descendemos hasta volver al lugar donde iniciamos nuestra labor.

Colocamos nuevamente los brazos flexionados y las palmas de las manos a la altura de los hombros. Tomamos una inhalación lenta y profunda, y al exhalar visualizamos que ambas pirámides se van desprendiendo, de tal manera que las vamos a proyectar hacia dos lugares que sintamos que necesitan equilibrio, y sabiduría (pirámide dorada), o sanación, optimismo y esperanza (pirámide verde), de tal manera que esos lugares quedarán conectados con todos los otros sitios donde se han hecho trabajos similares, estableciéndose entonces una gran red de energía planetaria.

Finalmente, ya situados mentalmente donde iniciamos el trabajo, cruzamos nuestras manos a la altura del pecho, y decretamos todos con el poder de la palabra y la magia del verbo: «¡Que así sea, así es, así será y hecho está!».

EL NOMBRE CÓSMICO

Las iniciaciones dentro del proceso del contacto actúan como un reconocimiento por parte de los guías extraterrestres de una expansión de conciencia adquirida a través del cambio y el autoconocimiento. Para los hermanos del Cosmos el que una persona vaya fortaleciendo su voluntad a través de la búsqueda de una acción más comprometida amerita apoyo. Las iniciaciones en el interior constituyen el «apoyo» para avanzar más y más ligero. Entre las iniciaciones más conocidas en el contacto están el nombre cósmico, los cristales de cesio, los xendra y el tercer cristal.

El nombre cósmico es una vibración, una clave personal que cada uno de nosotros debe recordar, recibir, practicar, afinar y desarrollar en su interior de Rahma; su repetición, vocalización o mantralización va más allá de una mera dinámica de interiorización; persigue elevar nuestra vibración, ayudándonos a despertar nuestra conciencia, como el diapasón que vibra alto y estremece, sumergiéndonos primero en lo más profundo de nosotros mismos, para luego proyectarnos hacia el Universo.

El nombre cósmico se puede recibir de muchas maneras, como por ejemplo a través de las meditaciones, llegando como una respuesta interna; en sueños o como una revelación en las comunicaciones con los guías. Nuestro nombre cósmico nos devolverá el recuerdo de nuestro pasado, corregirá nuestro presente y señalará nuestro futuro, desvelándonos nuestra misión personal y colectiva. Es pues una herramienta clave que tenemos cada uno de nosotros, personal e intransferible, y que surge en el proceso mismo de individualización del espíritu (Creación). El nombre posee dos partes y suele ser compuesto. La primera parte surge al sintetizarse nuestra individualidad. En ese momento hay una explosión de luz y de sonido; luego la terminación cósmica, que es la segunda parte, procede del momento en que a lo largo de nuestras reencarnaciones llegamos a tomar conciencia del camino espiritual, produciéndose en nosotros un segundo nacimiento. Cuando llegamos a tener conocimiento de nuestra terminación cósmica, esta nos permitirá ubicar nuestro momento del despertar, transportándonos al recuerdo de la época anterior en la que iniciamos el andar.

El nombre cósmico puede ser trabajado a través de meditaciones lunares y solares, actuando como una llave hacia nuestro interior; pero siendo la llave, no la puerta, ni tampoco la entrada, y menos aún la mano que la hará girar en la cerradura. Con la constancia y la perseverancia propias del caminante llegaremos a darle utilidad, pero dependerá más de nuestra compenetración y de la actitud con que afrontemos esta iniciación el que alcancemos el fin deseado, o sea, un mayor crecimiento para un mayor servicio.

MEDITACIONES LUNARES

Las meditaciones lunares son aquellas que se realizan de noche y en silencio, repitiendo mentalmente la pregunta «¿Quién soy yo?», colocándonos en actitud receptiva. Esta práctica nos llevará a un estado de silencio interior en donde seremos capaces de escucharnos y escuchar. La correcta realización del ejercicio tiende a dar quietud al ser, a la vez que abre la mente al conocimiento de las verdades profundas, sensibilizándonos grandemente. Las meditaciones crean condiciones adecuadas para un encuentro interno con nuestro «real ser», así como para alcanzar el equilibrio y la madurez espiritual, siempre y cuando creamos en lo que hacemos y lo hagamos por amor.

La práctica continua y constante permitirá que recepcionemos nuestro nombre cósmico, que surgirá como una respuesta interior. Una vez que lo conozcamos dejaremos de repetir la pregunta ¿Quién soy yo? y repetiremos nuestra clave personal, que actuará como el *password* de un ordenador que nos permitirá acceder a los archivos de información más secretos e importantes de esta y otras vidas, así como activar nuestras potencialidades psíquicas. Para verificar si nuestro nombre cósmico es el correcto existen algunas prácticas de visualización, como el ejercicio de «El Libro», que lo que buscan es ayudarnos a que logremos identificarnos con él. Pero para quienes sin merecimiento o conciencia buscan las iniciaciones es bueno recordarles que lo que nos cuesta o demora en ser recepcionado será más valorado, siendo muchas veces nuestra ansiedad lo que más dificulta su captación.

MEDITACIONES SOLARES

Las meditaciones solares son aquellas prácticas que hacemos por la mañana y al mediodía, repitiendo verbalmente una palabra clave o llave, cuya vibración nos ayuda a romper los cascarones astrales que encierran a nuestra alma y espíritu, permitiéndonos también una mejor preparación para el encuentro y acercamiento a nuestros hermanos mayores. Estas meditaciones actúan como el «Ábrete Sésamo», abriéndonos el camino hacia nuestro interior, agudizando nuestros sentidos astrales (percepción extrasensorial), orientándonos hacia el servicio, como seres solares que debemos ser, irradiando a los demás.

Es bueno recordar que no importan tanto el tiempo, la duración, la forma o el estilo de meditar o de meditación, pues lo único realmente importante es la actitud al meditar, que es lo que realmente nos servirá para alcanzar la interiorización. La meditación es la relajación de la mente; es estar a solas y en silencio con uno mismo. Y nuestra vida puede ser una permanente actitud de meditación.

Los nombres cósmicos vibran en armonía con mantras y claves vibratorias universales como el «OM» o la palabra «RAMA», siendo cada terminación de los nombres cósmicos una labor en la gran misión por la humanidad; pero sobre todo ahora, que se afinan los mecanismos de reencuentro de todos los preparados para el cumplimiento de los objetivos del contacto, que es establecer el puente de conexión definitivo con el Universo. Seremos como un puente de cuerdas con nudos cósmicos bien atados pero elásticos, perfectamente unidos por el artesano, como cadenas sólidas pero a la vez elásticas de eslabones del pasado con el futuro, que congreguen a toda la humanidad para el ascenso en la escala de la evolución hacia el siguiente paso.

Finalmente diremos que el objetivo de la disciplina en las meditaciones es fortalecer nuestra voluntad, para lograr un proceso de autoconocimiento que traerá sin buscarlo el desarrollo de todo nuestro potencial psíquico a la vez que creará las condiciones necesarias para la recepción de las iniciaciones, por lo que deberíamos hacer de la meditación un hábito.

Si de pequeños se nos enseña a respetar los horarios de las comidas, también en la fase de aprendizaje se nos debe habituar a ingerir el alimento espiritual. Cada meditación es un alimento de respiración, relajación y sosiego interno; por ello, así como no nos olvidamos de ingerir nuestros alimentos, tampoco deberíamos olvidarnos de meditar.

Llegar a hacer de la meditación un hábito nos motivará en el futuro a hacerlo cuando sepamos y sintamos la necesidad de ello, no para que seamos esclavos de una disciplina, sino para que disfrutemos con ella de sus beneficios, enriqueciéndonos y logrando salud integral, física, mental y espiritual.

LOS CRISTALES DE CESIO

Los cristales de cesio son una de las iniciaciones de los grupos de contacto extraterrestre que actúan como antenas catalizadoras, colaboran en la recepción y mejor aprovechamiento de energías extraordinarias que están llegando en esta época . Actúan como coladores de las radiaciones cósmicas, que en la actualidad llegan con mayor fuerza y menor oposición, pues las capas de protección planetarias están muy deterioradas. Esta iniciación consiste en la recepción, durante una salida de contacto en la que previamente ha sido anunciada la experiencia a través de los mensajes telepáticos, de dos cristales piramidales, uno en cada palma de la mano. Para ello, en la hora y el lugar indicados por los mensajes, y con la compañía siempre cercana y evidente de las naves de los guías extraterrestres, se hace un círculo con aquellos que han de recibirlos, quedando todos de espaldas al centro del círculo, con los brazos flexionados y las palmas de las manos hacia delante en posición de recibir. La finalidad de estas dos pirámides es dotar a todos los participantes de una protección superior de energía de la luz violeta cósmica, mediante el mejor aprovechamiento de la misma. Esta energía, como recordaremos, procede de esa especie de latido cósmico que se produce en el sol central de la galaxia o sol manásico, y que llega como un rayo sincronizador a nuestro Sistema solar y al planeta cada 26.000 años acompañando los cambios de un fin de ciclo y el inicio de otro.

Para un buen aprovechamiento de la luz violeta hay que mantener el cuerpo limpio de impurezas y toxinas, así como de estimulantes. También será recomendable una dieta balanceada naturista y una purificación continua con ayuda de técnicas como la gimnasia psicofísica.

La energía de la luz violeta es aprovechada y canalizada a través de los cristales, que se integran en el pecho una vez que son recibidos, cruzando nuestros brazos a la altura del esternón. Los cristales de cesio pueden recibirse en grupo o a solas, ya sea durante una salida en el campo, o hasta en el interior de una casa; esta recepción puede ser consciente o inconsciente, voluntaria o involuntario, en vigilia o en sueños. Y los cristales los proyectan los guías siempre desde una nave que se encuentra en las cercanías, ya sea visible o no. Los cristales se sienten y se ven, apreciándose como una tenue luz entre blanca y azulada acompañada de resplandores, que van adoptando la forma de una semiesfera hasta alcanzar a percibirse las pirámides sobre las palmas de las manos, junto con sensación de quemazón en ellas. Estas estructuras sutiles tienden a desaparecer cuando los brazos son estrechados contra nuestro cuerpo. Una vez que, se integran tienden a formar en nuestro interior una forma que de ser observada de frente a través de la clarividencia, se asemeja a la de una estrella de seis puntas, símbolo del equilibrio cósmico.

En cuanto empiezan a materializarse, los cristales pueden ser apreciados a simple vista por todos los asistentes; pero una vez incorporados solo serán visualizados por una persona muy sensibilizada.

Durante los tres primeros meses de ser recibidos, estos cristales se reafirman dentro de nuestro cuerpo o se pierden a través de la orina, no pudiendo volver a recibirse. Se empiezan a eliminar cuando nuestra vibración, en vez de mantenerse o elevarse, se densifica, y esto ocurre cuando llevamos una vida inadecuada o nos defraudamos a nosotros mismos.

EL XENDRA

Entre las iniciaciones propias del contacto, una de las más extraordinarias es la de las puertas interdimensionales o «xendras».

El xendra es una proyección de luz concentrada, que acelera la vibración de la persona y actúa como un paso dimensional y umbral en el tiempo espacio. La persona que atraviesa un xendra, dependiendo de la intensidad de este, puede llegar a ser desmaterializada para ser teletransportada a otro lugar, anulando su cohesión molecular y su peso atómico. Esta experiencia puede darse muchas veces durante el proceso de preparación personal y colectiva. Esto significa que es la única iniciación que se puede volver a recibir varias veces, existiendo para el caso varios tipos de xendra, que permiten desde una experiencia física hasta una proyección mental o también una bilocación o astral consciente. Los tipos de xendra son:

- Xendra I: tipo de puerta interdimensional para una sola persona acompañada de un guía. Este xendra suele tener forma de medialuna, como de unos diez metros de diámetro, y permite una experiencia física de desmaterialización con desaparición de la persona y su proyección a otro planeta, al interior de una nave o a una base intraterrena o subacuática.
- Xendra II: es aquella en la que pueden introducirse hasta siete personas coordinadas por dos guías. Esta experiencia también suele ser física, de proyección mental, de bilocación o astral. Los testigos ven desaparecer a los participantes dentro del xendra.
- Xendra 3-4 «gimbra»: es el que da acceso hasta a doce personas de una sola vez, y suele estar coordinado directamente por el consejo de la confederación. Este xendra varía en cuanto a su forma, desde

algo así como un domo grisáceo, una niebla concentrada blanquecina o azulada brillante o hasta un círculo luminoso con chispazos en el suelo; llega a tener un diámetro superior a los 10 metros y las personas aparecen y desaparecen en su interior, como lo confirman los testigos presentes en el lugar.

El xendra gimbra, a diferencia de los otros tipos de pasos dimensionales que existen, garantiza una experiencia profundamente espiritual y de integración cósmica. Los otros xendras pueden ser de experiencias casi físicas hasta proyecciones mentales o astrales.

Muchas personas por distintas razones no llegan a recordar lo vivido en el interior de esta experiencia, por lo que deberán trabajar sus meditaciones y retrocesos para recordar.

REACTIVACIÓN DE LOS CRISTALES

La reactivación consiste en una evaluación del estado de los cristales que hay en el interior de las personas a través del uso de la clarividencia o visión mental por parte de un instructor cualificado para ello. Dependiendo de la imagen que ofrezcan se realizaría un trabajo de reafimación de los mismos.

Cuando se observa el pecho de la persona (a la altura del esternón), concentrándose el observador a nivel del propio entrecejo, podemos captar el estado de los cristales, según haya sido el trabajo interior realizado desde que fueron recibidos. El estado de los cristales puede manifestarse como formando la típica estrella, hasta la manifestación por separado de las dos pirámides. Esto último podría deberse a una falta de avance, descuido de la preparación o a continuos estados de desarmonía, llegando a perder la paz interior. De no ser atendidos a tiempo, irremediablemente se perderían, siendo eliminados por el cuerpo. Ya hemos dicho que difícilmente se pierden los cristales pues solo defraudándonos a nosotros mismos reaccionan, separándose. Los cristales sueles ser observados formando la estrella con diversos colores, cada uno de los cuales tiene su significado. Ver los cristales con un color amarillo dorado revela avance en el camino y en conciencia espiritual, así como trabajo y compenetración con la misión. El hecho de que aparezcan de un color azul eléctrico pone de manifiesto trabajo espiritual sin que necesariamente se haya profundizado en la parte del contacto extraterrestre; y finalmente, el ver los cristales blancos o transparentes nos indicaría equilibrio sin avance significativo, pero no retroceso.

En el caso de ser observados los cristales en proceso de separación, el instructor procederá de inmediato a realizar la imposición de manos sobre el observado, combinando este trabajo con una canalización de energía hacía su pecho, esto es, sin tocarlo, a una distancia de unos quince centímetros. La posición del observado será la de meditación, mientras que el observador estará de pie de frente y colocará las manos formando un triángulo, con las palmas hacia la persona sentada. Se visualizará entonces el proceso de reubicar los cristales y recomponer la estrella.

La reactivación de cristales es algo tan serio como las iniciaciones mismas, por lo que para realizar estos trabajos se deberá aguardar la recomendación y el aviso de los guías, ya sea en reuniones o salidas.

El verdadero significado de la iniciación

La palabra iniciación deriva de dos palabras latinas: *in* en, *iré* ir; es por lo tanto el comienzo o entrada en algo. Representa, en su más amplio sentido, iniciar una acción más comprometida, en el caso que estamos estudiando, la entrada en una esfera de más profundas realizaciones y logros, una nueva etapa en nuestra consciencia. Las iniciaciones no necesariamente mantienen un orden; pueden darse en cualquier orden pero igualmente buscan como objetivo consolidar nuestro despertar de conciencia. Las iniciaciones suponen un ingreso consciente en el umbral de la cuarta dimensión.

Habiendo tanteado el camino de la ignorancia durante muchas existencias, y habiendo pasado por el aprendizaje de la instrucción, ahora entramos en la sabiduría, en la universidad. Cuando hayamos cursado todos los créditos de esta escuela recibiremos simbólicamente el grado de maestro de compasión, peregrino y hermano en el camino.

El conocimiento es producto de la instrucción que se recibe a través de la experiencia, los descubrimientos y las enseñanzas recibidas. La sabiduría se refiere al desenvolvimiento de la vida residente en la forma, al progreso del espíritu a través de los siempre cambiantes vehículos y a las expansiones de conciencia que se suceden de vida en vida; al grado de coherencia y consecuencia, esto es, de mística. Trata del aspecto vital de la evolución pues se refiere a la esencia de las cosas y no a las cosas mismas; es la comprensión intuitiva de la verdad, independiente del raciocinio. Sabiduría es conocimiento correctamente aplicado a través del entendimiento.

El conocimiento es separativo y objetivo, mientras que la sabiduría es sintética y subjetiva. El conocimiento separa y la sabiduría une. La iniciación o proceso de experimentar la expansión de conciencia es parte del proceso natural del desarrollo evolutivo. Si se considera desde el punto de vista individual es porque la unidad evolucionante reconoce que (por virtud de su propio esfuerzo, ayudado por el consejo de los guías) alcanzó un estado en el que cierto grado de conocimiento subjetivo desde el punto de vista del plano físico ya es suyo.

Cada iniciación señala el paso del discípulo a un nivel superior. El resultado es un horizonte que se dilata continuamente hasta incluir la esfera de la creación. Es la creciente capacidad de ver y oír en todos los planos; es el conocimiento incrementado de los planes de Dios para el mundo y una capacidad aumentada de intervenir en esos planos y favorecer su desenvolvimiento.

La iniciación conduce a la montaña, donde se puede tener la visión del eterno ahora, donde se unifican el pasado, el presente y el futuro; una visión del espectáculo de las razas, con el hilo de oro de su genealogía, seguida a través de múltiples procesos; una visión de la áurea esfera que contiene los tres universos y mantiene al unísono las múltiples evoluciones de la Creación: la angélica, la humana, la animal, la vegetal, la mineral y la elemental, a cuyo través puede verse con claridad la vida pulsante.

La iniciación conduce a la gruta donde, en el recinto formado por las paredes de la matriz de la madre cósmica –simbolizada desde tiempos inmemoriales por la Virgen Negra que cobija en su regazo al niño–, se conocen los pares de opuestos y se revela el secreto del bien y del mal. La iniciación conduce al significado profundo de la cruz, como sacrificio en la evolución y al completo acto de amor que ha de consumarse antes de alcanzar la perfecta liberación de las cadenas de lo material. La iniciación conduce a través de la sabiduría y pone en las manos del hombre la llave de toda información del orden cósmico en secuencia gradual. Revela el misterio oculto subyacente en el corazón del Sistema solar y del Universo. No implica necesariamente el desarrollo de las facultades psíquicas, aunque estas vienen solas como consecuencia de la misma, pero entrará en juego la comprensión interna, que ve el valor subyacente en la forma y reconoce la finalidad de las circunstancias.

Finalmente, diremos que la iniciación, sea cual sea, señala un punto de adquisición que de ninguna manera asegura el éxito futuro, y señala también el reconocimiento por parte de los vigilantes instructores de la humanidad de un punto definido de la evolución alcanzado por el discípulo. Por estas razones, la participación en las iniciaciones del contacto extraterrestre debe limitarse a quienes realmente estén preparados, para que lleguen a participar conscientes de su significado y dispuestos a comprometerse. Si no seremos tan culpables como aquel que las recibió y, por dejadez o inconsecuencia, más tarde les dio la espalda.

LOS SIETE PLANOS DE NUESTRO SISTEMA SOLAR

Son los que constituyen a su vez al hombre, y son:
1. El divino
2. El espiritual
3. El alma
4. El intuitivo
5. El mental (que incluye el plano manásico en el que actúa la energía manásica)
6. El astral o emocional
7. El físico o denso

La constitución del hombre es básicamente trina y es como sigue:

1. El espíritu puro o esencia espiritual: este aspecto refleja las tres manifestaciones de Dios.
    - Voluntad o Poder (El Padre)
    - Sabiduría (El hijo)
    - Amor o la Madre (Espíritu Santo)

Solo se alcanza en las iniciaciones finales, cuando el ser humano después de muchas encarnaciones se ha ido perfeccionando en el amor.

2. La mente, el ego, el yo superior o individualidad. Este aspecto, potencialmente, es:
    - Voluntad espiritual (espíritu)
    - La catedral del alma (alma), donde hacemos acopio de las experiencias de nuestras vidas pasadas.
    - Mente superior o abstracta (intuición)

3. El cuerpo, la personalidad, o yo inferior, es el ser humano del plano físico:
    - Cuerpo mental
    - Cuerpo emotivo o astral
    - Cuerpo físico

EJERCICIOS PRÁCTICOS DE VISUALIZACIÓN. TERCERA PARTE

La montaña de Montserrat

*En un lugar de Cataluña hay un macizo rocoso de
insólita apariencia y peculiar ubicación.
A la distancia asemeja unas manos
con sus dedos orando al cielo.
Esta montaña aserrada o dentada tiene cuevas
y ha sido escenario de extraordinarios hallazgos
como el de la Virgen Negra con el niño,
llamada la «Morenita».
Las trovas medievales sitúan en ese lugar, poblado de
ermitas y monjes, el Monte de Salvación,
donde fuera depositado el Santo Grial.*

*Estamos todos completamente relajados. Ningún rui-
do, ni aún la voz que estamos escuchando, interfiere
el proceso de relajación, sino que, por el contrario,
todo nos ayudará a relajarnos más y más. Mantenemos una
respiración lenta y profunda, por la nariz.*

*Y, aprovechando esta relajación muy profunda, vamos
a concentrar nuestra atención en el entrecejo, en nuestra*

frente. Y vamos a proyectarnos a través de un túnel mental, de tal manera que al final del mismo visualizamos, nos imaginamos que nos encontramos delante de una montaña muy especial. Parece una sierra, pues su superficie es aserrada, con muchas puntas, como si las rocas fueran dedos que salieran de la Tierra y apuntaran al cielo. Vamos a localizar un sendero que asciende a la montaña. El suelo es de tierra roja, de una arcilla muy colorada. Empezamos nuestro caminar llevando con nosotros como apoyo un cayado. Nada más avanzar un trecho, en el suelo nos encontramos una piedra o cristal que nos llama la atención. Lo tomamos entre nuestras manos y nos fijamos bien en qué forma tiene, su color y nos la llevamos con nosotros.

Más adelante, e igualmente sobre el camino, nos encontramos con un ramo de flores silvestres que al parecer alguien dejó o a alguien se le cayó. Lo tomamos entre nuestras manos y nos fijamos bien en el color de las flores. Nos llevamos también las flores con nosotros. Seguimos nuestro andar, observando a izquierda y a derecha bosques, peñas, roquedales y abismos; y en una curva del camino, de entre las piedras y matorrales sale un animal que se cruza delante nuestro y nos mira sin inmutarse, siguiendo su trayecto y desapareciendo de nuestra vista. ¿Qué animal era? Al acercarnos donde estuvo vemos que en suelo hay una pequeña escultura con la forma del mismo animal. Observamos de qué material está hecha, llevándonosla con nosotros.

Cada vez estamos más alto. Las formaciones rocosas nos llaman la atención por ser paredes grisáceas que adquieren toda suerte de formas insólitas. De pronto, en el sendero aparece un nuevo objeto. Nos detenemos y agachamos para agarrarlo y nos fijamos bien en qué es ¿De qué se trata? Observamos bien su color, su forma, el material del que está hecho, terminando por llevárnoslo con nosotros.

En el proceso de ascenso observamos, colgando de la rama de un árbol, una bolsa o alforja; nos acercamos a ella, la tomamos entre nuestras manos, fijándonos bien en su color y material y en si tiene algún detalle o diseño. Sentimos que esa bolsa fue dejada a propósito para nosotros, por lo que colocamos todo lo que encontramos en el camino dentro de la misma.

En una parte alta de la montaña comenzamos a divisar unas rústicas ermitas, pequeñas casas de piedra de monjes. Al pasar cerca de una de ellas sale de su interior un monje o una monja, quien nos saluda y nos hace entrega de un rosario. Nos fijamos bien en de qué material es ese rosario, su color y diseño (si es un rosario católico, budista o musulmán). Se lo agradecemos y continuamos nuestra marcha hacia un monasterio situado en lo alto de la montaña, adonde llegamos después de un rato. Nos ubicamos al pie de una escalera tallada en la piedra y nada más cruzar unos arcos de piedra nos encontramos en una pequeña plazoleta al aire libre delante de la fachada de la catedral. El suelo está marcado con la rosa de los vientos. De pronto, en el interior del templo hallamos cantidad de lámparas y velas encendidas, esculturas y pinturas religiosas, así como un impresionante altar donde se encuentra la imagen de la Virgen Negra acompañada del niño. Avanzamos ingresando en el santuario justo cuando un coro de monjes y de pequeños niños termina de cantar y se retira. Nosotros, con actitud humilde, nos acercamos al pie de la mesa del altar y colocamos en el suelo nuestra bolsa llena de todo lo que encontramos en el camino. Oramos y de repente uno de los niños del coro se acerca a nosotros y nos dice que todo lo que colocamos en la bolsa se ha fundido en un único objeto. Incrédulos levantamos la bolsa y al cogerla nos damos cuenta de que dentro de ella solo hay un objeto, como si todos se hubiesen transformado en uno. Vamos viendo qué es, de qué se trata ese único objeto.

Vamos volviendo...Vamos dejando atrás el altar, la iglesia, la plazoleta, los arcos...Vamos volviendo a través del túnel mental, dejando detrás nuestro la montaña sagrada de Montserrat.

Al término de tres habremos vuelto, estaremos completamente conscientes, libres de toda tensión, en perfecta paz y armonía. Tomamos una inhalación lenta y profunda, inhalamos... retenemos... y al exhalar visualizamos en nuestra mente el número uno y nos encontramos volviendo a través del túnel mental, tomando conciencia poco a poco de nuestro cuerpo. Tomamos una segunda inhalación... retenemos... y al exhalar visualizamos en nuestra mente el número dos, de manera que vamos tomando conciencia del lugar donde nos encontramos. Tomamos una tercera inhalación, inhalamos... retenemos... y al exhalar visualizamos en nuestra mente el número tres, abriendo lentamente los ojos y encontrándonos en paz.

Significado del ejercicio

La montaña representa el camino espiritual, la expansión y la elevación de la conciencia. El hecho de recorrerla por sus senderos simboliza la aventura del alma. El báculo representa lo que nos sirve de apoyo en nuestro caminar, mientras que los objetos que uno ha ido encontrando simbolizan un mensaje para cada uno de nuestros siete cuerpos.

Los aspectos que debemos trabajar en nuestro cuerpo físico y en la vida material se encuentran representados en la piedra o cristal que encontramos al principio. Su forma, color y tamaño son mensajes que debemos desentrañar.

Las flores simbolizan el mensaje para nuestro segundo vehículo, el astral, el cuerpo de las emociones y los deseos. El tipo de flor y su color son muy importantes; también el si son de un solo color o de varios nos habla de cómo debemos enfocar el amor en nuestras vidas y hacia dónde orientarlo.

El animal simboliza el mensaje para nuestro tercer vehículo, que es el carácter y la personalidad. ¿Cómo debemos trabajar nuestro carácter o qué aspectos de la personalidad debemos potenciar? Se encuentran representados en el animal y por eso es importante definirlo bien. Y la estatuita que encontramos a continuación, su color y material, complementan el mensaje.

El siguiente objeto que hallamos en el camino es el mensaje para nuestro cuarto vehículo, el mental superior, y simboliza qué debemos hacer o sobre qué aspecto debemos enfocarnos para desarrollar nuestro potencial psíquico.

Seguimos subiendo la montaña y nos topamos con una bolsa o morral colgando de la rama de un árbol. Esta bolsa, su material, sus colores y detalles son el mensaje para nuestro quinto vehículo, que es el alma. La bolsa simboliza nuestra misión en la vida. Dentro de ese morral colocamos todos los objetos que encontramos en el camino, lo cual representa cómo se nutre nuestra alma de todas las experiencias de vida.

En la parte alta de la montaña vemos salir de una ermita a un monje, que nos regala un rosario. Ese es el mensaje para nuestro sexto vehículo, «el espíritu». Es importante ver si el monje es hombre o mujer, porque ahí hay un mensaje también; si es hombre hay que actuar de inmediato, mientras que si es mujer hay que sentir y meditar bien el mensaje. El rosario que nos regaló el monje es un mensaje espiritual, por lo que es importante ver sus detalles, el material del que está hecho, su color y a qué religión pertenece. Cada religión representa un aspecto determinado: el católico, la fe; el musulmán, la palabra; el budista, el desapego.

Finalmente, el objeto que aparece en el interior de la bolsa, y en el que se funden todos, es el mensaje para el séptimo cuerpo, la esencia. Es, por así decirlo, el mensaje esencial que engloba a todos los anteriores.

LO QUE NOS TRAE LA MAREA

*Al amanecer de un nuevo día,
caminando por la orilla de la playa,
mientras avanzamos dejando nuestras huellas sobre
la arena, contemplamos entre las olas
lo que nos ha traído la marea.*

Vamos a tomar tres respiraciones lentas y profundas, inhalando, reteniendo y exhalando, y al final de las mismas iniciamos un proceso profundo de relajación. Recorremos mentalmente nuestro cuerpo desde los pies a la cabeza, masajeando el cuerpo como si lo acariciáramos con las manos físicas. En todo momento mantendremos una respiración lenta y rítmica, por la nariz, inhalando y exhalando lentamente, lo más lentamente posible.

Aprovechando que estamos todos completamente relajados vamos a concentrar nuestra atención en el entrecejo, en nuestra frente, y vamos a visualizar un túnel mental, y al final del mismo nos imaginamos que vamos caminando por la orilla de una playa. Es una mañana luminosa, hay un hermoso sol y mientras avanzamos observamos cómo poco a poco una suave niebla se va despejando. Caminamos sobre la arena a lo largo de una extensa playa sintiendo cómo nuestros pies se hunden, dejando nuestras huellas. A un lado las olas del mar van y vuelven. Seguimos entonces andando, sintiendo el agua del mar, que llega a tocar los pies. El agua está fresca y es muy agradable sentirla en los pies. El ambiente cálido nos invita a caminar.

Más adelante observamos que las olas del mar van arrastrando y depositando un objeto sobre la arena. Nos acercamos para ver qué es, nos agachamos y lo tomamos con nosotros. Lo observamos detenidamente, percatándonos de su forma, color, tamaño y material.

Nos encontramos allí en una hermosa playa, cuando de pronto vemos que se nos acerca una persona. Viene caminando por la arena en dirección a nosotros. Nos fijamos en quién es, cómo está vestida. Esa persona llega hasta nosotros, nos saluda y ve que hemos recogido lo que la marea ha traído, y sonriendo nos hace un comentario sobre el significado de lo que hemos encontrado.

(Dejamos un espacio de unos minutos en silencio)

Vamos volviendo todos a través del túnel mental. Poco a poco dejamos detrás nuestro, la playa y el mar. Vamos retornando, de tal manera que al término de tres abriremos lentamente los ojos y nos encontramos en paz.

Tomamos todos una inhalación lenta y profunda. Inhalamos..., retenemos..., y al exhalar visualizamos en nuestra mente los números 1, 2 y 3...

Significado del ejercicio

La vida es un continuo devenir, avanzamos por ella con espíritu de aventura sin saber qué es lo que nos traerá. Exactamente ese es el simbolismo de lo que nos trae la marea, que es lo que nos tiene reservado el destino. Pero la vida nos da o nos quita, nos prueba y a veces nos facilita las cosas. En el ejercicio, lo que nos encontramos en nuestra caminata es con un objeto que las olas del mar van arrastrando y depositando sobre la arena. Dicho objeto representa simbólicamente lo que la vida nos está ofreciendo o poniendo a nuestros pies para que lo tomemos y saquemos el mejor provecho de ello. Si estamos atentos, la vida siempre está poniendo cosas en nuestro camino que pueden ser ayudas o tropiezos, que, como dije antes, si sabemos valorar podremos sacarles una gran utilidad y provecho tanto para nuestra vida material como para nuestros procesos mentales y espirituales.

Por ejemplo, imaginémonos que lo que la marea arrastró fue una concha de color blanco. Lo que esto podría estar indicándonos simbólicamente es que debemos protegernos (la concha) y purificarnos, o actuar con pureza de intención (color blanco). Si más bien fue un caracol marino con su forma espiral en el interior, el mensaje podría ser que en ese momento de la vida se nos ofrece protección (el caracol) y la posibilidad de evolucionar (la espiral).

Supongamos que la marea arrastró un pedazo de madera. La madera simboliza la vida de cada uno, una existencia que en estado natural no posee una forma definida, por lo que debemos trabajarla, aprendiendo a saber moldearla, tallarla y convertirla en una obra de arte. La madera flota en el mar, y por ello es una invitación a mantenernos a flote a pesar de cualquier tormenta que se mueva a nuestro alrededor.

Otro ejemplo. Pongamos que lo que encontramos fue un atado de sogas anudadas, viejas y podridas, y entre ellas un pedazo sin nudo, firme y hasta nuevo. Esto podría simbolizar que debemos, de una vez por todas, desprendernos de todos los lazos que venimos arrastrando en nuestra vida y solo quedarnos con aquello que es útil, sano y positivo. También podría indicarnos que estamos en el momento adecuado para cortar lazos y empezar de nuevo.

De pronto lo que encontramos en la playa depositado por la marea era algo cubierto de algas, una suerte de cofre de madera, a modo de relicario. Esto podría significar que es el momento de empezar a saber valorar lo que llega a nuestras vidas (el relicario), o darnos tiempo para evaluar los tesoros de nuestra existencia: la familia, los padres, la pareja, los hijos, los amigos, los logros alcanzados, las pruebas superadas, etc.

Esa persona que visualizamos que viene caminando por la playa en dirección hacia nosotros bien puede simbolizar a nuestro maestro interno, nuestra propia alma, o quizás nuestro ángel. Puede aparecer con la figura de un familiar, conocido o amigo, o simplemente como un anciano, anciana, niño, o entidad espiritual. Lo que nos comenta acerca de lo que hemos hallado es lo que nuestra voz interna tiene que decirnos sobre el momento actual y las perspectivas futuras.

EL PEREGRINO Y LA ERMITA

> *En las sierras de Castellón hay una ermita*
> *perdida en el bosque. A ella llegan en silencio siete*
> *peregrinos con sus báculos marcando el camino;*
> *siete son ellos, uno por cada uno de los pasos*
> *que debe dar el hombre en el peregrinaje de la vida.*
> *Vienen hasta allí para hacer su ofrenda en el altar.*
> *Una ofrenda de silencio y de oración;*
> *y así como llegan, tras orar se marchan*
> *con sus pasos y su silencio.*

Estamos todos completamente relajados, libres de toda tensión, por lo que concentramos nuestra atención en el entrecejo y vamos a proyectarnos a través de un túnel mental, de tal manera que al final del mismo nos vemos caminando por un bosque al lado de un río. Sentimos cómo los rayos del sol penetran por entre las copas de los árboles y acarician nuestro rostro. El suave viento nos empuja hacia delante. A la distancia observamos una ermita, a modo de pequeña iglesia o capilla rústica de piedra. Nos dirigimos hacia ella. Vamos caminando por un sendero que atraviesa el bosque. Llegamos a la puerta de la ermita, la empujamos e ingresamos en su interior. Es un lugar sencillo, acogedor y que inspira espiritualidad. Al frente hay un pequeño altar, mientras que a los lados se multiplican unas cuantas bancadas de madera. Avanzamos por el interior de ese espacio sagrado y nos sentamos en una de las bancadas. Estamos contemplan-

do el lugar cuando de pronto escuchamos que la puerta de entrada cruje y vemos entrar en la ermita a un grupo de peregrinos con sus cayados o báculos. Llevan unas capas que cubren sus cabezas, hombros y espalda, debajo visten una túnica blanca. A un costado tienen un morral o bolsa. Pero hay un detalle que nos llama la atención: cada peregrino tiene en su báculo una concha de mar de abanico y una borla o cinta de un color. Son siete, y cada uno porta una de un color diferente. Ese color se repite en su morral. Les vemos avanzar por en medio del santuario golpeando el suelo con los báculos, llegando hasta el altar e hincándose de rodillas frente a él. Los vemos y escuchamos orar, cuando de pronto uno de ellos se incorpora y se dirige hacia donde nos encontramos sentados, y sonriéndonos, saca de su morral un objeto y nos lo entrega, dándonos a entender que representa el momento actual de nuestra vida, de nuestro peregrinaje. Nos fijamos primero en de qué color es la borla o cinta de su cayado y luego el material, la forma y el color del objeto que nos está entregando. Al cabo de un rato todos los peregrinos se incorporan y se van retirando de la ermita, quedándonos nosotros solos en el interior.

Salimos también nosotros fuera y a la distancia vemos alejarse a los peregrinos, quedándonos con el objeto, que miramos una y otra vez.

Poco a poco vamos volviendo. Vamos dejando atrás el bosque y la ermita. Vamos volviendo todos a través del túnel mental, de tal manera que al término de tres estaremos completamente conscientes y relajados, libres de toda tensión, en perfecta paz y armonía.

Todos, al término de tres, abriremos lentamente los ojos y nos encontraremos en paz. Tomamos una inhalación lenta y profunda... retenemos... y al exhalar visualizamos en nuestra mente el número uno, y vamos volviendo, vamos retornando. Sentimos nuestro cuerpo descansado. Tomamos *una nueva respiración, y al exhalar visualizamos el número dos, y tomamos conciencia del lugar donde nos encontramos. Tomamos una tercera inhalación, y al exhalar, con el número tres abrimos lentamente los ojos y nos encontramos en paz.*

Significado del ejercicio

Hemos aprendido que todos los seres humanos tenemos siete cuerpos para actuar en cada una de las siete dimensiones del universo material y que hay siete chacras, vórtices o ruedas de energía que, al ser estimuladas y activadas, nos permiten actuar conscientemente a través de nuestros vehículos en las siete dimensiones; y también sabemos ya que hay siete leyes universales que rigen este universo material. Por tanto, podemos hacer una asociación de ideas con los siete peregrinos que llevan cayados y bolsos, cada uno de un color distinto.

Primero estamos en un bosque en contacto con la naturaleza, con la vida. Lo que se sugiere es que es nuestra propia vida la que allí aparece reflejada. El río, los árboles, el santuario, todo ello representa aspectos de nuestro interior, pero especialmente la ermita, que representa nuestro santuario interno, nuestro lugar más sagrado. Allí ingresamos y allí tenemos contacto con los peregrinos.

En ese especial momento de nuestra vidas ¿con qué ley universal debemos trabajar? ¿Con qué chacra? ¿Con qué cuerpo? Pues el misterio se esclarece precisamente con el color de la borla o cinta del peregrino que se acerca a nosotros. Si en su borla hay más de un color, o en la borla hay uno y en el morral otro, eso nos podría estar diciendo que debemos trabajar con más de uno de los chacras, cuerpos y leyes.

Como recordaremos, las leyes universales van desde la coronilla hasta el coxis, comenzando por el principio del mentalismo y terminando por el de generación; los colores del violeta al rojo, desde la coronilla al coxis; mientras que los cuerpos van del coxis a la coronilla, empezando por el cuerpo denso material y terminando con el cuerpo esencial o divino.

Supongamos que quien se nos acercó fue el peregrino que llevaba la borla o cinta violeta. ¿Qué quiere decir esto? Que debemos hacer énfasis en el principio del mentalismo, siendo creadores; debemos activar nuestra coronilla y la conciencia del cuerpo esencial a través de prácticas de respiración, ejercicios físicos y meditación, y desarrollar todo lo que significa el color violeta: transmutación, mística, fe, magia y cambio. Se nos está diciendo que este es el mejor momento para cambiar, modificar conductas y situaciones diversas, haciéndolo con fe, con misticismo (coherencia, consecuencia y ecuanimidad), y debemos ser magos y alquimistas, transformándonos y transformando.

El objeto que el peregrino nos entrega significaría cómo hacerlo, por dónde empezar o qué debemos enfatizar.

PAITITI

«Corazón del corazón, tierra india del Paititi,
a cuyas gentes se les llama indios, todos los reinos
limitan con él pero él no limita con ninguno.
Estos son los reinos del Paititi donde se tiene el poder
de hacer y desear, donde el burgués solo encontrará
comida, y el poeta tal vez pueda abrir la puerta cerrada
desde antiguo del más purísimo amor.
Aquí puede verse sin atajos el color del canto de los
pájaros invisibles».

(Contenido del mapa jesuita del siglo XVII que sitúa
la legendaria ciudad del Paititi o Dorado
en algún lugar de las selvas del Madre de Dios)

Vamos a sentarnos todos cómodamente. Columna recta, talones juntos. Las palmas de las manos sobre nuestras piernas, una encima de la otra. De inmediato tomaremos tres respiraciones, lentas y profundas, por la nariz, lo más lento posible, utilizando el diafragma como si fuese un fuelle. Esto es, inflando el vientre hacia delante, no hacia fuera. Retenemos el mismo tiempo que inhalamos y luego exhalamos el mismo tiempo que nos tomó retener. Lentamente, por la nariz.

Con cada respiración lenta y profunda vamos concentrando una gran cantidad de energía en nuestro interior y esa energía, que se va situando en nuestro pecho, iremos proyectándola hacia los pies, masajeando mentalmente nuestro cuerpo desde los pies a la cabeza, como si lo acariciáramos con las manos físicas, hasta quedar completamente relajados, libres de toda tensión, en perfecta paz y armonía.

Estamos todos completamente relajados, y esa relajación durará todo el tiempo que nosotros así lo permitamos. Aprovechando ese estado muy profundo de relajación, vamos a concentrar nuestra atención en el entrecejo. Todos visualizaremos a la altura del entrecejo un túnel mental, y vamos a proyectarnos a través de él, de tal manera que al final del mismo nos imaginamos que nos encontramos en medio de una selva frondosa. Es de día, estamos rodeados de una profusa vegetación y el ambiente es cálido y húmedo.

En la medida en que avanzamos nos encontramos caminando por la orilla de un río, observando a la distancia unos cerros altos de un verde oscuro cubiertos de altísimos árboles. Seguimos río arriba hacia sus nacientes y llegamos a un cañón que se va estrechando cada vez más. A nuestra izquierda, sobre un gigantesco muro natural, aparecen grabados infinidad de antiguos petroglifos. Esas ancestrales marcas de una cultura desaparecida son como un mapa simbólico de una ruta y un destino que nos invita a recorrerlo y alcanzarlo.

Nos acercamos al murallón, imaginándonos que colocamos las yemas de nuestros dedos así como nuestra frente en la superficie fría y rugosa cubierta de musgo de la inmensa roca. Observamos algunos insectos que pueblan esa sólida masa pétrea.

Vamos concentrándonos en sentir esas marcas donde aparecen reflejados el camino, la ruta y el destino hacia donde nos lleva el cañón y las nacientes del río. Iremos percibiendo la importancia del lugar. Es más, hasta sentiremos una vibración, un sonido, que es como la llave de acceso hacia otra realidad.

De pronto observamos cómo del interior del cañón va saliendo una espesa niebla blanca, y en ese momento bandadas de aves de todo tipo vienen de distintas direcciones de la selva y se introducen en la niebla. Es una niebla viva, compacta, excesivamente blanca cual nube en el cielo pero a muy baja altura. Vamos a dirigirnos hacia ella. Nos introducimos cada vez más dentro de aquellas abras que rompen las montañas, observando sus paredes verticales, peligrosos rápidos y remolinos, y en la medida en que avanzamos logramos divisar a corta distancia a una persona vestida de blanco, del tamaño de una niña de 10 años que va delante nuestro. A pesar de que la llamamos no se detiene; simplemente avanza mirándonos con picardía de reojo, como si deseara ser seguida por nosotros.

Llegamos del otro lado del cañón y nos encontramos con una selva más frondosa, verde y brillante que la que dejamos detrás. Hay un sonido en el ambiente, como un canto que nos invita a avanzar. Lo hacemos siguiendo el curso del río que describe meandros. De pronto más adelante contemplamos cómo un águila desciende sobre un tronco de un árbol caído. Nos mira, nos observa y de inmediato sentimos que con su presencia nos da un mensaje. Tratamos de sentir ese mensaje, de percibir qué nos está queriendo decir. De repente el ave emprende el vuelo. Nosotros avanzamos, de tal manera que al llegar al lugar donde se había posado la rapaz encontramos un objeto; vemos qué es, de qué se trata.

Seguimos nuestro caminar por entre grandes piedras siguiendo las curvas que va haciendo el río en su avance por aquella selva virgen. En el camino, en pequeñas playitas de arena y barro observamos la presencia de huellas que son como las de una zapatilla de ballet de una niña, y contemplamos cómo del otro lado del río, en la orilla opuesta, asoma un inmenso jaguar. Es un enorme animal dorado con manchas, que avanza lentamente hasta colocarse en lo alto de una peña, desde donde nos observa. Nos detenemos y en su mirada sentimos un mensaje, algo que nos quiere comunicar. Tratamos a la distancia de sentir dicho mensaje.

De un momento a otro el jaguar deja caer de lo alto de la peña un objeto y luego se introduce en el bosque dejándolo de ver, por lo que vamos arriesgándonos a cruzar el río y llegar al pie de la peña para recoger el objeto, que al parecer tiene que ver con el mensaje del felino. Lo tomamos con nosotros y seguimos después de cruzar el río de vuelta nuestro recorrido, encontrándonos a nuestro paso inmensas piedras removidas de su lugar, hasta que después de mucho deambular llegamos al pie de una montaña que parece un gigantesco rostro humano mirando hacia el cielo. Encontramos a un lado una pequeña quebrada con un arroyo que se une al río principal. Nos introducimos por ella. Seguimos el curso del arroyo, localizando en el suelo un antiguo camino, perfectamente definido en el suelo por estar empedrado, y delante nuestro aparecen dos grandes piedras de color marrón que nos llaman la atención. Son evidentemente piedras trabajadas, y en su momento consideradas sagradas, que fueron colocadas en el lugar en tiempos antiguos. En lo que vamos avanzando nos encontramos con una serpiente enroscada en un árbol que nos mira fijamente. Sentimos que nos quiere trasmitir un mensaje y estamos atentos a ello.

El ofidio se va desenroscando, llegando a las raíces del árbol y desde allí se retira hacia el bosque, observando en el suelo un tercer objeto. Lo tomamos con nosotros y continuamos nuestro avance por aquel camino empedrado, siguiendo hasta que llegamos a un lago de aguas trasparentes. Lo vamos bordeando y llegamos a una playa con una arenilla y una grava blanca y gruesa, y de pronto estamos delante de una hermosa cascada muy alta. Avanzamos hasta ella y nos damos cuenta de que la catarata esconde un gruta. Ingresamos por ella y como está oscuro usamos uno de los tres objetos que recogimos para iluminarnos. ¿Cuál de los tres objetos usamos y cómo? Avanzamos por el interior de la cueva hasta que localizamos una antigua puerta trapezoidal pero que está cerrada, por lo que tendremos que usa uno de los dos objetos que nos quedan para tratar de abrir la puerta. ¿Qué usamos para abrirla y cómo? Logramos pasar, observando una luminosidad verde brillante que nos atrae. Seguimos por un profundo túnel, hasta que llegamos a salir a un lado de una antigua ciudad. Sus edificios, aunque en ruinas son hermosos, con sólidas paredes de piedra finamente trabajadas y planos inclinados con puertas trapezoidales con inmensos dinteles de piedras monolíticas, con altorrelieves de serpientes, jaguares y aves. Entramos en uno de esos edificios, subiendo por unas escaleras también de piedra, y nos encontramos delante de un inmenso disco de oro que cuelga de la ruinosa pared. Es delgado, casi traslúcido, con un rostro humano en el centro. Al acercarnos observamos salir de detrás del disco a aquella pequeña persona vestida de blanco de apariencia femenina que nos marcó el camino, que nos da la bienvenida a la ciudad sagrada y nos invita a acercarnos y tocar el disco con el último objeto que nos queda. Al hacerlo en el disco, que es como de un oro traslúci-

do, que por momentos emite destellos, llegando a parecer un espejo, como si fuese casi un vidrio o un cristal, se produce un sonido. Según la pequeña dama, el disco actúa a modo de ventana en el tiempo. Aquella personita vestida de blanco nos pide que tratemos de imitar el sonido y lo cantemos una y otra vez, un sonido que, cantándolo, da movimiento al disco, de tal manera que al hacerlo este empieza a girar a gran velocidad, emitiendo luz, y la dama de blanco nos toma de la mano y nos conduce a su interior.

¿Qué sentimos dentro del disco? ¿Qué percibimos?

(Quedamos unos minutos en silencio)

Poco a poco vamos volviendo a través del disco solar. Lentamente vamos retornando, para lo cual dejamos atrás la ciudad perdida, la selva, la jungla, las montañas, los bosques, y regresamos a través del túnel mental.

Mantenemos todos una respiración lenta y profunda, de tal manera que al término de tres habremos vuelto, estaremos completamente relajados, libres de toda tensión, en perfecta paz y armonía.

Tomamos todos una inhalación lenta y profunda, inhalamos... retenemos... y al exhalar por la nariz visualizamos en nuestra mente el número uno, de tal manera que sentimos que vamos regresando y a la vez tomamos conciencia de nuestro cuerpo relajado, libre de toda tensión.

Tomamos una segunda inhalación, inhalamos... retenemos... y al exhalar por la nariz visualizamos en nuestra mente el número dos, y tomamos conciencia del lugar donde nos encontramos.

Inhalamos lento y profundo por tercera vez. Inhalamos... retenemos, y al exhalar visualizamos en nuestra mente el número tres, y abrimos lentamente los ojos y nos encontramos en paz.

Simbolismo del ejercicio

El paraje que se menciona en este ejercicio existe realmente (el Pongo de Pusharo), y los mitos y leyendas hacen mención reiterada a los detalles mencionados, desde la dama guardiana del lugar hasta el disco del sol. Pero, a la vez, la selva o jungla representa nuestro propio interior. Nosotros debemos encontrar el paso (el cañón), el camino que nos conduzca hacia el autoconocimiento, enfrentándonos a todos los riesgos y peligros que esto pueda suponer, como en un viaje por la selva amazónica. Pero en esta aventura no estamos solos; debemos estar atentos y dejarnos guiar por nuestra propia alma y el alma de la Tierra (la dama vestida de blanco).

La ruta existe y ha sido señalada desde tiempos antiguos; simplemente hay que saber dejarse guiar, sentir el camino y enfrentarlo con los ojos del corazón. El águila (la libertad y la capacidad de observación) representa la esfera de lo espiritual, y su mensaje es lo que el mundo espiritual nos pide o dice en ese especial momento de nuestras vidas. Y el objeto que encontramos en el suelo simboliza lo operativo y lo práctico que debemos estar dispuestos a hacer para darle mayor espiritualidad a nuestra vida.

El jaguar (la intuición, el valor y el arrojo) expresa la esfera de lo mental, y su mensaje nos indica que debemos abrirnos paso a través del camino de la intuición y la sensibilidad, sintiendo lo que se nos trasmite. El objeto que encontramos al pie de la peña, cruzando el río representa la parte práctica que trabajar en nuestra mente.

La serpiente (el conocimiento, la sabiduría y las energías de la Tierra) simboliza la esfera de lo material, de la experimentación directa. Su mensaje tiene que ver con nuestra actuación en la vida diaria, y el objeto que encontramos a nuestros pies el cómo y qué hacer para tener una vida material más elevada y trascendente.

El ingreso al Paititi (ciudad perdida y sagrada, misteriosa y secreta) a través de la cueva representa el autoconocimiento: el objeto con el que nos iluminamos, el cómo despertar mayor consciencia; el objeto para abrir la puerta, las herramientas para pasar de un nivel o dimensión a otro; y el objeto para hacer vibrar el disco, el cómo podemos vibrar más alto. El encuentro con la dama de luz o dama blanca representan el encuentro interno para conectar con otra realidad dimensional y ver a través de ella un anticipo de lo que se espera que ocurra pronto en nuestra vida y en el planeta.

Por ejemplo ¿qué podría significar el que el águila nos dejara una piedra marrón, el jaguar una rama de madera rota y la serpiente una piedra blanca? Esta percepción podría simbolizar que se nos está indicando que debemos sentar las bases sólidas (la piedra) de un crecimiento espiritual basado en la humildad (color marrón) y en aprender a dejarnos guiar. Luego, manteniéndonos a flote, proceder a esculpir nuestra mente (el pedazo de madera), trabajarla, pulirla, darle una forma definida o simplemente valorarla en su justa dimensión, viendo la belleza natural y cómo la vida misma nos ha formado. La piedra blanca nos estaría indicando que debemos hacer más sólida nuestra actitud de bondad y pureza en nuestra vida material.

El escoger un objeto para iluminarnos, otro para abrir la puerta y otro para hacer vibrar el disco son claves de autoconocimiento y pautas para nuestro avance, mientras que el encuentro con la dama de luz y el traspaso del disco del tiempo son experiencias adicionales muy válidas e importantes, por lo que no hay que descuidar tampoco su simbología y resultado que gira en torno a la conexión con el espíritu planetario.

ELIGIENDO EL PASO A DAR

*Hay momentos en la vida en que
nos encontramos en una disyuntiva,
Debemos dar un paso hacia adelante, esto es,
escoger la mejor opción. Y no sabemos cómo nos irá
o si será esta la opción correcta.
Si preguntamos a nuestro maestro interno y
estamos atentos a escuchar el mensaje como respuesta,
el consejo y las claves no nos faltarán
para escoger adecuadamente.*

Estamos todos completamente relajados. Mantenemos una respiración lenta y profunda por la nariz, y aprovechando ese estado de relajación a la altura de nuestro entrecejo vamos a visualizar un túnel mental, y por él nos proyectaremos todos de tal manera que al final del mismo nos encontramos en una habitación amplia e iluminada. Alrededor de ella hay multitud de puertas de toda forma, color y tamaño, y en el centro de aquel cuarto una mesa, y sobre ella cantidad de llaves de todo color, tamaño y material. Cada una de dichas llaves posee una cinta de tela de algún color atada en su parte posterior.

Nos quedamos mirando las llaves cuando de pronto en el lugar irrumpe una persona, que se nos acerca dándonos la bienvenida e invitándonos a escoger una llave. Nos fijamos bien en cómo es esa persona, cómo va vestida. Hacemos caso a su consejo y tomamos una de las llaves. Observamos los detalles de la misma y hasta en el color de la cinta que está atada en su parte posterior.

Esa persona coloca su mano en nuestro hombro o en la cintura, y sintiendo cómo nos apoya y alienta a continuar, menciona la multitud de puertas y nos pide que, mirando a nuestro alrededor, sintamos a cuál corresponde la llave que hemos elegido. Vamos sintiendo, y una vez que creemos tenerlo seguro nos dirigimos a la puerta escogida. ¿Cómo es esa puerta? Nos fijamos en su color, tamaño y forma. Colocamos la llave en su cerradura, la hacemos girar y al abrirla miramos qué es lo que hay en su interior o hacia dónde nos conduce. Vamos a entrar cruzando su umbral. ¿Qué encontramos tras ella?

Nos fijamos bien en el interior y hacia dónde nos lleva la puerta... El siguiente paso es nuestro, ¿hacia dónde nos dirigimos, ¿qué hacemos? ¿Dónde estamos?

(Nos detenemos unos minutos en esta parte del ejercicio, quedando en silencio).

Poco a poco vamos volviendo a través de la puerta, vamos retornando todos por la puerta, encontrándonos con esa persona, así como con la habitación amplia e iluminada.

Todos vamos retornando, vamos volviendo de tal manera que al término de tres habremos vuelto, estaremos completamente conscientes, libres de toda tensión, en perfecta paz y armonía.

Tomamos una inhalación lenta y profunda, inhalamos...retenemos y al exhalar visualizamos en nuestra mente el número uno, dos y tres... Abrimos lentamente los ojos y nos encontramos en paz.

Significado simbólico del ejercicio

Hay momentos en nuestra vida en que nos encontramos ante la disyuntiva de qué hacer, qué camino elegir, por dónde ir. Con esta práctica, mediante el lenguaje simbólico procuramos pedir ayuda a nuestro maestro interno, simbolizado en aquel personaje que asoma en la habitación, que es nuestra mente.

En la habitación amplia e iluminada hay multitud de puertas de toda forma, color y tamaño, que representan las opciones o posibles caminos a tomar en este momento de nuestra vida o en la vida en general; y en el centro de ese cuarto hay una mesa, y sobre ella cantidad de llaves de todo color, tamaño y material. Las llaves son las formas de conectar y realizar la opción que vamos a elegir. Por ejemplo, una llave de metal oscura podría simbolizar el poner en práctica todo lo ya aprendido, lo que traemos con nosotros, nuestro bagaje. Una llave dorada podría simbolizar conocimiento fresco, iluminador y actual; una llave de plata, la intuición y la canalización de mensajes externos. Una llave de bronce, en este caso podría manifestar los consejos y pautas que nos están llegando por parte de aquellos que nos pueden ayudar con su orientación y a quienes debemos prestar atención.

Cada una de dichas llaves posee una cinta de tela atada en la parte posterior. El color de la cinta corresponde a la actitud con la que debemos usar la llave. Si la cinta fuese, por ejemplo naranja, esto nos podría estar indicando que debemos usar lo que se nos brinda con carácter, voluntad y creatividad.

Nos quedamos mirando las llaves cuando la persona aparece, la cual se nos acerca dándonos la bienvenida e invitándonos a escoger una llave. Esa persona representa nuestro propio maestro interior o real ser.

La persona coloca su mano en nuestro hombro o en la cintura, y sintiendo cómo nos apoya y alienta a continuar, nos enseña la multitud de puertas y nos pide que, mirando a nuestro alrededor, sintamos a cuál le corresponde la llave que hemos elegido. Vamos sintiendo, y una vez que creemos tenerlo seguro nos dirigimos hacia la puerta. Debemos intuir y sentir la opción correcta para nuestra vida. Pero somos nosotros los que debemos elegir el paso a dar.

Nos fijamos en el color, el tamaño y la forma de la puerta, porque todo ello es un simbolismo de la opción que estamos tomando. Colocamos la llave en la cerradura, la hacemos girar y al abrirla miramos qué hay dentro. Vamos a entrar dentro de ella cruzando el umbral. ¿Qué hay en su interior? ¿Hacia dónde nos conduce? Pues lo que encontremos en ella será precisamente a donde nos conduce nuestra opción.

Supongamos que nuestra puerta era blanca, de madera y redondeada en la parte superior y nos conducía hasta nuestro dormitorio; eso podría estarnos indicando que nuestra opción pasa por un proceso de purificación previo (color blanco), con pruebas y dificultades, que de todas formas nos permitirá unirnos más con los más cercanos (redondez), y que forma parte del proceso de crecimiento y aprendizaje en esta vida (madera). El que nos llevara a nuestro dormitorio podría simbolizar que debemos interiorizar y procurar una mayor intimidad con nosotros mismos.

MEDITACIÓN EN EL MERCADO ORIENTAL

La vida es como un mercado;
en él se nos ofrece de todo,
y allí encontramos de todo.
Unos pierden y otros ganan.
A veces se pierde, a veces se gana.
Somos nosotros los que debemos saber seleccionar
y procurar lo que realmente necesitamos,
aquello que en verdad vale la pena y es útil.

AHMED NOUR, arqueólogo egipcio

Estamos todos cómodamente sentados. Columna recta, pies juntos y las palmas de las manos hacia arriba, una debajo de la otra, sueltas sobre nuestras piernas. Vamos a tomar tres respiraciones lentas y profundas por la nariz, de tal manera que sentiremos cómo las energías del Universo descienden sobre nosotros y nos van relajando, liberándonos de toda tensión.

Vamos a concentrar nuestra atención, visualizando todos a la altura del entrecejo en nuestra frente un túnel mental, y nos proyectaremos a través de él, de tal manera que al final del mismo nos imaginamos que nos encontramos en un típico mercado oriental, con exóticos edificios hechos de piedra trabajada con arabescos. Nos ponemos a caminar por él, observando a derecha e izquierda por sus callejuelas cómo se agolpan los puestos de venta con toda clase de productos entre especias, ropa, zapatos, adornos, joyas, muebles, cuadros, etc.

Una persona, sonriendo, nos llama desde su tienda abarrotada de mercadería. Nos acercamos hasta ella cuando de pronto nos ofrece hacernos un regalo a cambio de que nosotros le demos algo también. Ella nos entrega una hermosa pieza de tela, quizás un pañuelo, bufanda, chal o mantel. Lo vemos bien, nos fijamos en su color, forma y tamaño y se lo agradecemos. Buscamos entonces entre nuestros bolsillos algo que darle a esa persona y se lo entregamos. Verificamos bien qué es lo que estamos dando, de qué se trata. Luego nos despedimos, llevando con nosotros la tela.

Seguimos avanzando por entre la muchedumbre, los toldos y demás, cuando otra persona sale de otra tienda e insiste reiteradamente en que vayamos a su puesto y elijamos de entre todos los objetos de metal, como bandejas, recipientes, adornos, farolas, etc., algo que nos guste. Luego nos dice que también nos lo da a cambio de un regalo nuestro. Repetimos el proceso anterior. Buscamos en nuestros bolsillos algo que darle y nos fijamos bien en qué es. La persona se queda encantada con lo que le hemos dado y nos retiramos, llevando con nosotros el objeto de metal que hemos escogido.

Nos alejamos de la tienda y seguimos recorriendo el mercado, observando de todo, cuando en ese momento aparece un niño o una niña corriendo en dirección nuestra y nos entrega algo envuelto, que coloca entre nuestras manos. Lo *abrimos y observamos con detenimiento. Luego buscaremos algo para darle a ese niño o niña de nuestro bolsillo. El pequeño o pequeña no pueden ocultar su alegría y gratitud.*

Los tres objetos recibidos los llevamos con nosotros, y saliendo hacia una gran plaza rodeada de mezquitas y minaretes orientales nos encontramos con tres de las personas más cercanas en ese momento de nuestras vidas que sentimos que podrían necesitar lo que hemos recibido. Y a cada una de ellas le damos uno de los objetos, fijándonos bien en a quién le damos qué.

(Quedamos unos minutos en silencio)

Y vamos volviendo todos a través del túnel mental, de tal manera que al término de tres abriremos lentamente los ojos, y nos encontraremos en paz.

Simbolismo del ejercicio

Este ejercicio puede llegar a darnos una luz importante sobre lo que la vida nos ha aportado en momentos clave de nuestra existencia, como la infancia, la adolescencia y la juventud.

Como ya reflexionamos antes, en la medida en que afrontamos la vida esta nos va aportando, nos va dando cosas y tomando otras tantas de nosotros. Pero lo que da realmente importancia a cuanto hemos vivido y recibido es la capacidad de compartirlo con los demás. El hecho de compartir es lo que da un carácter trascendente al aprendizaje. Hay momentos en que verificamos personalmente cuán importante es que todo aquello que hemos aprendido y recibido lo sepamos hacer llegar a los demás, no para restar etapas a nadie, sino para guiar, inspirar e ilustrar el camino de cada quien, que sigue siendo personal e intransferible.

Por ejemplo, si fue una mujer la que nos dio una tela a modo de manta roja, podríamos interpretar que al principio de la presente encarnación y bajo el cuidado de la energía femenina (la intuición, la sensibilidad, la abnegación) nosotros recibimos amor, cariño, abrigo, protección y consuelo. Supongamos más bien que el primer mercader era un hombre y que nos dio una bufanda celeste. Eso simbolizaría, que al principio, en nuestra infancia y niñez, se nos enseñó a cuidarnos y a ser fuertes, seguros, a comunicarnos con los demás (el cuello, la bufanda, el color celeste), diciendo lo que sentimos, sabiendo expresarnos. La edad aparente de la persona que nos da las cosas también es importante porque revelaría el simbolismo de la madurez de quien nos dio las cosas, o, en el caso de juventud y niñez, del ímpetu, la alegría y el entusiasmo con los que afrontamos la vida.

Lo que nosotros devolvemos o damos como regalo extraído de nuestros bolsillo es cómo y con qué retribuimos lo que se nos ha dado. Muchas veces uno no sabe lo que tiene o lo que puede dar hasta que no se ve obligado a descubrir y compartir de sus propios recursos.

Si la segunda persona fue una mujer o un hombre y nos dio un objeto de metal, como por ejemplo una lámpara de bronce, esto podría simbolizar que en nuestra adolescencia y juventud recibimos el aporte de luz, iluminación, conocimiento y sabiduría de distintas fuentes (el bronce como la aleación de diferentes metales). Si fue una bandeja de plata, que las cosas se nos han facilitado para que con intuición y sensibilidad podamos avanzar.

El niño o niña que viene hacia nosotros se puede interpretar como el futuro que nos sale al encuentro, más sensible, receptivo e intuitivo (en el caso de la niña) o más práctico y activo (si es un niño), siendo el objeto lo que, simbólicamente, la vida ya nos tiene reservado desde ahora.

El hecho de compartir los tres objetos con tres diferentes personas conocidas en medio de una plaza no excluye el que una de ellas podamos ser nosotros mismos. El simbolismo está en el dar y darse, en saber dar al otro lo que realmente necesita y cuando lo necesita, porque, como bien dice la oración, «dando es como se recibe», «y hasta para amar hay que aprender», «porque hay veces que se da más no dando nada»...

EL COFRECITO SOBRE LA MESA

La vida nos tiene reservado un presente,
un pequeño tesoro que debemos aprender a valorar.
Algo que bien administrado y sabiamente compartido
nos abrirá un sinfín de posibilidades.
Pero antes tenemos que saber dónde se encuentra,
saberlo reconocer de entre otros,
descubrir qué es y para qué sirve.
Una vez que lo tengamos delante nuestro
para darle su justo valor tenemos que estar dispuestos
a dar algo a cambio, algo de igual o mayor valor.

Vamos a sentarnos cómodamente, talones juntos, columna recta. Las palmas de las manos una sobre la otra de tal manera que cerramos el circuito interno de energía. Vamos a mantener una respiración lenta y profunda, y con ello vamos a inducir un estado muy profundo de relajación.

Tomamos todos inhalaciones lentas y profundas de tal manera que sentimos oleadas de energía que descienden sobre nosotros y que luego ascienden desde los pies a la cabeza, masajeando nuestro cuerpo como si lo acariciáramos con la manos físicas. Masajearemos mentalmente los huesos, los músculos, los órganos internos hasta quedar completamente relajados.

Estamos todos completamente relajados. Ningún ruido, ni aún la voz que estamos escuchando, interrumpirá nuestro proceso de relajación sino que, por el contrario, todo con-

tribuirá a hacerla más y más profunda. Aprovechando este estado de relajación, vamos a dirigir nuestra atención hacia el entrecejo, hacia la frente. Todos vamos a visualizar a la altura del entrecejo un túnel mental. Y nos dirigimos a través de él, proyectándonos por dicho túnel. Al final del mismo nos encontramos en un salón ricamente decorado con cortinas de brocado, muebles finos y clásicos, y muy iluminado. Y en medio de ese amplio salón observamos la presencia de multitud de pequeñas mesas cubiertas con manteles de diversos colores, y sobre cada mantel un cofrecito. Los hay de diversos tamaños, formas, diseños, colores y materiales.

Vamos caminando por entre las mesas observando los cofrecitos, y se nos pide que de entre todos ellos escojamos uno, el que nos llame la atención o nos atraiga, porque en él hay un presente para nosotros, un regalo o pequeño tesoro para nuestras vidas. Algo lo suficientemente significativo como para marcar el momento actual de nuestra existencia.

Recorremos el lugar y miramos en todas direcciones procurando hallar ese cofrecito que nos atraiga realmente, hasta que lo encontramos. Nos dirigimos hacia él y lo observamos detenidamente sin descuidar sus detalles. Lo tocamos y nos fijamos en que en su tapa hay unas palabras grabadas, quizás un consejo o recomendación. Antes de abrirlo lo leemos. ¿Qué dice? ¿Qué es lo que está escrito allí?

Una vez que encontramos y leímos lo que estaba escrito en la tapa del cofrecito lo vamos a abrir para ver qué hay en su interior. Todo detalle cuenta. ¿Cómo es por dentro el cofre? ¿Qué hay dentro de él? ¿Qué forma tiene? ¿De qué material está hecho?

Tomamos lo que hay en el interior del cofre y dejamos algo en su reemplazo. Pero algo realmente valioso, quizás un sentimiento, un pensamiento o un deseo intenso que le pueda valer a otra persona. Lo pensamos, lo sentimos y visualizamos que damos forma a ese pensamiento, sentimien-

to o deseo y, materializado, lo dejamos en el interior del cofrecito. Pero tiene que ser un pensamiento o sentimiento que sea acorde con el color y material del cofre.

(Nos quedamos unos minutos en silencio)

Echamos una última mirada a nuestro alrededor y luego vamos volviendo todos a través de un túnel mental, dejando atrás esa habitación amplia e iluminada.

Vamos retornando todos, trayendo con nosotros aquello que encontramos en el cofre, haciéndolo nuestro, incorporándolo como parte de nosotros mismos.

Al término de tres habremos vuelto. Estaremos completamente relajados, libres de toda tensión, en perfecta paz y armonía.

Tomamos una inhalación lenta y profunda, inhalamos... retenemos... y al exhalar lentamente por la nariz, visualizamos en nuestra mente el número uno, de tal manera que sentimos que volvemos, que regresamos por el túnel mental y tomamos conciencia de nuestro cuerpo, relajado y libre de toda tensión.

Tomamos una segunda inhalación... retenemos... y al exhalar visualizamos en nuestra mente el número dos, y vamos tomando conciencia poco a poco del lugar donde nos encontramos.

Por tercera vez inhalamos lento y profundo... y retenemos... y al exhalar, con el número tres que visualizamos en nuestra mente, abrimos lentamente los ojos y nos encontramos en paz.

Simbolismo del ejercicio

Nuestro maestro interno está dispuesto a darnos cuantas claves sean necesarias para nuestro autoconocimiento, y muchas veces lo hace jugando con los símbolos y con toda clase de imágenes. Este ejercicio de visualización nos sitúa dentro de nuestra propia mente, simbolizada por la habitación amplia e iluminada y delante de multitud de mesas y cofrecitos. Y es que la vida nos ofrece un sinfín de posibilidades, de regalos, de tesoros, aunque no todos nos son útiles para este especial momento de nuestras vidas. Así que, dejándonos llevar por la intuición y el discernimiento, deberemos escoger de entre todos los cofres que se nos ofrecen aquel con el que vibremos. Y es que la vida es una elección continua. El cofrecito simboliza lo que protege o atesora la vida para nosotros y lo que se nos tiene reservado. Si es un cofre de madera simbolizaría la salud, la vida, la esperanza. Si es de madera con piedras preciosas representaría la perfección de la vida en determinados aspectos (dependerá del color de las piedras incrustadas). Si es de metal simbolizaría la mente, nuestros pensamientos, principios e ideales. Si por ejemplo fuese de metal oro o dorado, sería conocimiento y sabiduría. Si fuese de plata o plateado querría decir intuición, sensibilidad, canalización y receptividad. De hierro representaría valor, fuerza y fortaleza.

Un cofre de cristal expresaría perfección, espiritualidad, mística. Por ejemplo, un cofre de cuarzo rosado representaría lo valioso del amor incondicional y del servicio a los demás.

Una vez que seleccionamos debemos estar atentos a las recomendaciones, que en este caso aparecen como palabras grabadas en el cofre. Son pautas a tomar en cuenta. Claves complementarias. Luego también es importante si el cofrecito tiene forro o no, y de qué color o material es, porque eso es lo que enluce o protege lo que se nos da.

El objeto en sí que va a ser hallado es lo que debemos valorar y saber emplear en este momento de la vida. Y finalmente lo que nosotros dejamos a cambio es lo que estamos dispuestos a dar o sentimos que debemos aportar en este momento.

LAS CUATRO ONDINAS DEL AGUA

*Las aguas de los ríos, de las fuentes y del mar
poseen una presencia y alma femenina,
una magia que nos seduce,
pues son fuente de vida, pureza y renovación.*

Estamos todos completamente relajados, y aprovechando ese estado de relajación, vamos a concentrar nuestra atención en el entrecejo, de tal manera que visualizamos en el él un túnel mental. Nos proyectamos a través de dicho túnel y al final del mismo nos encontramos en un paisaje montañoso, boscoso y volcánico.

Nos imaginamos que vamos llegando por entre la espesura a una pequeña plaza ceremonial rodeada de antiguas pirámides y sobre una pequeña estructura ligeramente elevada observamos la presencia de un altar y de un sacerdote de apariencia indígena ricamente ataviado con una máscara de madera decorada con plumas y vestimenta multicolor. En cada una de las pequeñas pirámides de alrededor se ven incensarios desde los que se ha ofrecido humeante copal.

El sacerdote nos da la bienvenida y nos hace entrega de un «paliacate» o pañuelo, o quizás una tela de un color o de varios, y nos pide que de inmediato recojamos cuatro piedritas de las muchas regadas por el suelo de la plaza ceremonial para ser ofrecidas en el altar. Nosotros vamos buscándolas y nos fijamos en su color y forma. Las reunimos en el pañuelo y lo llevamos a la mesa de piedra del altar, cuando de pronto de los cuatro puntos cardinales van apareciendo en la plaza ceremonial cuatro mujeres de apariencia indígena vestidas con túnicas azules de diferentes tonalidades, una de ellas de color azul oscuro, que es la ondina del mar, otra de una túnica casi blanca, que es la ondina de los ríos, otra con una túnica casi verde, que sería la de las aguas subterráneas, y la cuarta de color celeste, que es la ondina de las nubes del cielo.

En ese momento el sacerdote nos invita a entregarle a cada una de las ondinas o elementales del agua una de las piedras que recogimos; nos vamos fijando bien en a quién le damos tal o cual piedra.

Poco a poco vamos retornando todos a través del túnel mental. Vamos dejando atrás la plaza ceremonial y las ondinas.

Vamos volviendo, de manera que al término de tres habremos vuelto y estaremos completamente conscientes, libres de toda tensión, en perfecta paz y armonía.

Simbolismo del ejercicio

La tela o pañuelo (*paliacate*) simboliza nuestra misión en ese momento de nuestras vidas o aquello que se espera de nosotros en ese tiempo. Cada piedra simboliza el primer paso que debemos dar ahora para mejorar nuestra relación con nosotros mismos (las aguas subterráneas), con los demás (las aguas del río), con la vida (el mar) y con las entidades espirituales (las nubes del cielo).

Las aguas subterráneas es lo que fluye dentro de nosotros mismos. Es nuestra propia vida interior, la cual debe ser alimentada, purificada, conocida y recorrida. Las aguas del río representan nuestra permanente relación e interacción con la gente, ya sea con la propia familia o con todas aquellas personas con las que nos relacionamos en el vivir diario. Las aguas del mar simbolizan nuestra relación con la vida misma y con todos los demás, mientras que las aguas del cielo representan nuestra relación con las entidades y jerarquías de luz.

EL SECRETO DEL SECRETO

*Vivimos en un Universo sin límites,
el único límite es nuestra ignorancia.*

*En un Universo de posibilidades infinitas,
nosotros somos una de ellas.
Pero una posibilidad consciente capaz de activar
una reacción en cadena a nuestro alrededor.*

*El secreto del secreto es que no hay secretos.
Podemos crear, atraer y acceder a toda la información
y a todo el conocimiento del Universo, porque todo él
se encuentra dentro de nosotros mismos,
y en todo cuanto nos rodea.
Simplemente hay que darse cuenta de esta realidad,
focalizar nuestra atención y sintonizarse con ello.*

Los siete secretos del secreto son: atracción, creación, decreto, emoción y sentimiento, equilibrio, voluntad, y lo más importante, amor.

ATRACCIÓN

Hace unos 5.000 millones de años, la estrella que es nuestro Sol comenzó a existir. De acuerdo a las teorías actuales, el Sol se formó, como otras estrellas, a partir de la atracción y acumulación de partículas de polvo y gases de hidrógeno y helio, que eran remanente de estrellas anteriores, que produjeron remolinos en el espacio.

La inmensa nube que se convertiría en el Sol se condensó gradualmente a medida que los átomos de hidrógeno y de helio eran atraídos unos a otros por la fuerza de gravedad y caían en el centro de la nube, cobrando velocidad mientras caían. Cuando la aglomeración se hizo más densa, los átomos se movieron más rápidamente, más átomos chocaban unos con otros y el gas de la nube se tornó más y más caliente. A medida que la temperatura se elevaba se intensificó la violencia de las colisiones hasta que los átomos de hidrógeno chocaban con tal fuerza que sus núcleos se fusionaron formando átomos de helio adicionales, liberando energía nuclear. Esa reacción termonuclear aún ocurre en el corazón del Sol y es la energía que irradia desde su incandescente superficie.

La fuerza de atracción que empezó a moverlo y crearlo todo aún sigue haciéndolo y está en nosotros, pudiendo llegar a ser accionada voluntaria y conscientemente.

Como el Sol, nosotros también somos un sol en potencia, que está formado de los aportes de todos los soles que han brillado antes que nosotros y a nuestro alrededor. Y no solo me refiero a los astros del cielo, sino también a los seres humanos que nos han precedido y a nuestras propias vidas anteriores.

Ciertamente todos estamos formados de la misma materia estelar que el Sol, pero tenemos, en nuestra aparente pequeñez, una significativa ventaja, que es la conciencia; esto es la capacidad de darnos cuenta de las cosas y dirigirlas voluntariamente en tal o cual dirección.

Antes de que existiera nuestro actual cuerpo físico, así como la personalidad y el carácter que hoy por hoy manejamos, existieron otras muchas personas y personalidades, algunas de las cuales aún hoy nos acompañan y que han influido en nuestra forma de ser, ya sea a través de sus aportes genéticos como de su influencia mental y espiritual. La fuerza de gravedad y atracción nos ha hecho reunir todos esos aportes en nosotros, pero estamos hechos para brillar con luz propia, corregir y mejorar todo lo anterior, activando toda nuestra potencialidad.

Vivimos en un Universo donde todo es mental, donde uno puede crear lo que cree y en donde, por la Ley de atracción, uno atrae hacia sí mismo lo semejante en función de lo que piensa. Por ello, si aprendemos a pensar en positivo, y para ello hay que iniciar el proceso de conocernos a nosotros mismos y arriesgarnos a ser mejores de lo que somos, atraeremos a nuestra vida situaciones y circunstancias mejores, incluso ideales para nuestra realización. Pensar en positivo nos llevará a vivir y actuar en positivo.

Por la Ley de atracción estamos reuniendo alrededor nuestro y llenando nuestra vida de elementos positivos y negativos; todo depende de cuán conscientes y despiertos seamos para escoger y seleccionar adecuadamente. Debemos por tanto saber decidir qué es lo que queremos realmente y lo que necesitamos, porque hay cosas que aunque las queramos pueden llegar a ser inconvenientes o perjudiciales para nuestra existencia. Todo en la vida es una cuestión de actitud; si nuestra actitud es positiva, constructiva y edificante, nuestra vida será un fiel reflejo de eso; si por el contrario somos negativos, pesimistas y destructivos, nuestra vida girará en torno a ello.

Uno termina convirtiéndose en lo que piensa; por ello debemos procurar el control de la mente, ejercitando para ello la concentración. De esa manera nuestros pensamientos serán elevados, positivos y trascendentes, y los resultados se reflejarán en nuestra vida.

Todo pensamiento tiene una frecuencia, de modo que lo que pensamos afecta a nuestro interior y a nuestro entorno de forma positiva o negativa. Pensemos siempre en lo mejor, lo más bello, lo más hermoso, lo positivo, lo trascendental, y nuestra vida se verá rodeada y afectada por esa frecuencia. Hay que evitar pensar en las cosas negativas o en aquello que nos produce malestar o temor; más bien pensemos en que existe una protección superior, en que nada malo nos puede ocurrir si estamos alineados con la luz y somos luz... ¡Y sí que lo somos!, porque podemos llegar a ser todo lo que creamos y queramos ser...

Debemos aprender a focalizar nuestra mente en pensamientos de una frecuencia elevada para atraer a nuestra vida resultados igualmente elevados. Y para todo hay técnicas y ejercicios, aunque ya sabemos que lo importante no es la técnica sino la actitud.

Ejercicio práctico: Atrayendo cambios

Nos sentamos lo más cómodamente posible, y a continuación, después de cerrar los ojos, tomamos respiraciones lentas y profundas, relajándonos y liberándonos de tensión.

Concentramos nuestra atención en el entrecejo, imaginándonos que nos proyectamos a través de un túnel mental, al final del cual nos encontramos en una habitación amplia e iluminada donde hallamos una llave con una cinta de un color atada a ella. Fijémonos bien en cómo es esa llave. Y con ella en la mano avanzamos por un corredor donde hay varias puertas. Nos damos cuenta de que son puertas conocidas. Una de ellas es la de nuestro hogar, otra la de nuestro trabajo, otra la del nuestro centro de estudios, otra la de nuestra habitación, otra quizás la de la casa de nuestros padres, la de nuestro novio o la novia, etc. Ensayaremos qué puerta se abre con la llave que tenemos en la mano y cómo está el ambiente que hemos abierto, de tal manera que aprovecharemos para irradiar el lugar con el color de la cinta que lleva atada, lo que nos conducirá a corregir, resolver, solucionar o superar alguna situación de nuestra vida que requiere de nuestra atención.

Luego iremos volviendo a través del túnel mental hasta que regresamos y, abriendo los ojos, nos encontramos en paz.

Ejercicio práctico 2: Atrayendo cambios

Nos proyectamos a través del túnel mental de tal manera que al final del mismo nos encontramos en una habitación amplia e iluminada. A un lado hay un corredor con muchas puertas diferentes; de pronto metemos la mano en nuestro bolsillo y encontramos una llave magnética, como las de hotel. Escogemos la puerta que por su color y forma nos llame la atención y nos imaginamos que es la puerta donde podremos encontrar la solución a nuestros problemas o donde podremos solucionarlos. Nos fijaremos en el número de esa puerta o habitación, cotejándola con la que está en la llave. Nos acercaremos a ella e intentaremos abrirla con la llave. La puerta se abrirá, pero antes de abrirla completamente meditaremos bien qué es lo que realmente necesitamos cambiar allí y qué queremos cambiar, corregir o conseguir, y entonces lo pensaremos intensamente, lo imaginaremos, y, abriendo completamente la puerta, visualizaremos la situación y veremos que con el color de la llave inundamos el ambiente, viendo materializarse el cambio, sentiremos que ocurre y que produce en nosotros una indescriptible sensación de alegría y emoción. Lo estamos visualizando y lo estamos materializando. Veremos que sí resulta. Puede ser una reconciliación, un cambio, un logro, un aumento de sueldo, una agradable noticia, etc. Y para esto no nos olvidemos de irradiar el lugar y a las personas con el color de la tarjeta, con una luz y energía que sale de la tarjeta y de nosotros mismos, de nuestro pecho y manos, y también empezaremos a afectar todo con la emoción o sentimiento de la palabra que estaba grabada en la tarjeta. Concentraremos nuestra atención en ello. Sentiremos que estamos allí y que la luz y el sentimiento empiezan a conmover el lugar y a las personas. En la tarjeta también hay una palabra que se puede usar.

Podemos también visualizar que con nuestras manos materializamos una esfera de luz del color de la tarjeta. Y una vez que la consolidemos, la proyectamos hacia aquella situación, lugar, persona o personas a las que queramos afectar o ayudar a cambiar, de manera que lo inundemos todo con esa luz.

Luego iremos volviendo a través del túnel mental hasta que regresamos y, abriendo los ojos, nos encontraremos en paz.

Interpretación de ambos ejercicios

Ciertamente hay situaciones en nuestra vida que deberían cambiar, y por ello qué mejor que usar nuestro potencial creador. Para que se produzca el cambio alrededor nuestro, el cambio debe surgir primero de nuestro propio interior.

En el primer ejercicio creamos las condiciones para que nuestro maestro interno nos dé la clave de cómo actuar en tal o cual situación o ambiente con la llave y la cinta atada en ella. El color, material y forma de la llave es importante como elemento simbólico, como también lo es la cinta que está atada a un lado, porque nos precisa qué energía y actitud debemos utilizar para afectar positivamente a tal o cual situación.

En el segundo ejercicio, la tarjeta que encontramos imaginariamente en nuestro bolsillo es el recurso que siempre está en nosotros y con nosotros para revertir o trasmutar determinada situación, y por ello la tarjeta puede cambiar de color dependiendo de la situación así como del número y la palabra que esté grabada en ella. Es importante visualizar el color de la tarjeta y la palabra que allí aparece grabada porque de alguna manera nuestro maestro interno nos está diciendo en ese especial momento de nuestras vidas, cómo y con qué actitud (color), así como con qué sentimiento (la palabra grabada), debemos afrontar y cambiar lo que sabemos o necesitamos que sea cambiado.

CREACIÓN

Para que la Ley de atracción funcione adecuadamente deberemos activar previamente la Ley de creación, que es nuestra potencialidad para crear alrededor nuestro y en nosotros circunstancias cada vez mejores. Por tanto, si nosotros sabemos que esto existe, que el poder de la creación como hijos de la luz forma parte de nuestra naturaleza y creemos que puede ocurrir con y en nosotros, al creerlo lo creamos... Focalicemos ahora nuestra atención en el proceso creativo.

Como el joven mago Potter, la historia de quien desconocía su potencial creador (mágico); es más, él era el mago más grande y poderoso sin saberlo, y había muchos que estaban interesados en que él no lo supiera. Así, los seres humanos somos potencialmente magos y alquimistas de nuestras propias vidas y de la vida en general, solo que vivimos sin conocer nuestras capacidades. Este desconocimiento hace que las personas sean conducidas por la corriente de la vida sin posibilidad alguna de dirigirla y cambiarla.

La creación nos enseña que lo único que se mantiene constante en el Universo es el cambio; por ello debemos estar dispuestos a ejercer la Ley de creación (del cambio), creando en nuestras vidas circunstancias nuevas y mejores, atreviéndonos a cambiar, a ser diferentes y ver todo con otros ojos, los ojos de las posibilidades infinitas.

Nosotros somos creadores de nuestra realidad. Nuestra vida es un reflejo de nuestro estado mental interior, pero eso puede cambiar y mejorar porque nada permanece igual para siempre y de nosotros depende exclusivamente la dirección que tome, por lo que deberemos trabajar para ello conociéndonos mejor y reconociendo lo que debe empezar a variar.

Somos como un imán que atrae hacia nosotros lo que pensamos o aquello en lo que centramos nuestra atención.

La vida es un acto de elección permanente. Creamos cada vez que elegimos, y elegimos cada vez que decidimos o aceptamos estar tristes o contentos, ser positivos o negativos. Cuando nuestra actitud es negativa dejamos que los demás elijan y creen por nosotros.

Sabemos que existen infinitos poderes en la mente de consecuencias muchas veces incomprensibles para la razón. Así vemos por ejemplo el poder de sanación, la telepatía, la premonición o precognición, etc. Pero ¿qué pasa cuando alguien por envidia, odio, resentimiento o celos intenta hacernos un daño, o como tradicionalmente (supersticiosamente) se dice, hacernos una «brujería»? El poder para hacer daño no está en el victimario, que es aquella persona que te desea el mal, por más que sea experta en las artes de la hechicería y brujería, o por más que recurra a los más terribles embrujos, o junte a muchos muy poderosos hechiceros o magos negros en su intención de agredirnos a distancia. El poder siempre está en la víctima, aunque ella no sepa conscientemente que alguien le quería hacer daño. El inconsciente es como un radar con 360 grados de percepción y puede percibir las malas intenciones a distancia. Así que cuando hay miedo, el temor materializa las malas intenciones, porque el propio poder creador de uno es utilizado en nuestra propia contra. Hay veces que el temor te hace imaginar que hay quien te desea mal, y aunque no haya un agresor real, nosotros fabricamos ese mal. El temor es ignorancia, es el desconocimiento del potencial real que uno puede despertar y manejar.

Peor es cuando una persona sí sabía que le querían hacer daño, porque si es insegura, débil de voluntad, sugestionable o está pasando por una etapa depresiva o negativa, el temor a ser víctima es tal que ella misma manifiesta el daño.

Nadie puede hacerte daño si tú no lo permites. Si estás del lado de la luz, la luz siempre resplandece en la oscuridad. En ti está el poder creador de la divinidad. Tu creación (tu vida) será lo que tú decidas que sea, y nadie debe decidir por ti.

EJERCICIO PRÁCTICO: JUGANDO CON LA ARENA

Nos acomodamos en el asiento, y manteniendo una respiración lenta y profunda, nos vamos relajando, hasta que dejamos de sentir nuestro cuerpo. Con los ojos cerrados visualizamos en nuestra mente nuevamente el túnel mental, imaginándonos que al final del mismo nos encontramos caminando sobre la arena de una playa. Es un día soleado y luminoso, que invita a disfrutar del lugar y del momento.

Vamos caminando por la playa sintiendo la arena fría y húmeda bajo nuestros pies, cuando de pronto nos sentamos en el suelo y, mirando el mar, nos ponemos a jugar con la arena, como los niños, recordando la imagen de la creación divina del ser humano con el barro. Y vamos esculpiendo en la arena aquello que queremos y deseamos realmente en la vida aprovechando todos los objetos que la marea arroja en la playa: maderitas, piedras, algas, conchitas o solo la arena. Le vamos dando forma; procuramos colocarle detalles, y una vez que lo terminamos, decretamos con la palabra lo que queríamos que apareciera, viéndolo materializarse delante nuestro. Fijémonos en sus pormenores y sintamos profundamente que eso ya es nuestro, que nos pertenece y que es un hecho que está llegando a nuestras vidas.

Interpretación del ejercicio

El simbolismo de la arena significa darse tiempo, tiempo para pensar detenidamente qué es lo que realmente necesitamos y queremos, logrando lo que nos proponemos. Y los objetos encontrados en la playa y que podemos usar, como la madera (esfuerzo físico), las conchas (protección y fortalecimiento), y las piedras (poner bases sólidas) son un condimento del proceso creador.

Decreto

Para usar la Ley de creación, y para orientar adecuadamente la Ley de atracción, debemos saber usar previamente la Ley del decreto o de la palabra creadora, que es una técnica extraordinaria que combina el poder de la vibración del sonido con el ejercicio creador. La idea es alinear la frecuencia del sonido con la del pensamiento para que este se materialice, pidiendo con convicción.

Los mitos del origen de la vida en todos los pueblos hablan de un sonido primordial, de una primera palabra con la que empezó todo, con la que se inició la Creación. Elijamos adecuadamente con qué palabra queremos empezar nuestra propia creación: Hágase la luz, fe, amor, abundancia, prosperidad, reconciliación, perdón, comprensión, paz, etc.

Debemos siempre decretar en positivo cuanto queremos, necesitamos y sabemos que debe materializarse a nuestro alrededor, pero hacerlo con fe y convicción; entonces crearemos y atraeremos hacia nosotros todo lo mejor y más positivo. Y viceversa también: decretaremos con fe y resolución la desaparición o transmutación de todo lo malo y lo negativo en nuestras vidas.

De ahora en adelante, solo hablaremos en positivo, viendo el lado bueno de las cosas, y para ello pensaremos en positivo, retirando de nosotros la crítica y el comentario agresivo y negativo. La idea es tratar una y otra vez de ser constructivos, no contaminando nuestro alrededor con pensamientos o palabras negativas, hasta lograrlo definitivamente. Dependiendo de nuestra resolución y permanente autobservación, estaremos creando el plazo para que todo esto se cumpla. Recordemos que el poder del sonido y la intención fue capaz de derribar las murallas de Jericó; así también en nuestra vida podemos derribar murallas y barreras aparentemente infranqueables.

Pero dejemos también espacio en nuestras vidas para la sorpresa. Cuando pidamos a la vida, pidamos lo mejor para nosotros y nuestro entorno, aunque muchas veces no lo tengamos muy claro, y abrámonos a observar cómo se mueven las cosas y qué es lo que llega hasta nosotros. Aprendamos a leer en los acontecimientos. Estemos seguros de que siempre vendrá hacia nosotros lo mejor, aunque al principio nos cueste entenderlo así.

Ejercicio práctico: La palabra creadora

Estamos completamente relajados, en perfecta paz y armonía. Mantendremos en todo momento una respiración lenta y profunda.

Aprovechando ese estado profundo de relajación vamos a concentrar nuestra atención en el entrecejo. Visualizamos entonces que nos proyectamos a través del túnel mental, girando en sentido antihorario en una profunda oscuridad, donde no hay ni arriba ni abajo; donde todo es silencio y vacío esperando a ser llenado y creado.

Estamos en el momento previo a la Creación. Vamos entonces a iniciar nuestra propia creación con una prime-

ra palabra, que iniciará nuestro universo de posibilidades. Concentrémonos en ella. ¿Qué palabra hemos escogido? Hagámosla resonar en nuestra creación y visualicemos qué es lo que ocurre a continuación.

Luego digamos una segunda palabra, y luego una tercera, y así hasta llegar a decir seis palabras lo suficientemente contundentes como para organizar nuestra creación. Y luego observemos el resultado final.

¿Con qué palabra iniciaríamos todo y con cuál terminaríamos nuestra creación?

Poco a poco iremos regresando. Para ello giraremos en el sentido horario de tal manera que iremos volviendo a través del túnel mental.

Todos, al término de tres, habremos vuelto y nos encontraremos en paz.

Tomamos una respiración lenta y profunda, y al exhalar visualizamos en nuestra mente los números 1, 2 y 3...

EMOCIÓN Y SENTIMIENTO

Para darle al decreto el mayor potencial debemos implementar previamente otra ley, que es la de la emoción y el sentimiento. Y es que sin emoción ni sentimiento las cosas difícilmente llegan a cristalizarse en nuestra vida.

Es como los ingredientes de un plato refinado y exquisito. Posee una serie de secretos y componentes que deben ser perfectamente combinados para que el plato adquiera su excelencia.

La emoción y el sentimiento le dan una fuerza adicional y extraordinaria al decreto, al poder creador y a la fuerza de atracción, porque brotan de una particularidad muy humana nuestra. Es la pasión la que da una fuerza superior y contundencia a nuestras acciones. Emocionémonos en el esfuerzo de renovarnos y convenzámonos del potencial que hay en nosotros para crear.

Con la emoción y el sentimiento damos un toque particular y artístico a nuestros pensamientos. Somos como el artista que va esculpiendo o pintando su obra. Es importante sentirse sano, próspero y realizado para que con ello nuestros pensamientos se vayan alineando y consigamos materializar esas emociones, reflejándose en nuestras vidas.

Antes de desear cosas nuevas en nuestra vida es muy importante renovarnos nosotros y valorar lo que ya tenemos, lo que hemos logrado, lo que hemos conseguido, así como lo que hemos superado. Esa capacidad de agradecer y sentirnos agradecidos con la vida nos hará acreedores de nuevas bendiciones. Recordemos que siempre habrá mucho que agradecer.

Es primordial que, para hacer el mejor uso de la Ley de atracción, creación y decreto, nuestro sentimiento hacia lo que nos ha tocado vivir en la vida cambie, rescatando la gratitud, viendo y sintiendo todo lo malo como un reto y lo ya superado como una victoria, como un triunfo de crecimiento.

Ejercicio práctico: el espejo

Hagamos un nuevo ejercicio de visualización, de tal manera que, relajados y tomando respiraciones lentas y profundas, concentramos nuestra atención en el entrecejo, donde percibimos un túnel mental. Avanzamos a través de dicho túnel, y al final del mismo nos encontramos con una habitación amplia e iluminada. En ese cuarto hay un espejo cubierto por una sábana. Antes de descubrirlo debemos tener en cuenta que es mágico y que lo que allí veamos se puede materializar tal cual. Por ello meditemos bien acerca de qué situación quisiéramos que se viera reflejada o cambiara en nuestra vida, o qué circunstancias quisiéramos que se materializaran, y ¡eso mismo será lo que veremos! Pero la magia está en que a continuación podremos ver en el mismo espejo las consecuencias de esa decisión o elección, verificando si fue acertada o no.

EQUILIBRIO

Pero para que la emoción y el sentimiento den la fuerza necesaria al proceso es importante tomar en cuenta previamente la Ley del equilibrio. Y que para ejercitar el poder creador y el proceso de atracción y creación orientando adecuadamente las emociones y los sentimientos es muy importante estar en equilibrio y con paz interior. Este equilibrio se consigue mediante el contacto interno en el silencio, la oración y la meditación.

Con equilibrio se supera el temor, porque el temor es ignorancia, es no saber de qué lado de las fuerzas se encuentra uno, y es desconocer todo el maravilloso potencial que hay en nuestro interior. La clave es siempre pensar en positivo y procurar darse cuenta de que nada es porque sí, que todo tiene un sentido.

La clave del equilibrio está en la capacidad de ser coherentes y consecuentes con lo que pensamos, y no defraudar ni traicionar nuestras convicciones. Y la única forma de conservar la paz interior es compartirla.

Ejercicio práctico: El barquito y la botella sobre el agua

Visualizamos que nos encontramos caminando por una hermosa bahía. Es un día soleado, luminoso, y mientras avanzamos nuestros pies se hunden en la arena. Sobre las dunas de arena se ven piedras, conchas de mar y algunos objetos arrastrados por la marea. Entre ellos nos encontramos con una botella de vidrio vacía y al lado un corcho. Está entera, no está rota y nos fijamos en su color.

Vamos a extraer de nuestro bolsillo un lápiz y un papel, de tal manera que anotaremos un mensaje, aquello que quisiéramos obtener en la vida en ese momento, tanto para nosotros como para otros. Enrollamos el mensaje y lo colocamos dentro de la botella, para lanzarla al mar, observando cómo las olas se van llevando nuestro pedido. Luego seguimos caminando y más adelante nos encontramos con un rústico y largo muelle de madera de pescadores asentado sobre oscurecidos pilotes de hierro. Subimos a él, adentrándonos por encima del mar a una buena distancia de la playa. Las olas pasan por debajo, estremeciendo los pilares del muelle. Bastante más adelante hay como unas escaleras que descienden a una pequeña plataforma, desde donde podemos dejar colgando nuestras piernas.

En ese momento, además de observar el paso de las olas, extraemos nuevamente de nuestro bolsillo unas hojas de papel y formamos un barquito de papel. En el barquito, una vez terminado, escribiremos nuestro nombre y reiteramos lo que pedimos en la botella. A continuación lo depositaremos sobre las crestas de las olas, observando cómo se mantiene a flote siendo tan frágil y sencillo, tal y como debemos mantenernos a flote y sin hundirnos nosotros mismos en la vida.

Al volver por el muelle y regresar a la playa miramos lo que las olas del mar arrojan en la arena, pues quizás allí esté la respuesta a lo que le pedimos a la vida. Nos acercamos y vemos qué es.

Interpretación del ejercicio

En las Sagradas Escrituras se dice: «Pedid y se os dará, llamad y se os abrirá». En este ejercicio ejercemos el pedido a la vida y estaremos atentos a interpretar la respuesta.

Voluntad

Y ¿cómo lograr el equilibrio necesario para que todo sea accionado de la forma correcta? Pues la clave es la Ley de la voluntad. Sin voluntad no será posible crear ni atraer hacia nosotros lo positivo; no podremos ser capaces de decretar con fe y convicción, y menos aún podremos guiar y controlar nuestras emociones y sentimientos. La voluntad habrá de ser forjada en la disciplina diaria; solo así podremos sostener nuestros pensamientos para concretarlos.

Y un pensamiento positivo es muchas veces más poderoso que uno negativo, solo requiere que nos enfoquemos en él y lo sostengamos.

No debemos temer a los malos pensamientos, sino practicar para extraerlos de nuestra mente, como quien arranca una hoja de un cuaderno y lo arroja a la papelera, quedando con una nueva hoja en blanco.

Recordemos que nada es casual, y que la vida siempre es consecuencia de nuestro estado mental y espiritual.

Hemos venido a esta vida a tomar decisiones y a asumir responsabilidad por las decisiones que tomamos. La voluntad es la fuerza interior que debe ser despertada para accionar la creación y la atracción, para atraer lo positivo. La voluntad debe ser fortalecida día a día a través de pequeños grandes logros, donde lo importante es aprender a vencerse a uno mismo.

Ejercicio práctico: Las llaves sobre la mesa y el relicario

Vamos a relajarnos todos con profundidad, liberando nuestro cuerpo de toda tensión y negativismo, y para ello mantenemos una respiración lenta y profunda, por la nariz.

Visualizaremos en nuestra mente, a la altura del entrecejo, un túnel mental. Nos proyectaremos a través de él y al final del mismo nos imaginamos que nos encontramos delante de un largo camino que nos lleva a un hermoso jardín. En ese jardín encontramos una larga mesa cubierta por un mantel blanco, donde aparecen multitud de llaves en grupos de tres. Son llaves de todas las formas, colores y tamaños. Vamos a escoger uno de los grupos de tres. Nos fijamos bien en sus detalles, el material del que está hecha cada una de las tres, su forma y color. Verificamos si las llaves son iguales entre sí o diferentes.

Con el juego de llaves escogido en la mano seguimos avanzando hacia otra mesa similar que está un poco más allá, donde se encuentra un hermoso cofre, baúl, relicario, caja o joyero. ¿De qué material está hecha esa caja o relicario? ¿Qué forma y detalles tiene?

Usamos una de las llaves para abrirlo mientras escuchamos una delicada música que viene de dentro del relicario. Dentro del cofre hay otro cofre y un objeto. Nos fijamos en qué es ese objeto, de qué se trata, su forma, tamaño, material y color. Lo sacamos de la caja, poniéndolo sobre la mesa y a continuación extraemos la segunda caja, estableciendo también sus detalles. Nos fijamos en cómo es esa otra caja, baúl, relicario o joyero, e inmediatamente usamos otra llave para abrirlo. Dentro encontraremos un tercer cofrecito y otro objeto. Vemos qué es ese objeto y lo extraemos, poniéndolo sobre la mesa al lado del primero. Luego sacamos la tercera caja, que requiere de la última llave y la abrimos, encontrando algo adentro. Observamos los detalles de cada cofrecito, también el orden de las llaves utilizadas y el detalle de cada uno de los objetos que encontramos dentro de las cajas.

Con los tres objetos en la mano hallados dentro de los cofrecitos nos dirigimos hacia el camino cercano, observando a alguien que viene caminando por él. Nos fijamos que es un amigo. ¿Qué amigo es ese ? Y nuestro impulso será saludarlo y entregarle uno de los tres objetos. Esa persona nos lo agradece y se despide marchándose.

A continuación vemos llegar a un pariente o familiar cercano, le saludamos y le entregamos uno de los dos objetos que aún conservamos. Esa persona se pone contenta y nos lo agradece también, alejándose.

Detrás de este familiar vemos venir a otra persona. Es un desconocido, pero igualmente le haremos entrega del último objeto.

Tras esto iremos retornando a través del túnel mental, abriremos los ojos y nos encontraremos en paz.

Interpretación del ejercicio

Las tres llaves que seleccionamos de la primera mesa representan la forma o técnicas con las que conectaremos con nosotros mismos en los tres planos. Los tres cofres, cajas, joyeros o baúles representan nuestro cuerpo físico, nuestra mente y espíritu, y la visión simbólica que tenemos de cada uno de ellos. Y lo que encontramos en cada uno de ellos es lo más valioso o importante que hemos conseguido en esos plano y que se nos pide compartir con los demás.

AMOR

Finalmente, para que esa voluntad tenga una inspiración y razón de ser, así como una orientación adecuada a la hora de aplicar todos los procesos de atracción y creación, tenemos que tomar en cuenta la Ley del amor. Solo si tomamos en cuenta esta ley, que da un sentido y carácter trascendente a la creación y atracción, podremos crear y proyectarnos más allá de lo cotidiano y materialista, procurando la trascendencia.

El amor nos enseña que debemos pedir aquello que necesitamos, pero no para tener más, ni para ser más que los demás, sino para compartir; por ello no debemos olvidar que cuando pidamos con convicción y con la seguridad de recibir lo que pidamos se materializará.

Si solo buscamos usar las leyes para pedir y saciar nuestras ambiciones y deseos egoístas nos puede pasar lo que al insaciable rey Midas, que todo lo que tocaba podía convertirlo en oro, pero destruyendo a su familia y su entorno, quedándose cada vez más solo y tornándose más y más infeliz. Ciertamente, si no damos un contenido y un sentido a lo que pedimos, si no procuramos tener para compartir, la vida misma nos cobrará la factura más adelante y con terribles intereses.

Imaginémonos que vamos por la vida con una canasta llena de frutas y flores y que las vamos consumiendo pero también compartiendo con todo aquel que se nos cruza por el camino. Al final, en el fondo de la canasta encontramos un billete de lotería con un buen premio para cobrar. Si no hubiésemos compartido no lo habríamos hallado. Además, sin haberlo previsto, toda la gente que durante el recorrido recibió fruta de nosotros nos buscará para compartir lo suyo también y contaremos con su amistad y gratitud. Y es que, sin buscarlo, la vida nos premia por nuestras actitudes acertadas. La más grande inversión en esta vida es ser bondadoso y dar amor, porque realmente se cumple aquello de que recibirás el ciento doblado.

No olvidemos lo importante que es también que todo lo tenemos que hacer con gratitud y humildad, aceptando que todo se da en su mejor momento y de la forma adecuada. La soberbia y el orgullo terminan siendo un lastre que debemos saber dejar en el camino.

Recordemos que somos seres espirituales con un campo de energía que funciona dentro de un campo mayor y que todos estamos conectados, porque somos parte de una unidad. Lo que nos afecta a nosotros le afecta al todo y viceversa; por ello el trabajo personal es necesario para ayudar a afectar al universo que nos rodea. Somos dioses creadores, y hasta hace poco desconocíamos esa realidad y responsabilidad.

Ejercicio del amor

Vamos a relajarnos todos, tomando respiraciones lentas y profundas. Y a continuación visualizaremos que estamos caminando al borde de un hermoso río disfrutando del paisaje. A todo nuestro alrededor hay bosques y una vegetación exuberante que invita a la meditación, cuando observamos a lo lejos que alguien está siendo arrastrado por el agua. De inmediato nos acercamos a ayudarle y nos damos cuenta de que esa persona es alguien con quien estamos peleados, o quien más nos perjudicó en la vida. Cerca hay una impresionante cascada, de tal manera que la caída sería fatal. Tenemos la oportunidad de ayudarle, de darle mayor sentido a nuestra vida actuando valiente y generosamente, así como sentir que con ayuda le perdonamos.

Ahora que hemos entendido todo el proceso, ya sabemos que el verdadero secreto es que no hay secretos, que todo esta ahí simplemente para aprender a darnos cuenta y ser prácticos y positivos en la vida.

Los siete paisajes

> *Si primero no te amas a ti mismo*
> *no podrás jamás atraer hacia ti*
> *prosperidad, paz y amor.*
> *Si no amas a los demás como a ti mismo,*
> *lo que atraigas sobre ti será efímero, dañino*
> *y pronto te pasará factura.*

Nos encontramos todos completamente relajados, en perfecta paz y armonía. Y mantendremos en todo momento una respiración lenta y profunda.

Vamos ahora a visualizar a la altura del entrecejo, en nuestra frente, un túnel mental, de tal manera que nos proyectamos a través de él, y al final del mismo nos encontramos en un espacio abierto y con un día soleado, luminoso. Podemos observar al sol sobre nuestras cabezas, cuando de pronto sentimos que somos bañados por un rayo de color rojo brillante que desciende del sol. Sentimos el peso de esa energía, sentimos cómo nos envuelve por fuera y por dentro, penetrando por nuestra piel y por la coronilla, cubriendo todo nuestro interior y exterior. Vamos a sentir esa energía de color rojo brillante cubriéndonos; percibiremos su vibración y lo que nos hace sentir. Por un momento nos quedamos en ella... Esa energía terminará ubicándose en gran medida a la altura del coxis.

Poco a poco nos acostumbramos a esa energía de color rojo, que es la energía del amor, de la emoción, del sentimiento, por lo que vamos a sentir un profundo amor por todo y por todos. Nos sentimos amados y que amamos la vida, y todo lo que existe...

Envueltos en esa energía de color rojo y concentrándola en nuestro interior inmediatamente descubrimos que estamos en un hermoso jardín de flores rojas. Caminamos en medio de ellas, cogemos algunas pero con la mata completa, con sus raíces y un poco de tierra. Tomamos varias, sentimos su exquisito aroma y contamos las que hemos cogido. Nos fijamos en su número de pétalos.

Seguimos avanzando y, más adelante, fuera del jardín, encontramos un camino polvoriento y sin gracia alguna. Hay piedras, así como arbustos silvestres. Vamos a aprovechar para sembrar las matitas, esas flores que recogimos del jardín, y procuraremos hacerlo allí donde más falta haga. Para ello escogemos el lugar donde percibimos que más se necesita y donde las flores puedan mantenerse sin morir.

Una vez que hemos plantado las flores seguimos por el camino y, mirando en dirección al sol que cae sobre nosotros, percibimos un intenso rayo de color naranja que nos cubre completamente y que sentimos que penetra hasta nuestro interior, descendiendo por nuestra coronilla. Vamos a quedarnos por un momento en esta sensación de estar totalmente cubiertos por la energía de color naranja.

La luz naranja nos baña y gran parte de ella terminará alojándose a la altura de nuestros órganos sexuales.

La energía del color naranja es la energía de la creatividad, de la voluntad, del temperamento y del carácter, de tal manera que a partir de este momento nos sentimos fortalecidos e inspirados para lograr nuestras metas y alcanzar nuestros objetivos.

Poco a poco nos vamos acostumbrando a la energía del color naranja y descubrimos que estamos delante de una plantación de árboles frutales con frutos de color naranja. Hay gran abundancia de ellos, por lo que vamos tomando y recogiendo algunos frutos. Luego contamos el número de los frutos que hemos recogido e incluso llegamos a probar alguno.

Seguimos nuestro recorrido por el camino y en él nos encontramos con quien compartir los frutos, de modo que los vamos repartiendo. Nos fijamos bien en quién hallamos en el camino.

Nuevamente en el camino sentimos cómo un rayo de luz dorada desciende sobre nosotros y nos envuelve. Nos sentimos bañados por ese rayo de luz. Estamos dentro de la luz, y comprendemos lo que la luz dorada significa: equilibrio, balance, conocimiento, sabiduría y conciencia despierta. Por un momento nos quedamos dentro de la luz, haciéndonos uno con ella.

Nos hemos llenado de luz dorada, concentrándose la energía a la altura de nuestro plexo solar, ligeramente por encima del ombligo.

De pronto, al incorporar la luz en nosotros, nos encontramos caminando por entre los surcos de un campo de trigo. Con las manos vamos acariciando las doradas espigas del cereal, sintiendo su textura y cómo algunos granos se van quedando entre nuestros dedos. Contamos su número. Al final del campo sembramos en un surco despejado de plantas los granos que retuvimos.

Continuamos nuestro recorrido por ese paisaje natural, cuando un rayo de luz verde brillante que asciende de la tierra nos envuelve cubriéndonos totalmente, de tal manera que nos sentimos totalmente dentro de esa luz verde.

Nos quedamos en silencio un rato dentro de la luz, sintiéndola y compenetrándonos con ella.

La sensación es de esperanza, de amor a la vida, de salud, de ganas de colaborar en la sanación de todo y de todos... Y esa energía de color verde brillante terminará concentrándose a la altura de nuestro corazón, infundiéndonos optimismo y valor.

Cuando reaccionemos habremos pasado de campos dorados a verdes campos de alfalfa que se extienden hasta el horizonte, flanqueados por verdes y altos árboles. Hasta nosotros llega el agradable olor de la alfalfa. Con las manos tocamos y sentimos las plantas. Tomaremos algunos tallos que ya se ven listos para ser cosechados, los contamos y más adelante, nuevamente sobre el camino, nos encontramos con un animal, al que alimentaremos con aquella alfalfa.

En lo que seguimos avanzando por el camino de pronto desciende sobre nosotros un rayo de color celeste aguamarina que nos detiene, envolviéndonos por dentro y por fuera. Por un momento nos quedamos sintiendo cómo esa energía nos envuelve y se hace una con nosotros.

Esa energía ingresa en nosotros, terminando por alojarse a la altura de la garganta. Es la energía del poder de la palabra, de la mejor comunicación entre las personas. Vamos a vernos fortalecidos en nuestra capacidad de comunicarnos, de extraer de nosotros cuanto sentimos y poder encontrar la forma más constructiva y adecuada de comunicárselo a los demás. De ahora en adelante vamos a crear con la palabra.

De pronto nos vemos que estamos pasando al lado de una hermosa fuente con su cascada, que se abre paso por entre la piedra caliza, adquiriendo un color celeste aguamarina. Nos acercamos para escuchar la caída del agua que, como un murmullo, nos tranquiliza. Es un sonido que emite una hermosa vibración de armonía con el paisaje.

De ahora en adelante nos dejaremos fluir en nuestra vida, dejaremos que todo pase y nada malo ni negativo quede. No guardaremos nada, todo lo comunicaremos de la mejor manera y estaremos purificándonos permanentemente para que ningún malentendido o sentimiento inapropiado nos contamine.

Nos incorporamos haciendo nuestro aquel susurro de la fuente y la cascada, y en lo que vamos avanzando por el camino vemos a una persona que sentimos de inmediato que necesita de nuestra palabra y consuelo, o con quien deberíamos de habernos comunicado hace mucho y no lo hicimos. Por ello la saludamos y, mirándola a los ojos, le decimos aquello que brota espontáneo de nuestro corazón como el agua de la fuente dejándola consolada o la misma relación purificada.

Seguimos por el camino, cuando un nuevo haz de luz desciende sobre nosotros, envolviéndonos en color azul marino. Sentimos claramente cómo nos penetra la energía, cubriéndonos por dentro y por fuera. Por un momento nos quedamos en silencio envueltos en dicha energía, sintiendo cómo se hace una con nosotros.

Esa energía de la luz azul es la energía de la espiritualidad y de la acción comprometida; también es una energía de creación. Y esa energía vamos a sentir que termina concentrándose en nuestro entrecejo, dándonos la convicción para continuar, pero a partir de ahora creando las condiciones para recrear nuestra vida, para darle profundidad y realización.

De pronto lo vemos todo claro. Tenemos un compromiso con nosotros mismos y con la vida, debemos ser y crecer en espiritualidad para reconectarnos con el Universo. Visualizamos en qué aspectos de nuestra existencia debemos profundizar.

Sentimos la energía del color azul, cuando a la distancia, en el horizonte, vamos pudiendo observar el mar, con su inmensidad azul, y nos sentimos uno con la profundidad del océano. Desde unos acantilados donde nos encontramos sentimos como si nosotros mismos fuéramos el océano y que toda aquella inmensidad fuera parte nuestra, que nos pertenece y que nosotros le pertenecemos a ella.

Desde las alturas observamos las olas del mar moldeando la playa y transformándola; así sentimos que nosotros podremos, mediante la constancia, moldearlo todo.

Visualicemos en nuestra mente qué es lo que debemos moldear y transformar en nuestra vida y nos proponemos hacerlo y lograrlo.

Los colores del atardecer van envolviendo el horizonte y de pronto un rayo de luz violeta desciende sobre nosotros cubriéndonos completamente. Por un momento nos quedamos en silencio envueltos en la energía de luz violeta.

Nos sentimos dentro de la energía de luz violeta, como si nosotros mismos fuéramos esa luz, la cual terminará por concentrarse en nosotros a la altura de nuestra coronilla. Esa energía simboliza la mística, la fe, la capacidad de transformarse y transformar; es el color del cambio y de la magia. De un momento a otro vamos a sentirnos transformados y envueltos en una energía muy mágica que nos llena de fe y nos infunde confianza para lograrlo todo.

Cerca del acantilado que desciende hacia la playa observamos una gruta, como una cueva, por lo que nos deslizamos por un talud hacia ella. Dentro encontraremos, en la roca, multitud de cristales de amatista o cuarzo violeta. Tomaremos alguno del suelo o de las paredes, fijándonos bien en sus detalles, así como en el número de caras o facetas del cristal. En ese momento concentraremos nuestra atención en visualizar a aquella persona con la que sabemos que debe producirse un cambio en nuestra relación, o con quien debe trasmutarse un resentimiento, rencor o situación no superada. La atraeremos hacia nosotros y concentramos nuestra energía de cambio y transmutación en el cristal.

La inminencia de la noche nos hace dejar la cueva, y descendiendo hacia la playa nos encontramos caminando por la arena a esa persona que visualizamos, por lo que compartiremos con ella la piedra o piedras de amatista junto con la energía que concentramos en ella, sintiendo que, al hacerlo, todo pendiente, toda situación trabada o desagradable queda superada. Nos fijamos en esa persona y de ahí seguimos nuestro camino, de tal manera que vamos volviendo todos a través del túnel mental.

Todos, al término de tres, iremos volviendo y nos encontraremos en paz...

Simbolismo del ejercicio

Los siete rayos de colores se relacionan con los siete chacras, con las siete leyes universales aplicables a nuestra vida y con el Principio de atracción. Lo que uno encuentre en sí mismo y esté dispuesto a compartir con los demás le permitirá atraer y mantener la paz, la abundancia y la prosperidad en su vida.

El número de pétalos de las flores del rayo rojo del amor, e incluso la tonalidad de las flores, nos dan la clave de cómo implementar el amor en nuestra vida, o la clase de amor que se espera de nosotros en ese momento.

El número de frutos recogidos en el rayo naranja nos da la clave a implementar en nuestra creatividad y voluntad. Y con quien compartimos los frutos simbolizaría esa persona con quien debemos accionar esa creatividad y voluntad.

El número de semillas en el rayo dorado a ser sembradas; nos habla de la clave para lograr nuestro balance y equilibrio.

El animal a ser alimentado en el rayo verde simboliza los aspectos y actitudes que debemos tener en cuenta para mejorar nuestra salud y optimismo.

En el rayo celeste la persona a la que debemos hablarle al lado de la fuente constituye nuestra prioridad de comunicación para liberar el poder de la palabra en nosotros.

En el rayo azul, cuando desde los acantilados observamos a la distancia el océano y las olas del mar, aquello que relacionamos con la playa es nuestra prioridad a ser moldeada y dominada.

El número de facetas del cristal de amatista en el rayo violeta y la persona a la que debemos priorizar para entregárselo determinan sobre qué aspectos y con quién debemos empezar nuestro proceso de cambio personal.

ANEXO. ARQUETIPOS

A

ABADÍA: símbolo del retiro del alma, de nuestro templo interior y de un lugar de conexión espiritual. Visualizar o soñar con una abadía podría estar relacionado con la conexión con el propio registro akhásico o con el recuerdo del momento en que negociamos la presente encarnación con los Señores del Karma o Guardianes del Destino.

ABANICO: símbolo de dignidad y belleza, así como de protección contra las malas influencias. Como sirve para atizar el fuego o para apagarlo, y para refrescarse en verano, simbolizaría el darse o darle a alguien aire, o un respiro o aliento. Se relaciona también con la necesidad de colaborar en bajar las tensiones que se generan a nuestro alrededor.

ABEDUL: árbol sagrado de las poblaciones siberianas. Es un símbolo doble que se asocia con el sol y la luna, con el padre y la madre, macho y hembra. Simboliza también la vía por donde desciende la energía del Cosmos a la Tierra, y a la vez por donde ascienden las aspiraciones humanas. Símbolo tutelar de la vida humana. Se relaciona con la flexibilidad en la vida.

El simbolismo de todo árbol es la vida misma, la necesidad de lograr un equilibrio, crecer y mantener raíces profundas, elevando las ramas al cielo, balanceándonos para no caer. Simboliza estar en contacto con lo oculto, con lo misterioso (lo que esta debajo de la tierra), y a la vez con lo evidente (el tronco) y con lo trascendente a través de las ramas.

ABEJA: símbolo del trabajo material, continuo y constante, del orden y de la importancia de realizarlo en equipo. La relacionamos con la cooperación y con el trabajo en grupo. La abeja extrae de la flor el néctar y el polen, que le va a permitir materializar la miel y dar solidez a la colmena. Así también el ser humano debe saber extraer del amor (la flor) la esencia que alimenta y trabajar para consolidar la familia.

Por la miel y el aguijón, la abeja ha sido considerada como emblema crístico, pues por una parte está la dulzura y la misericordia y por otra la justicia.

Visualizar o soñar con una abeja simbolizaría entonces extraer la síntesis de las cosas.

ABETO: árbol que simboliza la supervivencia al invierno, el valor y fuerza para soportar los cambios y las estaciones. Símbolo de la Navidad. Su condición simbólica la podemos hallar ya entre los celtas, que celebraban el solsticio de invierno venerando a un roble, que para ellos era el árbol sagrado.

El cristianismo heredó la tradición celta, pero sustituyeron el roble por el abeto por ser un árbol de hoja perenne que soporta el invierno, como soporta el amor de Dios la indiferencia humana, y por su forma triangular lo relacionaban con la Santísima Trinidad. El adornar el árbol con bolas y regalitos es una alteración del concepto original, que era colocarle, amarrados en sus ramas, pedidos para el año venidero.

ABISMO: Visualizar, en una meditación o en nuestros sueños, un abismo (si no es un regreso violento del astral) simbolizaría el peligro que se nos presenta por una caída, una pérdida de la perspectiva alcanzada. Si esta caída es a un abismo sin fondo, o cuyo fondo no vemos, esto haría referencia a un período de confusión e incertidumbre, también a un extravío. Esta clase de sensación o imagen de vacío se nos presenta cada vez que somos probados en nuestra fe y pasamos por la «Noche oscura del alma». Lo positivo de esta situación es que a la vez es una invitación al salto de fe, a arriesgarnos a explorar las profundidades del alma y llenarnos de razones para continuar.

ABLUCIÓN: gesto de lavarse las manos, símbolo de purificación ritual. Por las abluciones uno podía asimilar las virtudes del manantial o del agua con la que se limpia, llegándose a curar.

ABONO: podría simbolizar fertilizar, nutrir, fortalecer o garantizar el mejor resultado de la empresa que se ha iniciado. También podría significar, en el caso de excremento, que no estamos haciendo las cosas correctamente, que las estamos embarrando literalmente. Otro significado podría ser que nos están queriendo embarrar o ensuciar, colocando tropiezos en nuestro camino, atacándonos con intrigas y maledicencia.

ABRAZAR: visualizar o soñar que nos abrazamos a alguien, un amigo, un familiar, un maestro, un ser de luz o un ángel simbolizaría la necesidad de integrarnos en el otro, de buscar la unidad, de fortalecernos, de potenciar todo lo que hay en nuestro interior como el amor y la sabiduría oculta; también simbolizaría alentar a otros compartiendo la fuerza espiritual.

ABRIGO: visualizar un abrigo, o algo con lo que nos podamos cubrir, proteger o abrigar, significaría que estamos buscando protegernos de toda agresión exterior, o que estamos necesitados de ayuda externa. Si más bien damos o entregamos un abrigo a alguien, eso podría significar que nos preocupamos o debemos hacerlo sincera y generosamente por el otro, dándole protección.

ABRIR: en los ejercicios de visualización es algo común el pedir que abramos puertas, ventanas, cajas o cofres, lo cual significaría conectarnos con otras dimensiones, con otras realidades, con el conocimiento que está oculto dentro de nosotros y con el universo interior de símbolos. Es una invitación a dar un paso hacia delante en el proceso del autoconocimiento, y a la vez es un llamado a ver y mirar más allá lo que está guardado u oculto.

ACACIA: árbol duro de flores perfumadas que simboliza la resurrección y la inmortalidad, y que evoca los rayos del sol.

ACANTILADO: el camino espiritual solemos simbolizarlo con un monte o una montaña a la que hay que ascender, pero un abismo o acantilado, como dijimos antes, sería el peligro que se abre ante nosotros, el riesgo en nuestro avance, la posibilidad de caernos. El acantilado es el peligro y riesgo potencial, es el borde, es la inseguridad continua de avanzar o caer en el intento. Podemos seguir creciendo, como también podemos desbarrancarnos en el esfuerzo. El acantilado también solemos interpretarlo como el arriesgado camino de ascenso que hemos emprendido y que, si bien ya hemos superado, aún nos podría hacer caer. Cuando detenemos nuestro avance y dejamos de mirar hacia arriba, hacia nuestro destino, y nos dejamos arrastrar por los recuerdos y apegos, no vemos más que un abismo que se abre ante nuestros pies y que tira de nosotros hacia abajo. Es ahí cuando se nos pide retomar cuanto antes el viaje de ascenso y no mirar hacia atrás.

ACCIDENTE: soñar o visualizar un accidente, a modo de premonición, puede ser una advertencia real de un peligro, como también podría simbolizar que debemos estar siempre preparados ante los cambios e imprevistos.

AGUA: símbolo de la vida, de la purificación y la renovación. El agua representa la pureza y la fuente de vida. Es, de los cuatro elementos, el que más fácilmente puede ser programado y afectado por nuestros pensamientos, así como por las emociones y sentimientos. Por ello relacionamos el agua con las emociones, los deseos y la emotividad. El agua se abre paso, todo lo supera, discurre, se recicla en forma de vapor, humedad y lluvia, terminando siempre integrándose al gran océano, como nuestra vida. Visualizar aguas turbulentas y barrosas estaría relacionado con etapas de crisis afectiva y emocional, de poca claridad y confusión. Mientras que unas aguas claras y cristalinas simbolizarían momentos de claridad interior, de paz, tranquilidad, pureza y renovación. Un río que se integra en el océano representaría volver a las fuentes para renovarse; esto es, acercarnos a la muerte conscientes.

ÁGUILA: animal que relacionamos con la libertad, la iluminación, con el poder interior, con la voluntad, con la capacidad de elevarse por encima de las dificultades aparentes, de ver más lejos y mejor, de no confundirse ni deslumbrarse. Simboliza la grandeza de quien está dispuesto a superar sus limitaciones y errores. Del águila se dice que puede mirar al sol; esto simbolizaría poder ver la luz sin encandilarse ni cegarse.

Visualizar un águila volando podría estarnos señalando la búsqueda de la conexión superior, así como el haber iniciado el proceso de autoconocimiento y elevación espiritual, pero también simbolizaría la actitud vigilante, así como la soledad, obtenida como consecuencia de la decisión de avanzar y crecer.

ÁGUILA DE DOS CABEZAS: símbolo de origen hitita del poder supremo. La duplicación de la cabeza no hace referencia solo a la dualidad y multiplicidad de los cuerpos, sino a la necesidad de autobservarse en el ejercicio del poder y la autoridad sobre los demás.

AGUJERO: símbolo de la apertura a lo desconocido, de lo que te lleva más allá o te permite mirar fuera de tu entorno o hacia adentro, hacia lo oculto y desconocido. El agujero abre el interior al exterior, y viceversa.

AIRE: elemento que simboliza la vida del alma, la comunicación, la imaginación y la razón. Visualizar o soñar que uno es elevado hacia los aires se relacionaría con el proceso de aclararse uno mismo, de empezar a ver las cosas desde un ángulo diferente. Muchos de nuestros sueños nos permiten volar con nuestro vehículo de emociones y sentimientos, y algunos de ellos no serían meros sueños simbólicos o imaginación, sino verdaderas experiencias astrales, donde el cuerpo astral no tiene limitaciones porque no está sujeto a las leyes de la física. El aire es, con el fuego, un elemento activo, símbolo de la espiritualidad, del aliento de vida, de nuevos aires para continuar.

AJEDREZ: juego originario de la India, cuyos orígenes se basan en la estrategia guerrera, representada en el uso de las fichas blancas y negras, la lucha del bien y del mal, de la oscuridad contra la luz. El damero es el campo de acción de las fuerzas cósmicas, un entramado de luz y oscuridad, de lo bueno y lo malo, como la vida en sí misma. El ajedrez es un juego que pone en acción la inteligencia y el conocimiento de las reglas. Se basa en la anticipación y en la capacidad de elaborar una estrategia. Visualizar que recibimos, encontramos, participamos o entregamos un juego de ajedrez podría simbolizar que nos están dando, o estamos dando nosotros, la oportunidad de poner en juego la estrategia espiritual para afrontar los retos y amenazas.

ÁLAMO: árbol consagrado a Hércules, símbolo del dolor y el sacrificio. Representa más el recuerdo que la esperanza.

ALAS: símbolo de la elevación al cielo mediante el desapego a las formas fruto de la contemplación. Una mayor conciencia, conocimiento y comprensión de las cosas le permite a uno elevarse por encima de la condición humana.

ALERCE: como todas las confieras, es un árbol que se relaciona con la inmortalidad. Era llamado el árbol del mundo. Es una invitación a la confianza y la esperanza.

ALFA Y OMEGA: el Alfa y el Omega son el principio y el final del alfabeto griego, pero en el cristianismo simbolizan la figura y la naturaleza del Cristo, el inicio y hacia dónde van orientados la evolución y el gran drama humano, hacia ser capaces de amar hasta las últimas consecuencias. Representan la totalidad del conocimiento humano y la esencia de su misión, conectar con la esfera de lo espiritual a través del amor.

ALFOMBRA: para los orientales, una alfombra no es cualquier objeto del mobiliario, sino un elemento importante de la vida. Su ornamentación, color y diseño, cargados de magia y simbolismo, obedecen a expresiones de las ideas y sentimientos de quienes las usan. La alfombra como símbolo representa un espacio sagrado, nuestro pequeño paraíso o retiro mágico. Visualizar una alfombra podría simbolizar una invitación a un retiro interno, a entrar dentro de uno mismo, a aislarse un poco y protegerse para poder a continuación elevarse por encima de las situaciones que nos afectan. Siempre será muy importante fijarse en los detalles del diseño y el color para entender el simbolismo en toda su dimensión.

ALGA: visualizar que uno recoge algas (plantas marinas) en la playa se relacionaría con alimentarse, enriquecerse de lo profundo (el mar), de lo espiritual, de la reserva de vida. Visualizar que un objeto que encontramos está envuelto en algas podría simbolizar que lo que está llegando a nuestra vida debemos liberarlo de cuanto lo encubre u oculta, elementos que estaban en la profundidad (sentimientos, emociones, traumas, deseos ocultos) y ahora salen a la superficie.

ALIENTO, SOPLO, HÁLITO: en todas las tradiciones se habla de ese aliento o soplo vital divino de donde ha surgido todo. Visualizar que alguien se acerca a nosotros y nos envía un soplo, un aliento o una respiración boca a boca simbolizaría estar abiertos a recibir de otros el estímulo, la fuerza, el aliento, el estímulo para continuar, para crear en nuestras vidas situaciones nuevas. Es el ejercicio del poder creador con otros o hacia nosotros.

ALMA: es la catedral del espíritu, el acopio de nuestras vidas anteriores, recinto donde existe el conocimiento de nuestra misión y nombre cósmico. En el antiguo Egipto el alma era simbolizada en como un ave con cabeza humana que se desprendía del cuerpo o revoloteaba sobre él. Visualizar en nuestras meditaciones o soñar con un ave (paloma, águila, cóndor, tórtola, canario, loro, etc.) puede relacionarse con el proceso de nuestra alma; simbolizaría cómo estamos actuando o cómo deberíamos hacerlo. Por ello hay que estar atentos al tipo de ave, su color, tamaño y desenvolvimiento.

ALMENDRA, NUEZ: el simbolismo de la almendra, al igual que el de la nuez, se relaciona con la esencia escondida dentro de la cáscara dura. Hay que esforzarse en extraerla. La naturaleza divina está escondida dentro del cascarón humano. También simboliza el tesoro secreto, que es importante que sea descubierto para alimentarse de él.

ALMENDRO: árbol de floración muy temprana. Es el signo del nacimiento de la naturaleza y de las señales de la primavera. También simboliza la fragilidad, ya que sus flores se ven fácilmente afectadas por las últimas escarchas.

ALONDRA: ave que simboliza el elevarse rápidamente al cielo y dejarse caer, igualmente de forma violenta. Simboliza el peligro de la vehemencia impulsiva pero también del éxtasis místico y de la búsqueda de conectar los polos opuestos.

ALTAR: centro de lo sagrado, lugar del sacrificio. Representa en pequeño al Universo, y a la vez el centro del mundo. Es el hogar de la espiral que simboliza la espiritualización progresiva de la Creación. El altar simboliza el lugar y el instante en que un ser se torna sagrado, cuando está dispuesto a ofrendar lo mejor de sí. Visualizar o soñar con un altar puede ser una señal de que la vida nos está pidiendo mayores sacrificios, los cuales pueden verse representados en forma de renuncias, entregas, nuevos esfuerzos o emprendimientos. La imagen del altar también podría relacionarse con la necesidad de concretar una reconciliación con nosotros mismos, con el prójimo o con la vida.

AMARILLO: color que relacionamos con lo intelectual, con la mente, con la inteligencia, así como con la deficiencia o carencia de ella. Su simbolismo está vinculado al equilibrio, a la luz, al sol, a la acción, al poder, al oro, pero también a la ira, la envidia, la cobardía, la arrogancia y, combinado con el rojo y el naranja, expresa las emociones.

AMATISTA: cristal violeta que simboliza la búsqueda de la perfección en la magia, en la capacidad de trasmutar y cambiar aspectos de nuestra propia personalidad. Es también el simbolismo de la templanza, del aprender a ser coherente y consecuente; además representa la mística. Es una piedra que protege de toda embriaguez o fanatismo religioso que le haga a uno perder la perspectiva.

ÁMBAR: esta resina fosilizada de los árboles representa el hilo psíquico que enlaza la energía individual con la universal. Simboliza la atracción solar, espiritual y divina. Representa también la pureza de lo incorruptible e inagotable que pertenece al oro y el destello luminoso brillante de la plata.

ANCIANO: simboliza la experiencia, la sabiduría, el conocimiento. Es lo ancestral, lo antiguo, la conexión con el origen. No significa algo caduco sino más bien lo persistente y duradero. Es simbólicamente un elemento estabilizador.

ANDRÓGINO: coexistencia de los atributos femeninos y masculinos en la unidad divina. Perfección mediante la unidad integradora de opuestos.

ÁNGEL: ser intermediario entre Dios y el mundo. Ser de luz que simboliza la presencia de una ayuda superior en nuestras vidas, así como la reconexión con nuestra propia alma. El ángel puede llegar a representar la parte más elevada de nosotros mismos. Es un ser inmaterial de naturaleza mental o espiritual, aunque puede tomar una apariencia muy humana. El ángel es el mensajero que advierte de lo divino.

ANILLO: símbolo de una alianza, de un compromiso, de tener capacidad para aceptar grandes responsabilidades.

ANK: también llamada cruz egipcia, o cruz con el nudo mágico, es el símbolo de la llave de la vida, del conocimiento oculto y de la eternidad.

ANTORCHA: simboliza la luz que nos acompaña en medio de la oscuridad, la luz que surge del esfuerzo del guerrero espiritual por salir adelante y enfrentar los riesgos y la ausencia de claridad en el ambiente. Es símbolo de la confianza y la seguridad interna. Sostener una antorcha es ser consciente de que con nuestro caminar inspiramos a otros a hacerlo también.

ARADO: símbolo de fertilización, del trabajo comprometido para prepararse y preparar el terreno interno, para abrirse, para que crezcan en nosotros la espiritualidad y una conciencia mayor.

ARAÑA: insecto que asociamos con el trabajo hacendoso y meticuloso de su telaraña, extraída de sus propias entrañas. Por un lado es el símbolo de la fuerza interior y por otro de la humildad en el esfuerzo de realizar nuestro destino. No sabemos de lo que somos capaces hasta que no lo intentamos. La araña simboliza también el estar en un proceso interior elaborando grandes realizaciones futuras que atraerán hacia ti a los demás. También podría simbolizar que a nuestro alrededor se está orquestando una trampa y se nos está advirtiendo de ello para que estemos a la defensiva.

ÁRBOL: símbolo de la vida en perpetua evolución, en ascensión hacia el cielo. Visualizar un árbol simbolizaría la madurez espiritual que te muestra que en tu vida ya existe una conexión entre el cielo y la Tierra, que tienes delante tuyo la posibilidad de nutrirte tanto de lo celeste como de lo material en equilibrio. Plantar un árbol sería estar dando los pasos para esa conexión. El árbol de la vida es el símbolo de la eternidad.

ARCO: simbolismo de disciplina y virtud, se relaciona con enfocar las cosas, aprender a concentrarnos en un punto y proyectarnos hacia él. El arco es un símbolo del destino. Darle un arco a alguien podría estar simbolizando que estamos tratando de motivar a esa persona para que enfoque su atención hacia algo determinado, que puede ser su propia misión o realización.

ARCOÍRIS: puente que comunica el cielo con la Tierra. Es el símbolo de la reconciliación de Dios con el hombre tras el diluvio universal. Es también la serpiente del cielo junto con el rayo, para la tradición andina. Para los chinos era armonía y fecundidad.

ARDILLA: este animalito lo asociamos con la laboriosidad y la previsión. Simboliza la necesidad de ser más prácticos, activos y aterrizados en nuestras vidas, actuando con responsabilidad y previendo lo que puede ocurrir.

ARENA: visualizar la arena del mar podría simbolizar contemplar la inmensidad de la vida, y muchas veces un sentimiento de sentirse abrumado porque todo nos rebasa, porque todo es demasiado grande y extenso para ser conocido. Es entonces cuando debemos enfocarnos en el propio universo interior, en el granito que somos nosotros, porque allí está todo el Universo reflejado. Percibir, visualizar o soñar con arena también simbolizaría que la vida nos da tiempo para hacer lo que debemos hacer, o que tenemos que valorar el tiempo con el que aún contamos.

ARGOLLA: una argolla simboliza algo que nos permite unir, amarrar, dejar enganchado, dejar colocado sin que se pierda o desaparezca.

ARMA: simbolismo de tener en las manos la capacidad para defenderse, para luchar contra el enemigo, aunque se puede pervertir y darle un mal uso. Se puede relacionar también con la inseguridad, estar a la defensiva, atacar antes de ser atacado, demostrar fuerza mediante la amenaza y todo ello probablemente por nuestro temor a que nos hagan daño.

ARMADURA: símbolo de protección. Pero también puede que sea tanto nuestro temor a ser agredidos, a ser lastimados, a que andemos por la vida sin ella, sin contacto con la realidad, o impermeables a los demás. Debemos revisar nuestras actitudes y procurar no andar a la defensiva, por mucho daño que podamos haber recibido antes, porque si no nos privamos de la posibilidad de vivir experiencias más positivas. Recordemos que las armaduras medievales, a pesar de que debían proteger quitaban movilidad al caballero por su poca movilidad y peso, exponiéndolos, ya que tenían puntos débiles.

ARMARIO: simboliza cómo está nuestra mente, cómo está nuestro interior o nuestra propia vida: ordenada, desordenada, con espacio o rebosante de cosas inútiles. Es el estado de nuestras actitudes internas. El hecho de encontrar en nuestro armario las cosas en desorden nos indicaría la necesidad de empezar a ordenar inmediatamente nuestra vida y nuestros pensamientos. Quizás en el interior de nuestro armario descubramos ciertos elementos internos que nosotros desconocíamos o que habíamos olvidado que teníamos y que nos señalan que debemos dar utilidad a todo aquello que teníamos guardado y hasta olvidado.

ARPA: se relaciona con estar y mantener la armonía para que las fuerzas de la luz nos guíen permanentemente y nos protejan. Entregar un arpa podría significar compartir la propia armonía o dar armonía a otros.

ARROZ: símbolo del alimento por excelencia en Oriente. Representa la abundancia, la riqueza, la pureza y buenos deseos de prosperidad.

ASCENSO: es el camino natural del alma, su viaje hacia la elevación de la conciencia y su reencuentro con lo divino. La subida es en sí misma una interiorización.

ASNO, BURRO: generalmente se le ha asociado con la ignorancia, con la pobreza, con la impostura y con el mal, como en el caso de Set, el monstruoso hermano asesino de Osiris. El borrico representa el elemento instintivo del hombre, cuando solo desarrolla la parte material y sensual. Sin embargo el asno aparece en ciertas tradiciones como un animal sagrado, sujeto a sacrificios o que se sacrifica humildemente llevando su carga. También llegó a simbolizar a los ascetas del desierto.

ATAÚD: símbolo del fin de una etapa, o de una situación determinada. Es una invitación al renacimiento, a seguir adelante dejando atrás todo lo anterior como nuevos seres que somos. Pero también simboliza el peligro de que en nuestra vida se produzcan situaciones que no seamos capaces de superar.

AUTOMÓVIL: símbolo de la evolución en marcha, del avance en la vida. Si uno sueña o visualiza que se encuentra dentro de un auto en movimiento es uno mismo el que está avanzando. Si el auto está delante es más bien la oportunidad de acelerar la marcha, de avanzar más rápido. Con este simbolismo es importante estar atentos al detalle del color, de si es un modelo antiguo o moderno, si está en buenas condiciones o no. Un auto antiguo podría simbolizar que utilicemos formas antiguas o aparentemente pasadas de moda o no actualizadas para avanzar; lo importante es hacerlo. Un auto moderno y rojo, por ejemplo, podría decirnos que nuestro avance es acorde con los tiempos actuales, sabiendo canalizar orientar las emociones y los deseos.

AVALANCHA: símbolo del peligro de que ciertas situaciones puedan llevarnos a su encuentro, destruyéndonos, o que todo cuanto hemos hecho o avanzado se vea destruido por algo imprevisto. Es importante recordar aquello de que guerra avisada no mata gente. No tenemos por qué ser víctimas de situaciones ajenas a nuestra voluntad si estamos advertidos, a la defensiva y atentos. Una avalancha en un sueño podría constituir precisamente esa advertencia premonitoria.

AVE: símbolo de los presagios en la antigüedad y de las relaciones entre el Cielo y la Tierra. También representa al alma explorando el espacio de lo superior o liberándose del cuerpo físico. El ave se opone a la serpiente como símbolo del mundo celeste frente al del mundo terreno. Las aves también suelen representar los estados espirituales y a las entidades de ese nivel, como los ángeles, por ejemplo.

AVESTRUZ: su pluma en el antiguo Egipto se relacionaba con Maat, diosa de la justicia y la equidad. Este ave simbolizaría, en su aspecto positivo, la rapidez y la fuerza con la que tenemos que desplazarnos en el camino espiritual, y en su lado negativo el deseo de cerrar los ojos ante la realidad, dándole la espalda o negándola.

AVIÓN: deseo de superación, de elevarse y crecer, de intentar metas cada vez más altas a pesar de los riesgos y peligros.

Podría también simbolizar la capacidad de tomar decisiones más importantes. Cuando nos vemos a nosotros mismos tripulando el avión, somos conscientes de que nuestro destino está en nuestras manos. Pero si, por el contrario, soñamos que vamos de pasajeros, es que somos conscientes de que estamos siendo llevados y conducidos por otros, y que no vamos solos sino que somos parte de un destino colectivo.

AZÚCAR: visualizar en una meditación o tener un sueño donde aparece un poco de azúcar o un tarro de ella podría simbolizar la necesidad de afecto, de expresar o compartir cariño o gran capacidad para darlo. El azúcar simbolizaría endulzar, aliviar, hacer más llevadera la propia vida o la vida de los demás.

AZUFRE: es el principio activo de la alquimia, que actúa sobre el mercurio inerte y lo fecunda. El azufre corresponde al fuego y suele relacionarse también con lo tenebroso e infernal. Visualizar o soñar con azufre podría representar amenaza.

AZUL: color de la espiritualidad, de la profundidad inmaterial. Da una sensación de serenidad y paz. Se relaciona con personas introvertidas o personalidades que centran su atención en la vida interior o la espiritualidad. Cuando es claro y brillante simboliza amistad, fidelidad y calma, pero oscuro y grisáceo podría señalar fanatismo e intolerancia.

B

BÁCULO: símbolo del poder mágico, del control de las energías y de las fuerzas de la naturaleza. El báculo del mago encierra su poder en la capacidad de inspirar una conexión con lo extraordinario, con lo que puede cambiar y despertar la esencia oculta. El báculo representa mando y autoridad, pero a la vez el autocontrol alcanzado con la mística simboliza el antenaje con el Universo. El báculo del obispo es símbolo de la fe y del pastor que guía a los fieles.

BALANZA: símbolo de justicia y equidad, representaría como mensaje que en la balanza debemos poner el valorar, evaluar con prudencia y equilibrio las cosas antes de tomar una decisión. También se relaciona con la necesidad de equilibrar las cosas en nuestra vida, de lograr un equilibrio, de ser justos con nosotros y los demás.

BALCÓN: punto de observación desde donde tenemos la posibilidad de divisar los alcances de nuestra vida o nuestro horizonte actual. Simboliza la autobservación de las posibilidades en nuestra vida, así como el darnos tiempo para mirar lo que nos espera y cuanto hemos dejado atrás.

BALSA: visualizar que estamos en una balsa o soñar con ella representaría que estamos siendo conducidos en la vida, que hay una corriente que nos lleva, aunque que siempre tenemos la posibilidad de ir contra corriente o acelerar las cosas. La balsa simboliza lo que nos permite mantenernos a flote en la vida y enfrentarnos a las influencias externas.

BALLENA: animal que representa la capacidad de profundizar en la vida y sacar a flote lo mejor de nosotros, así como también algo grande, majestuoso que impone y que es importante en nuestra existencia. El símbolo de la ballena aparece cuando un poder, una fuerza natural está llegando a nuestra existencia e irrumpe para acompañarnos. Es un poder benefactor que con ternura nos ha de proteger. También simboliza la necesidad de interiorizar, para luego salir de la oscuridad a la luz. Es el símbolo del interior desconocido y de la resurrección, como en la historia de Jonás, donde el simbolismo es dual: por un lado representa el peligro, cuando se huye de la misión y del compromiso o cuando se trata de retomar el camino y hay un arrepentimiento (como en la historia de Pinocho); y por otro, cuando viene la aceptación, logrando superar las etapas de oscuridad.

BAMBÚ: símbolo de buen augurio, que espanta las malas influencias. Se relaciona con la rectitud espiritual y la perfección al elevarse hacia el cielo. Pero también representa la barrera infranqueable, el obstáculo en la jungla (los pecados y la desarmonía) que solo puede atravesar el tigre (el autocontrol frente a las pasiones, la intuición y el arrojo).

BANDERA: es un símbolo patriótico, un estandarte que nos inspira, que nos une, símbolo de la razón que nos mueve a seguir adelante, y vencernos. Es un signo de mando que congrega alrededor suyo, pero también es un elemento que protege, invocando fuerzas protectoras. Si la bandera aparece en lo alto de una montaña esto podría simbolizar que coronarás tus ideales y metas y si la llevas contigo es que estás dispuesto a llegar hasta las últimas consecuencias.

BANQUETE: símbolo universal que se relaciona con la comunión de los participantes en un mismo sacrificio o compartiendo un mismo estado de gracia. Visualizar que estamos en un banquete o que somos invitados a uno representaría que estamos siendo convocados a un acontecimiento espiritual importante, donde recibiremos y deberemos también compartir.

BAÑO: símbolo de la purificación y renovación diaria.

BARAJA: simboliza el destino y nos recuerda que ese destino está en nuestras manos y debemos saber jugar las cartas que la vida nos ha dado.

BARBA: símbolo de virilidad, coraje y sabiduría.

BARCA: símbolo del viaje o travesía de la vida y de la muerte.

BARCO: simboliza el medio y el modo con el cual nos mantenemos a flote y avanzamos en el océano de la vida. Representa actitudes o formas de actuación. Por ejemplo, un bote salvavidas podría simbolizar que uno tiene que dedicarse a sí mismo, o que está yendo solo por la vida, manteniéndose a flote individualmente y en base al esfuerzo personal; un bote de recreo familiar simbolizaría una actitud familiar grupal de avanzar en familia aceptando la fuerza del viento (el aliento de vida, dándose ánimos y viendo la vida con esperanza abiertos a la ayuda exterior del cielo o de lo divino). Un barco de pescadores simbolizaría ir por la vida buscando a otros, sirviendo, ayudándolos, rescatándolos y motivándolos a que sean conscientes de las responsabilidades que la vida nos trae. Un barco de guerra podría simbolizar el ir en grupo, apoyándonos mutuamente con un ideal común y con la fuerza de todos; un barco de carga sería ir por la vida llevando con uno muchas cosas (quizás responsabilidades), a veces una carga pesada o muchos compromisos, sin necesariamente comprometernos con ellos; un barco de pasajeros simbolizaría ir por la vida conscientes de que somos parte de un colectivo, pero manteniendo nuestra individualidad y sabiendo que tenemos que interactuar con los demás. Visualizar en un ejercicio un barco de piratas o un barco vikingo podría simbolizar tener que actuar con personas que van por la vida tomando lo que no les corresponde, robando el mérito o los logros de los demás, con lo que habría que ayudarles a corregir sus actitudes.

BARQUERO: Caronte era el barquero del intramundo y a quien había que pagar por conducirnos al juicio. Él nos espera en el embarcadero. Pero la figura del barquero que cruza un río y viene a por nosotros para llevarnos al otro lado sin pedirnos nada a cambio estaría más bien relacionada con nuestros padres, con aquellos que se hacen uno para traernos a la vida, llevándonos al otro lado del río.

BARQUITO DE PAPEL: visualizar que encontramos, traemos o nos entregan un barquito de papel podría estar relacionado con la necesidad o recomendación de que afrontamos la vida y todas sus dificultades con más confianza, inocencia y dulzura, como si fuera un juego divertido a pesar de todas sus dificultades, manteniéndonos a flote, esto es con la actitud de un niño. Su aparente fragilidad o sencillez podrían no ser obstáculos para enfrentarse a las grandes pruebas.

BARRO: simboliza vida, la materia primordial y fecunda, la renovación, la curación, la purificación, el contacto con la tierra, con la madre. El barro representaría el estar en armonía con la naturaleza, haciéndonos uno con ella para que nos sane y extraiga de nosotros lo malo, lo enfermo.

BASTÓN: apoyo para el caminante. Simboliza todo aquello sobre lo que solemos apoyarnos para avanzar, o actuar de tal o cual manera en la vida. A veces el apoyo deja de ser una ayuda y se hace un estorbo, y se convierte en una dependencia. Este apoyo, llegado el caso, también podría servirnos como arma de protección y defensa.

BASURA: visualizar que uno entrega basura o que encuentra basura o la recibe podría simbolizar que estamos siendo sujetos a habladurías y maledicencias, a las que no debemos dar mayor importancia, porque la basura es reciclable, pero si nosotros somos los que le estamos dando la basura a otros significa que somos nosotros los que estamos aportando lo peor de nosotros en nuestras relaciones con los demás.

BAÚL: simboliza el depósito de nuestros recuerdos, lugar donde ponemos todo aquello ya superado, o aquello que alguna vez fue nuestro, o que heredamos y a lo que actualmente no le encontramos utilidad. También puede representar el tesoro de nuestros potenciales o de nuestros logros.

BESO: símbolo de unión y adhesión mutuas, de conexión de espíritus a través del soplo de vida. Representa el amor fraternal y de pareja.

BIBLIOTECA: es el lugar o el mueble que reúne y aglutina los libros; el lugar donde se encuentra el conocimiento y todo cuanto ignoramos o hemos olvidado.

BICICLETA: simboliza el esfuerzo personal por avanzar rápidamente sin mayor ayuda, que requiere de concentración para mantener el equilibrio e ir para delante.

BISONTE: símbolo de abundancia y prosperidad, de ciclos de tiempo y continuidad.

BLANCO: color de la pureza, de la bondad, de la síntesis y la purificación, también de las pruebas en la vida. Es el color que representa la multitud de posibilidades. Es el color de la revelación, de la gracia, del alma.

BOLSO: visualizar en meditación un bolso estaría relacionado con percibir qué es lo que llevamos con nosotros en la vida o en ese especial momento de nuestra vida, también simboliza cuál es nuestra misión y qué es lo que traemos con nosotros, qué podemos compartir o qué llevamos con nosotros para ofrecer a la vida y a los demás. El color de la bolsa o bolso indica los aspectos o las actitudes con las que debemos trabajar, y su contenido lo que ya transportamos con nosotros para ofrecer. El bolso también puede aparecer en forma de morral o mochila.

BOTAS: visualizar que nos entregan unas botas o que encontramos un par de ellas, o que las llevamos puestas, podría significar que se nos invita a iniciar un camino largo, duro y difícil, pero para el que se nos está preparando aportándonos lo que necesitamos para realizarlo. Es una invitación a afrontar con decisión y confianza todos los terrenos y dificultades.

BOTELLA: símbolo de la ciencia humana expuesta a todas las tempestades. Es también el envase que contiene un elixir mágico, un conocimiento renovador que refresca nuestra búsqueda. Representa el recipiente de un mensaje que puede ser el que enviamos o el que llega hasta nosotros de los demás, de la vida o del mundo. Este mensaje o aporte será lanzado al océano de la vida con la esperanza de que llegue a un receptor adecuado. El color de la botella, como en todos los símbolos, también es importante.

BOTÓN: símbolo que se relaciona con cerrar las cosas, unir extremos, amarrar, abrochar, anclar. El significado dependerá mucho de la forma, el material, el tamaño y el número de agujeros. Si en el sueño o en el ejercicio de visualización uno pierde el botón, eso podría simbolizar que nuestras relaciones están siendo afectadas por súbitos alejamientos, desencuentros y rupturas. Un botón de oro simbolizaría reconocimiento, méritos y buenas perspectivas en lo social.

BRAZALETE: símbolo de belleza y atractivo, pero a la vez es un recordatorio. Si está en nuestras manos indica que no solo debemos mejorar nuestra imagen de cara a los demás, sino que debemos hacer que el fruto de nuestro trabajo también cuente con la mejor imagen y nos haga útiles para integrarnos con otros. Un brazalete simboliza que hay que permitir que los demás conozcan las intenciones de nuestras acciones. Es también símbolo de una señal que va con nosotros que nos marca, que nos hace recordar compromisos y a la vez que debemos mantenernos alerta y vigilantes.

BRONCE: metal que resulta de la aleación de estaño y cobre y cuyo simbolismo se relaciona con tomar los diferentes aportes, integrándolos. Representa la síntesis de diversas enseñanzas.

BRÚJULA: simboliza el rumbo y la dirección en nuestras vidas. Representa el reconocimiento de que en nuestras manos tenemos los mecanismos y el conocimiento necesarios para no perder el rumbo o sabernos orientar. El recibir o encontrar una brújula significaría enrumbar nuestra vida, marcarle un norte; mientras que entregar una brújula a alguien estaría representando el ayudar a otros a orientarse, compartiendo el conocimiento.

BUEY: animal que asociamos con el trabajo duro continuo y constante, pero también con la bondad y la calma. También simbolizaría la terquedad, pues este animal se resiste a los cambios. En Oriente representa la montura de los sabios, destacando aspectos como la dulzura y el despego que evoca la contemplación.

BÚHO O LECHUZA: animal que representa la observación y la autoobservación. Era el símbolo de la sabiduría en la antigua Atenas, y su imagen (el mochuelo) aparecía en las monedas. También se relaciona con la tristeza y la melancolía. Sería un símbolo de magia y protección nocturna.

BUITRE: símbolo de muerte y de regeneración de las fuerzas vitales. En el antiguo Egipto, Mut era la diosa protectora de los nacimientos y la esposa del sol. Ave adivinatoria vinculada a los presagios.

BURBUJA: símbolo de lo temporal, de las ilusiones, fantasías y sueños que nos distancian de la realidad que nos rodea. Simboliza proyectos efímeros.

C

CABALLO: animal que simboliza la fuerza, la constancia, el movimiento, la belleza y la disciplina. Es inflexible en su amor por la libertad. Detesta lo convencional y cambia cuando desea hacerlo. Es temperamental pero alegre, de espíritu elevado.

CABELLO: simboliza ciertas virtudes o poderes del hombre, como por ejemplo su fuerza, su conexión con lo divino, su pureza. Según diversas creencias, los cabellos conservan la energía y vitalidad de la persona, por ello eran requeridos para uso mágico. En el pensamiento simbólico, los cabellos están ligados a la hierba, que es la cabellera de la tierra, y por tanto a la vegetación y la fertilidad.

CABRA: símbolo de agilidad, de búsqueda del riesgo y la aventura. Les gusta una libertad espontánea, algo caprichosa.

CACAO: semilla que era utilizada como moneda por la civilización maya, medio de intercambio en la antigüedad, es símbolo de abundancia y prosperidad económica. Como de ella se extrae el chocolate, podría interpretarse como semilla de dulzura y de mejores relaciones con los demás.

CACTUS: planta espinosa propia del desierto que asociamos con la soledad y el estar a la defensiva.

CADENA: símbolo de los lazos y las relaciones entre el Cielo y la Tierra, y de la búsqueda por conectar dos extremos o a dos seres. La cadena liga el Cielo y la Tierra. Cada eslabón simboliza los aspectos que hemos de lograr, alcanzar, eslabonar o vencer para unir los extremos y completar nuestra vida.

CADUCEO: emblema de Hermes conformado por una vara, alrededor de la cual se enrollan en sentido inverso dos serpientes. Símbolo de las dos energías internas del ser humano que se cruzan entrelazándose, equilibrando las fuerzas internas contrarias.

CAJA: simboliza lo que se debe abrir, encontrar y valorar o dónde debemos guardar y proteger lo que poseemos. La caja siempre contiene un secreto: guarda y separa del mundo exterior lo que es precioso, frágil o temible. Parte importante del simbolismo de la caja es el color, el material del que está hecha y si está forrada con alguna tela o material por dentro o no.

CALABAZA: símbolo que por un lado representa el vacío, la ignorancia, la estupidez, y por otro lado abundancia, fecundidad y protección. Alimento vinculado a la inmortalidad. Sustituto de la vasija de barro cocido.

CALDERO: vasija metálica que sirve para calentar, hervir o cocer. En él se prepara el puchero o caldo, pero también, como recipiente ritual, en él se combinan distintos componentes mágicos. En un caldero la Pitia, la pitonisa del Oráculo de Delfos veía reflejadas en el agua, a modo de bola de cristal, sus predicciones. Simboliza el recipiente del conocimiento y la abundancia, así como el trabajo mágico de combinar y preparar las fórmulas que resuelven las necesidades que se presentan.

CALZADO: símbolo de afirmación social y de autoridad, libertad y responsabilidad. El caminante que está convenientemente calzado es aquel que está en proceso de avance y evolución, y que está preparado para desafiar el camino, por muy duro y difícil que este sea.

CÁMARA FOTOGRÁFICA: visualizar que encontramos o recibimos una cámara fotográfica podría simbolizar que la vida nos da la oportunidad de guardar un registro cada vez más consciente de todo cuanto hacemos o vivimos para no olvidar detalle. Que alguien nos entregue una cámara podría representar que son los demás, quienes nos rodean, los que necesitan que seamos testigos de cuanto ocurre y sepamos valorarlo y plasmarlo de alguna manera.

CAMELLO: animal que simboliza el peregrinaje por el desierto, la sobriedad, el estoicismo, a la vez que el carácter difícil. Es atributo de templanza.

CAMINO: visualizar un camino o una ruta o sendero simbolizaría que delante nuestro se nos abren posibilidades, medios, mecanismos o rumbos para avanzar en la vida, para lograr nuestros proyectos y objetivos. Un camino es una dirección, un derrotero, una orientación. Dependerá mucho de cómo sea para poder asociarlo con la condiciones o la ambientación favorable o no para nuestro avance.

CAMISA: símbolo de protección, de mejora de la propia imagen. Entregar una camisa a otro es expresión de máxima generosidad.

CAMPANA: simboliza llamar la atención, congregar o anunciar algo trascendente.

CAMPO: Simbolismo que expresa la siembra de nuestra vida, o nuestra existencia tal como la hemos planteado. Si ha sido de realizaciones, será un hermoso campo bien cultivado, donde la siembra dará paso a la cosecha. Un campo descuidado reflejaría precisamente eso en nuestra vida. Aparecer en un campo o verse en un campo al aire libre podría simbolizar la necesidad de salir de uno mismo, de los esquemas, de la situación actual; podría simbolizar también arriesgarse a entrar en contacto con la vida fuera de uno, con la naturaleza, para estar más receptivo y liberarse de esquemas mentales. Sería también la invitación a realizar una siembra o a cosechar; también podría ser mirar hacia fuera y buscar una conexión superior libre de esquemas con lo trascendente.

CANARIO: como todas las aves, representa el Cielo en la Tierra y al Sol. Su color lo relaciona con la conciencia, la sabiduría y el conocimiento. Como suele ser un ave muy apreciada como compañía, se la relaciona con el encierro (la jaula). Es pues la mente que, estando apresada, debe ser liberada (iluminada) para que vuele a las esferas más altas en libertad y libre de esquemas.

CANASTA O CESTA: simboliza contención, abundancia, generosidad, compartir y tener todo lo mejor preparado para disfrutarlo con otros. Es símbolo del cuerpo materno, de los trabajos domésticos así como de la fertilidad.

CANDELABRO: símbolo del árbol de la luz. La luz debe estar donde pueda apreciarse e iluminar mejor. El candelabro en la Biblia simbolizaba mantenerse vigilante, atento, despierto, consciente de la presencia divina, pero hacerlo con fe.

CÁNTARO: simboliza nuestra vida, el cuerpo como recipiente de nuestras experiencias y vivencias. Recibir o visualizar un cántaro podría estar representando el que debemos cuidar más nuestra vida, sabiéndola llenar de todo aquello bueno y útil que nos permita compartir.

CANGREJO: simboliza la indecisión, porque es el avanzar y retroceder, o el caminar lateralmente. También representa estar en una actitud a la defensiva.

CAÑA: símbolo de fragilidad pero también de flexibilidad. La caña da lugar a la flauta, que simboliza misticismo.

CAÑA DE PESCAR: simboliza que debemos buscar en las profundidades de nuestro interior, a la par que la vida nos invita a tomar iniciativas. Una caña de pescar representaría que tenemos en nuestra manos el como lograr nuestras metas y conseguir recursos. La caña de pescar nos indica que las cosas no nos llegarán gratis o de modo fácil en la vida, sino con dedicación y constancia, sabiendo aguardar y situándonos en el lugar correcto. También simbolizaría que debemos saber esperar para ver lo que la vida nos tiene reservado.

CAPA: símbolo de protección para el caminante que en su peregrinaje está expuesto a los elementos. Simboliza el conocimiento que nos envuelve protegiéndonos y situándonos en el centro del Universo. La capa simboliza la tienda celestial.

CAPUCHA: una capa con capuchón simboliza el volverse invisible, el pasar desapercibido, a la vez que el estar protegido y avanzar sin ser necesariamente reconocido.

CARACOL: símbolo lunar, de movimiento y perpetuo retorno. Lleva consigo la espiral de la evolución y la fertilidad. También se asocia con el tiempo, con saberse tomar el tiempo para todas las cosas, así como con la introspección, con la necesidad de refugiarse en uno mismo, en su hogar. Simboliza la necesidad de estar en contacto con la tierra. Es también el hogar, la responsabilidad de llevar la casa a cuestas.

CARACOLA: se relaciona con la protección, con la belleza, con la armonía de las formas, con el agua, con el mar que serena y armoniza, y a la vez con su empleo para emitir sonidos de llamada. Simboliza el poder del sonido. Como posee una espiral en su interior igualmente representa la evolución.

CARBÓN: simboliza el fuego escondido, la energía oculta. Representa las fuerzas contenidas en la naturaleza y la necesidad de la chispa que nos encienda para liberar todo nuestro potencial.

CARDO: considerado siempre como algo arisco, desagradable y desdeñable, encierra en sí mismo agua y alimento. El estar cubierto de espinas simboliza protección contra el exterior y a la vez austeridad, pero también fortaleza frente a la adversidad del desierto y la sequía.

CARNE: simboliza la fragilidad y lo transitorio. La materia es lo pasivo, la inclinación hacia lo denso, hacia el error. El traje biológico puede ser un estorbo si no lo aprendemos a valorar como un paso para experimentar lo espiritual a través del crecer en voluntad y de las relaciones humanas.

CARRETILLA: representa la amplificación de la fuerza humana mediante el ingenio y las fuerzas de la naturaleza al servicio del hombre gracias al uso de su sentido común y capacidad creativa. Símbolo de voluntad práctica y a la vez receptáculo que nos permite cargar con cuanto vamos consiguiendo en la vida.

CARRO: símbolo relacionado con el cómo nos conducimos por la vida. Tenemos las riendas en nuestras manos; nuestra vida será lo que nosotros estemos dispuestos a hacer con ella. La dirección, velocidad o ritmo de avance dependerá enteramente de nosotros, así como lo que traigamos con nosotros. Nunca es tarde para hacernos con una buena carga o deshacernos de una carga inconveniente.

CASA: es el centro del mundo en nuestras vidas. Simboliza nuestro mundo interior, el cómo nos sentimos. Dependiendo de cómo visualicemos la casa, si construida, a medio construir, en mal estado, etc., así se verá reflejado nuestro interior, siendo un aviso para que afrontemos de una vez nuestras contradicciones.

CASCADA: símbolo de que nada permanece igual. Aunque la cascada siempre está allí, nunca es la misma.

CASCO, YELMO: símbolo de invulnerabilidad mental, de fortaleza psíquica, de fuerza de pensamiento, de seguridad y protección. Es una protección para tu mente, tus ideas, tus proyectos y creaciones mentales.

CASTILLO: es la morada sólida de difícil acceso, que te brinda protección, te aísla, se encuentra en lo alto de la montaña o en el claro del bosque. Simboliza también la fortaleza espiritual y nuestro propio santuario interno.

CAVERNA: arquetipo de la matriz materna, figura en los mitos del origen, del renacimiento y la iniciación de muchos pueblos. Es el lugar de la interiorización Cuando visualizamos una caverna o que entramos en ella donde entramos realmente es en lo más profundo de nosotros mismos.
La caverna designa un lugar subterráneo que simboliza el mundo, las sombras, la oscuridad y la ignorancia, por lo que hay que salir hacia la luz.

CAYADO: símbolo de los pastores que conducen a su ganado a los mejores pastos, o de los peregrinos que se apoyan en él en su largo peregrinaje. Representa apoyo para caminar, para avanzar, guía para orientar y también protección.

CEDRO: símbolo de la grandeza, la nobleza, la fuerza y la perennidad. Se lo asocia con la incorruptibilidad y la inmortalidad.

CENIZA: al ser el residuo de la combustión simboliza la transformación. Es lo queda después de que el fuego se extingue. Es la muerte y la penitencia, el sufrimiento y el arrepentimiento. Es el resurgimiento, como el Ave fénix.

CERDO, CHANCHO: el cerdo, puerco, marrano o chancho es un animal al que relacionamos con la buena suerte, la prosperidad y la felicidad en el hogar. El chancho simboliza para los chinos la honestidad, la tolerancia y la iniciativa. EL CERDO es símbolo de la glotonería, de la voracidad que todo lo engulle sin distinción, de tendencias oscuras como la ignorancia, la gula y lujuria. Pero también es símbolo de la buena suerte, la abundancia y la prosperidad.

CEREZA: símbolo de la vocación guerrera de los Samurái y del destino para el cual deben prepararse. La flor del cerezo es símbolo de pureza, imagen de prosperidad y felicidad terrena.

CERRADURA: símbolo que se asocia con lo oculto, con lo que ha sido guardado, con lo misterioso. Lo relacionamos con la idea de que hay una forma de entrar hacia esa otra realidad o de pasar hacia otro estado o situación, solo que hay saber hallar la combinación correcta o la llave adecuada, que muchas veces es solo cuestión de actitud.

CERVEZA: simboliza la soberanía, el ejercicio de la autoridad. Bebida ritual y poción asociada con la inmortalidad. Brebaje que asociamos con la celebración, la alegría, el compartir, pero también con el desenfreno.

CETRO: signo de poder y autoridad. Es un símbolo de verticalidad, de jerarquía, que representa la columna del mundo, el derecho de administrar justicia.

CIERVO, CERVATILLO O VENADO: es un animal que simboliza el ser precavido; también representa la autoestima, la importancia de aprender a verse a uno mismo bello y capaz sin caer luego en el juego del ego. Cuando lo visualizamos, nuestro maestro interno podría estarnos diciendo que aprendamos a querernos más y mejor a nosotros mismos, valorándonos. Es también el heraldo de la luz, que nos lleva a la claridad interior.

CIGÜEÑA, GARZA: ave de buen augurio. Símbolo del amor filial, adversario del mal. También representa la longevidad y la regeneración.

CINCEL: simboliza el principio cósmico activo penetrante y transformador. Al cincel se lo relaciona con el relámpago, agente de la voluntad celeste que penetra la materia. Es la fuerza que corta, separa, distingue y descubre lo que está oculto.

CINTA, LAZO: su simbolismo es comparable al del nudo, solo que en un sentido positivo. Representa el amor filial, el cariño, la integración. Es un signo de florecimiento; expresa belleza y emoción. Nos hace destacar o realzar algo que sentimos y que queremos expresar de cara a los demás, como es el estar unidos y cada vez más cerca de los que amamos.

CINTURÓN: significa sujetar lo que tenemos y llevamos con nosotros para no perderlo en el camino. Es un lazo que contiene, sostiene y mantiene las cosas en su sitio. También simboliza seguridad y protección. Es importante fijarse en el color y el material del cinturón.

CIPRÉS: árbol sagrado de gran longevidad y verdor permanente. Se le ha llamado el árbol de la vida. También se lo relaciona con el mundo subterráneo y con los muertos, con la inmortalidad y la resurrección.

CÍRCULO: simboliza la unidad, el final de un ciclo, volver al inicio. También representa el mundo de cada uno.

CIRIO: simboliza la luz, la fe, la esperanza y el conocimiento. Representa la relación del espíritu con la materia.

CIRUELO: símbolo de la primavera, la renovación y la pureza.

CISNE: pájaro inmaculado, símbolo de evolución y trascendencia, cuya blancura, poder y gracia evocan la luz.

CÍTARA: simboliza la templanza y se asocia con el canto de las aves y el Universo.

COATÍ: animal que asociamos con el ingenio y la travesura.

COBRE: metal que se asocia con la fuerza vital, con los colores rojo y verde. Al ser un buen conductor simboliza el dejar fluir las energías, la luz y el conocimiento.

COCODRILO, CAIMÁN: simboliza la traición, la desconfianza, el peligro imprevisto.

COFRE: depósito de tesoros materiales y espirituales. Su apertura equivale a una revelación o a un descubrimiento trascendental.

COJÍN: visualizar un cojín podría significar suavizar más la vida, descansar, hacer más cómodas y menos dolorosas las experiencias.

COLIBRÍ O PICAFLOR: simboliza el esfuerzo continuo y constante por mantenerse en un estado elevado. Es símbolo también de la heroicidad y del alma que se esfuerza por mantenerse en el estado que le corresponde.

COLMILLO: diente de un animal. Objeto de uso chamánico que simboliza el contar con las fuerzas invisibles pero a la vez manifiestas de la naturaleza. Representa la fuerza y agresividad del animal pero a la vez el control sobre nuestra propia agresividad y la protección frente a la agresividad de los demás.

COLLAR: símbolo de protección, así como de belleza y elegancia, que destaca el cuello y el pecho, que es lo que sostiene tu mente y tu rostro. Representa el conocimiento de lo aprendido, así como el lugar donde subyace tu corazón, que sería el amor. Recibir un collar podría simbolizar la protección para seguir adelante o la retribución que los demás nos dan por todo lo bello compartido que les hemos dado nosotros. Darlo podría ser haber valorado en su justa medida (círculo del collar) lo que se nos han dado, y retribuirlo. Es importante estar atentos al material y color del collar, porque ahí hay mensajes adicionales. Por ejemplo, un collar de perlas sería el final de un ciclo de pruebas personales, habiendo sabido valorar cada una de ellas y que ahora realzan nuestra belleza con sabiduría y crecimiento interno.

COLUMNA: elemento esencial de la arquitectura, es el soporte que garantiza solidez. Simboliza el soporte del conocimiento.

COMETA: simboliza el aprovechar el momento y las circunstancias para hacer una conexión sencilla con lo superior y disfrutar con ello. Debemos ser como niños y la experiencia de contacto con planos elevados puede ser un juego hermoso y divertido.

COMPÁS: simboliza la actitud responsable y consciente para trazar la ruta de la vida espiritual. Emblema de las ciencias exactas, del rigor matemático frente a la fantasía imaginativa. Imagen del pensamiento científico, trazando los círculos del mundo y colocando las cosas en su lugar preciso.

CONCHA DE MAR: símbolo de protección y seguridad, a la vez que podría representar el deseo de aislarse del mundo exterior, o protegerse de las amenazas, o también, anticipar cualquier ataque exterior. La concha de abanico, símbolo de los peregrinos del Camino de Santiago, representaría la fe y la humildad que acompaña al sincero buscador de la iluminación. La concha tipo caracol representa, como ya dijimos antes, la protección que otorgan la bondad y la pureza, así como la evolución a través de la espiral interna.

CÓNDOR: animal que asociamos con el desafío a la alta montaña. Es un ave que simboliza la elevación del alma y la capacidad de elevarse por encima de los propios errores, mirando todo desde otra perspectiva. También representa al emisario del sol.

CONEJO: es un animal que asociamos con la agilidad, la velocidad, el apuro, la interiorización y el trabajo eficiente pero sin deseo de destacar. Símbolo de buena suerte. Reservado y artístico, posee una gran capacidad para el análisis. Es minucioso, estudioso, no suele luchar pero sí negocia las cosas. Busca ser pacífico y tímido pero no es dócil.

CONO: símbolo del círculo y del triángulo, o del triángulo en revolución (movimiento), que representa la conexión con el Ciclo a través del amor en la unidad y la recepción de la luz de vida. Simboliza el amor dinámico.

COPA, CÁLIZ: símbolo del vaso de la abundancia, de la celebración de los grandes logros y del que contiene el elixir de la inmortalidad. Representa la revelación de los secretos más profundos de la vida. También simboliza el sacrificio u «oficio sagrado», que es la entrega incondicional por amor.

CORAL: conocido como el árbol de las aguas, se relaciona con la profundidad del mar y el proceso de la vida que deja huella. Su color rojo y su forma retorcida hacen que se lo asocie con la sangre y con el personaje de Medusa (Gorgona). En la antigüedad era usado como un amuleto contra el mal.

CORAZÓN: simboliza el centro, a la vez que el amor y la entrega total. Según muchas creencias es la sede del sentimiento y la personalidad.

CORONA: simbolismo del triunfo sobre uno mismo y de la expansión de la conciencia. Por ser de forma circular y generalmente estar adornado con cristales o piedras preciosas simboliza la perfección y la unidad, así como la conexión con lo superior y la sabiduría (el oro) para gobernarse y gobernar.

COYOTE: animal nefasto y astuto, considerado guardián y divinidad de los misterios de la noche.

CRÁNEO O CALAVERA: símbolo de la mortalidad humana, lo es también de lo que nos sobrevive después de la muerte. Simbolizaría un cambio violento que nos obligará a dejar que una parte importante de nosotros, de nuestra personalidad, desaparezca o muera. También se relacionaría con un mensaje de advertencia de la fragilidad acerca de la vida y su naturaleza transitoria.

CRISTAL: simboliza la perfección dentro del reino mineral, pues se forma como consecuencia de grandes presiones. Se asocia también con superar las pruebas y vencerse a uno mismo. Entregar un cristal a alguien es compartir el proceso de perfeccionamiento, o enseñar a otros a perfeccionarse motivándolos a esforzarse en ello.

CRUZ: símbolo universal que se relaciona con el centro, con la tierra, con los cuatro puntos cardinales de nuestro mundo. Si es de cuatro lados iguales representa lo positivo, la suma, el aporte positivo, el incremento de lo bueno y la orientación adecuada. Mientras que una cruz cristiana, más larga que ancha, simbolizaría el sacrificio, la muerte mística, el morirse a uno mismo.

CUADERNO: visualizar que recibimos, encontramos o tomamos un cuaderno estaría relacionado con una invitación a guardar un registro de nuestras vivencias, para que no sean olvidadas.

CUADRADO: figura geométrica que se relaciona con la inteligencia, el conocimiento, la información, el aprendizaje y con todo lo creado. Simbolizaría el procurar tener las cosas claras.

CUARZO: simboliza el elemento celeste en las iniciaciones. La perfección espiritual. La evolución de la conciencia y el crecimiento interior.

CUBO: símbolo de la sabiduría, del conocimiento aplicado que ocupa el espacio, dándole profundidad. Es también símbolo de la cuarta dimensión.

CUCHILLO: instrumento esencial en los sacrificios. Arma cruel atribuida a divinidades nefastas en la mitología de muchos pueblos. A su vez tiene el poder de alejar a las entidades maléficas. Simboliza sacrificio, inmolación, ajusticiamiento, venganza, cortar con todo lo anterior, liberarse de dependencias.

CUERDA: símbolo que nos habla de la ascensión. Como el árbol, la cuerda como escala nos permite ascender o ayudar a entrelazar como el fino hilo de la araña. Representa el medio, tanto como el deseo de ascensión, así como una conexión entre extremos opuestos. Se asocia con ataduras, con establecer lazos entre las personas y unirlas. Se le atribuyen virtudes secretas y mágicas.

CUERNO: símbolo de poder, se lo asocia con la preeminencia y la autoridad. El cuerno es la imagen de la luna nueva.

CUERVO: ave que se relaciona con el mal agüero por su color y grito lúgubre. Compañero de la magia y de la profecía es también símbolo de gratitud filial y amor familiar. Mensajero divino para los pueblos de Oriente, anunciador de triunfos y signo de su virtud, se lo relaciona con la perspicacia.

CUNA: símbolo del seno materno. Elemento de protección, cálido y blando. Matriz que navega o vuela, y que salvaguarda a los hombres en la travesía del mundo.

CH

CHACAL: animal considerado de mal agüero por aullar en la noche, merodear alrededor de cementerios y nutrirse de cadáveres. Símbolo de la avidez, la cólera y la sensualidad. En el antiguo Egipto, el dios Anubis era representado como un chacal y estaba destinado al cuidado de los muertos y era guardián de las necrópolis.

CHAMÁN: la figura del chamán representa a nuestro maestro interno; toda la sabiduría oculta en contacto con la vida que hay dentro de nosotros. Visualizar a un chamán varón podría significar la necesidad de actuar inmediatamente produciendo cambios en nuestro diario vivir, tomar rápidas decisiones y proceder a hacer magia (cambios impensados). Mientras que visualizar a una mujer chamana simbolizaría tomarse tiempo para actuar meditada y convenientemente; sería también evaluar previamente las acciones a tomar y actuar con prudencia intuyendo previamente.

CHIVO: es el símbolo del iniciado, del escalador de lo imposible, que tiene determinación y un especial equilibrio para enfrentarse a los terrenos más accidentados.

D

DADO: símbolo del azar y del juego. Recibir o encontrar un dado estaría relacionado con el simbolismo de que quizás estamos demasiado pendientes de la buena fortuna en nuestra vida, y en realidad, como bien dice el adagio: «Dios no juega a los dados». Posiblemente es una advertencia para que no dejemos al azar nuestro destino sino que tomemos mayores responsabilidades y dirijamos las cosas.

DAMERO: conjunto de figuras geométricas, cuadrados, rombos, etc. de colores alternados blancos y negros, o rojos y negros que sirve para los juegos de las damas o el ajedrez, o simplemente de decoración. Simboliza el conflicto de las fuerzas contrarias que se oponen en la lucha por la vida, dentro de cada uno y en el mundo.

DEDAL: visualizar un dedal podría relacionarse con el simbolismo de que en nuestra vida debemos hilar fino, remendar aquello que está roto o descosido, subsanar los pendientes, pero con sumo cuidado para no herirnos ni lamentarlo después.

DELANTAL: símbolo de humildad y servicio. El mandil es un elemento esencial en la masonería. Representa el trabajo y la asistencia, así como la protección contra los riesgos del trabajo (las manchas y la contaminación).

DELFÍN: animal que simboliza la inmensidad del mar, la inteligencia, la alegría de vivir en el juego divertido, la actitud positiva y la transfiguración. Representa la benevolencia, el altruismo, la recepción de ayudas que nos permitan superar una etapa difícil que nos paraliza y amenaza con hundirnos.

DESIERTO: símbolo de soledad o introspección. Indica un mundo afectivo vacío y estéril. Nos plantea la necesidad de una renovación interna. Lugar de retiro para el profeta que ha de prepararse para despertar a su misión y a la clarividencia.

DESNUDEZ: simboliza el mostrarse tal cual uno es, no tener nada que esconder o no poder esconderse detrás de una vestidura que nos disfraza u oculta.

DIAMANTE: símbolo de la limpidez, de la perfección, de la superación a partir del vencerse a uno mismo. Se relaciona también con la madurez espiritual y la solidez y el poder interior. Cada faceta simboliza aspectos superados de nuestra personalidad o a ser superados.

DIENTE: símbolo de asimilación, de fuerza, de tiempo. Los dientes son un elemento mágico que se relaciona con la regeneración y la protección. Si es nuestro propio diente simboliza parte de nuestro atractivo personal o de nuestra imagen que está expuesta, que ha sido malinterpretada o afectada de alguna manera. También simbolizaría una pérdida de nuestra capacidad de saborear, masticar o meditar las cosas. Si es un diente ajeno a nosotros el que se nos entrega, eso simbolizaría que se está ampliando nuestra capacidad de entender.

DINERO: símbolo de dominio y poder. Se relaciona con el deseo de que nuestros valores sean reconocidos. Búsqueda de la abundancia y la prosperidad.

DISCO: Símbolo solar; también es un arma arrojadiza que destruye iluminando. Representa lo mental, el poder de la manifestación.

DISFRAZ: simboliza el tratar de mostrar algo que no somos, de engañar, confundir, de esconderse detrás de una falsa imagen. Tapar el verdadero yo, ocultándolo y a la vez cambiando parte de nuestra imagen.

DRAGÓN: animal mitológico que simboliza al guardián severo de los tesoros escondidos, que debe ser vencido para acceder a ellos. El tesoro más valioso es la inmortalidad, y la inmortalidad se consigue a través de la purificación y de la aventura del conocimiento, tanto interno como externo. El dragón se relaciona con el poder, el entusiasmo, la habilidad para inspirar a los demás, y también con los miedos del ser humano. El dragón es un enemigo peligroso, a veces demoníaco. Enfrentarse a él simbolizaría la confianza en uno mismo. Los colores del dragón simbolizarían los miedos que nos acechan.

E

ÉBANO: árbol que simboliza la profundidad, lo ancestral, lo misterioso. Se caracteriza por el color negro, color de la noche, del hombre primordial y de los valores humanos.

ECLIPSE: para los pueblos antiguos, un eclipse simbolizaba la lucha entre la luz y la oscuridad, entre el bien y el mal, entre la vida y la muerte. Era la guerra sin cuartel del Cielo donde se jugaba el destino de la humanidad. Suceso dramático de ocultación, señal de mal agüero, momento de definiciones.

ELEFANTE: animal que relacionamos con la memoria, la intuición, la fortaleza, la fuerza. Es símbolo de estabilidad e inmutabilidad, del equilibrio de la fuerza y también del conocimiento.

ELIXIR: simboliza el estado de conciencia transformado que conduce a la inmortalidad. Brebaje que en la antigüedad podía conducir al olvido perenne.

EMPERADOR: cuarto arcano del Tarot, simboliza el imperio, el dominio, el gobierno, el control, la supremacía de la inteligencia en el orden temporal y material. Representa nuestro ser interno, que nos exige respetar el orden y las leyes y principios.

EMPERATRIZ: simboliza la inteligencia que da el poder y la sensibilidad, así como la astucia y todos los atributos del poder femenino y su riqueza. También se la relaciona con la fecundidad y el dominio del alma.

ENANO: símbolo de lo pequeño pero igualmente grande en el plano de lo mágico. Genios de la tierra y el suelo, a los enanos se los asocia con las grutas. Está ligado a la naturaleza como guardián y administrador de sus secretos.

ENCINA: árbol sagrado de muchas tradiciones, investido de los privilegios de la divinidad porque suele atraer más fácilmente los rayos. Encarna el principio masculino frente al muérdago, que sería el femenino. Era emblema de hospitalidad, potencia, solidez y sabiduría.

ERIZO, PUERCOESPÍN: animal que simboliza el rechazo, así como a una persona hosca. Se relaciona con estar a la defensiva.

ESCALERA: símbolo de la progresión hacia el saber, de la ascensión hacia el conocimiento. Va unido a la idea de subir y bajar, de prosperar y fracasar. Simboliza el proceso de ascenso del alma hacia un nivel de conciencia superior y el descenso para conocer lo oculto y profundo, o para ayudar a otros a ascender. Supone ir superando uno a uno los obstáculos en nuestra vida, ganando experiencia.

ESCARABAJO: símbolo del renacimiento del sol. En el antiguo Egipto la figura de Ra Kheper (escarabajo pelotero) mostraba al dios sol renacido representando la resurrección y la inmortalidad.

ESCOBA: instrumento doméstico que refleja el trabajo activo con humildad. Simboliza la labor que debemos realizar de ordenar y limpiar nuestra propia vida, o en donde nos encontramos, para ahuyentar lo negativo, o también para alejar a huéspedes invisibles.

ESCORPIÓN: divinidad ancestral egipcia relacionada con la cacería y la penitencia. Habitante del desierto, simboliza el poder de los curanderos y los brujos. Se asocia con la traición y la amenaza.

ESCUADRA: sirve para trazar el cuadrado y medir la tierra; simbolizaría el acceder al conocimiento de las cosas.

ESCUDO: símbolo de protección, arma pasiva que se asocia con la representación del Universo. Poseer el escudo representa estar protegido por el poder oculto, por el potencial interno. Para interpretar qué es lo que nos protege en la vida tendríamos que visualizar un escudo, estar pendientes de su forma, color, material, colores y si posee algún diseño o grabado en él. Todo ello aporta una parte del mensaje interno. Por ejemplo, un escudo redondo tipo vikingo simbolizaría estar protegido por el conocimiento de nuestro propio mundo interno. Un escudo rectangular de estilo romano representaría estar protegido por la capacidad de morir a uno mismo y laborar en grupo con otros con compañerismo y espíritu de camaradería. Un escudo en forma de corazón simbolizaría el estar protegidos por el amor, el sentimiento y la pasión con la que afrontamos la vida. Un escudo triangular simbolizaría que nuestra protección depende del contacto con la vida y la madre Tierra. Un escudo ovalado simbolizaría protección sobre protección, o estar doblemente protegidos por las energías que manejamos y aquellas que circulan alrededor nuestro.

ESFERA: simboliza el conocimiento del mundo de cada uno. La esfera representa el orden de los volúmenes. Se relaciona con el dinamismo y el autoconocimiento. Su interpretación dependerá mucho de si la esfera es de cristal o piedra, de metal o madera. Visualizar una esfera de cristal podría simbolizar la perfección en el proceso del autoconocimiento. Una esfera de cristal blanco simbolizaría la perfección en los aspectos de la propia bondad, pureza y actitud positiva en la vida. Una esfera de piedra (mármol u otra piedra, siempre dependiendo del color de la misma, que le asigna un elemento simbólico adicional) simbolizaría el estar dando los pasos para el conocimiento de nuestra solidez y firmeza, así como de la seguridad y confianza. Una esfera de madera se relacionaría con el conocimiento de nuestra propia naturaleza, de nuestro equilibrio y armonía en salud y conexión con la madre Tierra. Una esfera de metal (dependiendo del metal) podría simbolizar el conocimiento de nuestra fortaleza interna lograda a partir del crisol del crecimiento mental (conciencia).

ESFINGE: simboliza a la mente que domina la materia, que controla al cuerpo y los sentidos (pasiones). Es la cabeza humana sobre el cuerpo del león.

ESMERALDA: cristal verde y traslúcido que se asocia con la salud y la curación, con la esperanza, la vida y la naturaleza, encerrando en sí un poder regenerador. Es la piedra del conocimiento secreto que encierra la historia humana y la de los ángeles caídos.

ESPADA: simboliza la capacidad de defensa del alma; es también símbolo de virtud y bravura, de verdad y justicia. Arma vinculada a la nobleza, era un símbolo espiritual sujeto a veneración. Establece la paz y la justicia, y contribuye a mantener el orden.

ESPEJO: el simbolismo del espejo está en su capacidad de reflejar. Se relaciona con el autoconocimiento. Es una puerta hacia otras dimensiones, las mismas que nos permitirán conocer aspectos nuestros que antes desconocíamos. Expresa lo que uno proyecta a los demás. Es el reflejo de la imagen que uno da. Si no reconocemos la imagen que nos devuelve el espejo es quizás porque nuestro inconsciente nos está dominando y no queremos vernos tal como somos. Si en el espejo no nos vemos como queremos es porque tenemos que corregir nuestra imagen interna, conciliándola con nuestra imagen externa.

ESPINA: simboliza los obstáculos que se nos presentan en el camino, o aquello que arremete contra nosotros y nos lastima, que nos hace sufrir cuando el contacto con otra persona no ha sido placentero ni positivo. Es la defensa natural de la planta.

ESPIRAL: representa el ascenso y desenvolvimiento evolutivo como movimiento de dinámica universal. Es símbolo de crecimiento material y espiritual.

ESTATUA: simboliza lo rígido y estático. Una estatua representa algo pero es incapaz de actuar. Se relacionaría con la inmovilidad interior. Sería como estar paralizados ante la vida, incapaces de tomar decisiones y actuar.

ESTRELLA: simboliza la cualidad de ser fuente de luz, de ser un sol para los demás, dar ejemplo, irradiar, ser luz y vida. Si la que vemos o visualizamos es una estrella de seis puntas eso simbolizaría irradiar equilibrio; si es de cinco puntas simbolizaría inspirar a los demás con la magia de ser capaces de transformarse y transformar. Si es una estrella de múltiples puntas, simbolizaría irradiar en todas las direcciones y aspectos posibles. Visualizar una estrella de mar podría representar conectar el cielo con la profundidad del océano; esto es tratar de elevar la conciencia siendo un sol que irradie, y a la vez hacerlo con profundidad, carácter y sabiduría.

F

FAISÁN: ave que simboliza por su canto y su danza la armonía cósmica. Mensajero de la luz. Signo de independencia y libertad. Animal que asociamos con el banquete real, con aportar lo mejor de nosotros e inmolarnos en una entrega total.

FAJA: símbolo de algo que sostiene, que reprime, que ajusta, que modela, que mejora nuestra autoestima.

FALO: símbolo de la potencia generadora, fuente y canal del semen, en cuanto a principio activo. Sobre él reposa la vida, como el universo sobre una columna. Simboliza fertilidad y abundancia.

FARO: simboliza la iluminación del alma y el descubrimiento de la propia misión de cada uno, que es ser un punto de referencia e inspiración a los demás. Uno debe aprender a iluminarse si quiere llegar a iluminar a los demás.

FAROL: como la linterna, el farol es un instrumento para llevar la luz y mantener un lugar iluminado. Simbolizaría también traer la luz de la verdad y el conocimiento con nosotros en el andar de nuestra existencia.

FÉNIX: ave mítica de extraordinaria longevidad que se relaciona con el renacimiento, la resurrección y el resurgimiento cíclico. Estaría simbolizando la importancia de darnos una nueva oportunidad en la vida.

FLAMENCO: es la gran ave que conoce el camino hacia la luz, que inicia su migración llevando en su cuerpo el color rosa del amor incondicional y el servicio. Representa al alma migrante de las tinieblas hacia la luz.

FLAUTA: símbolo del alma que debe ser afinada y tocada en armonía con la vida. Representa la vida de los pastores y los elementales de la naturaleza. Su sonido se asocia con la música celestial, con encantamientos y con una melodía que te transporta a otra realidad.

FLECO, ORLA: detalle de algunas vestimentas que simboliza el poder, la jerarquía, la obediencia con respecto al gobernante. El símbolo del fleco del vestido es una imagen propia de la mentalidad oriental mágico-religiosa.

FLECHA, SAETA: símbolo de penetración, de apertura, de superación de las condiciones normales. Marca un rumbo; por tanto es el símbolo del destino. Simboliza la proyección del alma y la búsqueda de la unión divina.

FLOR: símbolo del amor, de las emociones y de los sentimientos. También se relaciona con las virtudes del alma. Dependerá mucho del color de la flor, del número de pétalos, del grado de apertura de los mismos para saber de qué clase de amor estamos hablando.

FOCA: animal huidizo, aceitoso, encerado, símbolo de la virginidad, que no resulta de una voluntad superior, sino del miedo de darse. Lo relacionamos también con el juego y la diversión.

FRESA: alimento veraniego que señala la buena estación. Por su color rojo, color del amor y la pasión, la relacionamos con la dulzura y la frescura. Símbolo de las dulces expectativas.

FRESNO: símbolo de solidez poderosa, de inmortalidad y de nexo entre los tres planos del Cosmos. Representa la madera de la que se hacían las lanzas, por lo que se relaciona con la lanza, con la capacidad de proyectarse uno más allá.

FUEGO: simbolismo de la transmutación, de la transformación, la regeneración, la purificación y la renovación, la absorción, la penetración y la destrucción. Se relaciona con el amor y la pasión, y también con el espíritu.

FUENTE, MANANTIAL: símbolo del agua viva, de la fuente de la vida, la inmortalidad, la juventud o también de la fuente de la enseñanza.

G

GACELA: animal que simboliza la velocidad, la gracia, el aire, el movimiento continuo, la belleza y la agudeza de la mirada.

GAFAS: visualizar unos anteojos podría simbolizar la necesidad de mejorar nuestra visión o apreciación de las cosas y estar dispuesto a observar cosas que antes no nos eran tan evidentes.

GALLO: animal que simboliza el orgullo, la conciencia despierta y los tiempos de realización y acción. Representa la mente disciplinada y el organizar a los demás. Le gusta llamar la atención sobre sí mismo.

GARZA: animal que simboliza la ciencia divina, pero también la figura del entrometido indiscreto que mete el pico en todas partes.

GATO: animal que se relaciona con la sensibilidad y la intuición, con la capacidad de mirar hacia otros planos. Representa al ser bienhechor y protector del hombre.

GAVILÁN, HALCÓN: animal que se relaciona con la usura, con la rapacidad, pero también es un símbolo solar poderoso (Horus), el vengador y el cazador que se enfrenta al mal como el sol a la oscuridad.

GIRASOL: flor a la que asociamos con la capacidad de trasmitir un amor inteligente y sabio, de ser sol en la relación, y afectar con equilibrio y sabiduría al otro.

GOLONDRINA: ave migratoria que simboliza al mensajero de la primavera, del cambio, de la renovación.

GRANADA: símbolo de fecundidad, de la familia numerosa, de innumerables frutos y logros espirituales en la vida.

GRANO, SEMILLA: simboliza que hay que morir primero para dar pie al surgimiento de algo nuevo y multiplicado. Es la alternancia de la vida y la muerte, de los ciclos. Hay que entrar dentro de uno, conocerse si queremos luego brotar florecidos espiritualmente. La semilla también simboliza los buenos actos que vamos dejando en la vida.

GRIAL: objeto sobrenatural relacionado con la copa o el cáliz de Cristo en la última cena, cuyas principales virtudes son que alimenta como don de vida, ilumina espiritualmente y hace invencible a quien lo posee. Simboliza el sacrificio por amor y la entrega total. El cáliz encierra el mensaje crístico del amor en el perdón.

GRIFO: animal mitológico mezcla de águila y león. Símbolo de la unión del Sol y de la Tierra, de las energías terrestre y celestial, de la libertad y del poder, y de la autoridad.

GRILLO: símbolo de la vida, la muerte y la resurrección. Es el canto a la vida, humilde y sencillo. Es símbolo de comunicación.

GUADAÑA: símbolo de la muerte, que iguala a todos al final del ciclo personal. Es la ciega al final de la vida, cuando se cosecha lo hecho y realizado.

GUANTE: signo de desafío, símbolo de pureza que nos ayuda a evitar el contacto directo con lo que contamina.

GUERRERO: símbolo de aquellos que están en la lucha enfrentados contra otros o consigo mismos. Un guerrero salvaje o indígena podría simbolizar al otro, a la persona con la que convivimos todos los días en la calle, en el trabajo y con quien tenemos que aprender a confraternizar.

GUITARRA: simboliza alegría, expresión del alma y del sentimiento. Elemento aglutinador que atrae a los demás, que inspira y acompaña al cantante.

GUSANO: símbolo de la vida que renace de la podredumbre y la muerte, del trabajo humilde y secreto que renueva y oxigena, que fructifica. Es la representación también de la gran transformación o metamorfosis del hombre.

H

HABA: un don venido de debajo de la tierra, con forma de feto, primera ofrenda de los muertos a los vivos, signo de fecundidad y de su encarnación. Elemento esencial de la comunión con los invisibles en el umbral de los ritos de primavera. Son las primicias de la tierra, el símbolo de los beneficios venidos del subsuelo y de todo lo que eso evoca.

HÁBITO: simboliza revestirse de lo sagrado, asumir una actitud o postura espiritual. Túnica relacionada con la investidura espiritual. Vestido que se asocia con la pertenencia a una orden clerical.

HACHA: símbolo de guerra y de destrucción. Es el arma del trueno, emblema de la fuerza que quiebra. Abre y penetra, que es lo mismo que decir que fecunda. Hiende la corteza del árbol: símbolo de penetración espiritual, que te permite llegar al corazón del misterio. Era un instrumento de sacrificio en la antigua Mesopotamia. Para los mayas simbolizaba la tormenta. Para los pueblos nórdicos era el símbolo del rayo (Thor).

HADA: señora de la magia, mensajera de otros mundos y planos, entidad de apariencia femenina que simboliza los poderes paranormales de la mente o las prodigiosas capacidades de la imaginación. Simboliza a las entidades elementales que cuidan el bosque y la naturaleza, y con las cuales uno puede llegar a interactuar. Son expresiones benéficas o maléficas de la Madre Tierra.

HALCÓN: simboliza al protector, al héroe iluminado que venga y restituye el orden. Es el guardián de la ley y la luz. En Egipto, por su fuerza y belleza, hacían de él el príncipe de los pájaros y simbolizaba el principio celeste. Encarnaba al dios Ra, identificado con el sol naciente que lleva un disco en la cabeza, y al dios Horus, un hombre con cabeza de halcón, divinidad de los espacios aéreos. Para los incas, el halcón también era símbolo del sol y emblema de los mitos de la Creación.

HARAPOS: símbolo de las angustias y heridas de la mente, y también de la pobreza material. Representa la miseria y la inquietud, pero también la riqueza interior, oculta a simple vista. Por ello en muchos mitos y cuentos aparece encubriendo mágicamente a dioses, magos, brujas, príncipes y princesas para no ser reconocidos y poder pasar desapercibidos y así probar al hombre.

HEBILLA: simboliza protección, un lazo cerrado, autodefensa. Por su ubicación, ligeramente por debajo del plexo solar, es un resguardo de la amenaza frente a lo negativo que busca extraer energía del sol interno. Es importante ver cómo es dicha hebilla, de qué material está hecha, su color, y si posee algún símbolo para interpretar de qué clase de protección estamos hablando.

HECES, EXCREMENTOS: simbolizan basura, desecho, lo pecaminoso, la maledicencia, el ataque artero, las habladurías en contra de uno, las malas intenciones de otro hacia uno. Pero también se las relaciona con la fuerza interna y vital del ser humano que, al ser evacuada, puede ser recuperada como abono de la tierra.

HERRERO, FORJADOR: oficio relativo a la transformación de los metales. Símbolo del trabajo convertidor, que da forma y utilidad a las cosas. Se relaciona con la Creación, tanto en su aspecto positivo e iniciático como infernal. El Cielo y la Tierra son un gran crisol; la Creación y la transformación son el maestro herrero.

HEXÁGONO: corazón de la estrella, actitud mental positiva que nos permitirá conectar lo espiritual con lo material.

HIDRA: serpiente monstruosa de siete a nueve cabezas que vuelven a salir cuando se las corta; a menudo es comparada con los deltas de los grandes ríos, con sus múltiples brazos. Se la relaciona con los múltiples vicios del hombre, que todo lo que tocan lo corrompen y destruyen.

HIEDRA: verde todo el tiempo, simboliza la permanencia de la fuerza vegetativa y la persistencia del deseo.

HIERBAS: símbolo de todo lo curativo y revivificante, y de la comunión con la naturaleza. Las hierbas devuelven la salud, la virilidad y la fecundidad. Se las asocia con el conocimiento empírico de los secretos de la Madre Tierra.

HIERRO: símbolo de robustez y fortaleza, de dureza, obstinación, rigor excesivo, inflexibilidad. Por un lado es un elemento que protege de lo malo, pero por otro, como sirve para confeccionar las armas, también se le considera satánico.

HIGUERA: simboliza abundancia, madurez, así como los frutos alcanzados y logrados en la vida. En su aspecto negativo, cuando no tiene frutos, representa la falta de espiritualidad y de crecimiento interno.

HILO: simboliza la vida (hilo de plata), también el descubrir lo que une, lo que conecta. Es tomar conciencia de la unidad de las cosas. Como en la leyenda de Teseo y el Minotauro, el hilo se relaciona con el proceso para mantenerse vigilante y consciente para no perderse ni desorientarse. Dar un hilo o un carrete de hilo podría simbolizar el ayudar a la gente para que no se desoriente, aportando consejo, conocimiento o ejemplo; o también enseñarles a fijarse en los detalles (hilar fino).

HOJA: símbolo del reino vegetal, de la dicha, de la prosperidad y el optimismo. Se asocia con el recuerdo, con guardar lo vivido, lo logrado.

HONDA: símbolo del poder que podemos alcanzar cuando jugamos con nuestro potencial interno, y hasta donde podemos proyectarnos si lo sacamos de nosotros y nos lanzamos hacia delante. Para los incas, la honda era símbolo del rayo; en la Biblia es el arma del pastor (David), que simboliza la fe y la disposición de servir al Plan de Dios, con la que derriba al guerrero (Goliat), que simboliza el mundo.

HONGO: símbolo de longevidad, representación del alimento natural que el cielo hace brotar espontáneamente en el bosque producto de la humedad. Símbolo también de la regeneración por la fermentación de la descomposición orgánica. El hongo (alucinógeno) puede representar también la tentación de incursionar en los mundos sutiles saltando etapas a modo de atajos con el peligro que supone el ver aquello para lo que aún no nos hemos preparado o purificado.

HORMIGA: símbolo de actividad industriosa, de vida organizada y convivencia en sociedad, de previsión, trabajo, humildad y honestidad. También simboliza pequeñez y vulnerabilidad.

HUESO: símbolo de firmeza, de fuerza, de virtud, de permanencia, de inmortalidad. Objeto de carácter mágico que te permite contar con la energía o el alma de quien aportó el hueso. Dar un hueso o recibirlo podría simbolizar estar dando o recibiendo parte de uno mismo.

HUSO, HILO, TEJEDURÍA: simboliza la vida, la ley del perpetuo retorno, del movimiento continuo, de la vida, la muerte y el destino.

I

IBIS: encarnación del dios Thot, dios de la palabra escrita y creadora. El ibis representa el intelecto práctico, la previsión, así como el conocimiento esotérico.

ICONO: imagen religiosa de carácter sagrado. Tiende a fijar el espíritu sobre la imagen. El icono no es jamás un fin en sí; siempre es un medio. Es una ventana entre el Cielo y la Tierra, pero abriéndose en los dos sentidos. La presencia del color dorado hace referencia a la luz divina.

IMÁN: el imán simboliza toda atracción magnética. Se asocia con la capacidad de atraer a los demás a un nivel afectivo o místico.

INCIENSO: símbolo de lo esencial, que afecta el ambiente armonizándolo, elevando su vibración. El incienso es el humo, el perfume y las resinas, que constituyen aromas espirituosos extraídos de la naturaleza; por ello es emblema de la función sacerdotal. Se asocia con el templo y con la figura de Cristo.

INICIACIÓN: la iniciación es una muerte simbólica; supone morir a uno mismo para renacer a un estado de conciencia superior y nuevo. Es el paso de un estado a otro para asumir compromisos mayores.

IZQUIERDA: simbolismo de la intuición, de las emociones y sentimientos, de lo que está dormido y tiene potencial en nosotros, de lo que falta complementar. Se asocia con el otro lado de la vida, con los aspectos ocultos y a veces oscuros. Simboliza también la opción espiritual en un camino frente a tres puertas. El lado izquierdo del cuerpo en el aura humana corresponde al futuro inmediato.

J

JABALÍ: animal que simboliza intrepidez y arrojo. Era el símbolo de los druidas celtas, de la autoridad espiritual y del retiro místico en el bosque. El jabalí es sensible, indulgente y culto. También puede ser inseguro. El jabalí representa al amigo perfecto, decente, alegre, de buen corazón; aunque no es un pensador muy profundo suele ser materialista. El que se nos aparezca un jabalí en sueños podría simbolizar agresividad contenida. En una visualización el jabalí podría representar estar a la defensiva.

JADE: piedra cargada de energía cósmica. Por su carácter cristalino y color verde se la relaciona con la perfección, la salud y la esperanza. Encarna el poder y la soberanía en el orden social. En la antigüedad se la consideraba alimento de los espíritus.

JAGUAR: animal que es modelo de valor y arrojo, y que como felino representa la intuición, la capacidad de ver donde otros no ven. En las visualizaciones puede representar el mundo o el plano material.

JARRA, TINAJA: simboliza la abundancia y la inmortalidad. Es ante todo un instrumento ritual en la comunión. También representa nuestras vidas y la necesidad de incorporar la purificación del agua para compartir lo mejor de nosotros.

JASPE: símbolo en la antigüedad del parto y la juventud.

JOYA: ornamento precioso y brillante, generalmente de origen mineral, que denota jerarquía, poder, abundancia y prosperidad. Se la relaciona con la vanidad, el materialismo, pero también con el tesoro oculto de la riqueza espiritual. Visualizar un grupo de joyas, como collares, brazaletes y pendientes de piedras preciosas y perlas, mezclados con otros de plástico o fantasía, podría simbolizar la necesidad de saber diferenciar y separar lo realmente valioso de lo aparente en la vida.

JOYERO, RELICARIO: cofrecito para guardar joyas. Simboliza valorar lo más importante, nuestros triunfos y derrotas, nuestros defectos y virtudes, todo lo que se nos ha enseñado y nos ha resultado valioso en la vida.

JUGUETE: un juguete nos permite jugar, dar rienda suelta a la imaginación, divertirnos, recrear nuestro mundo y crear realidades paralelas. Visualizar un juguete podría representar la necesidad de que de vez en cuando, y de manera saludable, nos desconectemos del mundo y nos divirtamos siendo un poco como niños, no tomándonos tan en serio la vida, o por lo menos no todo lo que hay en ella.

L

LABERINTO: el laberinto es un cruce de caminos, algunos de ellos sin salida, que busca dificultar la llegada del viajero. Representa la aventura del alma, el viaje espiritual en el proceso de autoconocimiento.

LADRILLO: el ladrillo simboliza el paso de la humanidad a la vida sedentaria y el origen de los pueblos. Es el símbolo del hombre establecido en su casa o que va construyendo su hogar con su familia; representa seguridad, protección.

LAGARTO: simboliza la amenaza, lo antiguo y aún no superado que nos puede hacer tropezar. También representa la pereza y la indolencia, porque se las asocia al lagarto, que siempre está buscando el calor del sol para ponerse a dormitar. También representa al alma buscando la luz cuando se encuentra en contemplación.

LAGO: simboliza el ojo y el espejo de la tierra, la vida misma donde debemos aprender a mantenernos a flote y a la vez avanzar, siendo capaces por nuestro propio esfuerzo de alcanzar la otra orilla. Es el lugar de purificación que como espejo del cielo refleja la otra realidad, y que a través de cuyas aguas podemos llegar a superar todo aquello que nos densifica. Debemos aprender a mantenernos a flote. Nuestra vida, como el lago, tiene que mantener las aguas tranquilas.

LÁMPARA: simbolismo de la emanación de la luz, de la esperanza, la guía y la orientación. Es un objeto ritual signo de la presencia real de Dios. Símbolo de sabiduría y conocimiento, así como de discernimiento, se asocia con una mente atenta y vigilante.

LANGOSTA: imagen misma de la plaga, de la devastación, de los tormentos demoníacos y del castigo divino.

LANZA: símbolo guerrero de fuerza y potencia, de capacidad de proyectarse más allá de las aparentes limitaciones. Representa al rayo solar y el alma dispuesta a luchar por llegar más lejos y afrontar todo lo que se le presente por delante.

LAPISLÁZULI: piedra azul, símbolo cósmico de la noche estrellada y receptáculo del poder sagrado espiritual. Talismán de poder.

LÁPIZ: dar o recibir un lápiz representaría motivar o motivarnos a dejar un registro de todo cuanto vamos haciendo. Simbolizaría el guardar memoria; no olvidar lo que se está viviendo, o también una motivación a expresarnos, a sacar todo cuanto hay dentro de nosotros y darlo a conocer.

LÁTIGO: símbolo del poder judicial y de su derecho a infligir castigos. En la antigüedad representaba la autoridad de los soberanos. Podría simbolizar el estar siendo demasiado duros e inflexibles con los demás.

LAUREL: como todas las plantas de hoja perenne, su simbolismo se refiere a la inmortalidad. También desde la antigüedad se lo relaciona con la gloria y el triunfo, tanto de los ejércitos y el deporte como del espíritu. Es símbolo de la bendición y la protección divina.

LAZOS, LIGADURAS: simbolizan el poder y la capacidad de unir, de integrar, de cohesionar, de adherir extremos opuestos.

LECHE: símbolo por excelencia del alimento espiritual. Ser amamantado por la madre divina es signo de adopción y protección, y en consecuencia, del conocimiento supremo. Es alimento de la inmortalidad, símbolo de iniciación y de pureza, así como de fecundidad.

LECHO, CAMA: símbolo de la regeneración en el sueño y el amor, y también es el lugar de la muerte. El lecho es el lugar del nacimiento, de lo conyugal y de la muerte. Centro sagrado de los misterios de la vida. Lugar de descanso y de conexión con los planos sutiles a través del sueño. Visualizar en una meditación nuestra cama o una cama podría simbolizar que nuestro maestro interno nos sugiere tomarnos un descanso en la vida, o que debemos dar importancia a la información que nos llega a través del sueño.

LEÓN: animal que representa la majestad, el autodominio, el autocontrol, el poder y la justicia. Simboliza el sol, el oro y la fuerza penetrante de la luz y el verbo. Visualizar un león podría estar simbolizando que debemos aprender a controlarnos, a dominarnos y ejercer nuestra autoridad. También podría representar mostrar lo mejor de nosotros.

LEOPARDO: animal que simboliza la velocidad, la agilidad, la habilidad y la fuerza del cazador experto. Se asocia con el orgullo, la guerra y la realeza. Su piel era utilizada por los sacerdotes egipcios por simbolizar la inmolación y la derrota del enemigo.

LETRAS (DEL ALFABETO): según la tradición de la Cábala, las letras del alfabeto hebraico contienen una potencia creadora que el hombre no puede conocer fácilmente. El conocimiento de su orden verdadero, su potencial y significado profundo llevaría a despertar la capacidad de crear mundos, resucitar muertos y hacer milagros. Por eso el orden solo lo conoce Dios, o quien llegara a hacerse uno con la divinidad.

LIBÉLULA: símbolo de elegancia y ligereza, de movimiento y observación.

LIBRO: símbolo de sabiduría, conocimiento e información. También representa la vida y el Universo. Si el Universo es un libro es porque el libro simboliza la revelación y entonces, por extensión, la manifestación de todo el conocimiento en él contenido. Un libro cerrado simbolizaría que el secreto se conserva sin ser conocido, mientras que uno abierto nos hace accesible el conocimiento y la revelación. En una visualización, el libro representaría nuestra historia personal o la presente existencia. Por ello sería importante fijarse en el color y el material de la tapa o portada del libro; hay que observar el título y el nombre del autor, así como la dedicatoria, el número de capítulos y de páginas.

LIEBRE, CONEJO: símbolo de la luna, la regeneración, la abundancia y la multiplicación. Duerme de día y brinca de noche, sabiendo aparecer y desaparecer en silencio aprovechando las sombras. En muchos pueblos se la relaciona con el héroe civilizador o ancestro mítico, espíritu protector. Se le atribuyen las artes manuales. Visualizar un conejo podría simbolizar la necesidad de estar atento y profundizar.

LINCE: animal entre puma y gato que se mueve con facilidad en la montaña, siendo símbolo de la espiritualidad. Posee la apariencia inocente y regalona del gato, su intuición y sensibilidad, pero a la vez la fuerza y la bravura del puma.

LINTERNA, FAROL: símbolo de iluminación y de claridad de espíritu. Simboliza también la inmortalidad de las almas.

LOBO: animal que representa al guardián del bosque, al espíritu protector, la intuición, la sensibilidad y la receptividad. Se le relaciona con la luna. También se le asigna una imagen siniestra, como de un peligro que acecha.

LORO: animal que relacionamos con la imitación y la repetición. Es símbolo de comunicación y aprendizaje.

LOTO: símbolo de pureza, de plenitud espiritual y armonía cósmica. Es la flor que logra salir del pantano sin contaminarse, representando al ser humano que se purifica (ilumina) en medio del mundo de la materia.

LUCIÉRNAGA: compañera en la oscuridad de la noche, simboliza una guía hacia la luz. Representaría pequeños chispazos de iluminación que nos permiten recordar que la luz existe por muy oscura que esté la noche.

LUNA: simboliza una de las manifestaciones de la energía femenina de la naturaleza, la sensibilidad que activa nuestra capacidad receptiva e intuición. Es lo femenino en lo celeste. Representa el conocimiento indirecto, evoca la belleza y la feminidad. Es la luz del inconsciente. También suele relacionarse con ciclos y periodos cortos, con la poca duración de las cosas y con la fertilidad.

LUZ: energía espiritual que se libera e ilumina el camino, haciéndolo claro y luminoso.

LL

LLAMA: animal de la familia de los camélidos que se encuentra en la zona de los Andes y que simboliza la humildad y la entrega generosa a las tareas cotidianas. También representa el cargar estoicamente, llevando los pesos o responsabilidades de la vida.

LLAMA DE FUEGO: símbolo de la iluminación y la purificación.

LLAVE: símbolo que se relaciona con la apertura de puertas. Es el instrumento que nos permite superar límites y conectar con otras realidades. Puede representar la técnica o forma con que podemos abrirnos paso para acceder a otras realidades. Como tal puede simbolizar nuestra propia religión, nuestras creencias, o también diversas técnicas, formas o medios de conexión e interiorización. Una llave dorada podría representar el conocimiento y la sabiduría; una llave de bronce representaría sumar diversas informaciones, enseñanzas y técnicas en un sincretismo o síntesis. Una llave de hierro antigua y pesada podría simbolizar nuestras creencias heredadas y arraigadas en nosotros, pero que están vigentes y son lo suficientemente útiles como para hallar nuestros objetivos de avance. Una llave de plata simbolizaría la intuición y la canalización, mientras que una llave de cristal simbolizaría perfección, así como una de madera el ser positivos, optimistas, naturales y sencillos, aprendiendo de la observación de la naturaleza.

LLAVERO: visualizar un llavero o un grupo de llaves juntas podría simbolizar el reconocimiento de que tenemos múltiples opciones en nuestro avance, muchas posibilidades diferentes y alternativas múltiples para abrirnos paso. El llavero representaría también que son muchas las puertas que deberemos abrir de formas diferentes, no quedándonos estancados en una sola opción, o que después de una puerta habrá más a las que tendremos que dar apertura a continuación.

LLUVIA: simboliza la purificación que nos llega de lo alto y que es para nuestro bien. También representa la renovación de la vida.

M

MADERA: simboliza la materia y la sustancia universal, la materia prima. Se asocia con la naturaleza, la vida y el propio cuerpo, con la calidez, así como con el hogar que nos cobija. Desde la cuna hasta el ataúd en todo está presente la madera. Visualizar que el mar nos arroja un madero o que encontramos una madera en la playa flotando, sobre la arena o dentro de una bolsa, podría estar simbolizando que se nos está dando algo a lo que asirnos, apoyarnos y hasta flotar frente a las tormentas (pruebas) que nos rodean en la vida; también podría representar que nos está llegando materia prima para tallar (crear artísticamente) nuestros proyectos; esto es que estamos recibiendo los recursos o el medio donde proyectarnos. Las cosas no están hechas; nosotros somos los que tenemos que extraer de ellas su utilidad y belleza.

MALETA: representa la carga de nuestros recuerdos o la suma de todo lo que venimos arrastrando en la vida, cosas a veces útiles y otras no. Es como el baúl portátil de nuestras posibilidades o recursos.

MANZANA: fruta que se relaciona con el conocimiento prohibido y con la admiración al maestro y guía, que pueden ser nuestros padres o cualquier otra persona que nos haya orientado. El entregar una manzana estaría simbolizando el reconocimiento del otro como maestro nuestro en tal o cual aspecto. También simbolizaría el estar dispuesto a compartir el conocimiento con el otro.

MAR: simboliza la integración con el todo, el paso hacia la unidad. Es símbolo de profundidad, de inmensidad, de vida.

MARRÓN: es el color que se relaciona con la humildad y la sencillez, que imprime una imagen de gravedad y equilibrio, así como de madurez. Es el color de la realidad por relacionarse con el color de la tierra. Visualizar este color en sus diversas tonalidades podría estarnos hablando de la necesidad de dejarnos guiar.

MÁSCARA: esconder, encubrir, falsear, representar. Símbolo que se relaciona con la búsqueda de ocultar nuestra verdadera personalidad. Entregar una máscara podría simbolizar descubrirnos, mostrándonos tal como somos, o pedirle a esa otra persona que asuma su personaje en el gran teatro del mundo, o también motivar a la otra persona a que disfrace sus motivos para que no sean tan evidentes o pueda ser malinterpretada.

MEDALLÓN: un medallón o talismán simboliza una protección mágica, y a la vez el conocimiento de la misión de cada uno representado en la forma, el color, el material y el diseño que tenga. Conocer nuestro rol en la vida nos fortalece y nos hace ser magos alquimistas que transforman y se adecúan a la vida.

MEDICINA: dar o recibir una medicina durante un ejercicio de visualización podría simbolizar que estamos recibiendo una ayuda o que nosotros estamos preocupados por la salud de los demás y estamos velando por ella.

MESA: visualizar una mesa podría representar el tener dónde disponer, desplegar, extender o colocar lo que llevamos con nosotros o lo que tenemos. Es el lugar oportuno y adecuado para compartir.

MIEL: simboliza el alimento espiritual que endulza y hace más llevadera la vida. Viene de las flores (el amor) y es recogido por las abejas y los trabajadores entregados y sacrificados por el bien común. Visualizar que entregamos un frasco o recipiente de miel o que nos lo da simbolizaría que debemos esforzarnos en aportar dulzura, comprensión, ternura o abrirnos a ella.

MONO: es un animal que asociamos con el ingenio, la adaptación, la imitación y el humor. Es un símbolo seductor por lo divertido que es. Aprende deprisa y se adapta a cualquier situación, por difícil que sea. Pero el mono también puede torcer la verdad, desvirtuándola.

MONTAÑA: símbolo del ascenso espiritual, de la elevación de la conciencia, de la aventura del crecimiento espiritual, del esfuerzo por vencerse y alcanzar las metas.

MURO: simboliza dificultad, tropiezo. Es cuando aparentemente se nos cierran todas las vías y solo encontramos barreras. La sola existencia del muro nos debe hacer recordar que siempre termina en algún lugar y que en alguna parte debe tener una puerta o una forma de subirlo y superarlo.

N

NARANJA: color de la creatividad, del carácter, del temperamento, de la voluntad. Cuando se vincula al rojo simboliza el entusiasmo y la exaltación. Es también un color creativo y expresivo.

NEGRO: color que relacionamos con la noche, pero también es el color de los valores humanos, del potencial oculto. Es el color de la primera raza originaria de la Madre Tierra, la raza lemuriana.

NIÑO: visualizar, en un ejercicio de imaginación creativa o en un sueño, que llega a nosotros un niño, que nos lo entregan, que viene dentro de un paquete o que la marea nos lo trae, o que lo encontramos en un bote o en un lugar, podría simbolizar que tenemos delante nuestro un proyecto, una realización futura cuyo crecimiento y materialización dependerán de nuestra atención y cuidados. A través del simbolismo del niño la vida nos esta dando una nueva responsabilidad y la oportunidad de hacer algo que tiene mucho valor y que tiene vida propia, esto es que traerá consecuencias superiores a nuestra capacidad de control pero que, como ocurriría con un niño, dependerá mucho de lo que sembremos en él desde un inicio.

O

OCA O GANSO: símbolo de fidelidad conyugal, de atención y vigilancia preservando lo que realmente importa. Su misión es advertir y avisar de un peligro.

OSO: animal que simboliza el cariño, la protección y el mimo. Cuando visualizamos un oso en nuestras meditaciones o en sueños podría estársenos indicando que debemos ser fuertes, pero a la vez más cariñosos, tiernos y dulces, o debemos dejar que los demás nos expresen cariño y ternura. Es importante abrirnos al cariño eliminando barreras, dejando de lado temores.

OVEJA: animal asociado a la bondad, la ingenuidad y la consideración hacia los demás. Símbolo de la amabilidad, cuyo peligro es dejarse manipular.

P

PALO: visualizar un madero largo (palo) al que le podemos dar diversos usos de acuerdo a nuestras necesidades, tanto alejar como atraer cosas, o también defendernos, simbolizaría que la utilidad de lo que llega a nuestra vida está en relación con nuestra capacidad de improvisar.

PALO DE GOLF: visualizar un palo de golf podría simbolizar que la vida nos está dando la oportunidad de que en este momento demos nuestro mejor tiro y nos proyectemos con una actitud deportiva hacia adelante, hacia la consecución de nuestros objetivos.

PALOMA: ave que simboliza la paz, la pureza, el bien, la bondad, la comunicación, la reconciliación y la esperanza. Visualizar una paloma podría simbolizar la necesidad de procurar una reconciliación o la oportunidad de establecer la paz en nuestras vidas o en nuestro entorno.

PAN: recibir, encontrar o entregar un pan en nuestras visualizaciones estaría relacionado con el alimento (vitalidad y la energía), con recibir o compartir la fuerza para hacer y lograr cosas. El pan simboliza la materialización de nuestros proyectos y a la vez la oportunidad de beneficiarnos de ellos para hacer cosas mayores, a la vez que poder compartir el fruto de nuestro trabajo con los demás de manera práctica.

PAPEL: visualizar que recibimos un papel o lo encontramos estaría simbolizando que se nos da la oportunidad de acceder a una información, o que se nos está induciendo a que transcribamos o plasmemos nuestro sentir, dejando registro de lo que estamos viviendo para que dicho aprendizaje no se pierda.

PARAGUAS: protección frente a la inclemencia de los elementos o frente a la dureza de las pruebas de purificación que muchas veces nos toca afrontar en la vida. Recibir un paraguas podría simbolizar que estamos recibiendo fuerza o que tenemos entereza para soportar la crítica y los ataques de los demás.

PEINE O PEINETA: simboliza el querer mejorar nuestra imagen personal, dar una imagen de aseo y orden. Recibir o encontrar un peine o peineta podría representar que debemos cuidar la imagen que estamos ofreciendo de nosotros mismos.

PELOTA: decíamos que la esfera representa el mundo de cada uno, pero una pelota nos recuerda que la vida es un juego, en el cual hay que ser como niños, disfrutando a pesar de los golpes, y que además de aprender a vivirla con alegría debemos procurar divertirnos siempre que podamos. Para ello tenemos que poner lo mejor de nosotros viviéndola en un compartir con otros. Jugar con otros, dando participación a los demás o actuando en equipo, siempre será más divertido que hacerlo solos, por lo que tenemos que abrir espacio y contar con los demás. No todo en la vida es sufrimiento y el compartir con los demás siempre hará más llevadera la vida.

PENDIENTES: visualizar unos pendientes o aretes, recibirlos o entregarlos podría simbolizar mejorar la imagen de esa persona, realzar su belleza interior, motivar a que su esencia femenina, manifestada en la sensibilidad, la intuición y la abnegación, salgan a la luz.

PERFUME: símbolo de armonía y belleza, de buena vibración y encanto. Recibir o encontrar un perfume podría simbolizar que estamos en un buen momento para destacar lo mejor de nosotros (la esencia) o mejorar nuestra imagen y realzar nuestra presencia.

PERGAMINO: simboliza un conocimiento antiguo y a la vez información que puede cambiar el rumbo de nuestras vidas o confirmar nuestro proceso. Recibir o entregar un pergamino es compartir un conocimiento ancestral o parte de la sabiduría interior.

PERLA: así como la perla es el resultado del esfuerzo de la almeja por cubrir con una secreción de nácar la arenilla o las piedritas que entran en ella lastimándola, la perla para nosotros simboliza lo valioso, que surge de la capacidad de haber asimilado las duras pruebas de la vida y haber sabido salir adelante.

PERRO: animal que simboliza la fidelidad y la lealtad, así como el mantenerse vigilante. Es el símbolo del guardián, de la amistad, del compañerismo, lo amable, lo altruista, de equitativo y justo.

PIEDRA: simbolismo del primer paso. Representa sentar las bases de una nueva realización que empieza siendo humilde pero que llegará a ser algo grande y sólida. Visualizar que encontramos una piedra en el camino o que nos dan una piedra podría estar simbolizando que debemos hacer lo que se nos presenta, y que ya hemos recibido o conseguido consolidar la base de lo que podemos lograr en el futuro; ahora hay que continuar.

PIRÁMIDE: figura geométrica cuyo simbolismo se encuentra en su forma, receptora de energías, representando el dar y recibir. Una pirámide es un gran condensador de energía cósmica; la recibe, la concentra en su interior y luego la proyecta hacia abajo. Visualizar una pirámide o recibirla se relacionaría con estar recibiendo un conocimiento o energía que debe de ser compartida. Entregar una pirámide simbolizaría compartir lo que uno tiene y ha recibido anteriormente e inducir a los demás a compartir. Si la pirámide es de cristal, eso significaría que lo que debemos compartir es perfección. Si es de piedra, sería realización; si es de madera, salud y amor a la vida, optimismo y esperanza; si es de metal, dependiendo de qué metal sea podría ser conocimiento y sabiduría (oro), intuición (plata), ser canal (cobre), sintetizar y tomar lo mejor de todo (bronce), fuerza, templanza y firmeza (acero), etc.

PISTOLA: simboliza la capacidad de defenderse individualmente de los ataques personales. La pistola, además de ser un arma personal con características propias de quien la porta, permite demostrar nuestra destreza a través del buen pulso y la puntería, lo mismo que significaría probar nuestra capacidad de enfoque y convencimiento en todo lo que hacemos en la vida.

PLANTA: recibir o entregar una planta en una visualización podría simbolizar estar dando o recibiendo la responsabilidad de cuidar un proyecto, una vida, algo importante pero a la vez delicado, como la salud, la esperanza y el optimismo.

PLUMA: la pluma representa simbólicamente el alma de las personas, así como la justicia. Recordemos que, en el antiguo Egipto a la diosa Maat, diosa de la justicia, se la representaba con una pluma en la cabeza. Ella aparecía sugerida en el juicio de los muertos cuando se pesaba el alma del fallecido, colocando sobre una balanza en un lado el corazón y en el otro lado la pluma. Visualizar una pluma en una meditación o en un sueño podría estar simbolizando que debemos ser justos, menos densos, más sutiles, más espirituales.

POZO: símbolo del potencial oculto, de todo lo que está velado en nosotros y debe ser extraído en la medida en que estemos dispuestos a purificarnos. Visualizar un pozo en una meditación o en un sueño representaría estar cerca de hacer un gran descubrimiento en nosotros mismos, o simplemente que estamos llegando al momento en que podemos extraer lo que estaba guardado en nuestro interior.

PUENTE: símbolo que se relaciona con establecer una conexión con extremos difíciles de unir. Simboliza también el vínculo con otras realidades.

PUERTA: simboliza un obstáculo, a la vez que una señal de que estamos a punto de conectar con otra realidad, con un conocimiento o una vivencia nueva. La sola presencia de la puerta nos invita a abrirla e ir más allá. La puerta es un objeto que está en un lugar de paso. No podemos quedarnos en la puerta; debemos traspasarla, por lo que debemos encontrar la forma para hacerlo. La puerta supone el reconocimiento de la existencia de una vía que nos conecta o conduce hacia algo que está más allá. La forma de la puerta, su tamaño, color, el material del que está hecha, etc., es un mensaje que debemos ir articulando a partir de la interpretación de cada elemento y luego del conjunto de todos ellos.

PUÑAL O DAGA: arma de defensa frente al ataque artero, último recurso en una pelea desigual. Simboliza el estar en guardia, a la defensiva frente al ataque y la injusticia.

R

RADIO: visualizar una radio podría simbolizar la búsqueda de estar informado y conectado con lo exterior. Percibir en una meditación que encontramos o nos entregan una radio simbolizaría que debemos estar pendientes de todo cuanto sucede a nuestro alrededor y en el mundo.

RAMILLETE O RAMO DE FLORES: si las flores se relacionan simbólicamente con el amor, un ramo de flores representa nuestra capacidad de amar de múltiples maneras y las distintas formas en que se representa el amor en nosotros.

RATA: animal que asociamos con la laboriosidad, la persistencia, el ahorro y el cuidado. Simboliza la ambición y la búsqueda de metas.

RELOJ: visualizar un reloj simboliza tiempo en la vida, a la vez que urgencia. Representa el tiempo que la existencia nos da o que debemos darnos nosotros para hacer lo que debemos. También podría simbolizar que ya llegó el momento para hacer lo que es responsabilidad nuestra, y que no contamos más que con este momento oportuno para intentarlo. Un reloj de arena se relaciona directamente con los plazos en la vida, como un recordatorio que no podemos ni debemos demorarnos en concretar y realizar.

RÍO: símbolo del discurrir de la vida o de la vida misma.

ROJO: color que asociamos con el amor, con las emociones y los sentimientos. Es propio de una personalidad cálida, extrovertida, llena de vitalidad, ambicioso, materialista y que se deja llevar por los impulsos. Simboliza pasión, sangre, fuego, calor.

ROMBO: simboliza la búsqueda del equilibrio entre lo espiritual y lo material. A diferencia de la estrella de seis puntas, este símbolo geométrico señala el proceso hacia el equilibrio.

ROSA: como flor es símbolo del amor, y como color del amor incondicional. Dependerá del color de la rosa el saber de qué clase de amor estamos hablando: amor en el servicio, el rosa; amor familiar filial por la pareja y los hijos, el rojo brillante; el amor pasional, el rojo oscuro; el amor platónico o de admiración, el amarillo; el amor puro por todo y todos, el blanco, etc. ¿Y por qué identificamos el amor con una rosa? Porque ¿quién no sabe que el amor esta sujeto al dolor como las espinas de la flor?

ROSARIO: objeto religioso compuesto por muchas cuentas y utilizado para una clase o forma de oración repetitiva. Simboliza los muchos pasos que debemos dar y la constancia que debemos mantener para la conexión espiritual. Dependerá del color y material de las cuentas el entender su significado más profundo. Por ejemplo un rosario de cristales rojos representaría el esfuerzo por perfeccionarnos en dar pasos definitivos hacia el amor.

S

SAL, SALERO: visualizar sal estaría asociado con sazonar, condimentar, con ponerle sabor a la vida. Y un salero, el hacerlo en su justa medida o poco a poco.

SEMILLA: la semilla simboliza la simiente de la vida, la esencia. Visualizar una semilla o un grupo de ellas podría representar que se nos pide que fijemos nuestra atención en lo esencial. También podría relacionarse con el tener en nuestras manos el inicio de grandes realizaciones futuras, en las que debemos poner atención y cuidado.

SERPIENTE: reptil que simboliza el conocimiento antiguo, la sabiduría y las energías de la naturaleza. Visualizar una serpiente podría simbolizar que debemos estar más en contacto con la realidad.

SILBATO: representa simbólicamente el tener cómo llamar la atención o contar con recursos que nos permitan avisar a los demás de tal o cual situación.

SILLA: simboliza el tener donde descansar y donde detenernos a reflexionar o a repasar lo aprendido y vivido.

SIRENA: ser fantástico de apariencia femenina que asociamos con la belleza pura y profunda, con el hechizo y la seducción. Al moverse por el mar y a la vez poder salir al aire libre la relacionamos con una doble vida que puede llevarle a uno a perderse.

SOL: símbolo de la luz, del círculo del conocimiento, de la unidad, de la irradiación hacia los demás.

SOMBRERO: un sombrero simboliza el buscar protección, seguridad, el cuidar los propios pensamientos.

SUBMARINO: símbolo de ir por la vida profundizando y avanzando con independencia de cualquier tormenta o de las condiciones externas.

T

TAPIR: animal robusto, tierno y huidizo. Lo asociamos a la fuerza mezclada con la ternura.

TERNERO: animal que asociamos con estar indefenso, con dependencia.

TIGRE: animal que se asocia con las energías sexuales; es también símbolo del arrojo y el atrevimiento, llegando a la imprudencia. Actúa de forma inesperada. Visualizar un tigre podría simbolizar que se nos está haciendo hincapié en poner a nuestra vida una cuota a las situaciones imprevistas; también podría significar una invitación al riesgo, a intentar vivir nuevas experiencias, a salir de nuestra monotonía.

TIJERA: simboliza cortar lazos, romper con dependencias o eliminar los elementos sobrantes, aquello que está de más, o también dar forma a aquello que estamos logrando en la vida.

TOALLA: recibir o encontrar una toalla podría simbolizar que se nos está dando un respiro, un refresco. El que nosotros entreguemos la toalla se relacionaría con que ayudemos a alguien a recuperarse de una purificación.

TORMENTA: simbolismo de crisis, de momento de conflicto, de angustia, de temor a estar perdido y a merced de los acontecimientos imprevisibles.

TORO: animal que asociamos con la fuerza, con la bravura. Simbolizaría mantenerse fuerte frente a los acontecimientos.

TORTUGA: animal que asociamos con la sabiduría, con el tiempo y la eternidad, por ser longeva. Simboliza la perseverancia y la paciencia. Visualizarla podría significar que debemos tomarnos nuestro tiempo para hacer las cosas bien.

TUBO: simboliza conducto, dejar fluir, dejar pasar. Sería el medio para llegar de un lado a otro, para conectar y canalizar.

TUCÁN: ave vistosa que por su enorme pico y colorido asociamos con ser uno mismo y con mostrarse tal cual uno es. Este pájaro tiene fama de parlanchín, gritón y escandaloso. Podría simbolizar el querer llamar la atención sobre uno mismo.

TUMBA: visualizar una tumba representaría nostalgia por lo pasado, por lo ya superado, o simplemente el cambio definitivo en el cual una parte de nosotros ha muerto y ahora debemos ser nuevos y diferentes, o también el empezar de nuevo.

TÚNEL: representa el camino hacia la interiorización, hacia la conexión con el mundo interior o con el universo de posibilidades.

TÚNICA: simboliza que uno se ha revestido de la actitud adecuada, de convicción y sinceridad para realizar tal o cual cosa. Cuando la túnica es blanca representa la purificación, la iniciación y el renacimiento.

U

UMBRAL: simboliza el ingreso en un terreno desconocido. A lo largo de nuestra vida habrá más de una ocasión en que nos veamos motivados a dar un paso a hacer algo nuevo, diferente, una invitación a una aventura.

UNICORNIO: símbolo de la conexión con las esferas sutiles, de la belleza espiritual y la capacidad de ver con los ojos espirituales.

UNIFORME: visualizar un uniforme podría estarnos sugiriendo el identificarnos con una forma específica de trabajo, o un cambio de rol en nuestras vidas. Por ejemplo, un uniforme militar con galones y medallas podría representar la necesidad de revestirse de disciplina y heroicidad, ejercitando el ejemplo en ese sentido.

UNIVERSIDAD: visualizar o soñar que nos encontramos en una universidad puede representar una experiencia real, ya que en los planos sutiles, astral o mentalmente, solemos ser convocados a recibir o a dar clases junto con otros espíritus. También simbolizaría el que debemos prepararnos más intelectualmente y madurar nuestra personalidad.

URNA: una urna estaría simbolizando el valorar lo que tenemos entre manos, el mantener el recuerdo de cosas importantes, o no poder o no saber desapegarnos de los recuerdos. Es importante precisar el material y la forma de los objetos que visualizamos, porque nunca será lo mismo una urna de cristal que otra de madera o de bronce, y el si contiene cenizas u otro objeto.

URRACA: simbolismo de mala reputación, de charlatanería, envidia y robo. Podría estar representando que debemos alejarnos de la mentira y el chisme.

UVA: simbolismo de fertilidad y abundancia, de bienestar material y buena fortuna.

V

VACA: símbolo de entrega incondicional y de recursos ilimitados. Visualizarla podría significar que debemos ser generosos y dadivosos, abrirnos al servicio a los demás, o seguir siéndolo. También representa la ternura combinada con la coquetería.

VACÍO: visualizar un vacío podría simbolizar que reconocemos que estamos en una situación de incertidumbre, en donde no vemos nada claro hacia dónde nos conducen las circunstancias. También puede verse como algo positivo, como el estado previo necesario para poder llenarnos de algo nuevo.

VAGABUNDO: simboliza a alguien desconectado de su entorno. Representa el aislamiento y el haber cortado con los lazos afectivos. Puede asociarse tanto con la libertad de ser uno mismo como con la recesión, la irresponsabilidad y el estar huyendo de los compromisos.

VALLE: símbolo de la propia vida de cada uno o de nuestro panorama interno. Dependiendo de cómo esté el valle, si florido, selvático o cultivado en parte o totalmente, representará como estamos nosotros a nivel de realizaciones.

VASO: simboliza nuestra existencia, que debería ser siempre transparente, traslúcida, pero que suele ser también frágil, receptáculo de todo lo que nos es servido, pero que nosotros debemos controlar para que no se derrame y seleccionar para que no se mezcle. En el vaso, que representa el recipiente de la vida, se contienen las emociones y los sentimientos, así como los conocimientos y las experiencias. La ventaja del vaso está en su capacidad de contener, pero su contenido debe ser consumido para que siga siendo útil y siga recibiendo nuevos aportes frescos y renovadores.

VELA: simbolismo de la fe y de la fuerza espiritual, así como de la necesidad de mantener la luz interior a pesar de la oscuridad reinante. Dar una vela podría significar compartir la fe, inspirar fe en los demás o hacer que los demás crean en uno o en ellos mismos. El color de la vela podría ayudarnos a asociar con qué o en qué debemos incrementar la fe que se nos pide.

VELETA: indica la dirección del viento, por lo que simbólicamente marca un rumbo, una dirección a nuestras vidas o un cambio de rumbo, ayudándonos a entender dónde se nos necesita ahora o cómo debemos actuar.

VELO: señal de respeto y recato, es también símbolo de inseguridad, remordimiento y vergüenza. El llevar consigo un velo podría significar que hay algo de lo que nos arrepentimos o que estamos escondiendo.

VENADO: animal que simboliza la ternura, la docilidad y la autoestima. Visualizar un venado estaría representando que debemos aprender a valorarnos más. Verlo con cresta simbolizaría que no debemos ocultar nuestros atributos y cualidades, sino tener más confianza y apreciarnos mejor.

VENDA: visualizar una venda podría simbolizar que nos debemos preparar para una situación delicada, o que hay algo que hay que curar, por lo que debemos estar atentos. Puede ser en nosotros o en otros.

VENTANA: representa nuestra posibilidad de salir un poco de nosotros mismos y mirar hacia fuera. Simboliza nuestra capacidad de conectarnos con el exterior a través de la observación.

VERDE: es el color de la sanación, del amor a la vida, del mayor equilibrio, de la esperanza y el optimismo. Es el color de los que trabajan por la salud de los demás y del planeta. Es un color que produce tranquilidad y sosiego. En su extremo opuesto es el color de los celos, de la degradación moral.

VESTIDO: visualizar un vestido podría simbolizar algún aspecto de la personalidad y del carácter del que debemos ocuparnos. Cuando es un vestido antiguo lo relacionamos con añoranza, con lo clásico, lo pasado. Estaría simbolizando que debemos valorar y mostrar todo lo alcanzado antes, lucir nuestros progresos a la luz de todo lo vivido. Entregar a otra persona un vestido podría significar que procuramos que la otra persona mejore o cambie su imagen.

VIEJO: visualizar a una persona vieja representa estar ante el pasado, pero también ante la sabiduría y la experiencia.

VIENTO: percibir en una meditación o una visualización un viento fuerte representaría algún tipo de peligro o señal de dificultades. Pero un viento suave podría simbolizar cambios positivos y renovación.

VIGA: una viga representaría simbólicamente la necesidad de apuntalar nuestros proyectos en la vida, de darles mayor fuerza y consistencia.

VINO: símbolo de prosperidad y abundancia, de compartir dando lo mejor de nosotros.

VIOLETA: es el color de la mística, la fe, la transmutación, la magia, la templanza, la lucidez y la reflexión. Trasmite profundidad y experiencia. En su variación púrpura es realeza, dignidad, suntuosidad. Mezclado con negro sería deslealtad y desesperación.

VIRGEN: visualizar una estatua de la Virgen o a la Virgen podría simbolizar entrega incondicional y humildad, un momento de conexión con las energías femeninas de la Creación o con el espíritu de la Madre Tierra.

VOLAR: la sensación de volar en nuestros sueños o en una meditación más que algo simbólico podría suponer una experiencia real de desdoblamiento astral. Recordemos que el cuerpo astral no está sujeto a las leyes de la física. El simbolismo estaría asociado con las ansias de libertad, de superar las aparentes limitaciones.

VOLCÁN: visualizar un volcán o soñar con él podría indicar descontrol, mal carácter, inestabilidad o que algo que estaba contenido y oculto va a salir con fuerza hacia la superficie.

Y

YACIMIENTO: visualizar un yacimiento (una mina), o soñar con él podría estar simbolizando el descubrimiento de potenciales que antes desconocíamos, pero que no podremos desarrollar si no nos esforzamos en sacarlos a la luz.

YATE: el simbolismo de un yate puede relacionarse con la confianza a la hora de mantenerse a flote frente a las dificultades y problemas de la vida sin mayores esfuerzos ya que poseemos la seguridad necesaria para enfrentarnos a las pruebas. El yate puede simbolizar la familia y la seguridad del hogar. También podría simbolizar la capacidad de dirigirse a voluntad donde nosotros queramos al haber logrado la capacidad y el control interno para ello.

YEGUA: el caballo, como dijimos antes, simboliza la fuerza, la constancia, la disciplina y la pasión en la vida. Visualizar una yegua o percibirla en un sueño podría estar hablándonos de que debemos enfrentarnos a la vida con ímpetu, con pasión y generar en otros el mismo espíritu y emprendimiento.

YESO: visualizar yeso como el que se usa para colocar en las paredes de una casa podría simbolizar la pureza de intención con la que tenemos que procurar armonizar las relaciones en una familia. Simboliza blanquear, purificar, limpiar, mejorar y destacar la imagen de algo o de alguien.

YUGO: visualizar un yugo como el que se usa en una yunta de bueyes podría simbolizar el peso de la responsabilidad y el compromiso que debemos enfrentar para arar nuestro campo, que es nuestra vida, y cultivar lo mejor en ella. A veces el captarlo nos indica que todo lo que vale en la vida requiere de sacrificio, entrega, disciplina y esfuerzo.

Z

ZANJA: visualizar una zanja en la tierra, ya sea producida por un movimiento sísmico o por un curso de agua, podría simbolizar que una situación brusca o continua y mantenida ha ido separando, alejando o creando distancia entre las personas. Una zanja también podría simbolizar obstáculos a superar, como incomunicación con otra persona o malentendidos.

ZAPATO: representa el buscar la seguridad y la protección en nuestro caminar, como podría ser el procurar bases seguras y claridad en nuestros conceptos. Percibir zapatos en una meditación simbolizaría que estamos intentando suavizar y anticipar las dificultades del camino. Los zapatos simbolizarían la señal de que de ahora en adelante podremos avanzar más fácilmente. Entregar zapatos a alguien simbolizaría ayudar a otro en su caminar y avance en la vida. Visualizar unos zapatos grandes podría simbolizar el creer que la tarea que se nos presenta por delante es mayor que nuestra capacidad de realizarla; mientras que unos zapatos pequeños podrían simbolizar que lo que se nos ofrece no nos corresponde.

ZARZA: percibir una zarza en una visualización o en un sueño podría relacionarse con sentir que uno está como atrapado o enredado en una situación difícil, sin saber cómo salir de ella.

ZORRO: animal que simboliza la astucia y la sagacidad, la inteligencia y el ser precavido. Percibirlo también podría simbolizar que debemos cuidarnos del engaño y la falsedad.

Sixto Paz

Nació en Lima (Perú) en 1955. Tiene estudios de Historia y Arqueología por la Universidad Católica de Perú.

Viaja anualmente a más de veinte países, impartiendo conferencias y seminarios, y es invitado a cuanto congreso internacional se celebra sobre misterio y el fenómeno OVNI, así como a canales de televisión y programas de radio en todo el mundo para comentar sus innumerables experiencias.

Ha participado en importantes y prestigiosos foros internacionales como Naciones Unidas en Nueva York, la Sociedad de las Américas, la Universidad de Columbia, la Universidad John F. Kennedy, la Universidad de Montreal, la Universidad Complutense de Madrid o la Universidad Autónoma de México. Compagina su labor de investigación y como conferenciante difundiendo los mensajes recibidos de inteligencias extraterrestres con la escritura. Es autor de más de veinte libros en los que estudia y explica el fenómeno OVNI y otros hechos y posibilidades de carácter extraordinario.